Rettet die Erde

JONATHON PORRITT

RETTET DIE ERDE

Mit einem Vorwort von
HRH THE PRINCE OF WALES

◆

Einleitung
HUBERT WEINZIERL

◆

Deutsch von
HANS HEINRICH WELLMANN

◆

EIN DORLING KINDERSLEY BUCH

Zuerst erschienen in Großbritannien 1991
bei Dorling Kindersley Limited,
9 Henrietta Street, London WC2E 8PS

Copyright © 1991 Dorling Kindersley Limited, London
Text-Copyright © 1991 Dorling Kindersley und Jonathon Porritt
Copyright © 1991 der deutschen Ausgabe
bei RVG-Interbook,
Hamburg–Remseck

Chefredakteur *Douglas Amrine*
Chefbildredakteur *Peter Luff*

Redaktion *Josephine Buchanan*, *CWF McDonald*
Bildredaktion *Caroline Murray*
Redaktionsassistentin *Candida Ross MacDonald*
Bildredaktionsassistentin *Tina Vaugham*
Designer-Assistent *Mustafa Sami*
Projektkoordination *Gillian Harvey*

Umweltrecherche *Donna Rispoli*
Bildrecherche *Suzanne Williams*

Redaktions-Management *Carolyn King*
Bildredaktions-Management *Nick Harris*

Alle Rechte vorbehalten. Kein Teil dieses Werkes darf in irgendeiner Form (durch Fotokopie, Mikrokopie oder andere Verfahren) ohne vorherige schriftliche Genehmigung des Verlages reproduziert oder unter Verwendung elektronischer Systeme verarbeitet, vervielfältigt oder verbreitet werden.

Computer-Seitenlayout von Cooling Brown Partnership,
Hampton-upon-Thames, Middlesex
Lithographie von Colourscan, Singapur
Gedruckt und gebunden in Italien bei
Arnoldo Mondadori, Verona, Italien

ANMERKUNG DES VERLAGES

Ideal wäre es gewesen, wenn wir auf 100prozentigem Recyclingpapier gedruckt hätten. Leider standen dem drei Faktoren im Wege: die Tatsache, daß es vielleicht nicht ständig verfügbar gewesen wäre, wie es bei einer Mehrsprachenauflage erforderlich sein würde; der vergleichsweise hohe Preis dieses Papieres, der den Verkaufspreis um einen unvertretbaren Betrag erhöht haben würde; und, kritisch betrachtet, die Qualität des Farbdrucks auf Recyclingpapier, die letztlich die Anforderungen eines der Hauptziele dieses Buches nicht erfüllen würde – nämlich die Schönheit und Zerbrechlichkeit der natürlichen Reichtümer unserer Erde in all ihrer großartigen Pracht wiederzugeben.

Die in diesem Buch zum Ausdruck gekommenen Meinungen spiegeln nicht unbedingt die von Friends of the Earth International oder von einer der Mitgliedsgruppen vertretenen wider.

Mit dem Kauf dieses Buches haben Sie schon dazu beigetragen, die Arbeit der Friends of the Earth International zu unterstützen: Die Lizenzerträge dieses Buches gehen in einen *Save the Earth*-Spezialfonds. Auf Seite 203 finden Sie Einzelheiten darüber, wie dieses Geld ausgegeben wird. Wenn Sie einen weiteren Beitrag leisten wollen, schreiben Sie bitte an die deutsche Vertretung von Friends of the Earth International, dem Bund für Umwelt- und Naturschutz Deutschland, dessen Adresse auf Seite 202 steht, und erkundigen Sie sich nach den Bestimmungen für die Mitgliedschaft.

Aus dem Englischen von Hans-Heinrich Wellmann
unter Mitwirkung von
Thomas M. Höpfner, Elke Hosfeld und Lexa von Nostitz

Wissenschaftliche Beratung für die deutsche Fassung:
Professor Dr. Gerd Hartmann

ISBN 3-88102-089-6

INHALT

VORWORT 6
HRH The Prince of Wales

EINLEITUNG 10
Hubert Weinzierl

1 · ERWACHEN 14

BESTANDSAUFNAHME
Ist dies die letzte Chance? 20
Jonathon Porritt

EINE NEUE
INTERNATIONALE ORDNUNG
Eine Welt und darüber hinaus 32
Jonathon Porritt

2 · ERDE 40

REGENWALD
Die verschwindenden Wälder 46
Norman Myers

GRASLAND
Ein Plädoyer für Weideland 56
David Hall und Jonathan Scurlock

DAS ACKERLAND
Vom Winde verweht 62
Lester Brown

ARTENVIELFALT
Der Reichtum des Lebens 70

Die Bedeutung der Vielfalt 70
Peter Raven

Das Füllhorn der Natur
Ghillean Prance

GEBIRGE
Der Verlust der Hochländer 80
David Pitt und Denis Landenbergue

3 · LUFT 88

GLOBALE ERWÄRMUNG
Gefahren der
Klimaveränderung 94
Stephen Schneider

LUFTVERSCHMUTZUNG
Bedrohtes Leben 102
Michael Walsh

4 · FEUER 110

WELTBEVÖLKERUNG
Erschreckende Zahlen 116
Jonathon Porritt

STÄDTE
Neue Wege 122
*Jorge Hardoy und
David Satterthwaite*

DIE LÄNDLICHEN RESSOURCEN
Zivilisation neu erlernen 130
Anil Agarwal

BEDROHTE VÖLKER
Die Weisheit ehren 136
Robin Hanbury-Tenison

5 · WASSER 142

OZEANE UND MEERE
Fischerei auf Abwegen 150
John Beddington

MEERESSTRÄNDE UND
FLUSSMÜNDUNGEN
Gezeitenwechsel 158
Robert Earll

FLÜSSE UND SEEN
Eindämmung der Flut 166
Philip Williams

FEUCHTGEBIETE
Trockenlegung der Sümpfe 174
David Bellamy

6 · HEILEN 182

VERANTWORTUNG ÜBERNEHMEN
Ökologie beginnt zu Hause 188
Jonathon Porritt

DER WEG VORAN
Preis der Erde 196
Jonathon Porritt

Nützliche Publikationen und
Adressen 202
Friends of the Earth
International 203
Register 204
Danksagungen 208

VORWORT

von H. R. H. Prince of Wales

Zu einer Zeit, als es noch nicht besonders „in" war, über Umweltfragen zu reden, war es recht unbesonnen von mir, sie der Öffentlichkeit vorzutragen. Unbesonnen, weil man mich damals für, milde gesagt, etwas schrullig hielt. Aber ich trug sie vor, da ich schon seit einiger Zeit der Überzeugung war, daß die Entwicklungen, die wir vor Augen hatten, und die Warnungen, die von bestimmten Wissenschaftlern geäußert wurden, symptomatisch für eine Form des industriellen, technischen und sozialen Fortschritts waren, der verfolgt wurde, ohne daß man die Langzeitfolgen dieses Fortschritts genügend bedachte.

Letzten Endes haben wir nur diesen einen Planeten, den wir bewohnen können. Kein anderer Leben tragender Planet ist bis jetzt entdeckt worden. Bis einer gefunden ist – und die technischen Mittel, ihn zu kolonisieren, zur Verfügung stehen –, ist es, soweit es mich betrifft, sinnvoll, unser einziges lebenerhaltendes System pfleglich zu behandeln. Wir sind, oder sollten es zumindest sein, mehr als alles andere die Verwalter dieser einzigartigen Oase in einem sonst offensichtlich öden und unbewohnbaren Universum.

Es ist natürlich leicht, sich der Vorstellung anheimzugeben, daß in einer romantisch verklärten, fernen Vergangenheit unsere Vorfahren in einer Art pastoralem Utopia lebten, völlig in Harmonie mit der Natur und ihrer Umwelt. Natur- und Umweltschützern wird oft vorgeworfen, die unrealistische Vision einer vorindustriellen Vergangenheit wieder verwirklichen zu wollen.

Obwohl die Bilder der Vergangenheit natürlich verklärt werden, bin ich der festen Überzeugung, daß durch unsere unreflektierte Einstellung dem sogenannten „Fortschritt" gegenüber einige der Lektionen, die unsere Vorfahren in Tausenden von Jahren einer schwer errungenen Erfahrung gelernt haben, in Vergessenheit geraten sind.

Ich glaube, daß unser westliches, griechisch-römisches Erbe einige fundamentale Wahrheiten über das Universum enthält, die wir verloren haben und wiederfinden sollten. Im

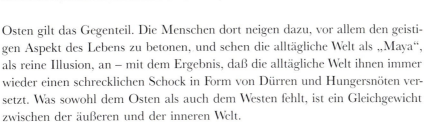

Osten gilt das Gegenteil. Die Menschen dort neigen dazu, vor allem den geistigen Aspekt des Lebens zu betonen, und sehen die alltägliche Welt als „Maya", als reine Illusion, an – mit dem Ergebnis, daß die alltägliche Welt ihnen immer wieder einen schrecklichen Schock in Form von Dürren und Hungersnöten versetzt. Was sowohl dem Osten als auch dem Westen fehlt, ist ein Gleichgewicht zwischen der äußeren und der inneren Welt.

Jede der alten Gesellschaften scheint von mythologischen Vorstellungen beherrscht und beeinflußt gewesen zu sein. Während der modernen Denkart die Mythen der Vergangenheit primitiv und für eine technisch orientierte Gesellschaft irrelevant erscheinen, möchte ich behaupten, daß, weil wir jene Mythen verloren und versäumt haben, uns ihre wahre Bedeutung bewußt zu machen, unsere ganze Einstellung dem Leben und unserer natürlichen Umwelt gegenüber so unausgewogen geworden ist.

Es lohnt vielleicht, sich ins Gedächtnis zu rufen, was ein Mythus ist. Er ist eine Erzählung oder eine Fabel mit einer Bedeutung, die nicht offensichtlich ist und sich uns entzieht, wenn wir sie wörtlich zu nehmen suchen. Der Begriff selbst kommt aus dem Griechischen und heißt „Wort" – also eine Geschichte oder ein Märchen. Die inneren Aussagen einer Wahrheit werden, wenn man sie wörtlich nimmt, häufig mißverstanden; und daher haben alle großen Religionen und Philiosophien sich des Mythus und der Allegorie bedient, um ihre tiefsten Wahrheiten zu verschleiern (und sie zugleich jenen zu offenbaren, die Augen haben zu sehen). Unsere Vorfahren mögen keine hochentwickelte Technologie gehabt haben, aber ihre Einsichten in die verborgenen, unbewußten Aspekte der Naturgesetze waren einfach und tief und in gewisser Weise höher entwickelt als unsere eigenen.

Die griechische Mythologie berichtet uns, in der symbolischen Sprache von Göttern, Göttinnen und seltsamen Fabelgeschöpfen, etwas über die ewigen Wahrheiten, die wir verstehen müssen, um das Gleichgewicht in unserem Leben wiederfinden und den Herausforderungen begegnen zu können, mit denen die Welt uns konfrontiert. Die Geschichte des Prometheus, der den Göttern das Feuer stahl, sollte uns daran erinnern, daß der hochtechnisierte Mensch von heute eine Macht besitzt, die der jener alten Götter gleicht, und daß er Gefahr läuft, die Welt damit zu zerstören. Die Macht des Menschen ist heute schrecklich. Wie kann er diese Macht zu seinem Vorteil – und dem der Natur – nutzen?

Ein anderer Mythus erzählt uns eine ähnliche Geschichte – die Phaethons, des prahlerischen Sohnes des Sonnengottes Helios, der darauf bestand, den Sonnenwagen seines Vaters über den Himmel zu fahren. Zu spät erkannte er, daß er weder alt noch stark genug war, das

mächtige Gespann ungezähmter Pferde zu lenken. Er geriet mit dem Sonnenwagen zu nahe an die Erde, so daß die Felder, Wälder und Städte zu brennen begannen und selbst die Meere anfingen zu sieden und das marine Leben bedrohten. Um die Zerstörung allen Lebens zu verhindern, sah sich sein eigener Vater gezwungen, einen Blitz gegen den geliebten Sohn zu schleudern, so daß er brennend ins Meer stürzte. Für die Rationalisten der heutigen Welt sind solche Mythen nur Phantastereien. Doch in Indien, wo diese Dinge besser verstanden werden, hat Gomara Swamy gesagt: „Der Mythus ist die vollkommenste Annäherung an die absolute Wahrheit, die sich in Worten bewerkstelligen läßt." Und C. G. Jung sagte gegen Ende seines Lebens: „Ein Mythus ist die Offenbarung des göttlichen Lebens im Menschen." Im Westen findet einer der Faktoren, die dazu beigetragen haben mögen (indem sie wörtlich genommen wurden), die Natur zu beherrschen, anstatt in Harmonie mit ihr zu leben, Ausdruck in der Genesis, wo es heißt: „Und Gott sprach zum Menschen: Seid fruchtbar und mehret euch, und füllet die Erde, *und macht sie euch untertan, und herrschet über Fische im Meer und über Vögel unter dem Himmel und über alles Tier, das auf Erden kreucht.*" Für mich hat diese Geschichte des Alten Testaments, in Zusammenhang mit seinem gesamten jüdisch-christlichen Erbe, die anmaßende Einstellung bestimmt, die der westliche Mensch gegenüber der Schöpfung einnimmt. Es mag keine bewußte Haltung sein, aber sie hat nichtsdestoweniger die Überzeugung verstärkt, daß die Welt der Natur dem Menschen anheimgestellt ist – gleichsam als Einkommensquelle und nicht als Vermögen, das es zu verwalten gilt. Im Gegensatz dazu weist der Koran eigens darauf hin, daß die Natur von Gott entlehnt ist.

Was ich, wenn auch zögernd, zu sagen versuche, ist, daß jetzt, wo wir zu begreifen beginnen, daß wir unsere „konventionelle" Einstellung den Dingen gegenüber korrigieren müssen – etwa auf dem Gebiet der bisher gängigen Wirtschaftstheorien und dem, was wir unter Fortschritt verstehen –, wir auch vielleicht jenem unbewußten Element in unserem Leben größeren Raum geben sollten, das durch den Sieg des Rationalismus verdrängt worden ist – ein Prozeß, der im wachsenden Maße zu Mißverständnissen und Ressentiments seitens der eher traditionell ausgerichteten Gesellschaften der Entwicklungsländer geführt hat. Eine solche Korrektur vorzunehmen, wird nicht leicht sein – auch ich weiß nicht, wie sie zu bewerkstelligen ist! –, aber um die globalen Aufgaben zu bewältigen, die auf uns zukommen, müssen wir meiner persönlichen Überzeugung nach unsere technischen Fähigkeiten mit einer geistigen Neuorientierung und der Einsicht verbinden, daß bestimmte Wahrheiten ewig und unabhängig von modischen Auffassungen des 20. Jahrhunderts sind.

Auf diese Weise werden wir die alte Kunst des Wirtschaftens wieder entdecken: eine vernünftige Verwaltung des Landes, die immer schon unter dem, was wir heute als „bewahrend" bezeichnen, praktiziert worden ist. Wir werden auch entdecken, daß es möglich ist, unnötige Verschwendung zu vermeiden, und daß, wichtiger noch, die Findigkeit und Phantasie des Menschen, getragen durch die Einsicht der Notwendigkeit, imstande sein wird, die vielen Probleme anzugehen, die uns bevorstehen.

Viel ist geschrieben und geredet worden über die Probleme der Entwicklungsländer – eine Diskussion, die häufig mit modischem Jargon belastet ist. Wir müssen darauf achten, unsere westlichen Vorstellungen und Lösungen nicht den Menschen dieser Entwicklungsländer aufzudrängen. Nur weil wir das technische Know-how und die Wirtschaftstheorien haben, kennen wir noch nicht alle Antworten.

Vor allem dürfen wir die Gegebenheiten der Kultur und der Religion dieser Länder nicht außer Acht lassen. In Indonesien beispielsweise (einem vorwiegend moslemischen Land) sind die wohl erfolgreichsten Maßnahmen zur Geburtenkontrolle in den Entwicklungsländern vor allem deshalb so gelungen, weil große Anstrengungen unternommen wurden, die Imame jeder Gemeinde davon zu überzeugen, die Maßnahmen als Teil der moslemischen Religion zu akzeptieren. Ohne diese Bemühungen wären die Maßnahmen sofort gescheitert.

Die Menschen in diesen Ländern glauben, daß wir, in den entwickelten Ländern, jene immateriellen Werte wiederfinden sollten, die das richtige Gleichgewicht zwischen der äußeren Welt der Natur und der inneren Welt ermöglichen. Ein solches Gleichgewicht läßt uns besser das ewige Gesetz des Widerspruchs erkennen, welches besagt, daß jeder scheinbare Vorteil einen Nachteil hat und daß gewisse Grenzen akzeptiert werden müssen. Das ist natürlich eine unbequeme Wahrheit; aber solange wir nicht bis zu einem gewissen Grad unsere Fehlbarkeit in dieser Hinsicht akzeptiert haben, wird es nach meiner Meinung schwierig sein, die Natur auf die Weise zu „bewahren", von der heute soviel geredet wird.

In diesem wichtigen neuen Buch wird Jonathon Porritts eigene entschiedene und zum Nachdenken herausfordernde Botschaft ergänzt durch Beiträge vieler anderer hervorragender Umweltschützer, von denen jeder aus einer etwas anderen Perspektive die Umweltprobleme unserer Erde darstellt. Das, was sie alle zu sagen haben, weist, für mich wenigstens, darauf hin, wie wichtig es ist, daß wir unsere Einstellung ändern, wenn wir auf diesem Planeten überleben wollen.

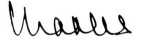

Einleitung

Hubert Weinzierl

Unser Planet Erde hat dramatische Jahre erlebt, die sich mit den drei großen weltpolitischen Themen „Veränderungen im Osten", „Vereinigung Deutschlands" und „Golfkrieg" charakterisieren ließen. Einigen in Politik und Wirtschaft schien das gut in den Kram zu passen: Es wurde zwar weiterhin viel über Umwelt geredet, besonders im Vorfeld der Konferenz für „Umwelt und Entwicklung" 1992 in Brasilien, de facto aber herrschte Stillstand in der Umweltpolitik, national wie international. Doch schon beginnen uns in Ost und West, am Golf und in den Tropen, zu Wasser und zu Luft die Umweltsorgen wieder einzuholen.

Für Deutschland zeigte sich dies besonders in den Koalitionsverhandlungen nach der Bundestagswahl 1990. Das zunächst respektable Papier wurde im Laufe der Verhandlungen derart von Wirtschaftseinflüssen sabotiert, daß ein Rückschritt in der bundesweiten Umweltpolitik eintrat, obwohl inzwischen 80 Prozent der Bevölkerung dem Umweltschutz die allerhöchste Priorität einräumen. Zwar kann es sich keine politische Partei mehr leisten, kein Umweltprogramm zu haben und in Sonntagsreden intakte Natur und gesunde Umwelt zu versprechen, aber die Realität sieht – vor allem wenn es um Geld geht – ganz anders aus.

Anstatt zu klotzen – etwa bei der Sanierung der Umweltprobleme in den fünf neuen Bundesländern, wofür mindestens 400 Milliarden Mark nötig wären – wird gekleckert: drei Promille des Haushaltes der Bundesrepublik Deutschland sind für die Umwelt bereitgestellt, für den Militärhaushalt steht das Fünfzigfache zur Verfügung, und während Umweltschützer seit einem Jahrzehnt vergeblich die Diskussion um die Einführung von Ökosteuern oder Abgaben fordern, sind, wenn es um militärische Zwecke geht, Steuererhöhungen kein Problem, wie uns der Golfkrieg gelehrt hat.

Wir werden aber um massive Abgaben und Steuern nicht herumkommen, denn Ökosteuern sind auch Finanzierungsquellen, die Verhaltensänderungen in vielen Bereichen unserer überzogenen und sinnlos gewordenen Konsumgewohnheiten bewirken können: bei der Energieverschwendung, beim Kauf von Zivilisationsplunder und beim Verpackungsterror. Es ist doch absurd zu glauben, die Selbstverantwortung der Industrie würde das alles allein lösen. Erfahrungsgemäß reicht die Selbstverantwortung der Industrie allenfalls bis zur nächsten Bilanz.

Damit reden wir jedoch keineswegs einer selbstauferlegten lustfeindlichen Askese das Wort, sondern wir plädieren für den intelligenteren Energie- und Rohstoffeinsatz, ohne daß dadurch Einbußen am tatsächlichen Wohlbefinden erlitten werden müßten.

Eine Überlebensstrategie für die 90er Jahre erfordert eine neue Grundsatzdiskussion über unsere Wachstums-Philosophie. Wir müssen endlich entscheiden, was wir eigentlich wollen und welche Werte wir verteidigen. Die bisher übliche Reparaturmentalität ist am Ende. Jetzt geht es um die generelle Änderung unserer Denkweise, es geht um eine Umkehr, es geht darum, daß wir es uns einfach nicht mehr leisten können, die Überlebensfragen der Menschheit im Parteiengezänk untergehen zu lassen, anstatt sie über alle gesellschaftlichen Gruppen hinweg zu lösen. Es geht auch darum, daß Menschen einen Baum wieder so ernst nehmen wie ein Aktienpaket, und daß Volksvertreter die Macht gegen eine sanftere politische Kultur eintauschen.

Es ist unabdingbar, unser Rechtsverständnis und das Verhältnis von Mensch und Natur stärker zu betonen und neu zu formulieren. Die Verankerung eines Staatszieles „Umweltschutz" im Grundgesetz, die 1990 im Deutschen Bundestag an der Zweidrittelmehrheit gescheitert ist, muß nach wie vor angestrebt werden.

Hoffnung gibt die Initiative des Bundesumweltministers, ein Umweltgesetzbuch vorzulegen, das die vielfältigen Rechtsgrundlagen der Umweltpolitik in einem medienübergreifenden Codex zusammenfaßt. Ein Mangel ist dabei nach wie vor, daß die Verbandsklage nicht bundesweit eingeführt wird – in einer Zeit, wo der Ruf „Wir sind das Volk", Mauern zum Einsturz gebracht hat, sollte man den Bürgerinnen und Bürgern so viel Reife zubilligen, daß sie gegen mutwillige Zerstörung ihrer Lebensgrundlagen Klage erheben können.

Statt dessen werden wir Naturschützer in der Öffentlichkeit oft weiter als Apostel des Weltunterganges und der Apokalypse abqualifiziert. Aber unser gemeinsames Haus Erde ist zu klein geworden, als daß eine Minderheit in einem abgeschirmten Salon die Schachspiele mit dem Leben fortsetzen dürfte. Wir müssen die Wahrheit sagen, damit die Fakten nicht unter den Teppich gekehrt werden. Es ist eine Tatsache, daß unser Globus in Kürze leergefressen wäre, wenn jeder Bewohner dieser Erde im gleichen Ausmaß Rohstoffe und Energie verbrauchen würde wie wir.

Im abgelaufenen Jahr wurde es deutlicher denn je, daß die Welt zu klein und zu eng geworden ist, als daß sich unsere Umweltsorgen auf nationaler Ebene lösen ließen.

Wir erleben in dieser Zeit, wie schwer es ist, 17 Millionen Landsleute in eine gemeinsame Lebensweise zu integrieren. Wieviel dramatischer wird dabei der Gedanke, den restlichen fünfeinhalb Milliarden Menschen klarzumachen, daß unser Lebensstil der falsche ist!

Es fällt für uns Naturschützer nicht leicht, angesichts der Wirklichkeit gewordenen Horrorszenarien von Ökoterrorismus, Ölpest und Golfkrieg noch immer an das Rettende zu glauben. Schier hoffnungslos mußten wir zusehen, wie dieser Menschenkrieg mit seinem apokalyptischen Zerstörungspotential auch zum Krieg gegen die Schöpfung geworden ist.

Und obwohl wir wissen, daß das Ultimatum der Natur längst abgelaufen ist und die Menschheit sich immer mehr ihren Existenzgrenzen nähert, wurden diese Kriegsverbrechen an der Natur Wirklichkeit und dies entgegen der Genfer Konvention, welche das humanitäre Kriegs-Völkerrecht weiterentwickeln wollte und Kriegsführungsmethoden verbietet, die anhaltende Umweltschäden verursachen und Gesundheit und Überleben der Bevölkerung gefährden.

Einig sind sich die Fachleute nach dieser größten, menschengewollten Ökokatastrophe auch darin, daß sie vermutlich erschreckender ist als geahnt, daß ihre Langzeitfolgen unüberschaubar sind, die Sanierungskosten unbezahlbar und daß die Ölfelder noch Jahre brennen können. Auswirkungen auf das Klima seien noch nicht überschaubar, sagen die Experten. Fest steht, daß solche Kriege wie der am Golf nicht nur das Werk eines wahnsinnigen Diktators sind, sondern schlußendlich auch Ergebnis einer Denkweise, unserer Denkweise, welche einen Nord/Südkonflikt auf der Erde schürt und hochrüstet.

Dies sind die beginnenden Verteilungskämpfe um die schwindenden Rohstoffe auf unserer gemeinsamen Erde, dies ist ein bleibender Krieg, der an vielen Fronten geführt wird und eine davon läuft durch die Wohlstandsbilanzen und das Konsumverhalten einer maßlos gewordenen Minderheit auf der nördlichen Halbkugel. Solange 18 Prozent der Weltbevölkerung 80 Prozent aller Ressourcen verprassen, wird es Krieg geben.

Deshalb bleibt uns, den Reichen dieser Erde, die wir am meisten verprassen und die wir auch Hauptschuldige sind an der globalen Umweltmisere, nur der eine anständige Weg offen: Nicht Schulmeistern, was zu unterlassen sei und welche Fehler nicht wiederholt werden sollten, ist gefragt, sondern das Vorbild: wir müssen unseren überzogenen Wohlstand freiwillig zurückschrauben, bevor wir durch weltweite Verteilungskämpfe gewaltsam dazu gezwungen werden. Aber das Gegenteil ist der Fall! Im ersten Vierteljahr 1991 wurden in Deutschland wieder mehr Autos zugelassen als je zuvor in der Geschichte und unser Wachstumsniveau steht an erster Stelle der Weltrangliste.

Unsere Erde ist ein gemeinsames Lebewesen, in das Menschen, Tiere und Pflanzen gleichermaßen verwoben sind; Boden, Luft und Wasser sind unsere gemeinsamen Lebenselemente. Weil wir aber eine Erde sind, kann unser Kreislauf nur im Zusammenwirken aller Kräfte, aller Menschen und aller Denkweisen Bestand haben. Das Leben muß wieder zum Maß aller Dinge werden, und nicht der technische Fortschritt. Weltweit öffnen sich immer mehr Herzen diesem Wunsch, und wo immer wir auf dieser Erde mit Gleichgesinnten zusammentreffen, spüren wir den Gleichklang für das Lebendige. Diese Kommunikationsnetze der Herzen, nicht die der Computer, geben uns Kraft und Hoffnung. Deshalb müssen und werden wir eine ökologische Weltrevolution zugunsten der Menschheit und der Tierheit und der Pflanzenheit solange schüren, bis ein Wunder geschieht oder bis ein seelischer Quantensprung eintritt.

Ich glaube daran.

Hubert Weinzierl ist 1. Vorsitzender des Bund für Umwelt und Naturschutz Deutschland e.V. (BUND) und deutscher Vertreter für Friends of the Earth International.

RETTET DIE ERDE

I
ERWACHEN

Ohnegleichen im Weltraum, ohnegleichen mit ihren lebenserhaltenden Systemen, bewegt durch unfaßbare Energien, die sie uns durch die feinsten Anpassungen vermittelt, unstet, launisch, unwahrscheinlich, unberechenbar, aber nährkräftig, belebend und bereichernd in höchstem Maße – ist sie nicht ein kostbares Heim für uns Erdbewohner, uns alle? Ist sie unserer Liebe nicht wert? Verdient sie nicht alles, was wir an Erfindungsgabe und Mut und Großzügigkeit aufbieten können, um sie vor Entwürdigung und Zerstörung zu bewahren und dadurch unser eigenes Überleben zu sichern?
Aus Only One Earth *von* BARBARA WARD *und* RENÉ DUBOS

DÄMMERUNG AN DER
KÜSTE VON MARYLAND (USA)

Rettet die Erde ist ein Ruf zu den Waffen, ein Schrei von der Erde, eine schlichte Lobpreisung ihrer zerbrechlichen Schönheit. Zugleich zollt es Tribut den Freunden der Erde, allen, die uns schon so lange sagen, daß die Sorge um und für die Erde keine unserer freien Wahl überlassene Zugabe ist, sondern die größte Herausforderung, der wir uns zu stellen haben.

In diesem Buch kommen viele verschiedene Meinungen zum Ausdruck. Achtzehn weltweit führende Wissenschaftler und Umweltexperten verschaffen uns Überblick über die anhaltenden Belastungen der Ökosysteme der Erde. Über 100 führende Politiker, Führer von Religionsgemeinschaften, Künstler, Autoren und Campaigner aus allen Weltgegenden steuern ihren persönlichen Kommentar zur Verfassung der Welt bei, wie sie sie heute sehen.

So viele Meinungen es sein mögen, es gibt zwischen ihnen kaum Unstimmigkeiten. Kein Zweifel, die Schäden, die wir der Erde zufügen, überholen noch immer die heute neu gefaßten Vorsätze, etwas dagegen zu tun. Die Zeit tickt uns davon. Für viele Menschen und viele Arten ist die Uhr bereits abgelaufen.

Die Erde ist gefährdet wie nie zuvor. Wir haben Böden und Flüsse mit Giftstoffen kontaminiert, Küsten und Meere mit Öl verpestet und die che-

DEM FORTSCHRITT TROTZEND (gegenüber) *Eine Seeschwalbe im Tiefflug über einer Marschlandschaft in North Dakota. Überall auf der Erde sind viele „ertragsunfähige" Flächen wie diese trockengelegt worden.*

OPFER (oben) *Vertriebene Somalier ziehen in ein Flüchtlingslager. Krieg und Hunger in der Dritten Welt sind oft verursacht durch das ungleiche Verhältnis zwischen dem reichen Norden und dem armen Süden.*

Rettet die Erde

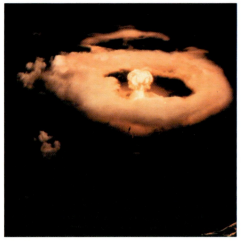

1946: Atombombentest kontaminiert das Bikini-Atoll

mischen Eigenschaften der Luft, von der das Leben abhängt, verändert. Kein Wunder, daß viele Menschen fragen, ob es denn mit der Ausbeutung des Planeten so weitergehen soll.

Dieses Buch verfolgt einen einfachen Zweck: Es möchte einen kleinen Beitrag zu der Suche nach Antworten leisten, indem es solide wissenschaftliche Erkenntnisse und starke Emotionen miteinander verwebt. Wir müssen immer mehr darüber in Erfahrung bringen, wie der Planet Erde funktioniert, darauf sind wir angewiesen, und an diesen Erkenntnissen müssen sich unsere politischen und ökonomischen Systeme orientieren. Aber Wandel kann kein ganz und gar rationaler und intellektueller Prozeß sein. Die Umgestaltung der heutigen Gesellschaft hat ebensoviel mit den Herzen der Menschen zu tun wie mit ihrem Denken.

Dies ins Gleichgewicht zu bringen ist nicht leicht. Jahrelang wurde Umweltorganisationen Gefühligkeit vorgeworfen, woraus die meisten den Schluß gezogen haben, daß es besser ist, sich strikt an die Fakten zu halten und auf Korrektheit im Wissenschaftlichen als Voraussetzung erfolgreicher Kampagnenarbeit zu achten. Aber das hat seinerseits manchmal das Gleichgewicht gestört; Wissenschaft und Technik können uns aus unseren Problemen nicht heraushelfen, wenn unsere Wertbegriffe Schlagseite bekommen und sich verzerren. Solange unser Gefühl unbeteiligt bleibt und unser Geist nicht gefordert wird,

Londoner „Waschküche": Smog tötet in den 1940er Jahren Hunderte von Menschen

DDT führt in den 1950er Jahren zu Dünnschaligkeit bei Wanderfalkeneiern

nützt auch noch soviel rationale Analyse nichts. Die Größenordnung dieser Herausforderung ist wahrhaftig erschreckend und die Bereitschaft der Politiker, sie anzunehmen, ist fraglich. Wie immer sind die ausschlaggebenden Faktoren der politische Wille, das Geld und die Macht der Vertreter jener althergebrachten Ansprüche, die in dem Prozeß viel zu verlieren haben.

Osteuropa erteilt uns in dieser Hinsicht mehr Anschauungsunterricht, als uns lieb sein kann. Der Kommunismus entfesselte in diesen Ländern auf Kosten ihrer Bewohner einen beispiellos grausamen Sturm auf die Umwelt. Noch immer ist es nicht möglich, den entstandenen Schaden quantitativ zu bestimmen; jedenfalls wird es eines gewaltigen finanziellen Aufwands bedürfen, Osteuropa westeuropäischen Umweltstandards anzugleichen, ganz abgesehen davon, daß wir, wir alle, jene Standards weiter anheben müssen, wie wir wissen.

In vielen Fällen dürfte es wesentlich teurer werden, Fabriken in Osteuropa zu sanieren oder wiederinstandzusetzen als sie abzureißen und von Grund auf neu zu bauen. Die gesellschaftlichen und wirtschaftlichen Kosten für ein solches Aufholen sowie

1967: Die Torrey Canyon vor der Küste von Cornwall – die erste grosse Tankerkatastrophe

Erwachen

für die Beseitigung der Übel, die 40 Jahre Mißwirtschaft und Korruption angerichtet haben, diese Kosten müssen getragen werden, so schwer es auch fallen mag. Ost oder West, Nord oder Süd – es sind keine vermeidbaren Kosten. Man kann sie entweder jetzt aufbringen (was Volkswirtschaften im Westen zumindest in gewissem Grade anstreben) oder man kann es auf morgen verschieben (wie es Osteuropa und viele Länder der Dritten Welt versucht haben und noch immer versuchen). So oder so, diese realen Schulden müssen beglichen werden, und je weiter die Zahlung hinausgeschoben wird, desto größer die geschuldete Zinslast, die sich unweigerlich ansammelt. Zukünftige Generationen werden uns rundweg verfluchen, sobald es an ihnen ist, die ökologischen Schulden zu quantifizieren, die wir ihnen aufgebürdet haben.

NICHTS DAZUGELERNT: ÖL AUS DER AMOCO CADIZ VERSCHMUTZT 1978 DIE KÜSTE FRANKREICHS

Wir haben der Erde im Namen des „Fortschritts" Entsetzliches zugefügt und fügen ihr weiter Entsetzliches zu. Dasselbe tun wir auch miteinander, sowohl bewußt durch Krieg, Gewalt, Unduldsamkeit in Rassenfragen und durch fortgesetztes Verletzen der elementarsten Menschenrechte, und unbewußt durch eine Weltwirtschaftsordnung, die systematisch dafür sorgt, daß die Dritte Welt arm bleibt, und Vorrechte und Macht nur denen zugesteht, die gelernt haben, vor solch schreiendem Unrecht die Augen zu verschließen.

Die meisten Menschen in den reichen Ländern des Nordens haben gelernt, globale Stufen von Leiden und Armut zu ignorieren, bei denen uns permanent die Haare zu Berge stehen müßten. Auf jedes der 40000 Kinder, die Jahr für Jahr tagtäglich an verhütbaren Krankheiten sterben, müssen im Norden 10000 kommen, die es fertigkriegen, jede Nacht gut zu schlafen, obwohl sie wissen, daß weit und breit kein Ende dieses Alptraums abzusehen ist. Und noch etwas: Jedes, aber auch jedes in diesem Buch angeschnittene Problem wird auf irgendeine Weise durch das unverändert rasche Wachstum der Weltbevölkerung verschlimmert werden, das uns unweigerlich

1984: EXPLOSION IN EINER FABRIK IN BHOPAL TÖTET TAUSENDE

bevorsteht. Ich glaube, es ist noch sehr offen, ob wir es schaffen können, uns selbst und die Erde vor den Folgen unserer Anmaßung und Torheit zu bewahren. Völlig unbegründet ist jedenfalls die unglaubliche Selbstzufriedenheit jener, die behaupten, wir hätten bereits genug getan und es werde unsere wirtschaftlichen Aussichten schmälern, wenn wir zuviel Theater wegen der Umwelt machen. In Wirklichkeit werden wir bald überhaupt kein Theater mehr machen können, wenn wir nicht weit drastischere Schritte als bisher unternehmen.

1986 BREITET SICH TSCHERNOBYL-STRAHLUNG ÜBER EUROPA AUS

AHORNSAMEN
Acer rubrum

PER GAHRTON

„Ich lebe auf dem Lande in Schonen, zwischen den künstlichen Kiefernanpflanzunggen weiter im Norden und den mit Chemikalien behandelten Getreidefeldern im Süden. Hier habe ich endlich Zuflucht gefunden vor der sich überall ausbreitenden Industrie. Ein wesentlicher Bestandteil dieses kleinen Paradieses sind die Kühe, die durch ihr Grasen die Weiden offen halten und Bauern mit weniger als 40 bis 80 Hektar Land Milch liefern. Diese Kühe werden bald verschwinden. Das Parlament hat beschlossen, 140 000 Milchkühe zu schlachten und 400 000 Hektar Getreideland mit Kiefern zu bepflanzen.

Es wird ganze Armeen von sauber aufgereihten Kiefern geben. Eine verheerende Monokultur wird sich entwickeln, als Vorspiel zu der zu erwartenden chemischen Wüste. Und die Milch? Ein schwedischer Professor für Molekularbiologie hat die Lösung. Er berichtet, daß Kühe sehr ineffiziente ‚Maschinen' seien, da sie nur 0,004 Prozent der Sonnenenergie, die sie empfangen, umwandeln. Aber das läßt sich durch die Wissenschaft ändern! Wir werden bald effizientere Maschinen bauen können, die mit Energie, Wasser, Kohlendioxid, Stickstoff und Mineralien gespeist werden und am anderen Ende Milch liefern. Ich weiß, daß es ‚unvernünftig' ist, aber ich möchte, daß die stinkenden, schmutzigen, wiederkäuenden, ineffizienten schwarzweißen Tieflandkühe auf ihrer Weide bleiben. Der Professor glaubt, daß sogar Papierbrei direkt von Maschinen hergestellt werden kann, ohne den Umweg über die Kiefernstämme. So kann die Menschheit vielleicht die Natur ganz umgehen, ohne Kühe und Bäume leben und die Photosynthese durch Maschinen ersetzen. Vielleicht habe ich nicht mehr alle meine Sinne beisammen, aber diese Vorstellung machte mich verrückt vor Angst."

Per Gahrton ist als Abgeordneter der Grünen Mitglied des Schwedischen Parlaments.

BRAUNKOHLENTAGEBAU IN DEUTSCHLAND

MICHEL BATISSE

„Jede menschliche Gesellschaft versucht, sich in ihrem eigenen Haus zu organisieren. Jedes Haus ruht auf vier Säulen: der Zahl der Menschen, der Menge der zur Verfügung stehenden natürlichen Ressourcen, der Umweltqualität und der Stärke der wirtschaftlichen Entwicklung. Wenn einige Säulen zu hoch werden (vielleicht die Einwohnerzahl in ärmeren Ländern oder der Verbrauch lebenswichtiger Güter in reichen Ländern), verliert das Haus sein Gleichgewicht. Heute ist der ganze Planet unser gemeinsames Haus, und es wird höchste Zeit, ihm sein Gleichgewicht wiederzugeben."

Michel Batisse war stellvertretender Generaldirektor (Wissenschaften) der Unesco und ist Präsident des Mediterranean Blue Plan.

IVAN LACKOVIC CROATA

WINTERLANDSCHAFT IN KROATIEN

„Wo sind die friedlichen Landschaften meiner Kindheit? Wo sind die Wälder, voll von Vögeln? Wo ist das Schweigen meines Heimatlandes? Sind wir die letzten Romantiker, die sich nach der Schönheit der wechselnden Jahreszeiten sehnen? Wo sind die Blumen, die wir an den Flüssen gepflückt hatten, als wir Kinder waren? Wo ist das Weiß des Schnees? Lebt es nur noch auf Bildern? Erinnert euch! Das Gesicht der Erde ähnelt dem des Menschen. Vergeßt nicht, daß ihr nur Reisende auf diesem Planeten seid und daß euch nichts gehört."

Ivan Lackovic Croata ist ein jugoslawischer Maler. Er wurde in einem kleinen Dorf in Kroatien geboren.

DAVID SUZUKI

„Es wird Zeit, daß wir unseren Platz auf der Erde neu bestimmen. Der Weg, dem unsere Art bei ihrer Evolution folgte, war die Entwicklung eines großen und komplizierten Gehirns, das uns mit einem Gedächtnis, mit Neugier, Phantasie und Erfindungsgeist ausstattete. Das riesige Panorama der menschlichen Geschichte und zahllose Kulturen waren der Ausdruck dieses Gehirns. Alle Lebensformen setzen sich aus den gleichen zellularen Bausteinen zusammen. Jedes Lebewesen läßt sich zurückverfolgen zu einer Urzelle. 99 Prozent der menschlichen Gene sind identisch mit denen unserer nächsten Verwandten, der Schimpansen und der Orang-Utans, während die Ahnenreihe aller menschlichen Rassen zurückgeht auf eine einzige Frau, die vor 200 000 Jahren im afrikanischen Rift Valley lebte. So entstanden wir aus dem Gewebe des Lebens auf der Erde zusammen mit vielen anderen Arten.

Als Tiere sind wir eingebettet in die Natur; unser Leben ist – wie unser Überleben – abhängig von allem übrigen Leben auf der Erde. Über 70 Prozent unseres Körpers besteht aus Wasser, das aus dem Laubdach der Regenwälder des Amazonas, den Eisplatten der Antarktis und den Weltmeeren kam. Und unsere Nahrungsbedürfnisse befriedigen wir auf Kosten anderer Lebewesen. Im menschlichen Gehirn liegt jetzt der Schlüssel für unsere Zukunft. Wir müssen uns das Bild unseres Planeten, wie er aus dem Weltraum erscheint, ins Gedächtnis rufen: eine einzige Einheit, in der Luft, Wasser und die Kontinente untrennbar miteinander verbunden sind. Das ist unsere Heimat."

David T. Suzuki ist ein kanadischer Genetiker, Journalist und Umweltschützer. Er moderiert das Fernsehprogramm *Man Alive*.

FARMEN IN OST-WASHINGTON, USA

MARIO SIGNORINO

„Ökologische Politik in die Tat umzusetzen heißt, sich dem Leben mit Phantasie und Intelligenz, mit Wissen und Gefühl, mit Verantwortung und Kultur zu nähern. Sie kämpft gegen Bürokratie und Ideologie, Uniformität, Anmaßung und jeden Versuch, die Vielfalt und Autonomie des Lebens zu beseitigen. Und jedem bietet sie die Möglichkeit, einen neuen Freund zu gewinnen – die Erde."

Mario Signorino ist der Gründer und Präsident der *Amici della Terra Italia* (Freunde der Erde, Italien).

JAMES LOVELOCK

„Heute ist jeder ein Manager. Wir sprechen sogar vom ‚Management' des Planeten, wobei jeder von uns gleichsam ein Verwalter der Erde ist. Ich halte es für arrogant, solche Begriffe zu verwenden. Auf den Gütern war ein Verwalter früher jemand, dem das Leben der Tiere und der Menschen anvertraut war. Sollen wir jetzt verantwortlich gemacht werden für das reibungslose Funktionieren der Wettermaschinerie, die Zusammensetzung der Luft, des Wassers und des Bodens? Ich würde vorschlagen, eine Rolle zu übernehmen, die mehr der eines Gewerkschaftsfunktionärs entspricht. Wir sind nicht Manager oder Herren der Erde, sondern Arbeiter, die gewählt wurden, die Interessen anderer zu vertreten, der übrigen Lebewesen unseres Planeten. Alle Lebewesen sind Mitglieder unserer Gewerkschaft, und sie sind verärgert über die unverschämten Freiheiten, die Menschen sich mit ihrem Planeten und ihrem Leben herausnehmen."

James Lovelock ist Präsident der Marine Biology Association, Fellow der Royal Society und Schöpfer der Gaia Theory.

KARAN SINGH

„Wir müssen uns von dem seltsamen Aberglauben befreien, wir seien eine Rasse, die das Recht hat, diesen Planeten ad infinitum auszubeuten. Statt dessen müssen wir zu der Einsicht gelangen, die schon in den alten Weden Ausdruck gefunden hat, daß dieser Planet die Erdmutter ist – Bhawani Vasundhara in der hinduistischen Tradition, Gaia in der griechischen –, die das Bewußtsein seit Tausenden von Millionen Jahren aus dem Schlamm des urzeitlichen Meeres entwickelt und dorthin gebracht hat, wo es sich heute befindet. Die Menschheit repräsentiert in gewisser Weise den kollektiven Geist der Mutter Erde. Das menschliche Bewußtsein muß jetzt die engen Grenzen der Rasse und der Nationalität, der Religion und der Ideologie überwinden und sich den Problemen der Welt öffnen."

Karan Singh ist der frühere Maharadscha von Kaschmir und war Mitglied im Kabinett Indira Gandhis.

MITCHELL-KOLIBRI
Philodice mitchelli

BESTANDSAUFNAHME
IST DIES DIE LETZTE CHANCE?

JONATHON PORRITT

Die Vorstellung des Fortschritts, die die Weltwirtschaft seit dem zweiten Weltkrieg beherrscht hat, hat viele bereichert, aber die Erde ärmer gemacht. Jetzt bleibt uns nur noch ein Jahrzehnt, die Dinge wieder in Ordnung zu bringen.

Die Menschen neigen heute dazu, den Fortschritt nur nach materialistischen Maßstäben zu bemessen, indem sie ihn auf so exzentrische Vorstellungen wie die „Lebensqualität" beziehen. Diese Vorstellung des Fortschritts hat mit der Zeit eine solche Allgemeingültigkeit angenommen, daß sie nicht mehr diskutiert, geschweige denn kritisiert werden darf. Wehe dem Umweltschützer, der zu sagen wagt, daß wir unsere Pferde vor den falschen Fortschrittswagen gespannt haben! Sobald solche ketzerischen Worte geäußert werden, wird man sofort als steinzeitlicher Reaktionär bezeichnet. Alternative Modelle des Fortschritts werden mit völliger Verachtung behandelt.

Aber ich bin davon überzeugt, daß eine solche Vorstellung vom Fortschritt, bis an ihr logisches Ende geführt, unweigerlich das zerstört, was sie zu erreichen sucht. Das Streben, immer reicher zu werden, Jahr um Jahr, koste es – ökologisch gesehen –, was es wolle, muß unweigerlich die natürlichen Ressourcen und die lebenerhaltenden Systeme zerstören, von denen wir abhängig sind. Die Politiker haben sich heute in einer schrecklichen Falle verfangen. Sie sehen, daß das Karussell, das sie mit in Gang gesetzt haben, immer lauter, schmutziger und gefährlicher wird. Doch angefeuert von Scharen weltfremder Wirtschaftswissenschaftler, die einen Erdklumpen nicht von einem Zementbrocken unterscheiden können, wagen sie nicht abzusteigen. Das zeigt einen erstaunlichen Mangel an Voraussicht und gesundem Menschenverstand.

Die Geschwindigkeit, mit der eine solche Zerstörung um sich greift, wird dadurch gesteigert, daß diese sehr westliche Vorstellung vom Fortschritt in jede Ecke der Erde getragen wird. Wie ungerecht und widernatürlich auch immer – die Erde hat es fertiggebracht, etwa eine Milliarde Menschen, die auf diese Weise ihre materialistischen Phantasien ausleben, zu ernähren. Es besteht nicht die geringste Hoffnung, daß sie 5 oder 6 Milliarden, geschweige denn 10 oder 11 Milliarden ernähren kann, die sich einer ähnlichen Lebensweise verschreiben.

Wir alle müssen einer entscheidenden Wahrheit ins Auge sehen: Daß das, was für eine Minderheit der Menschheit möglich sein mag,

ABSCHIEDSLIED (kleiner Kasten oben)
Der Goldkehlpitta ist infolge der Zerstörung der Tieflandwälder Burmas und Thailands vom Aussterben bedroht.

GESCHÄNDETE LANDSCHAFT (gegenüber)
Diese Kupfermine in Cuajone in Peru ist ein anschauliches Beispiel für die Brutalität, mit der der menschliche „Fortschritt" die Erde verletzt.

DIE BEUTE DER WILDERER (links)
In vielen Teilen Afrikas haben Wilderer rücksichtslos Elefanten und Nashörner abgeschlachtet, um ihre Stoßzähne und Hörner zu gewinnen. Ein weltweites Verbot des Verkaufs von Elfenbein hat gewisse Wirkungen gezeitigt, aber das Nashorn ist immer noch gefährdet, da dem zerstoßenen Horn im Fernen Osten zu Unrecht „medizinische" Eigenschaften zugeschrieben werden.

Erwachen: Ist dies die letzte Chance?

ANZEICHEN DES NIEDERGANGS

Wir kennen den Schaden, den wir bereits der Erde im Namen des Fortschritts zugefügt haben – wie wir ihre Luft verschmutzt, ihre Wälder zerstört, ihre Flüsse vergiftet und Arten ausgerottet haben, von denen wir nicht einmal wußten, daß es sie gab. Wir wissen, daß wir unsere Einstellung gegenüber dem Verbrauch und der Verschmutzung unserer natürlichen Ressourcen durch Industriegesellschaften ändern müssen. Wir wissen, daß es trotz wissenschaftlicher Errungenschaften in der Landwirtschaft immer schwerer wird, die wachsende Weltbevölkerung zu ernähren. Doch alle Anzeichen deuten darauf hin, daß diese zerstörerischen Tendenzen, die sich im Laufe der letzten 40 Jahre so dramatisch verschärft haben, bis weit ins nächste Jahrhundert fortwirken werden.

GERÄT ZUR ÜBERWACHUNG DER LUFTVERSCHMUTZUNG

BEVÖLKERUNG (oben) *Wenn die gegenwärtige Einstellung zur Familienplanung sich nicht ändert, könnte sich die Weltbevölkerung bis zum Jahr 2100 fast verdreifachen* (siehe S. 120).

STAMMESVÖLKER (rechts). *Für viele eingeborene Völker überall auf der Erde geht es darum, ob sie überleben oder nicht. Diejenigen, die noch nicht ausgelöscht worden sind, sehen einer Vertreibung aus ihrem Land und einer Zerstörung ihrer Kultur entgegen* (siehe S. 140).

LUFTVERSCHMUTZUNG (links). *Man erwartet, daß die Zahl der Kraftfahrzeuge auf der Erde bis mindestens zum Jahr 2010 ständig jedes Jahr um 15 Millionen wächst. Der Anstieg in der Emission von Kohlendioxid wird die durch den Treibhauseffekt verursachten Klimaveränderungen beschleunigen* (siehe S. 98 und 106).

ACKERLAND (links) *Trotz des Einsatzes von Pestiziden und künstlichen Düngemitteln hat sich die Pro-Kopf-Produktion von Getreide seit 1985 jedes Jahr verringert* (siehe S. 65).

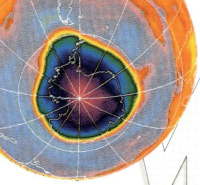

ARTENVIELFALT (unten) *Jeden Tag sterben 50 bis hundert Tier- und Pflanzenarten aus, da die Lebensräume von Tieren wie dieser madegassischen Sifakas zerstört werden* (siehe S. 76).

OZONABBAU (oben) *Die Ozonschicht in der oberen Atmosphäre schützt das Leben auf der Erde vor der gefährlichen ultravioletten Strahlung. Die Ozonwerte fluktuieren von Monat zu Monat, aber Chemikalien haben dazu beigetragen, daß der Jahresdurchschnitt beträchtlich gesunken ist* (siehe S. 91)

FISCHEREI (unten) *Unkontrolliertes Fischen hat die Bestände fast aller kommerziellen Arten dezimiert – einige auf weniger als ein Zehntel ihrer ursprünglichen Zahl* (siehe S. 154).

REGENWÄLDER (oben) *Die tropischen Regenwälder der Erde werden so schnell zerstört, daß die Hälfte der noch bestehenden Wälder in den nächsten 40 Jahren verschwunden sein wird* (siehe S. 52).

wenn auch verbunden mit großen Kosten, nicht für die ganze Menschheit gelten kann. Unsere Art des Fortschritts besteht darin, die Erde auszuweiden, ihr die Bodenschätze zu entreißen, ihr die schützende Haut aus Wiesen und Wäldern abzuziehen, ihre reine Luft zu vergiften und in ihre reinen Wasser zu defäkieren.

Einigen mag diese Sprache etwas „emotionsgeladen" vorkommen. Doch man wird dieselbe Wahrheit in jedem der folgenden Kapitel „wissenschaftlich begründet" finden. Die Frage ist nicht, ob diese Sprache angebracht sei, sondern ob sie nötig ist.

In diesem Zusammenhang ist der wichtigste Indikator für die Zerstörung der Umwelt das Ausmaß, bis zu dem die angerichteten Schäden noch reversibel sind.

Die Ausrottung von Tausenden von Lebensformen bevor wir überhaupt ihr Vorhandensein festgestellt haben *(siehe Seite 76)*, ist bei weitem das Schlimmste, was die Menschheit bei ihrem „Marsch des Fortschritts" über das Antlitz der Erde angerichtet hat.

ABSCHÄTZUNG DER VERLUSTE

Verständlicherweise findet die Betroffenheit darüber gewöhnlich Ausdruck in Vorstellungen, die unseren eigenen potentiellen Verlust widerspiegeln – dem genetischen Material für landwirtschaftliche und industrielle Zwecke oder den möglichen neuen Medikamenten, die wir verloren haben. Es ist für die meisten Menschen leichter, den Reichtum (selbst den natürlichen Reichtum) in monetären Begriffen oder als Funktion der durch ihn realisierbaren Profite auszudrücken.

Solche Dinge sind natürlich wichtig, besonders für Politiker, die sich bemühen, Wege zu finden, diesen natürlichen Reichtum zu nutzen, um die Lebensbedingungen ihres Volkes zu verbessern. Aber sie sind in sich selbst nicht hinreichend. Ungeachtet des potentiellen Wertes jeder Art für uns Menschen, ist ihr Verlust als solcher viel entscheidender, da er eine vermeidbare Minderung der Artenvielfalt darstellt.

Es ist nicht nur der Verlust der Arten, der für irreversible Schäden sorgt. Ganze Lebensräume gehen manchmal verloren – einmal abgeholzt, gewinnen alte Waldbestände ihren früheren Reichtum erst nach Hunderten von Jahren wieder; Schäden, die Feuchtgebieten durch Trockenlegung oder „Erschließungen" zugefügt wurden, sind oft völlig irreversibel. Und für diejenigen, die in solchen Gebieten leben, ist es nur ein geringer Trost, zu wissen, daß es ähnliche Lebensräume noch in anderen Ländern gibt. Für Menschen, die unmittelbar von dem Verlust einer blühenden Wiese oder eines Watts betroffen sind, ist der angerichtete Schaden irreversibel.

AN DER GRÜNEN FRONT

RIGHT LIVELIHOOD AWARD

Der Right Livelihood Award wurde 1980 eingeführt, um die Arbeit der Menschen zu ehren und zu unterstützen, die den Problemen der Umweltverschmutzung, der sozialen Ungerechtigkeit, der Armut und des Krieges zu begegnen suchen. Seitdem sind mehr als 40 Personen und Projekte – ausgewählt aus 300 Nominierungen aus etwa 50 Ländern – mit dem Right Livelihood Award ausgezeichnet worden.

Die gemeinsame Botschaft dieser Initiativen ist die der Hoffnung und der Zuversicht. Die Probleme von heute sind lösbar, und zu ihrer Lösung sind Einzelpersonen ebenso aufgerufen wie kleine Gruppen, die auf örtlicher Ebene tätig werden, andere Menschen mobilisieren und für das Gemeinwohl arbeiten. Ein wichtiges Ziel der Auszeichnung ist es, diese hoffnungsfrohe Botschaft zu verbreiten.

Wie Jakob von Uexkull, der Stifter der Auszeichnung, es formuliert hat: „Wir leben in einer Zeit der allgemeinen Verunsicherung. Projekte zur Bewältigung der Aufgaben, denen wir uns gegenübersehen, sind rar. Diese Auszeichnung ist solchen Projekten gewidmet, den Grundsteinen einer neuen Welt, in der wir gern leben."

Die Verleihung der Auszeichnung war nicht selten umstritten, da die Entscheidung frei war von dem westlichen Vorurteil, daß alles Wissenswerte in westlichen Universitäten und Laboratorien entdeckt wird. Einige Preisträger sind mit ihren Beiträgen in diesem Buch vertreten; andere werden auf Seite 54 (COICA), Seite 69 (Dr. Melaku Worede), Seite 129 (Self Employed Women's Association), Seite 134 (The Six S Association), Seite 139 (Survival International) und Seite 169 (Dr. Akililu Lemma) vorgestellt.

ENTWURZELT
Wenn der Boden abgetragen ist, die Bäume verschwunden und die Brunnen ausgetrocknet sind, haben die Menschen in den Dörfern und kleinen Städten oft keine andere Wahl, als ihre Habe zusammenzupacken und fortzuziehen. Das Phänomen des „Umweltflüchtlings" wird immer alltäglicher, besonders in Afrika.

JOE MILLER

Wenn die Erde nur
einen Durchmesser von einem
Meter hätte und irgendwo über einem
Feld schwebte, würden die Menschen von überall
herkommen, um sie zu bestaunen. Sie würden um sie herum-
gehen und ihre großen und kleinen Wassertümpel, ihre kleinen
Hügel und ihre Löcher bestaunen. Sie würden die sehr dünne
Gasschicht bestaunen, die sie umgibt, und die Wolken, die in diesem
Gas hängen. Die Menschen würden all die Geschöpfe bestaunen, die über
die Oberfläche der Kugel wandern, und die Geschöpfe im Wasser. Die
Menschen würden die Kugel für heilig erklären, weil sie einzigartig ist, und
sie würden sie schützen, um sie nicht zu verletzen. Die Kugel wäre das
größte Wunder im Universum, und die Menschen würden kommen, um sie
anzubeten, um geheilt zu werden, um Wissen zu erlangen, um Schönheit
zu erfahren und immer wieder darüber zu staunen, daß es sie gibt.
Die Menschen würden sie lieben und ihr Leben aufs Spiel
setzen, um sie zu verteidigen, da sie wüßten, daß ihr
Leben ohne sie nichts wäre. Wenn die Erde
nur einen Durchmesser von
einem Meter hätte.

Joe Miller

Joe Miller ist ein Künstler, der im Staate Washington in den USA lebt.

VERHEISSUNGS-VOLLER CHIP *Vielleicht wird die groß angekündigte neue Technologie dazu beitragen, die Schäden zu beseitigen, die die alte angerichtet hat. So bestehen beispielsweise wesentliche Komponenten dieses Mikrochips (rechts) aus Silizium, einem Element, das im Überfluß auf der Erde vorhanden ist. Mikrochips haben bereits einen bedeutenden Beitrag zur Verbesserung der Energieausnutzung und zur Verminderung der Luftverschmutzung geleistet. Doch wir dürfen die Tatsache nicht aus den Augen verlieren, daß Mikrochips zwar an sich sauber und äußerst effektiv sind, doch in vielen Industriezweigen verwendet werden, die hauptverantwortlich für die Verschmutzung des Planeten sind.*

Ohne daß wir es häufig wissen, wird die Beziehung, in der wir zu unserer Umwelt stehen, durch die gefühlsmäßige Bindung an bestimmte Landschaftsmerkmale geprägt, durch einen bestimmten Baum, der sich vor dem Himmel abzeichnet, oder die Wiederkehr der Krokusse an einer bestimmten Stelle des Stadtparks im Frühling. Wenn das verschwindet, wird die Verbindung zwischen uns und der Erde weiter geschwächt. Es gibt subtilere Formen der Irreversibilität, denen wir wenig Beachtung schenken. Jedesmal, wenn zum Bau neuer Häuser oder Straßen ein weiterer Hektar Ackerland unter Zement oder Asphalt verschwindet, geht die Produktionskapazität jenes Fleckchens Ackerkrume für immer verloren.

BEGRENZTE RESERVEN

Der Gebrauch, den wir von Ressourcen machen, die sowohl begrenzt als auch unmöglich wiederzuverwenden oder einem Recyclingsystem zuzuführen sind – besonders die Ausbeutung unserer Vorräte an fossilen Brennstoffen –, muß ebenfalls als irreversibel bezeichnet werden. Wenn wir ein Barrel Öl raffinieren, um Benzin für den unmittelbaren Verbrauch zu produzieren, heißt das, daß wir dieses Barrel Öl nie wieder verwenden können – sei es als „eiserne Ration" oder zu irgendeinem anderen Zweck. Wie sicher wir auch hinsichtlich der nachweislichen Ölreserven sein mögen (die sich im Laufe der letzten 20 Jahre tatsächlich enorm vermehrt haben), bleibt es immer noch eine berechtigte Frage, sich nach dem heutigen Ölverbrauch zu erkundigen. Ist es tatsächlich in Ordnung, daß wir ein so wichtiges natürliches Erbe damit vergeuden, Millionen von Metallkisten über Millionen von Kilometern zu befördern, um Millionen von Tonnen Schadstoffe zu erzeugen?

Glücklicherweise *sind* jedoch die meisten Umweltschäden reversibel. Flüsse können gereinigt werden; Gebäude können renoviert werden; Ackerkrume kann wieder aufgetragen werden; Wälder können aufgeforstet werden. Bei genügender Umsicht können Lebensräume wieder in ihren ursprünglichen Zustand versetzt und Arten wieder an ihren angestammten Platz gebracht werden. Aber das alles sind nur Maßnahmen, die die schlimmsten Auswirkungen der Schäden beseitigen, jedoch nichts dazu beitragen, die ihnen zugrundeliegenden Ursachen zu bekämpfen. Und diese lassen sich alle zurückführen auf jene Fortschrittsidee, die heute unser Leben bestimmt.

Es gibt natürlich andere Fortschrittsmodelle, auf die wir uns beziehen könnten. Einige von ihnen kennen wir nur aus zweiter Hand, da sie längst untergegangen sind. Andere werden noch aktiv von den „Randgruppen" unserer Industriegesellschaft verfolgt – von Eingeborenen, die noch nicht durch die „Wohltaten" des Fortschritts korrumpiert worden sind; von den sogenannten „Aussteigern", die sich völlig, als einzelne oder kollektiv, von der Gesellschaft abgewendet haben; und in jüngster Zeit von der wachsenden Zahl der Grünen, die Alternativwerte innerhalb der Industriegesellschaft selbst zu verwirklichen suchen.

Sie alle haben eines gemein: Ihr vordringliches Ziel ist es, in Harmonie mit der Natur zu leben und dazu beizutragen, diese Natur zu heilen, indem sie ihr Zeit und Raum geben, sich selbst zu heilen. Unser bloßes Dasein und unsere Herrschaft über andere Lebensformen machen es unmöglich, wieder einen hypothetischen Garten Eden erstehen zu lassen. Es kann nur darum gehen, mit dem übrigen Leben auf der Erde in einer praktischen, nüchternen Symbiose in gegenseitiger Abhängigkeit zusammenzuleben.

Diese alternative Vorstellung des Fortschritts ist nicht gegen die Technik gerichtet. Das Problem ist nicht die Technik an sich, sondern der Gebrauch, den wir von ihr machen. Indem wir die technische Entwicklung ausschließlich am Profit orientierten (in der stillen Hoffnung, daß der daraus folgende Reichtum sich gleichmäßig auf alle verteilen würde), haben wir die Auswirkungen dieser Entwicklung auf die Umwelt aus den Augen

ENERGIE DER ZUKUNFT (rechts) *Diese Sonnenwärme-Kollektoren im australischen Outback sind nur ein Beispiel für das weltweite Interesse, das an Techniken zur Ausnützung der Sonnenenergie besteht. Die Kosten werden geringer, und die technischen Probleme verlieren zunehmend an Bedeutung.*

REIBUNGSLOSE BEWEGUNG (links) *Auf magnetischem Schweben basierende Zugsysteme wie dieser japanische Prototyp aus dem Jahre 1987 werden die Effektivität verbessern und weniger Luftverschmutzung verursachen. Kleinere Versionen der Magnetschwebebahn sind bereits in mehreren Ländern in Dienst gestellt.*

SUPRALEITFÄHIGKEIT (unten) *Die 1986 entdeckten supraleitfähigen Keramiken sollen zu einer technischen Revolution führen. Bei diesem Experiment schwebt ein Magnet über einer supraleitfähigen keramischen Basis, die auf die Temperatur gekühlt wurde, bei der das Material den elektrischen Widerstand verliert.*

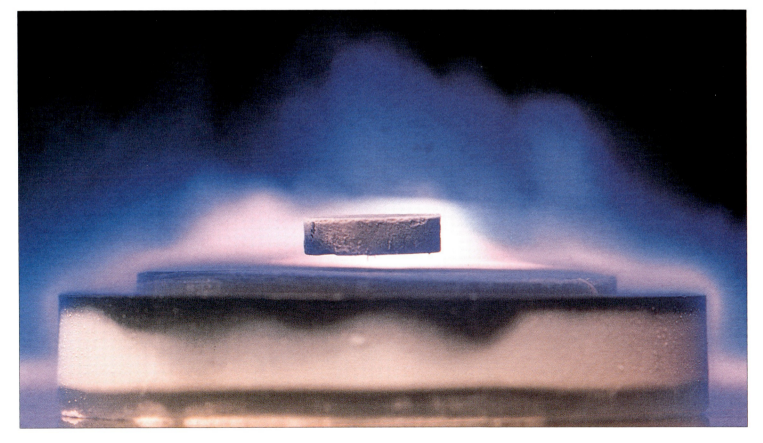

Erwachen: Ist dies die letzte Chance?

TRANSPORTABLE SONNENENERGIE (rechts) *In diesem afrikanischen Dorf wird die zum Betrieb eines Medikamentenkühlschranks erforderliche Energie aus Solarzellen gewonnen.*

LICHTLEITER (unten) *Lichtleitfasern aus Glas sind billiger, effektiver und weit weniger umweltschädlich als die Kupferkabel, die sie jetzt überall auf der Welt ersetzen.*

verloren. Wir haben es sogar fertiggebracht, mit der Anomalie zu leben, einen Menschen auf den Mond zu schießen, während Millionen anderer Menschen ein Dasein am Rande ihres Existenzminimums fristeten.

EINE NEUE TECHNOLOGIE

Die meisten technischen Mittel, die jedem von uns eine sichere und menschenwürdige Zukunft auf der Erde ermöglichen – ohne ihre Schönheit und Vielfalt zu zerstören –, stehen bereits zur Verfügung oder werden gerade entwickelt: Techniken zur Wiederverwertung von Energie; energiesparende Heizöfen; von Mikroprozessoren gesteuerte Kontrollsysteme; umfassende Recyclingsysteme; selektive Pflanzenzucht; Magnetschwebetechniken; Glasfaseroptik; Hochtemperatur-Keramiken; Aufbereitungssysteme für Abwässer; fortschrittliche Telekommunikation; widerstandsfähige Pumpen- und Bewässerungssysteme – die Liste ist lang. Sie mag nicht den strengsten Anforderungen ökologischer Nutzung entsprechen (der Natur nicht mehr zu entnehmen, als sie auf natürliche Weise wieder einbringen kann), doch sie stellt eine gewaltige Verbesserung zu dem dar, was heute unser Leben bestimmt.

Doch Achtung vor den grünen Technokraten! Einige der von ihnen entwickelten Technologien werfen wahrscheinlich dieselben unvorhergesehenen Probleme mit den gleichen unerwünschten Nebenwirkungen auf wie ihre umweltfeindlichen Vorgänger. Technische Verbesserungen jeder Art können nur Teil der Antwort sein: Die Menge der Abgase aus einem Automobil zu halbieren ist großartig, aber nur, solange sich die Zahl der Kraftfahrzeuge auf unseren Straßen nicht zur gleichen Zeit verdoppelt. Nur eine Kombination neuer Techniken mit einer Veränderung der Wertvorstellungen kann zu einer ernsthaften Lösung der Probleme führen.

Das Prinzip der „einen ungeteilten Welt" hört sich gut an; aber wie kann es praktisch verwirklicht werden? Die Organisationen, Institutionen, Abkommen und Gelder, die dazu nötig wären, gibt es kaum. Wenn die Grundsteine zu einer praktikablen Ökologie nicht bald gelegt werden, sind die Aussichten für die letzten Jahre dieses Jahrzehnts trübe.

SCHWERTER ZU PFLUGSCHAREN *Diese Statue vor dem Gebäude der Vereinten Nationen in New York symbolisiert die Hoffnung all jener, die eine ökologische Nutzung der natürlichen Ressourcen in Frieden und Freiheit erstreben.*

ANDY RUSSELL

„1989, an einem schönen Frühlingsmorgen, sprach ich vor einer Gruppe von High-School-Studenten in Calgary, Alberta. Sie gründeten gerade eine neue Umweltorganisation, und ich sollte ihnen dazu Glück wünschen und ihnen meinen Rat geben. Aber als ich dort stand und in diese strahlenden, hoffnungsvollen Gesichter schaute, wurde mir klar, daß wir ihnen bestenfalls ein Erbe schwerer Probleme hinterließen. Nicht einer dieser Jungen und Mädchen würde je die Natur so genießen können, wie es mir vergönnt gewesen war.

Als Junge durchstreifte ich noch weite Bereiche des Landes östlich der Canadian Rocky Mountains, deren Hänge dicht mit Bäumen bewachsen waren. Die Wiesen standen voller Blumen und boten allen möglichen Tieren reiche Nahrung; und in den klaren, kalten Flüssen tummelten sich Forellen und andere Fische. Wir Jungen waren stolz darauf, auf dem Rücken eines Pferdes oder zu Fuß durch die Wildnis zu stromern und wie die Bären, die Hirsche und die anderen Tiere um uns herum zu leben.

Aber jetzt weisen selbst die Quellen, die aus den Felsen oben an der kontinentalen Wasserscheide sprudeln, Spuren von Blei aus den Abgasen der Autos auf. Unten an den Hängen haben Industrieabfälle das Grundwasser von den Graswurzeln bis zum darunterliegenden Gestein mit Chloriden, Sulphaten, Schwermetallen und anderen chemischen Schadstoffen verseucht, die an manchen Stellen so konzentriert auftreten, daß es für Menschen und Tiere gefährlich ist, das Wasser zu trinken.

Es war dieser Gegensatz, an den ich denken mußte, als ich die jungen Menschen vor mir sah. Meine Generation hatte sie im Stich gelassen, und selbst wenn sie bereit sind, bis zur Selbstaufgabe zu arbeiten und zu kämpfen, werden sie nie kennenlernen, was ich kennengelernt hatte. Ich war so bedrückt, daß meine Rede, fürchte ich, nicht sehr gut ausfiel – nicht annähernd gut genug, um den Hoffnungen, der Begeisterung und dem Mut dieser Menschen etwas Gleichwertiges entgegensetzen zu können."

Andy Russell

Andy Russell ist ein kanadischer Autor und Umweltschützer.

DAVID MACAULAY

„Ein einziger Mord, sagt man, sei ein Tragödie; Millionen Morde seien eine Statistik. Selbst die schrecklichste Statistik läßt sich ignorieren, solange sie nur aus Zahlen besteht, und wird mit Sicherheit ignoriert, wenn sie auf verhängnisvolle Folgen verweist. Vielleicht sind wir nicht imstande, die Implikationen der Bevölkerungszahlen richtig zu begreifen, aber das, was diese Zahlen aussagen, sollte uns daran erinnern, daß wir – im Augenblick jedenfalls – noch eine Wahl haben. Wir brauchen nicht den oberen Weg zu wählen. Doch wenn wir unsere Verantwortung vergessen und überhaupt keine Wahl treffen, wird unser Weg für uns bestimmt werden."

David Macaulay

David Macaulay lehrt Illustration an der Rhode Island School of Design. Seit 1973 hat er Bücher wie *Cathedral* und *The Way Things Work* gestaltet.

EINE RENNSTRECKE? *Weltbevölkerung im Jahr 2100*

14 MILLIARDEN

11 MILLIARDEN

7,5 MILLIARDEN

DREI MÖGLICHE WEGE *Gegenwärtig leben 5,3 Milliarden Menschen auf der Erde. Die Zahlen oben sind drei Schätzungen der UNO (siehe S. 120-121) über die Zahl der Menschen, die vielleicht im Jahr 2100 um die begrenzten Ressourcen unseres Planeten kämpfen.*

Eine Gipfelkonferenz zum Wohle der Erde

In jeder Woche des Jahres scheint heutzutage irgendwo eine internationale Konferenz stattzufinden. Einige von ihnen sind wirklich nützlich. Die meisten jedoch bleiben ohne erkennbare Auswirkung auf unser Leben, und zu viele von ihnen bieten den Politikern nur eine Gelegenheit, sich selbst in Szene zu setzen und in den Medien erwähnt zu werden. Eine dieser Konferenzen war der im September 1990 im Gebäude der Vereinten Nationen in New York abgehaltene World Summit for Children. Ein Politiker nach dem anderen betrat das Podium, um das Leiden der Kinder in aller Welt zu beklagen und seine Betroffenheit zu bekunden. Aber was glauben sie, in wessen Händen das Schicksal dieser Kinder liegt? Hinter den Kulissen fand manch „konstruktiver Gedankenaustausch" statt, doch zusätzliche Gelder wurden nicht aufgebracht.

Eine Konferenz, die alle Konferenzen beendet
Leeres Gerede darf nicht das Ziel des Earth Summit sein, eine Konferenz, die die Generalversammlung der Vereinten Nationen zusammengerufen hat, um über viele der drängendsten Umwelt- und Entwicklungsfragen zu diskutieren.

Wie Maurice Strong, der Generalsekretär des Earth Summit auf der gegenüberliegenden Seite andeutet, ist dies eine einmalige Gelegenheit, die nicht vergeudet werden sollte. Vor, während und nach dem Gipfeltreffen müssen die teilnehmenden Politiker sich mit der Tatsache auseinandersetzen, daß es um so schwieriger wird, vernünftige Maßnahmen zur Sicherung der Zukunft der Menschheit zu treffen, je länger wir zögern, die Grundprobleme der Armut, des Umweltschutzes und der gerechten Verteilung der Lasten anzupacken.

Weitere schöne Worte sind reiner Selbstzweck uns schaden den Armen der Erde mehr, als daß sie ihnen nützen. Hunderttausende von uns sind entschlossen, den Earth Summit zu einem historischen Ereignis werden zu lassen. Die Menschen in aller Welt müssen den Druck auf die Politiker verstärken und ihnen keine andere Wahl lassen, als eine aktive Rolle in der Neugestaltung der Nord/Süd-Beziehungen und der Zukunft des Planeten Erde insgesamt zu spielen.

DER VERNICHTUNG EINHALT GEBIETEN (kleiner Kasten oben) *Diese Gelbscheitelamazonen (Amazona ochrocephala) sind nur eine der vielen gefährdeten Arten. Der Earth Summit muß auf ein Abkommen zur Bewahrung der Artenvielfalt hinwirken.*

DER SCHUTZ VENEDIGS (rechts) *Die Klimaveränderung ist ein Gegenstand vieler Konferenzen. Für die Einwohner Venedigs ist die globale Erwärmung auch Anlaß täglicher Sorgen, da der Anstieg des Meeresspiegels die Stadt bedroht.*

SÜDAMERIKANISCHER REGENWALD (oben) *Die Führer der Welt müssen ihre Aufmerksamkeit der ständig fortschreitenden Zerstörung tropischer Regenwälder zuwenden, die wesentlich dazu beitragen, die regionalen Klimate zu regulieren.*

MAURICE STRONG

„Die ‚Conference on the Human Environment' der Vereinten Nationen in Stockholm lenkte vor 20 Jahren die Aufmerksamkeit der Weltöffentlichkeit zum erstenmal auf Umweltprobleme. Im Juni 1992 werden sich die Führer aller Nationen der Erde in Rio de Janeiro zu einem ‚Earth Summit' treffen, um sich über eine Reihe von Maßnahmen zu beraten, die über das Schicksal unseres Planeten als Heimstatt des Menschen und anderer Lebensformen entscheiden könnten. Trotz der Fortschritte, die seit der Stockholmer Konferenz an vielen Fronten erreicht worden sind, haben sich die Umweltprobleme in den vergangenen 20 Jahren in erschreckendem Ausmaß vergrößert.

Die ökologischen Erfordernisse – und Möglichkeiten –, die so klar und überzeugend in diesem Buch Ausdruck gefunden haben, zeigen, daß wir jetzt unsere Prioritäten und Zeitvorstellungen neu bestimmen müssen. Wir müssen klug und verantwortlich handeln, um für unsere Nachkommen eine und hoffnungsvollere Zukunft zu schaffen. Wie Jonathon Porritt sagt, ist Armut eine der großen Gefahren für unsere Umwelt. Der tägliche Kampf ums Überleben zwingt die Armen der Welt, die Ressourcen zu zerstören, von denen ihre Zukunft abhängt. Es ist also eine Frage der Entwicklung, ob wir den Teufelskreis von Armut und Umweltzerstörung durchbrechen können. So geht es 1992 beim Earth Summit vorwiegend um Fragen der Umwelt und der Entwicklung. Das Hauptanliegen dieser Gipfelkonferenz ist es, die Umweltprobleme in den Mittelpunkt der Wirtschaftspolitik und der Entscheidungsfindung zu rücken und sicherzustellen, daß sowohl die Entwicklungsländer als auch die Industrienationen einen Weg finden, der zu einer umweltverträglicheren und nachhaltigen Entwicklung führt, die für unsere Zukunft entscheidend ist.

Um das zu erreichen, ist eine politische Willensumbildung nötig, eine neue Bestimmung der Ziele und Prioritäten. Es gibt hoffnungsvolle Hinweise in der wachsenden Sorge um die Umwelt seitens der Regierungen, der Industrie und der oft durch nichtstaatliche Organisationen mobilisierten Menschen.

Der Erfolg des Earth Summit wird von den konkreten Maßnahmen abhängen, die zu treffen sind. Es steht zu erwarten, daß dazu Abkommen über die Begrenzung der Klimaveränderung und den Artenschutz gehören werden; ferner eine ‚Earth Charter', die die Prinzipien einer ökologisch verträglichen Entwicklung festschreibt; ein Pflichtenkatalog für das 21. Jahrhundert, der bestimmte Aktionen enthält, die diese Prinzipien wirksam werden lassen; und ein Übereinkommen über den Technologie-Transfer, die finanziellen Mittel und die institutionellen Veränderungen, die für jene Aktionen nötig sind.

Letztlich wird die Reaktion der Führer der Welt beim Earth Summit zum großen Teil von dem politischen Willen ihrer eigenen Leute abhängen. Und dieser wiederum basiert darauf, in welchem Maße sie sich der zu treffenden Entscheidungen bewußt sind und sie verstehen."

Maurice F. Strong ist Generalsekretär des Earth Summit – der Conference on Environment and Development der Vereinten Nationen.

JOSÉ LUTZENBERGER

„Wir alle sind uns über die historische Bedeutung der 1992 in Brasilien stattfindenden Conference on Environment and Development im klaren. Nie zuvor sind die Führer fast aller Staaten der Welt zusammengekommen, um über ein gemeinsames Anliegen zu diskutieren. Wie können wir dem heute selbstmörderischen Kurs der modernen Industriegesellschaften eine neue Richtung geben? Wie können wir den räuberischen Charakter unserer Entwicklung zugunsten einer Entwicklung ändern, die unsere Art wieder harmonisch mit dem Rest der Schöpfung verbindet?

Wir verwenden ständig das Wort ‚Entwicklung', und wir bestehen darauf, daß wir mehr Entwicklung brauchen. Solange wir nicht klar sagen, was wir darunter verstehen, wird die Entwicklung das bleiben, was sie ist – im wesentlichen zerstörerisch und umweltfeindlich."

José Lutzenberger ist Regierungsbevollmächtigter für Entwicklungsfragen in Brasilien.

CARLO RIPA DI MEANA

„Ich glaube, daß es wichtig ist, auf die Vorteile der allmählichen Veränderung des bestehenden Systems hinzuweisen. Wir sollten nicht der ‚Alles-oder-nichts'-Illusion der heutigen grünen Fundamentalisten verfallen. Dieser Fundamentalismus hat sich als unfähig erwiesen, vernünftige, praktikable Lösungen für die wirklichen Probleme anzubieten. Statt dessen kommt es darauf an, konkrete Maßnahmen zu ergreifen, den Wohlstand zu bewahren und die technologische Entwicklung beizubehalten, doch sie – wenn nötig, mit Zwang – den Forderungen einer gesunden Umweltpoltik anzupassen.

Die Umweltorganisationen haben Schlachten gewonnen, wie wir sie noch vor wenigen Jahren für unvorstellbar gehalten hätten. Ihre Stärke und ihr Engagement haben maßgeblich dazu beigetragen, das Bewußtsein der Italiener nicht nur für hausgemachte Probleme, sondern auch für die globale Gefahr zu schärfen, die uns aus dem Verlust der Regenwälder und aus der globalen Erwärmung erwächst. Dieses geschärfte Bewußtsein ist unerläßlich, wenn es darum geht, Lösungen für die Umweltprobleme zu finden, mit denen wir alle konfrontiert sind. Nur starker Druck seitens der öffentlichen Meinung kann umweltverträglichere Maßnahmen bewirken, sowohl im persönlichen Verhalten als auch im breiten volkswirtschaftlichen Rahmen."

Der Italiener Carlo Ripa di Meana ist Umweltminister der Europäischen Wirtschaftsgemeinschaft.

HALINA SCHIWUJOWA

"Schon seit vielen Jahren stimmt mich die schlesische Landschaft traurig und melancholisch. Schlesische Pyramiden – Schlackehaufen, meist in Rauchwolken gehüllt. Schlesische Bäume – ihre Geschichte mit sich tragend, golden schimmernd vor den violetten Schatten des Sonnenuntergangs, bewegungslos, als ob sie sich, ihre eigene Vernichtung fürchtend, noch einmal in den letzten Sonnenstrahlen baden wollten.
Schon 1955 sagte mir die leise Stimme meines Herzens und meines Geistes, daß die Erde vor der Zerstörung geschützt werden müsse. Niemand interessierte sich damals dafür; aber jetzt ist es unser aller Anliegen. Dies ist mein ‚ökologischer Hilferuf' zur Rettung der Erde. Ich wünschte, ich könnte meinen Teil dazu beitragen, die drohende Vernichtung unseres Globus abzuwenden. Unsere Erde kann nicht länger auf Hilfe warten."

Halina Schiwujowa

Halina Schiwujowa ist eine polnische Malerin.

HENRI CARTIER-BRESSON

"Bei dem gegenwärtigen technologischen Wettrennen kann ‚Rettet die Erde' nicht getrennt werden von ‚Rettet die Menschheit' – aber wie?"

Henri Cartier-Bresson

Der französische Photograph Henri Cartier-Bresson war 1947 einer der Gründer von Magnum Photos.

DAVID PUTTNAM

"Seit Jahren habe ich versucht, die Gefühle und Erfahrungen festzuhalten, die zur Grundlage meines unerschütterlichen Glaubens an eine ‚geordnete Welt' wurden.
Vor kurzem stieß ich auf diese Tagebuchnotiz des großen amerikanischen Forschungsreisenden Admiral Byrd. Am 14. April 1934 schreibt er aus einer Wetterstation tief in der Antarktis:"

Machte heute um 16 Uhr meinen täglichen Spaziergang bei 67 Grad Frost... Ich blieb stehen, um dem Schweigen zu lauschen... Der Tag ging zu Ende, die Nacht wurde geboren – aber sehr friedlich. Die unberechenbaren Vorgänge und Kräfte des Kosmos, hier vollzogen sie sich harmonisch und lautlos. Harmonie, das war es! Das war es, was aus dem Schweigen kam – ein sanfter Rhythmus, der Klang eines vollkommenen Akkords, Sphärenmusik vielleicht. Für einen Augenblick wurde ich selbst ein Teil dieses Rhythmus. In jenem Moment zweifelte ich nicht daran, daß der Mensch eins ist mit dem Universum. Die Überzeugung wuchs in mir, daß jener Rhythmus zu geordnet, zu harmonisch, zu vollkommen war, um das Ergebnis eines blinden Zufalls zu sein – daß ein Sinn in dem Ganzen sein mußte und daß der Mensch Teil des Ganzen war und nicht ein vom Zufall bedingter Ableger. Es war ein Gefühl, das den Verstand überstieg, das den Kern menschlicher Verzweiflung anrührte und keinen Grund dafür fand. Das Universum war ein Kosmos, kein Chaos; der Mensch war so selbstverständlich Teil dieses Kosmos wie Tag und Nacht.

David Puttnam ist ein unabhängiger britischer Filmproduzent.

BARRY COMMONER

"Seit 1970 steht außer Frage, daß die veränderten Produktionsmethoden die Wurzel der heutigen Umweltverschmutzung sind. Das wird durch die abweichenden Ergebnisse der Bemühungen bestätigt, die Umwelt zu säubern. Nur in den wenigen Fällen, in denen die Produktionsmethoden geändert wurden – indem man Blei aus dem Benzin entfernte, Quecksilber aus dem Chlor, DDT aus der Landwirtschaft, PCBs aus der Elektroindustrie und Atomwaffentests in der Atmosphäre –, haben sich die Umweltbedingungen wesentlich gebessert. Wenn ein Schadstoff dort bekämpft wird, wo er entsteht – in dem Produktionsprozeß, der ihn erzeugt –, kann er beseitigt werden; wenn er produziert worden ist, ist es zu spät. Das ist die einfache, aber notwendige Lehre, die wir aus den zwei Jahrzehnten intensiver, doch fruchtloser Bemühungen ziehen müssen, die Qualität unserer Umwelt zu verbessern."

Barry Commoner

Der Umweltschützer und Autor Barry Commoner leitet das Center for the Biology of Natural Systems am Queen's College in New York.

NIKOLAI WORONTSOW

„*In den meisten Ländern herrscht ein anthropozentrisches Weltbild vor, das den Menschen in den Mittelpunkt rückt. Das Christentum erbte es vom Judentum, und die atheistischen kommunistischen Länder erbten es vom Christentum. Sein Einfluß ist überall in unserem Leben spürbar. Jetzt, da wir zu erkennen beginnen, daß die Menschheit nur ein Teil der Biosphäre ist, so abhängig von ihr wie jede andere Lebensform, muß der Ökologie Vorrang in allen Wirtschaftssystemen eingeräumt werden. Wir müssen damit anfangen, die Tragfähigkeit jedes Territoriums abzuschätzen und akzeptieren, daß die Biosphäre keine von Menschen geschaffenen Grenzen kennt. Der Übergang von einem anthropozentrischen zu einem biozentrischen Weltbild ist unvermeidlich und wird sich zu gegebener Zeit als noch einschneidender erweisen als der Übergang von der Lehre des Ptolomäus (daß die Sonne sich um die Erde bewegt) zu der des Kopernikus (daß die Erde sich um die Sonne bewegt).*"

Nikolai Worontsow ist Vorsitzender des Staatlichen Komitees zum Naturschutz in der UdSSR.

ERNST VON WEIZSÄCKER

„*Preise sollten die ökologische Wahrheit sagen. Nur so kann der Markt wirksam für die Ökologie genutzt werden. Und das eleganteste Instrument, Preise die ökologische Wahrheit sagen zu lassen, ist eine ökologische Steuerreform. Die Preise für Energie und andere Ressourcen sollten langsam, aber stetig erhöht und die Einkommens-, Mehrwert- und Körperschaftsteuern allmählich gesenkt werden.*"

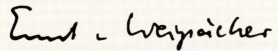

Professor Dr. E. U. von Weizsäcker ist Direktor des Instituts für Europäische Umweltpolitik in Bonn.

AN DER BÖRSE IN CHICAGO

MASSNAHMEN ZUM SCHUTZ VOR DER WÜSTE IN MAURETANIEN

VIRGINIA MCKENNA

Was ist die Erde?

Was ist die Erde?
Eine Kugel im All?
Ein kleines Paradies?
Ein Planet schmelzenden Eises
Und innerer Feuer?

Unter meiner Hand
Zerfällt ihre Krume;
Zertreten unter meinem Fuß
Ihre Myriaden von Blumen.

Wald liegt bebend
Unter meinem Schwert;
Das Meer wird dunkel,
Schwarze Tränen weinend.

Sterben klarer Flüsse,
Todbringender Regen,
Stumm und geheim –
Unsichtbarer Schmerz.

Ein Geschenk des Himmels,
Diese kleine Welt;
Jeder Vogel ein Edelstein,
Jeder Baum eine Mutter.

Was ist die Erde?
Ein zerbrechliches Herz.
Sanft meine Berührung,
Um ihr Leben zu retten –
Und meines.

Die britische Schauspielerin Virginia McKenna ist Gründerin von Zoo Check, das eine Kampagne für eine neue Einstellung gefangenen Wildtieren gegenüber führt.

RICHARD BRANSON

„*Wir müssen einfach aufhören, die Erde für gegeben hinzunehmen. Schließlich ist sie die einzige Heimat, die wir haben. Es ist schon spät am Tage, und es ist für alle von uns, die wir zusammen auf diesem Planeten leben, dringlicher denn je, ernsthaft zusammenzuarbeiten, um den von uns angerichteten Schaden zu beheben, und um unser Verständnis dafür zu vertiefen, was falsch gelaufen ist und warum.*"

Richard Branson ist Vorsitzender des Virgin-Konzerns.

RETTET DIE ERDE

EINE NEUE INTERNATIONALE ORDNUNG
EINE WELT UND DARÜBER HINAUS

JONATHON PORRITT

Um der Zukunft unserer Kinder willen müssen wir wirklich als Völkerfamilie zusammenarbeiten. Solche Kooperation setzt aber eine gerechtere und angemessenere Verteilung des Reichtums der Welt voraus.

Im Herbst 1989, als die Welt vom Zusammenkrachen der Berliner Mauer und dem wie aus einem Munde kommenden Ruf nach Freiheit aus Osteuropa widerhallte, nahm ich an einer hochkarätig besetzten Konferenz teil, auf der verschiedene international renommierte Fachleute laut darüber nachdachten, ob nicht eine neue Mauer gebaut werden müßte. Keine Mauer zwischen Ost und West diesmal, sondern eine zwischen den Industrieländern des Nordens und den Entwicklungsländern des Südens. Eine Mauer aus wirtschaftlichen Bollwerken (gegen Billigimporte aus der Dritten Welt), psychologischen Abwehrmechanismen (gegen schmerzhafte Erinnerungen an die schreckliche Armut und das schreckliche Leiden in so vielen Ländern des Südens) und militärischen Verteidigungsstellungen (für den Tag, an dem jenes Elend so unerträglich wird, daß die Menschen einfach zum Marsch in den reichen Norden aufbrechen).

Nach der provozierenden Hypothese der Experten wäre diese Mauer zu errichten, sobald der Nutzen, den der Norden noch immer aus dem Süden zieht, die Kosten nicht mehr deckt. Zu diesen Kosten würden zählen: Wachsende Arbeitslosigkeit im Norden; zunehmende Einwanderung und nicht mehr zu bewältigende Flüchtlingsheere; Forderungen nach erhöhter Hilfsmittelübertragung, wobei es auch um echten Geldmitteltransfer von Norden nach Süden ginge. Sollte dies mit einer Periode des Wohlstandsschwunds im Norden zusammenfallen, was durchaus möglich ist, so würde es schlicht und einfach als „politisch unannehmbar" gelten, die inländischen öffentlichen Ausgaben zu drosseln, um dem Süden in der erforderlichen Weise zu helfen. Norden und Süden würden dann „entkoppelt" werden. Man würde den Süden in seinem eigenen Saft schmoren lassen, indes der Norden seinen relativen Überfluß und Wohlstand verteidigt.

Solche teuflischen Perspektiven entsetzten andere Redner auf der Konferenz genauso wie mich. Dagegen brauste nicht nur die Stimme unteilbarer Menschlichkeit auf, sondern auch der kraftvolle

WÜRDE IM ELEND (gegenüber) *Die Hungersnot in Äthiopien 1984 löste in aller Welt Wohltätigkeit aus. Aber die zugrundeliegenden Ursachen von Armut und Hunger sind seitdem nicht beseitigt worden, da nützten alle Bemühungen von Hilfs- und Entwicklungsorganisationen nichts. Das liegt in hohem Maße an der korrupten Regierung in Äthiopien, die jedes Jahr Millionen Dollar für Waffen verpulvert, die sie braucht, um die Unabhängigkeitsbewegungen in Eritrea und Tigre zu unterdrücken.*

AUF DER FALSCHEN SEITE (links) *Seit es Kriege gibt, gibt es Flüchtlinge. Einer von ihnen ist dieser junge Kambodschaner in einem Lager in Thailand. Aber in den 1980er Jahren zeigte sich ein neues Phänomen – Menschen massenweise auf dem Marsch, vertrieben nicht durch Krieg, sondern durch Umweltverfall. Denn einmal ist es soweit, daß die Erde nichts mehr hergibt, die Bäume verschwunden sind und die Bewohner dem erodierten Boden nicht einmal mehr das Lebensnotwendigste abringen können.*

SUSANNAH YORK

„Lebte Ibsens ‚Volksfeind' heute, so würde er erkennen, nach welcher Moral sich kapitalistische wie kommunistische Länder richten – Wirtschaftswachstum geht vor Volksgesundheit und Volkswohl. Die wahren Volksfeinde sind diejenigen, die weiterhin unsere langfristigen Interessen dem schnellen Gewinn opfern. Aber vielleicht sollten wir alle in den Spiegel schauen."

Susannah York

Susannah York gehört zu den führenden britischen Film-, Fernseh- und Bühnendarstellerinnen.

WASSER HOLEN Dogon-Knaben in Mali tragen Wasser in Gefäßen heim ins Dorf. Da die Bevölkerungszahl steigt und der Viehbestand wächst, werden die ohnedies knappen Wasservorkommen im Sahel und in Ostafrika immer stärker beansprucht. Im Jahre 2000 wird Kenia jedem seiner Bürger nur noch die Hälfte der ihm heute zur Verfügung stehenden Wassermenge bieten können.

Kehrreim der gegenseitigen Abhängigkeit – der hohe Grad, in dem alle Länder der modernen Welt heute unauflöslich miteinander verflochten sind. Diese Interdependenz ist zum Teil kommerzieller Natur, da die Geschäftstätigkeit der Unternehmen allenthalben buchstäblich global wird; zum Teil betrifft sie die Redeweise, bekennen wir uns doch – wenigstens theoretisch – zu dem Begriff „Eine Welt"; und zum Teil ist sie eine kulturelle, weil die modernen Kommunikations- und Informationsindustrien uns allesamt in ein neues „Weltdorf" einbinden.

Die Industriestaaten im Norden gewähren der Dritten Welt zwar Entwicklungshilfe, aber viel mehr Geld fließt jährlich in entgegengesetzter Richtung, nämlich von Süden nach Norden. Die Entwicklungsländer stellen einen immensen Markt für Fabrikwaren, Nahrungsmittel und Rüstungsgüter dar; zudem sind sie bei Banken im Norden tief verschuldet.

Außerdem wissen wir jetzt viel besser Bescheid über das Grundmuster der ökologischen wechselseitigen Abhängigkeit, die das Leben auf der Erde regelt – Kohlenstoffzyklus, Sauerstoffzyklus, globale Wettermuster usw. Früher glaubten wir in unserer Unwissenheit, daß wir Menschen irgendwie außerhalb oder jenseits der Einflüsse dieser großen Lebenskräfte existierten und in unserer eigenen, wohl parallelen, indes doch ziemlich unabhängigen Welt schön für uns lebten.

Heute wissen wir es besser. In den letzten 20 Jahren hat eine Folge von verheerenden ökologischen Prozessen (Saurer Regen, Ozonabbau, Entwaldung, globale Erwärmung, Umweltvergiftung) gezeigt, daß wir unsere menschlichen Belange nur als lebendiger Teil dieser natürlichen Welt vertreten können, nicht losgelöst von ihr.

Aber die strategischen und politischen Konsequenzen dieser Erkenntnis sind bislang erst wenigen Menschen klar. Ob wir diese globalen Gemeinsamkeiten bewahren können, hängt von unserer Konsensfähigkeit hinsichtlich der erforderlichen Maßnahmen ab. Das treffendste Beispiel wäre vielleicht: Würde China im Energieverbrauch pro Kopf der Bevölkerung den Stand der USA erreichen, so würde sich der globale Gesamtausstoß von Kohlendioxid verdreifachen. Die CO_2-Emissionsminderungen, die kleinere Länder erzielen könnten, wären dann nahezu irrelevant.

Armut stellt heute eine der größten Bedrohungen der Umwelt dar. Armut treibt Menschen dazu, Überweidung zuzulassen, Bäume zu fällen, sich auf umweltschädigende Schnellverfahren und Lebensstile zu verlegen, mehr Familie zu haben, als sie anderenfalls haben würden, vom Land in schon überlastete Städte abzuwandern – kurzum, eben das Saatgut, von dem die Zukunft abhängt, um des Überlebens willen heute zu verzehren.

Es wird Zeit, daß die Menschen in den Industrieländern logischer über die Auswirkungen extremer Armut nachdenken. Um die Umwelt zu retten, müssen wir den Lebensstandard in der Dritten Welt heben. Um die Bevölkerungszuwachsraten zu senken, müssen wir den Lebensstandard in der Dritten Welt heben. Und im Interesse künftiger Generationen müssen wir den Lebensstandard in der Dritten Welt heben.

Mithin enthält unsere Hilfe für Entwicklungsländer einen kräftigen Schuß Eigeninteresse. Nicht Eigeninteresse, wie es in den 1970er Jahren gefördert wurde („Wenn der Süden reicher wird, werden wir alle reicher, weil die im Süden dann mehr Geld für den Kauf unserer Waren und Dienstleistungen zur Verfügung haben"), sondern Eigeninteresse in dem Sinne, daß der Aufbau einer soliden Zukunft uns alle angeht, weil wir alle in einem Boot sitzen.

MITGEFÜHL UND ZORN

Wahrscheinlich wäre es den meisten LeserInnen dieses Buches lieber, wenn Eigeninteresse gar nichts damit zu tun hätte. Den meisten von uns wäre es lieber, wenn einfach durch die Erkenntnis, daß die heutige Wirtschaftsordnung (mit einem jährlichen Süd-Nord-Geldfluß in Höhe von rund 40000 Millionen US-Dollar netto) absurd ungerecht ist, Menschen überall in den Industrieländern zu der Einsicht kämen, daß Wandel geboten ist.

Das war das Empfinden zur Zeit von Live Aid und Band Aid Mitte der 1980er Jahre, als Millionen Menschen aus tiefem Mitgefühl und in heiligem Zorn angesichts des Unrechts halfen, Millionen zusätzlicher Auslandshilfedollars aufzubringen. Es war einfach nicht recht, daß soviele Menschen im Süden an Unterernährung und leicht zu verhütenden Krankheiten sterben sollten, indes im Norden so viele an Überkonsum und den gleichermaßen verhütbaren „Wohlstandskrankheiten" starben.

Es war eine Zeit der echten Aufklärung. Der Begriff „Eine Welt" klang allmählich mehr und mehr nach tatsächlich aktueller Realität als bloß nach einem zweifelhaften Gemeinplatz. Aber die Trägheit und die inhärente Ungerechtigkeit der heutigen Handelsbeziehungen und die Verschuldung der Dritten Welt ließen selbst diesen ungeheuer mächtigen Aufschwung rasch in sich zusammenfallen und zum Erinnerungsbild werden.

SIE WÄRMEN SICH, SO GUT ES GEHT *Jungen in Mexico City, dicht zusammengedrängt über einem Warmluftauslaß. Im Jahre 2000 werden drei von vier Lateinamerikanern in Stadtgebieten leben, und zwar oft in bitterer Armut. In vielen Großstädten leben und schlafen schon jetzt Tausende von jungen Leuten praktisch nur noch auf der Straße. Im Zeichen steigender Kriminalitätsziffern und zunehmenden Drogenmißbrauchs verschwinden jährlich viele spurlos. Die Polizei ist überfordert und kann keinerlei Schutz bieten.*

LEIDEN DER KLEINSTEN

Jedes Jahr sterben in den Entwicklungsländern unnötigerweise 14 Millionen Kinder unter fünf Jahren. Und zwar in einem „normalen" Jahr; wenn Hungersnot oder Trockenheit hinzukommen, sind es mehr.

NAHRUNGSMITTELHILFE
Ist das die einzige Zukunftsperspektive für hungernde Kinder?

Vier Millionen sterben an Durchfallerkrankungen, hauptsächlich nach dem Genuß verschmutzten Wassers. Fünf Millionen sterben an Krankheiten wie Masern, Tetanus und Keuchhusten, die im Westen schon lange unter Kontrolle gebracht sind. Über eine Million sterben an Malaria. Die übrigen erliegen einer Kombination von Krankheiten, meist verschlimmert durch Mangelernährung.

Dieses Sterben zu verhindern wäre nicht teuer. Orale Rehydration (ORT) zum Beispiel ist ein Gemisch aus Salz, Zucker und einwandfreiem Wasser. Nach Schätzungen der Weltgesundheitsorganisation könnte man über die Hälfte der an Durchfallkrankheiten sterbenden Kinder durch ORT am Leben erhalten. Die meisten anderen Probleme ließen sich mit Impfprogrammen und breiterem Einsatz von Antibiotika bewältigen.

UNICEF argumentiert, die Kosten für die Bereitstellung dieser drei Lebensretter (ORT, Impfung, Antibiotika) würden sich auf ca. 2500 Millionen US-Dollar pro Jahr belaufen, und nennt ein paar bedrückende Vergleichszahlen: Diese Summe entspricht 2 Prozent der Dritte-Welt-Ausgaben für Waffen; den Kosten von 5 Stealth-Bombern. Was für eine Welt, in der wir leben und sie sterben!

ERWACHEN : EINE WELT UND DARÜBER HINAUS

AN DER GRÜNEN FRONT
IIED
International Institute for Environment and Development

Das IIED ist seiner Zeit schon immer voraus gewesen. Es wurde 1971 gegründet, als bei Umwelt- und Entwicklungsorganisationen die Neigung bestand, daß jeder allein seinen Weg ging.

Das IIED vertrat stets den Standpunkt, daß eine echte Entwicklung nur in Harmonie mit der lokalen Umwelt möglich ist, was genau dem Konzept der nachhaltigen Entwicklung entsprach, das seit 1987 im Entwicklungsbereich die Tagesordnung beherrscht. Die Stärke des Instituts ist seine enge Zusammenarbeit mit Einheimischen in Südostasien, Afrika, Zentral- und Südamerika. Man befaßt sich ebenso mit Fragen der ländlichen wie mit Fragen der städtischen Entwicklung.

Das IIED war auch eine der ersten Organisationen, die die Bedeutung umweltorientierter Volkswirtschaft erkannten; gemeinsam mit dem University College rief es das Londoner Environmental Economics Centre ins Leben. Sein *Blueprint for a Green Economy* war ein durchschlagender Erfolg. Wenn man bedenkt, daß sein Verlagsunternehmen (Earthscan) jährlich über 30 Titel herausbringt, versteht man, wieso das IIED in aller Stille eine der einflußreichsten Organisationen auf diesem Gebiet ist.

Viele Menschenleben wurden gerettet, doch die politischen Systeme und Wirtschaftsordnungen, die sie in Gefahr brachten, und zwar sowohl im Norden als auch im Süden, blieben weitgehend unangetastet.

Wieviele Todesfälle sind eigentlich nötig, um diesen Würgegriff gefühlloser Gleichgültigkeit zu sprengen?

Opfer herzensträger politischer Systeme und Wirtschaftsordnungen finden wir freilich auch bei uns. Denn trotz allem materiellen Fortschritt, den wir im Westen erzielt haben, scheint es heute nicht weniger menschliches Leid zu geben, als es früher gab. Die Flucht in Drogen, Alkohol, Gewalttat, ja sogar den Selbstmord ist nur das sichtbarste Symptom einer Ziellosigkeit und Entfremdung, die so vieles in unserer Gesellschaft verzerren.

Was auf den ersten Blick wie eine Krise begrenzter biologischer Systeme aussieht, an die der Mensch endlos Forderungen stellt, ist in Wirklichkeit eine Krise menschlicher Werte. Unsere Bemühungen, uns durch Untertanmachen der Erde zu bereichern, haben die Erde verarmen lassen, und unseren Geist ebenso. Viele Menschen sind heute felsenfest überzeugt, daß wir dieser Krise nur durch die Wiederentdeckung geistiger Werte beikommen

LAND DES ÜBERFLUSSES (oben)
Indonesische Dorfbewohner zeigen ihre Ernte an Reis vor. In den letzten 30 Jahren ist die Produktivität der Landwirtschaft in Indonesien enorm gesteigert worden.

LAND DER ARMUT (rechts) *Zwei Jugendliche brechen Brennholz von einem der wenigen überlebenden Bäume ab – kein gutes Zeichen für die Zukunft Malis und anderer Länder in der Sahel-Zone. Rund 80 Millionen Menschen existieren dort jetzt auf Subsistenzbasis. In Mali ist die Wüste in knapp 20 Jahren rund 350 Kilometer vorgedrungen; trotzdem ist und bleibt Holz die bei weitem wichtigste Energiequelle für Koch- und für Heizzwecke.*

können; denn wenn die Bereitschaft fehlt, sich im Interesse anderen Lohnes auf tieferliegender Ebene manche gegenwärtig offerierte „Sofortbefriedigung" zu versagen, wird kein Politiker imstande sein, eine ehrliche Version einer nachhaltigen Entwicklung und der „Schaffung grünen Reichtums" anzubieten.

Das sind einige der weiter gefaßten Kernfragen, mit denen sich Konferenzen wie die Umwelt- und Entwicklungskonferenz 1992 beschäftigen müssen. Es nützt nichts, über globale Erwärmung und Artenvielfalt zu diskutieren, wenn solche Fragen nicht mit dem Schicksal der Armen unserer Erde verknüpft werden. Gegenseitige Abhängigkeit mag ja eine attraktive Wahlparole abgeben, aber sie duldet kaum Kompromisse in Sachen Gerechtigkeit und elementarste Menschlichkeit.

Dies war natürlich die stärkste Herausforderung des 1987 erschienenen Brundtland-Reports *Our Common Future*. Der Bericht lenkte das Augenmerk der Welt zum ersten Mal auf das Konzept der nachhaltigen Entwicklung, definiert als die Art von Entwicklung, die es uns erlaubt, unsere gegenwärtigen Bedürfnisse zu befriedigen, ohne daß wir damit künftigen Generationen den Zugang

FRIEDENSDIVIDENDE

Das Ende des Kalten Krieges und die Demokratisierung Osteuropas haben große Hoffnungen auf massive Kürzungen der Rüstungsausgaben erweckt. Gegenwärtig geben die Länder der Erde ungefähr 6 Prozent ihres Bruttosozialprodukts für Waffen aus. Daß man diese Ausgaben auf die Hälfte reduzieren kann, um eine stabile „Friedensdividende" zu erzielen, ist trotz des tragischen Golf-Krieges kein frommer Wunsch mehr, sondern ein erreichbares Ziel geworden.

Selbst ein direkte Senkung der Rüstungsausgaben ohne anschließende Verwendung der freigewordenen Mittel für die Förderung von einer nachhaltigen Entwicklung in der Dritten Welt brächte enormen Gewinn, denken wir allein an all die vielen Tonnen Stahl, Fässer Öl, Megawatt Energie und die Edelmetallmengen, die dann nicht mehr im nutzlosen Streben nach militärischer Überlegenheit weltweit zum Fenster hinausgeworfen werden würden.

Ist der politische Wille da, kann die Friedensdividende natürlich viel größer sein – eingesparte Rüstungsgelder könnten vollumfänglich dafür eingesetzt werden, die geschundene Erde gesund zu machen und für ihre Ärmsten solide Existenzgrundlagen zu schaffen.

Die Friedensdividende ist die einzige potentielle Quelle für Barmittel, mit denen wir die internationalen Kooperationsprogramme, die, wie wir jetzt wissen, notwendig sind, abstützen können.

DEN SAND BREMSEN
Dieses Hirsefeld am Rande einer Düne in Niger mag nicht gerade wie ein starkes Bollwerk aussehen, und doch ist es alles, was zwischen diesen Dorfbewohnern und dem Vormarsch der Wüste steht. Wüsten kann man zurückdrängen, nämlich mit Hilfe geeigneter Baumpflanzungsprogramme und Bodennutzungssysteme, aber westliche Regierungen geizen notorisch bei der Mittelvergabe für Anti-Desertifikationsprogramme, und das trotz der grausamen Dürren in den letzten Jahren.

Erwachen: Eine Welt und darüber hinaus

CLIVE PONTING

„Die westliche Auffassung, die Geschichte als ein Fortschreiten im Sinne wissenschaftlicher, wirtschaftlicher und industrieller Weiterentwicklung sieht, ist eine gefährliche Täuschung. Wir wissen, daß frühere Gesellschaften sich selbst zerstört haben, indem sie ihre Umwelt zerstörten – genannt seien die Städte Sumers, des Indus-Tales, der Maya und der Azteken. Das scheinbar abseitige Beispiel Osterinsel kann als grausige Warnung dienen. Im 18. Jahrhundert fanden europäische Seefahrer dort ein paar armselige Bewohner in einer öden, baumlosen Landschaft vor. Sie hatten keinerlei Erklärung für die Hunderte von gigantischen Steinstatuen und die übrigen Spuren einer offensichtlich fortschrittlichen Gesellschaft.
Die Polynesier, die sich als erste auf dieser isolierten, bewaldeten Insel niederließen, hatten alle Bäume gefällt. Sie benutzten das Holz als Brennmaterial, für den Hütten- und Kanubau und vor allem dazu, die riesigen Steinfiguren zu den Zeremonialzentren der verschiedenen Clans zu transportieren. Als die Insel entwaldet war, brach ihre Gesellschaft, die ein Jahrtausend bestanden hatte, zusammen. Kaum zu glauben, daß sie unter wenig günstigen Bedingungen eine Kultur aufbauen konnten, es aber nicht über sich brachten, ihre Lebensweise so zu ändern, daß der Fortbestand ihrer Kultur gesichert gewesen wäre. Und wir – inwiefern machen wir es anders?"

Der britische Autor Clive Ponting ist Forscher an der Universität Swansea.

JESSE JACKSON

„Wir stehen am Beginn einer neuen Weltordnung. Der Kalte Krieg, der jahrzehntelang über unseren Köpfen hing, ist vorbei. Europa demontiert seine Raketen und baut seine Wirtschaft wieder auf. Nelson Mandela führt den Kampf um ein freies, nicht-rassistisches, demokratisches Südafrika an. Aber die Verheißungen der neuen Weltordnung sind gefährdet durch doppelt Unrecht – durch Armut und Umweltzerstörung. Die Umweltzerstörung lastet am schwersten auf den Schultern der Benachteiligten, und das ist eine Bedrohung der Demokratie selbst. Was ist Demokratie, wenn ihr eure Luft nicht mehr atmen könnt, weil sie zu verpestet ist? Was Wirtschaftsentwicklung, wenn euer Land so vergiftet ist, daß ihr nichts mehr anbauen könnt? Was Völkerrecht, wenn reiche Länder ihren Giftmüll an den Gestaden ärmerer Nationen abladen? Umweltgerechtigkeit gehört zu den Fundamenten der neuen Weltordnung.
Die Vereinigten Staaten sind stolz auf das, was die Freiheitsstatue der Welt verheißt: ‚Bring mir deine Müden, deine Armen, deine zusammengekauerten Massen, die sich nach Freiheit sehnen'. Wir müssen nun das Recht, frei zu atmen, auf jede Nation und jeden einzelnen Menschen ausdehnen; denn das Recht, frei zu atmen, ist das elementarste Menschenrecht überhaupt."

Reverend Jesse L. Jackson, Präsident und Gründer der National Rainbow Coalition, setzt sich jetzt beim Kongreß dafür ein, daß Washington, D.C. Bundesstaat der USA wird.

WALTER CRONKITE

„Es gibt eine Maxime und einen einfachen Folgesatz, von denen wir stets ausgehen müssen, wenn wir über die Rettung der Erde nachdenken. Die Maxime besagt: Keine Privatinteressen – weder Eigentumsrechte noch das Recht auf Profit – können in das Grundrecht auf saubere Luft und sauberes Wasser eingreifen. Der Folgesatz besagt: Die Kosten für die Rettung der Erde haben wir alle gemeinsam zu tragen. Umweltverschmutzer müssen nicht dafür entschädigt werden, daß sie mit ihrer Verschmutzung aufhören, aber wir müssen verstehen, daß Industrie und Regierungen das Recht haben, künftig in den Preis ihrer Produkte oder Dienstleistungen die Kosten für Nichtverschmutzen einzuschließen."

Walter Cronkite, Ex-Politmoderator der CBS News, ist heute Senior Correspondent von CBS.

DÜNEN IN DER KALAHARI

GEORGE HARRISON

Rettet die Welt

Wir müssen sie retten, die Welt
Jemandes Kinder werden sie brauchen.
Bisher läuft das große Geschäft
Die Welt zu schröpfen, bis sie kaputt ist.
Wir müssen sie retten, die Welt.

So wenigen sind wir da ausgeliefert
Ein paar ganz schlimme Finger, die wollen
Die Erde zur Hölle machen
Dann einen Käufer finden und,
schwupps, das Ding verhökern.

Wir müssen sie retten, die Welt
Sie wird ja vielleicht noch gebraucht.
Höchste Zeit, daß ihr wißt
Wie nahe wir dran sind.
Bald ist sie futsch – wir müssen
Wir müssen sie retten, die Welt.

Ex-Beatle George Harrison arbeitet heute als Filmproduzent, Musiker und Song-Schreiber.

zu den reichen Schätzen der Erde verbauen, auf den sie genauso ein Recht haben wie wir heute.

Nachhaltige Entwicklung ist ein wichtiges und bahnbrechendes Konzept. Es setzt ein riesiges Fragezeichen hinter die derzeitigen Handelsbeziehungen und die ganze „Entwicklungshelferei", bei der bislang gewaltige Summen verschleudert wurden – für ungeeignete Entwicklungsprojekte, für zweifelhafte Geschäfte mit korrupten Politikern in Ländern der Dritten Welt, für Vorhaben, die die fundamentalen lebensstützenden Syseme in diesen Ländern untergruben, statt sie zu festigen, und für zentralisierte Bürokratien statt für Self-reliance von den Wurzeln her. Wenn nachhaltige Entwicklung etwas bedeutet, dann nicht nur, daß ein größerer prozentualer Anteil des westlichen Bruttoinlandsprodukts in Entwicklungsprogramme zu fließen hat, sondern auch, daß es ganz andere Entwicklungsmodelle unterstützten sollte.

ZWIEDENKEN

Folglich beunruhigt es viele Umweltschützer sehr, daß die Debatte über Nachhaltigkeit mit Halbwahrheiten und vorsätzlich doppelsinnig geführt wird. Was für ein Spiel glauben denn Politiker zu spielen, wenn sie von „nachhaltigem Wirtschaftswachstum" reden und doch genau wissen, daß eine Wachstumsrate von 3 Prozent jährlich auf eine Verdoppelung von Produktion und Konsum in nur 25 Jahren hinausläuft?

Das Konzept der Nachhaltigkeit scheint für die meisten Politiker letztlich nur zu besagen, daß sie weiterhin das im Grunde nicht aufrecht zu erhaltende – nämlich unbegrenzte – Wachstum eines begrenzten Planeten gutheißen können. Mit linguistischer Manipulation à la George Orwells *1984* läßt sich Nachhaltigkeit als Aufrechterhalten des offensichtlich Unhaltbaren interpretieren. Und da so viele Umweltleute darauf hereinfallen, wundert es einen nicht, daß das auch mit dem größten Teil der Öffentlichkeit so ist.

Der Dritten Welt kommt vieles an dem heutigen neuen „grünen" Bewußtsein und an dem Gerede über Nachhaltigkeit ein bißchen akademisch vor. Wie angenehm für die EG, daß sie umgerechnet Milliarden Dollar für die Verminderung der Nitratbelastung in Wasserversorgungsnetzen ausgeben kann, während so viele Millionen Einwohner anderer Länder nach wie vor keinen gesicherten Zugang zu Wasser haben, das man gerade noch als trinkbar bezeichnen könnte.

Nachhaltige Entwicklung wird ein Wunschtraum bleiben, solange sich die wohlhabenden Nord-Nationen nicht viel ehrlicher mit Kernpunkten wie Gerechtigkeit und Pro-Kopf-Verbrauch auseinandersetzen.

VERTRAUTHEIT ERZEUGT VERACHTUNG
Bilder wie diese Szene im Flüchtlingslager in Korem während der Hungersnot 1984 in Äthiopien – wie lange werden sie im Westen noch Wohltätigkeitsimpulse auslösen?

Es sieht so aus, als setzte bereits eine „Mitleidsmüdigkeit" ein. Aber die Industrieländer müssen begreifen, daß sie ihre eigene Zukunft aufs Spiel setzen, wenn sie der Dritten Welt nicht effektiv mehr geben.

II

ERDE

🌍

Die Redewendung „sich die Natur untertan machen" zählt zweifellos zu den unverschämtesten und irreführendsten der westlichen Sprachen. Sie ist ein Beweis für die Illusion, alle natürlichen Kräfte seien vollständig kontrollierbar, und ein Ausdruck des verbrecherischen Dünkels, die Natur dürfe in erster Linie als Rohstoff- und Energiequelle für menschliche Zwecke betrachtet werden.

Aus A God Within *von* RENÉ DUBOS

DIE MAGNOLIE ZEIGT DIE FORM DER ERSTEN BLÜTENPFLANZEN

Der Planet Erde ist 4600 Millionen Jahre alt. Wenn wir diese unvorstellbar lange Zeitspanne auf leichter zu handhabende 46 Jahre hinunterschrauben, dann gibt es den modernen Menschen seit vier Stunden, und die Industrielle Revolution hat vor einer Minute begonnen. In diesen 60 Sekunden biologischer Zeit hat sich der Mensch bis zur Plage vermehrt, die Brenn- und Rohstoffquellen des Planeten ausgeplündert und zahllose Tier- und Pflanzenarten ausgerottet.

In seiner „Gaia-Hypothese" stellt der britische Wissenschaftler Jim Lovelock die revolutionäre Idee von der Erde als lebendem Organismus vor, der auf jede Bedrohung so reagiert, daß er die Chancen für das Fortbestehen des Lebens maximiert. Er deutet auch an, daß die Rolle der Menschheit in alledem ziemlich unbedeutend sein könnte. Ökologisch und geologisch gesehen sind wir ja auch wirklich kaum mehr als eine Pestbeule auf der Erdoberfläche.

Gibt uns das etwa das Recht, uns keine Sorgen über den Schaden zu machen, den wir der Erde zufügen? Das will ich nicht hoffen. Wie kurz wir die Erde auch besitzen mögen, dieser Besitz bringt Verantwortung mit sich, und zwar nicht nur gegenüber anderen Menschen, sondern auch gegenüber der Vielfalt von Lebensformen, mit denen wir diesen Augenblick der Evolution teilen. Eines der Hauptziele der Menschheit muß sein, den Erdboden zu schützen, die Walddecke und die Vielfalt der Lebensräume zu erhalten. Seit dem Ende der sechziger Jahre werfen Skeptiker den Umweltschützern

GEOLOGISCHE ZEIT (gegenüber) *Jeder Streifen in Arizonas Painted Desert steht für Jahrmillionen. Dagegen wirkt die kurze Zeit, die der Mensch auf der Erde lebt, geradezu unbedeutend.*

EINE LÖWIN UND IHR JUNGES (oben) *So mächtig der Löwe auch wirkt, seine Stellung im Lebenszyklus der Serengeti ist äußerst unsicher. Er ist abhängig von Gras, Beutetieren und Regenfällen.*

RETTET DIE ERDE

ARTENVIELFALT: VOM REGEN BENETZTE FLÜGELFRÜCHTE DES ROTAHORNS IN WISCONSIN, USA

immer wieder vor, sie schlügen unaufhörlich blinden Alarm. Warum, so fragen diese Skeptiker, ist denn jetzt auf einmal alles so eilig, wo doch die Erde anscheinend relativ mühelos dem größten Teil des Schadens standgehalten hat, der ihr zugefügt wurde? Wovor muß die Erde denn „gerettet" werden?

Oft ist es einfacher, die Wahrheit abzustreiten, als ihr zu begegnen. Lassen Sie uns dankbar sein, daß wir die letzten 20 Jahre tatsächlich ohne mehr als eine Handvoll entsetzlicher Umweltkatastrophen überstanden haben, aber lassen Sie uns nie vergessen, daß Millionen von Menschen ihre Umwelt bereits verloren haben. Das beweist die gewaltige Zunahme der „Umweltflüchtlinge" – das heißt, all derjeniger, die durch Dürre, Entwaldung und andere Umweltkrisen aus ihrer Heimat vertrieben wurden.

Wenn wir auf die letzten 20 Jahre zurückschauen, erkennen wir mit Schrecken, welche Verachtung die Anhänger des technologischen „Fortschritts" für die natürliche Welt hegten. In den Schriften einiger Agronomen

GRASLAND: EIN SCHWARZES NASHORN IM NAIROBI-NATIONALPARK

scheint zum Beispiel der Boden für die Nahrungsmittelproduktion kaum eine Rolle zu spielen. Man nehme Düngemittel, verbessere eine Reihe neuer Unkrautvertilgungsmittel, züchte die produktivsten Spielarten, planiere die größten Felder, bewässere auf Teufel komm raus und verschwende keinen Gedanken an die Tausende von Millionen Tonnen Boden, die alljährlich verlorengehen: Das war das Patentrezept der modernen Landwirtschaft. Das schlichtere Geschäft des Bodenmanagements, der Produktivitätssteigerung, der Erosionskontrolle ging verloren in einer von Menschen geschaffenen Welt, die glaubte, sie habe der Natur nichts zu verdanken.

ARTENVIELFALT: EINE STRELITZIE IN HAWAII.

Die Tatsache, daß die letzten 20 Jahre eher durch allmählichen Niedergang als durch einen rasend schnellen Umweltkollaps gekennzeichnet wurden, ist nicht unbedingt ein Grund zur Freude. Gleichzeitig glaube ich fest, daß die Grundlagen für eine gerechtere, mitfühlendere und erträglichere Zukunft heute geschaffen werden.

Ein Teil dieser Grundlagenarbeit ist sehr auffällig. Die Führer der Welt weisen in ihren großartigen Reden nachdrücklich darauf hin, die dichten Ränge der Umwelt- und Entwicklungsorganisationen befürworten sie leidenschaftlich, und die Weltmedien

GRASLAND: IN DER SAHARA IM SUDAN KEIMEN SAMEN NACH EINEM REGENSCHAUER

ERDE

ARTENVIELFALT: DAS SELTENE DREIHORNCHAMÄLEON LEBT IN ZAIRE

gehen immer stärker darauf ein. Obwohl die Medien die Tendenz haben, von einem modischen Thema zum nächsten zu springen (vom Welthunger über AIDS zur Umwelt) wäre es ungerecht, ihren Anteil an der Steigerung des Umweltbewußtseins abzustreiten. „Grün" zu sein ist heute leichter denn je zuvor.

Aber der größte Teil der Grundlagenarbeit wird ohne Aufmerksamkeit der Medien schrittweise an der Basis erledigt – und spiegelt sich wider in den Besorgnissen und gewählten Lebensweisen von Millionen Menschen, die wissen, was sie sich selbst und der Zukunft schuldig sind. Es ist diese Basis, die mich glauben läßt, daß das augenblickliche Maß an Umweltaktivität nicht geringer, sondern ständig größer werden wird. Die Zeichen der Hoffnung mehren sich und verstärken den wachsenden Wunsch nach neuen Denkmodellen und dauerhaftem Wandel.

ACKERLAND: MAISERNTE IN SÜD-ILLINOIS, USA

Es gelingt uns immer besser, die guten Nachrichten hinauszuschreien, die ausbrechende Angst mit der Mahnung zu mäßigen, daß es doch Lösungen gibt, von denen viele bereits lebensfähig sind und auf viel breiterer Basis angewandt werden können.

ANTARKTIS: EISSCHOLLEN LÖSEN SICH VOM FESTLANDUFER

Trotzdem könnten wir eines Tages „grünmüde" werden. Zu viele Worte und zu wenig Taten; zuviel Trübsinn und nicht genug positive Hoffnung; zu viele bedrückende Wirtschaftsprobleme und (bis jetzt) nicht genug Beweise, daß eine grüne Einstellung sie tatsächlich lösen könnte. Der Weg vorwärts wird weder eben noch kontinuierlich sein.

Zwei Schritte vorwärts und dann einen zurück gehen zu müssen, ist entmutigend, wenn auch viel besser als stillzustehen. Es ist an der Zeit, die Politiker aufzufordern, das Tempo des Wandels zu beschleunigen. Die Beweise, die die Erde selbst liefert, verlangen genau das von uns.

BERGE: EISHÖHLEN IN ANTELOPE CANYON, UTAH, USA

Rettet die Erde

Sadruddin Aga Khan

„Wir brauchen die Natur mehr, als die Natur uns braucht. Sie sollte mit Ehrfurcht und Demut behandelt werden. Leider ist die Hybris des Homo sapiens grenzenlos. Es ist traurig, wie er die Natur ‚verwaltet‘ hat. Wenn wir die Welt um uns herum betrachten, scheinen die Pflanzen und Tiere aufgeklärter zu sein als der Mensch. Sie zerstören sich nicht selbst durch Drogen, Vernichtungswaffen oder Bevölkerungsexplosionen. Sie verschmutzen nicht die Luft, sie verwandeln nicht die Erde und ihre Meere in eine Müllkippe. Wäre es möglich, daß der Instinkt, den wir verloren haben, ein besserer Führer ist als die Vernunft? Wir haben viel zu lernen. Doch haben wir noch Zeit dazu?"

Prinz Sadruddin Aga Khan, der 1978 mit dem Human Right Award der Vereinten Nationen ausgezeichnet wurde, ist Präsident der Bellerive Foundation.

Gerald Durrell

„Vor einiger Zeit war ich in einem Museum in Los Angeles, und dort fand ich, in mehreren Schubläden, zahlreiche Bälge des Kalifornischen Kondors. Es war schrecklich zu erkennen, daß hier, vor mir, sorgfältig erhalten, mehr Kalifornische Kondore lagen, als in der freien Wildbahn lebten. Die großen Ökosysteme sind wie erlesen geknüpfte Gobelins – Hunderttausende kompliziert miteinander verbundener Fäden ergeben das dargestellte Bild. Die Natur kann mit kleinen Rissen im Gewebe fertigwerden; sie kann sogar, nach einer gewissen Zeit, mit größeren Katastrophen wie Überschwemmungen, Bränden und Erdbeben fertigwerden. Sie kann jedoch nicht fertigwerden mit der ständigen Zerstörung des Gewebes durch die Aktivitäten des Menschen."

Der britische Autor und Naturforscher Gerald Durrell ist Gründer und Honorary Director des Jersey Wildlife Preservation Trust.

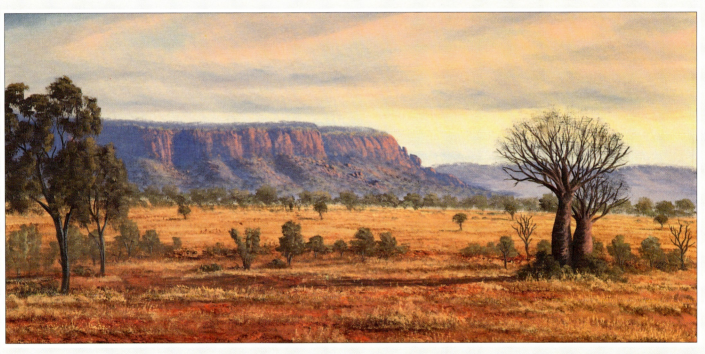

Australisches Outback, Kimberley, Westaustralien

Jack Absalom

„Von all den herrlichen Plätzen, die ich gesehen habe, ist diese phantastische, von Schluchten durchzogene Landschaft der Kimberley-Region hoch im Norden Westaustraliens wohl eines der faszinierendsten Gebiete. Da es so abgelegen und verhältnismäßig spärlich bevölkert ist, ist dieses Gebiet fast unverändert so geblieben, wie es vor der Besiedlung durch die Weißen war. Ich halte es für einen der großartigsten Schätze der Erde und wünsche nur, daß es so bleibt."

Der australische Maler Jack Absalom hat sich auf Szenen des Australischen Outback spezialisiert.

RETTET DIE ERDE

YOKO ONO

Ein Stück Erde (Frühling 1963)
Dem Klang der Erddrehung lauschen.

Ein Stück Erde (Sommer 1990)
Die Erde gibt uns soviel. Wir sollten der Erde und ihrem Herzschlag lauschen und in Harmonie mit diesem wunderschönen Planeten leben.

Yoko Ono ist Künstlerin.

JOHN FOWLES

„Ich fühle mich hier in Dorset, wo ich wohne, nicht unglücklich, wie ich mich nirgends unglücklich fühle; aber ich bin verzweifelt darüber, wie blind und egoistisch unsere Art überall lebt, anscheinend festgefahren zwischen Selbstmord und Senilität. Kristallklar, was falsch ist, und ebenso klar, daß wir als Art nichts daran ändern können. Wir sind jetzt viel zu viele und vermehren uns ungehemmt weiter wie ein unkontrollierter Virus. Ich denke an all die Säugetiere, Pflanzen, Vögel, Insekten, die wir durch unsere Gifte aus der Welt vertreiben und die mir in den sechs Jahrzehnten meines Lebens soviel Trost und Freude geschenkt haben. Ein solcher Verlust mag unerheblich sein; ich werde alt, ich werde bald sterben. Nicht unerheblich ist jedoch, daß dieser Verlust für die meisten, die Jüngeren, zur Regel wird. Es ist, als ob irgendeine idiotische Verordnung erlassen worden wäre: ‚Die Natur wird bald aufhören zu existieren. Es ist daher streng verboten, daß sie irgend jemandem irgend etwas bedeutet.' Es wird natürlich nicht so passieren. Eine solche Situation beschleicht uns und unsere verwirrte, mit einander widersprechenden Werten und Begriffen vollgestopfte Intelligenz langsam. Aber dann, eines Tages, wird die Natur tot sein, unbestreitbar und irreversibel. Es wird kein Grün mehr geben.
So empfand ich es in diesem heißen Sommer. Der Gestalt nach mochte ich ein Mensch sein; tatsächlich schien ich einer ausgehungerten, selbstzerstörerischen Horde von Ratten anzugehören. Ich bin froh, daß es keinen Gott gibt. Wenn es einen gäbe, kann ich mir nicht vorstellen, daß wir wilden, kurzsichtigen und unersättlich egoistischen Geschöpfe auch nur einen Tag länger leben dürften."

Der britische Romancier John Fowles ist der Autor mehrerer moderner Klassiker wie *The Magus* und *The French Lieutenant's Woman*.

SCHAUSTÜCKE IN EINEM TROPHÄENLADEN, SIMBABWE

RICHARD LONG

TUAREGKREIS, DIE SAHARA, 1988

Ob glücklich
     oder traurig,
Unkraut wächst und wächst.
Taneda Santoka (1882–1940)

Richard Long ist ein britischer Künstler, der „Spaziergänge" in der Landschaft gestaltet. Er stellt Skulpturen aus Holz und Steinen zusammen und schafft „Lehmwerke" in Galerien.

ROBERT REDFORD

„Es genügt nicht, daß die Gemeinde der Wissenschaftler über das informiert ist, was die Zukunft der Umwelt betrifft. Der Stab muß von den Wissenschaftlern weitergereicht werden zur breiten Öffentlichkeit und dann umgesetzt werden in politische und gesetzgeberische Maßnahmen. Die ersten beiden Schritte sind getan – nun ist es Zeit, den dritten zu tun. Ich fürchte, daß wir das nicht von unseren gegenwärtigen politischen Führern erwarten können. Wir können nicht darauf warten, daß die Führung in Umweltfragen von oben kommt; das wird nicht geschehen. Das vergangene Jahrzehnt hat das klargemacht. Die Menschen in der ganzen Welt fordern mehr von ihren Führern – und bekommen es. In Amerika zeigt uns jede Wahl, daß die Menschen ihren Politikern weit voraus sind. Wir können noch einen Schritt weiter gehen und unseren Führern sagen, daß sie nicht wiedergewählt werden, wenn sie nicht die Umwelt schützen."

Der amerikanische Schauspieler, Regisseur und Produzent Robert Redford ist Aufsichtsratsmitglied der Friends of the Earth, USA, des Environmental Defense Fund und des Natural Resources Defense Council sowie Gründer des Institute for Resource Management.

Cola nitida, EINE REGENWALDPFLANZE,
DIE IN DER MODERNEN PHARMAZIE
VERWENDUNG FINDET

REGENWALD
DIE VERSCHWINDENDEN WÄLDER

NORMAN MYERS

Känguruhkäfer
Sagra buqueti

Vogelfalter
Ornithoptera croesus

Von allen Wäldern der Erde sind die Regenwälder in den letzten Jahren am nachhaltigsten zerstört worden. In diesen Gebieten setzen Kettensäge und Zündholzschachtel im verstärkten Maße das Werk ihrer Vernichtung fort.

Regenwälder sind ein Wunder der Natur. Sie sind ein lebender Bestandteil der Kulturen vieler Länder. Doch viele von ihnen sind jetzt gefährdet. Wir haben bereits die Hälfte aller tropischen Wälder der Welt verloren, und die Abholzungsrate hat sich während der 80er Jahre fast verdoppelt. In nur wenigen Jahrzehnten können die tropischen Wälder praktisch verschwunden sein. Man stelle sich vor: Das hellgrüne Band um den Äquator in unseren Schulbüchern, das auf den dichtesten Vegetationsgürtel der Erde hinweist, müßte in ein schmutziges Braun umgefärbt werden, um das zu bezeichnen, was für immer verloren ist.

Regenwälder sind das prächtigste Werk der Natur, das je die Oberfläche unseres Planeten geschmückt hat. Ihre biotische Vielfalt ist sagenhaft. Auf 50 Hektar der Malaiischen Halbinsel gibt es mehr Baumarten, als in ganz Nordamerika anzutreffen sind; ein einziges Buschgebiet in Peru weist vielleicht mehr Ameisenarten auf als die Britischen Inseln. Jüngste Forschungen haben gezeigt, daß das Laubdach der tropischen Wälder möglicherweise 30 Millionen Insektenarten enthält, was bedeutet, daß diese Wälder, die nur 6 Prozent der Erdoberfläche bedecken, 70 Prozent – vielleicht sogar 90 Prozent – aller auf der Erde vorkommenden Insektenarten eine Heimstatt bieten.

Wie die Wälder verschwinden, so verschwinden auch die Arten, die sie bewohnen – gegenwärtig wahrscheinlich mit einer Rate von mehreren Dutzend am Tag. Einige Leute mögen sich fragen, ob es wirklich von Bedeutung sei, wenn gestern ein paar Insektenarten ausgestorben sind, wo doch heute wieder die Sonne scheint. Sie sollten die Ölpalmen-Plantagen in Malaysia bedenken. Bis vor zehn Jahren mußte die Befruchtung der Millionen von Ölpalmen von

Professor Norman Myers,
MA PhD, ist Berater für mehrere Einrichtungen der UNO, die Weltbank, die OECD, das World Resources Institute und andere Organisationen. Sein Hauptinteresse gilt den wirtschaftlichen Beziehungen zwischen entwickelten und halbentwickelten Ländern.

NEBELWALD IN VENEZUELA (gegenüber)
Regenwälder, die höher als 900 Meter über dem Meeresspiegel liegen, werden manchmal als Nebelwälder bezeichnet. Die Durchschnittstemperaturen sind niedriger in diesen Höhen, und es gibt weniger Arten als in den Regenwäldern des Tieflands; aber solche Nebelwälder gehören zu den schönsten und eindrucksvollsten Plätzen der Erde.

GESCHMEIDE DER BAUMKRONEN (links)
Der Hyazinthara (ganz links) ist einer der gefährdetsten Pagageien des Amazonas. Der Verlust seines Lebensraums und die Nachstellung durch Fallensteller (die ihn in Europa und Nordamerika verkaufen) haben dazu geführt, daß die Art fast ausgestorben ist. Der Rotaugen-Laubfrosch (links) ist in Mittel- und Südamerika überall dort weit verbreitet, wo der Regenwald noch intakt ist.

ERDE: DIE VERSCHWINDENDEN WÄLDER

NUTZEN AUF DAUER
Die Erhaltung der Regenwälder liegt in unserem eigenen Interesse. Ein Rüsselkäfer (oben) aus den Wäldern Kameruns befruchtet heute die Ölpalmen (rechts) in Malaysia und erspart damit den Plantagenbesitzern viele Millionen Dollar pro Jahr.

Hand erfolgen – eine uneffektive und kostspielige Art, dieser Aufgabe gerecht zu werden. Eines Tages fragten die Plantagenbesitzer sich, wie die Ölpalmen in ihrem ursprünglichen Habitat, den Wäldern Kameruns in Westafrika, befruchtet werden. So schickten sie Forscher nach Kamerun, die herausfanden, daß die Arbeit dort von einem winzigen Rüsselkäfer erledigt wird. Einige Stämme dieses Rüsselkäfers wurden nach Malaysia geschafft und dort in den Plantagen freigelassen. (Es waren keine ökologischen Komplikationen zu befürchten, da bekannt war, daß der Rüsselkäfer seine Tätigkeit auf die Ölpalmen beschränkt.) Die Befruchtung erfolgt jetzt einzig und allein durch den Rüsselkäfer, was den Plantagenbesitzern 140 Millionen Dollar im Jahr erspart.

Wir sollten uns alle daran erinnern, wenn wir das nächste Mal Margarine oder Kosmetika oder eines der anderen auf Palmöl basierenden Produkte verwenden, die ihre Herstellung teilweise den Diensten eines anscheinend unbedeutenden Insekts aus den Wäldern Kameruns verdanken.

Wir sollten auch dem Reichtum der tropischen Wälder dankbar sein, wenn wir das nächste Mal in eine Apotheke gehen, um eine Medikament zu kaufen. Es besteht eine Chance von eins zu vier, daß dieses Medikament aus einer tropischen Waldpflanze stammt. Es mag ein Antibiotikum, ein Schmerzmittel, ein Diuretikum, ein Laxativ, ein Beruhigungsmittel oder einfach nur ein Hustensaft sein. Der Handelswert aller auf Pflanzenbasis hergestellten Produkte wird heute weltweit auf fast 30 Milliarden Dollar pro Jahr geschätzt.

Der Regenwald Madagaskars enthält 12 000 verschiedene Pflanzenarten, von denen mehr als 60 Prozent nur auf dieser Insel vorkommen.

Die Antibabypille wurde ursprünglich aus einer wilden Yamswurzel hergestellt, die in den Wäldern Mexikos wächst; und die heutige Pille verdanken wir einer Waldpflanze in Westafrika. Einer der größten Erfolge in der Bekämpfung des Krebses in den letzten Jahrzehnten ist auf ein Immergrün *(Catharanthus roseus)* in Madagaskar zurückzuführen, auf dem zwei gegen Leukämie und die Hodgkinsche Krankheit verwendete Medikamente basieren. Nach Angaben des National Cancer Institute in den Vereinigten Staaten könnten die tropischen Wälder mindestens noch zehn weitere Pflanzen enthalten, aus denen sich vielleicht Medikamente gegen Krebs entwickeln ließen. Es besteht sogar Hoffnung, daß sich dank einer

DEN GEWINN TEILEN

Der Schlüssel, den Regenwald zu nutzen, ohne ihn zu zerstören, liegt darin, den Gewinn zu teilen, der aus seinen Ressourcen gezogen wird, um eben diese Ressourcen zu erhalten. So hat beispielsweise die pharmazeutische Firma, die Medikamente aus dem in Madagaskar heimischen Immergrün *(Catharanthus roseus)* herstellt, um Leukämie und die Hodgkinsche Krankheit zu bekämpfen, viele Millionen verdient. Die Pflanze wird jetzt auf kommerzieller Basis in mehreren Ländern angebaut; aber Madagaskar, aus deren Wäldern sie ursprünglich kommt, hat – wenn überhaupt – sehr wenig für den Beitrag erhalten, den es dem Wohle aller Menschen leistete.

EIN STÄNDIGER DRUCK
Madagaskar ist eines der ärmsten Länder der Erde, und seine noch übriggebliebenen Regenwälder werden von einer wachsenden Bevölkerung bedroht, die dringend Land braucht. Obgleich die Regierung über Einnahmen aus der Touristik verfügt, ist es angesichts der Armut der Bevölkerung schwer für Politiker, dem ständigen Druck interessierter Kreise zu widerstehen, die Regenwälder zu „erschließen". Es verheißt nichts Gutes, daß der Norden nicht nur Nutzen, sondern auch Profit aus dem Madagaskar-Immergrün zieht, während die Wälder, die es hervorbrachten (und die immer noch ebenso wertvolle Pflanzen bergen mögen), infolge des wirtschaftlichen Drucks stark gefährdet sind.

MADAGASKAR-IMMERGRÜN
Diese Regenwaldpflanze wird zur Herstellung eines Medikaments verwendet, das Leukämie bekämpft, eine der schwersten Krebserkrankungen.

REGENWALD

Pflanze in den Wäldern Queenslands eines Tages Aids behandeln läßt.

Ähnliches gilt für eine große Zahl von Nahrungsmitteln und Materialien, die in der Industrie Verwendung finden. Und alles das ist nur ein Bruchteil des Potentials, das die Wälder in sich bergen. Bisher ist nur jede zehnte der 125 000 Pflanzenarten der tropischen Regenwälder wissenschaftlich erfaßt und nur jede hundertste näher beschrieben worden.

EINFLÜSSE AUF DAS WELTKLIMA

Von noch größerer Bedeutung sind die tropischen Regenwälder hinsichtlich des Einflusses, den sie auf das Klima ausüben. Die Abholzung schafft hier zwei Hauptprobleme. Wenn das grüne Band, das sich um den Äquator windet, sich in einen kahlen Ring verwandelt, erhöht sich das Reflexionsvermögen der Erdoberfläche. Dieser „Albedo-Effekt" wirkt sich letztlich auf die Konvektionsströme, die Windmuster und die Niederschlagsmengen in allen tropischen Regionen und möglicherweise weit darüber hinaus aus.

Noch entscheidender sind die klimatischen Störun-

Dioscorea elata

UNERSETZLICHE MEDIZINTRUHE (links)
Die Wurzelstöcke der Dioscorea-Liane liefern Diogenin, einen wichtigen Bestandteil von empfängnisverhütenden Mitteln, Kortison und anderen Medikamenten. Dioscorea gedeiht nur im Regenwald.

PILZE IN EINEM EMPFINDLICHEN ÖKOSYSTEM (rechts)
Am fruchtbarsten entwickelt sich das Leben des Regenwalds nicht auf dem Waldboden, sondern im Blätterdach. Regenwälder sind deshalb abhängig von einer großen Zahl von Insekten, Pilzen und Bakterien, die die Zersetzung toter Tiere und Pflanzen fördern.

DOROTHEE SÖLLE

Erinnere dich an die bäume

Keinen tag soll es geben
an dem du sagen mußt
niemand ist da der mir kraft gibt
  zum widerstand
keinen tag soll es geben
an dem du sagen mußt
niemand ist da der mir mut macht
  zum ungehorsam
keinen tag soll es geben
  an dem du sagen mußt
ich halte es nicht mehr aus

Erinnere dich doch gott
an die bäume die du geschaffen hast
weißt du nicht mehr
stark und biegsam jeden in seiner art
ein halt im himmel
ein dach für die erde
ein baumhaus für die kinder
die bäume durften atmen und sich ausbreiten
sie streckten die wurzeln in den boden
sie regulierten die luftfeuchte
sie machten uns zu hause auf der welt
sie waren unsere geschwister
das volk der bäume nannte man wald
erinnerst du dich

Manche liebten die bäume mit einer liebe
viel länger als ihr eigenes leben
sie pflanzten sie sie liebten dich in
  den bäumen gott
sie schützten dich und sie wurden beschützt
es war eine gerechte aufteilung
menschen tranken von deiner kraft gott
du warst nicht der allmächtige konstrukteur
  einer großmaschine
sondern die gärtnerin die den baum des
  lebens gepflanzt hat

Erinnere dich doch gott
und behüte uns vor den baumfeinden
die uns im müll ersticken
sie reden von freier fahrt für freie bürger
aber ihre freiheit ist mörderisch
erbarme dich über dein volk der bäume
erinnere dich und mach uns erinnern
behüte uns und mach uns zu hütern
unserer geschwister
der bäume

Aus: zivil und ungehorsam. *Gedichte.*

Prof. Dr. Dorothee Sölle ist Schriftstellerin und Theologin. Sie steht der Dritte-Welt- und der Friedensbewegung nahe.

NORMA ALEANDRO

Wir

Er ist allein
Dieses nistende, säugende Tier
Das einst die Vorderbeine hob und stand.
Er beugt, was fest war
Bewegt Energie, macht sie nutzbar
Teilt den Planeten in Planquadrate
spezifiziert alles, und was nicht da ist,
faßt er in Begriffe.

Ich liebe innig dieses Tier
denn ich erinn're mich des Schmerzes
damals, als wir uns erhoben
und wie wir weinten vor Freude
als wir unseren Weg fanden.

Norma Aleandro ist eine Schauspielerin und Schriftstellerin aus Argentinien. Dies ist ein Auszug aus *Wir*, veröffentlicht in ihrer Sammlung *Poemas y Cuentos de Altenazor*.

Erde: Die verschwindenden Wälder

VIEHWIRTSCHAFT IN BRASILIEN (unten) *Riesige Gebiete in Mittel- und Südamerika sind für die Viehzucht gerodet und abgebrannt worden – vor allem, um westliche Konsumenten mit billigem Rindfleisch zu versorgen.*

KAHLSCHLAG IN THAILAND (rechts) *Keine andere gesellschaftliche Gruppe zerstört mehr Regenwald als die bäuerlichen Farmer. Aber verantwortlich dafür sind vor allem die Regierungen, die es versäumen, Landreformen durchzuführen und vernünftige Ackerbaumethoden als Alternative zur Rodung des Waldes anzubieten.*

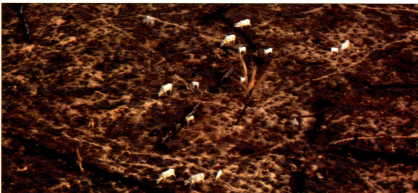

MANIOK-VERBINDUNG *Viel Regenwald ist auch für den Anbau von Maniok (hier ein Feld in Ecuador, auf dem Maniok zusammen mit Bananen angepflanzt wird) abgeholzt worden, das in Europa und den Vereinigten Staaten als Viehfutter verwendet wird.*

gen, die durch die Ansammlung von Kohlendioxid (CO_2) in der Erdatmosphäre verursacht werden. Die Regenwälder tragen dazu bei, die Stabilität des Klimas aufrechtzuerhalten, indem sie dem Treibhauseffekt entgegenwirken, der zur Hälfte von einer Ansammlung des CO_2 in der Erdatmosphäre herrührt. Jedes Jahr baut sich ein Mehr von 4 Milliarden Tonnen Kohlendioxid in der Atmosphäre auf. Durch Photosynthese absorbieren Bäume CO_2; ein Baum besteht zur Hälfte aus Kohlenstoff. Es gibt keinen Platz für einen Baum, der seinem Wachstum so gedeihlich ist wie die Tropen mit ihrer das ganze Jahr anhaltenden Wärme und Feuchtigkeit. Ein einziger Hektar kann jahrzehntelang zehn Tonnen Kohlenstoff pro Jahr aufsaugen. So können eine Million Quadratkilometer eine Milliarde Tonnen Kohlenstoff binden. Das Niederbrennen tropischer Wälder ist für wenigstens ein Drittel der Ansammlung überschüssigen Kohlendioxids in der Atmosphäre verantwortlich. Das Ergebnis ist der Treibhauseffekt – die mutmaßliche Ursache für Klimaveränderungen in der ganzen Welt.

---

160 000 Quadratkilometer tropischer Regenwald werden jedes Jahr niedergebrannt oder abgeholzt.

Während wir jeden Tag von der Existenz der Regenwälder profitieren, tragen wir zugleich jeden Tag zu ihrer Zerstörung bei. Wir sind uns vielleicht gar nicht dieser Tatsache bewußt, doch die Menschen in allen entwickelten Ländern fördern die Ausbeutung der Regenwälder durch die von ihnen erzeugte Nachfrage für spezielle Harthölzer. Aber der Preis, den wir für unsere Möbel und Parkettfußböden zahlen, spiegelt nicht ihre vollen Produktionskosten wider – am wenigsten die Langzeitkosten der Abholzung in so fernen Gebieten wie Westafrika und Borneo.

Auf weniger direkte Weise, doch mit gleichem Ergebnis leistet der Westen seinen Beitrag zum Verlust tropischer Wälder durch den konsumorientierten Bedarf, der nach angeblich billigem Viehfutter besteht. Die Europäische Gemeinschaft importiert jedes Jahr aus Thailand Millionen von Tonnen kalorienreichen Maniok, der an Rinder, Schweine und Geflügel in Europa verfüttert wird. Maniok wird in Thailand auf Feldern angebaut, die auf abgeholztem Waldland angelegt worden sind. Auch hier deckt der Preis, den wir für die mit Maniok gefütterten Rinder, Schweine und Hühner bezahlen, nicht die tatsächlichen Kosten.

So tragen wir alle durch unsere konsumorientierte Lebensweise zum Untergang der Regenwälder bei.

Die „Maniok Connection" weist Parallelen zu der bekannten Hamburger-Verbindung zwischen Nord- und Mittelamerika auf. Aber hier gibt es Gutes zu vermelden: Als Reaktion auf einen Verbraucher-Boykott hat Burger King, früher der Hauptimporteur mittelamerikanischer Rinder, seine Importe von Rindern aus Regenwaldgebieten eingestellt. Damit gab die Firma dem Willen Millionen einzelner Amerikaner nach, die entschlossen waren, ihren „Dollar-Stimmzettel" zur Verteidigung der Regenwälder einzusetzen.

Für die nächsten 20 Jahre sind 79 Dämme für Wasserkraftwerke in Planung, die mehr als 150000 Quadratkilometer unberührten Regenwald zu überschwemmen drohen.

Eine weitere gute Nachricht ist der Plan, in den Feuchtgebieten der Tropen Bäume anzupflanzen. Wir können nicht den ganzen Kohlenstoff, der sich in der Erdatmosphäre angesammelt hat, durch das Anpflanzen von Bäumen beseitigen, da nicht genügend freies Land dafür vorhanden ist. Aber wir könnten ihn um die Hälfte reduzieren. Das würde bis Ende dieses Jahrzehnts etwa 80 Milliarden Dollar kosten – eine kleine Summe im Vergleich zu den Kosten, die entstehen würden, wenn wir nichts tun. So wären bis zu 200 Milliarden Dollar nur zum Bau von Entwässerungssystemen erforderlich, um die Anbauflächen der Erde vor den Auswirkungen der aus dem Treibhauseffekt resultierenden drastischen Klimaveränderungen zu schützen.

Die Gelder für die geplante Aktion, Bäume zu pflanzen, sollten vorwiegend von den Industrieländern aufgebracht werden, da sie für den größten Teil des Treibhauseffekts verantwortlich sind. Wenn sich die Aktion über zehn Jahre erstreckt, würden sich die Kosten auf 8 Milliarden Dollar im Jahr belaufen – fünfmal soviel, wie jetzt aus allen möglichen Quellen in die tropische Forstwirtschaft fließt. Natürlich müßte die Aktion von verschiedenen Maßnahmen, die der Abholzung Einhalt gebieten, flankiert werden: Es hat wenig Zweck, in einem Gebiet Bäume zu pflanzen, wenn in einem anderen weiterhin Wälder zerstört werden. Aber derart massive Investitionen für die Aufforstung könnten sich als Anreiz für manche Regierungen erweisen, sich endlich um die Abholzung in ihren Ländern zu kümmern.

Diese Idee wurde noch bis vor kurzem als fast lächerlich unrealistisch abgetan. Aber der Bericht des Intergovernmental Panel on Climate Change von 1990 schlägt

JOHN HEMMING

„Meine Liebe zu den Regenwäldern ist älter als mein Wissen um ihre wissenschaftliche Bedeutung. Sie begann, als ich sechs Monate in den Wäldern des oberen Iriri in Zentral-Brasilien lebte, einer schattigen Welt von großer Schönheit, mit Bäumen, die emporstrebten wie Kathedralen, ohne direktes Sonnenlicht einfallen zu lassen. Das war damals eine von Menschen des Westens noch unerforschte Region, wimmelnd von Leben, in der man durch dichtes Unterholz zu breiten Strömen vordringen konnte, die noch nie das Auge eines Nicht-Indianers erblickt hatte.

In jüngerer Zeit, bei dem Maracá Rainforest Project am nördlichen Rand des Amazonasbeckens, erlebte ich den ungeheuren Reichtum eines anderen unbewohnten und ungestörten Waldes. Wir fanden mehrere hundert Tierarten, die der Wissenschaft nicht bekannt waren – ein Hinweis auf den erstaunlichen genetischen Reichtum, der noch zu entdecken bleibt, und eine Erinnerung an die Notwendigkeit, alle Waldformen zu schützen. Um die Wälder zu schützen, müssen wir die Stammesvölker schützen, die einen Weg gefunden haben, in harmonischem Einklang mit ihrer Umgebung zu leben. Ich habe die tragische Geschichte zahlloser Stämme studiert, die gekämpft und gelitten haben und jetzt ausgestorben sind. Während der zwei Jahre, die ich bei brasilianischen Indianern verbracht habe, habe ich die völlige Ruhe und das idyllische Leben in einem Asurini-Dorf erfahren. Ich habe in Gemeinschaftshütten geschlafen, bin mit Mehinaku fischen gegangen und habe versucht, beim Gehen mit Chavanate Schritt zu halten. Ihr Kampf ums Überleben muß auch unser Kampf werden."

John Hemming ist Direktor und Sekretär der Royal Geographical Society in London.

YOICHI KURODA

„In nur 40 Jahren ist Japan zu einer bedeutenden Wirtschaftsmacht geworden. Während das Tempo seiner wirtschaftlichen Entwicklung erstaunlich schnell gewesen ist, wurde deren katastrophale Auswirkung auf die globale Umwelt nur erschreckend langsam erkannt und anerkannt.

Nach jahrelangen Kampagnen gegen die verschwenderische Verwendung tropischer Hölzer haben Behörden und Baugesellschaften endlich begonnen, sich mit Alternativen auseinanderzusetzen. Leider haben japanische Handelsgesellschaften das Tempo ihrer zerstörerischen Ausbeutung der Regenwaldhölzer beschleunigt, und Japans Geldinstitute und Banken ermöglichen weiter die Finanzierung von großen Staudammanlagen, Bergwerken, Faserholzplantagen und Touristenzentren in Gebieten, in denen die Umwelt bedroht ist.

Japan braucht unbedingt eine völlig neue wirtschaftliche Ausrichtung, durch die die Produktion und die Einfuhr von Rohstoffen reduziert wird und die örtlichen wirtschaftlichen Bedingungen, die eingeborene Bevölkerung und die Natur respektiert werden. Das ist für alle japanischen Bürger, Geschäftsleute und Politiker die eigentliche Herausforderung in dem letzten Jahrzehnt, das uns für die Rettung unserer Erde geblieben ist."

Yoichi Kuroda ist Koordinator des japanischen Tropical Forest Action Network.

Erde: Die Verschwindenden Wälder

Zeitbombe: Tropische Regenwälder

Fast die Hälfte der Regenwälder der Erde ist bereits zerstört. Da wir ihre unermeßliche Vielfalt und ihren potentiellen Nutzen kennen und wissen, welche Folgen ihr Verschwinden für das Klima der Erde hat, wäre es Wahnsinn, wenn wir diese Zerstörung weiterhin zulassen würden. Dennoch wird jede Minute ein Stück Regenwald in der Größe von sechs Fußballplätzen zerstört. In wenigen Jahrzehnten sind vielleicht mehr als drei Viertel der ursprünglichen Wälder für immer verloren. Um dieses Tempo der Zerstörung zu verringern, muß die internationale Öffentlichkeit den Regenwaldländern helfen, eine vernünftige Wirtschaftspolitik und alternative Einkommensquellen zu entwickeln; allzu viele Hilfsprojekte beschleunigen nur die Verbreitung der kommerziellen Forstwirtschaft.

FARNE IM CHILENISCHEN REGENWALD (links)

TOD EINES WALDES (rechts) *Wie in so vielen tropischen Gebieten werden Teile des Regenwaldes im malayischen Staat Sarawak für kurzfristige finanzielle Vorteile geopfert.*

Nigeria
In Afrikas am dichtesten bevölkerten Land wird der Bedarf an Land die restlichen Wälder wahrscheinlich bis Mitte der 90er Jahre vernichtet haben.

Madagaskar
Die Wälder dieses Staates mit ihren vielen einzigartigen endemischen Arten gehören zu den gefährdetsten der Erde.

Brasilien
Mehr als ein Viertel der noch existierenden Regenwälder der Erde liegen in Brasilien. Die neue Bedrohung durch Bergbau, Viehzucht und Siedlung rücken ihn in den Brennpunkt des Interesses.

Elfenbeinküste
Die Wälder werden alljährlich durch Brandrodung und Holzschlag um 15 Prozent verringert: Eine der höchsten Raten der Welt.

ÜBRIGGEBLIEBENE REGENWÄLDER (oben) *Die hellgrünen Flächen zeigen, wo der Regenwald bereits verschwunden ist; die dunkelgrünen zeigen, wo er heute noch steht.*

Papua-Neuguinea
Bis jetzt haben die Wälder hier relativ wenig gelitten. Sie werden jedoch durch Holzschlag und Rodung für kommerzielle Anbaufrüchte bedroht.

REGENWALD

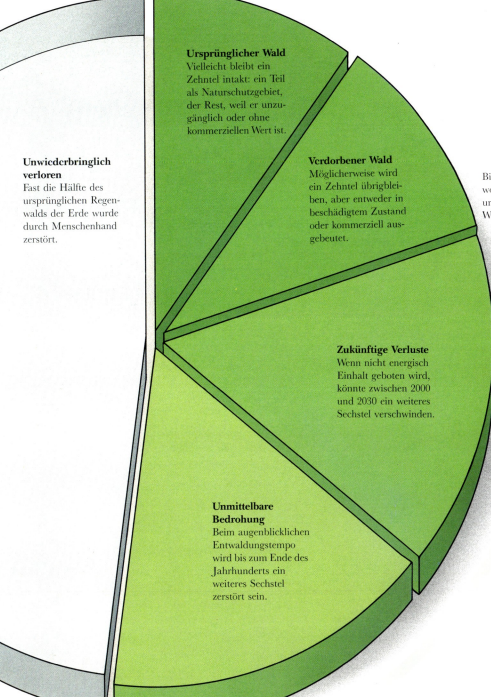

Ursprünglicher Wald
Vielleicht bleibt ein Zehntel intakt: ein Teil als Naturschutzgebiet, der Rest, weil er unzugänglich oder ohne kommerziellen Wert ist.

Verdorbener Wald
Möglicherweise wird ein Zehntel übrigbleiben, aber entweder in beschädigtem Zustand oder kommerziell ausgebeutet.

Zukünftige Verluste
Wenn nicht energisch Einhalt geboten wird, könnte zwischen 2000 und 2030 ein weiteres Sechstel verschwinden.

Unmittelbare Bedrohung
Beim augenblicklichen Entwaldungstempo wird bis zum Ende des Jahrhunderts ein weiteres Sechstel zerstört sein.

Unwiederbringlich verloren
Fast die Hälfte des ursprünglichen Regenwalds der Erde wurde durch Menschenhand zerstört.

Bis 2030 wird wohl nur 1/3 des ursprünglichen Waldes stehen.

So viel ursprünglicher Regenwald war im Jahre 1991 übrig.

DER ZEITMASSSTAB DER ZERSTÖRUNG (oben) *Diese Grafik zeigt, wieviel tropischer Regenwald der Erde bereits zerstört ist, wieviel voraussichtlich innerhalb der nächsten Jahrzehnte verlorengehen und wie wenig vielleicht erhalten bleiben wird. Einst erstreckte sich der Regenwald über eine Fläche von 16 Millionen Quadratkilometer. Heute steht davon nur noch gerade die Hälfte.*

EINE UNBARMHERZIGE INVASION (oben) *Ein Surui-Indianer schaut zu, wie der Regenwald in seinem Heimatstaat Rondonia im Südwesten Brasiliens zerstört wird. Die 1969 erfolgte Öffnung Rondonias für Siedlungen kostete die Surui nicht nur die Hälfte ihres Landes, sondern auch ihrer Bevölkerung. Zwischen 1985 und 1987 wurden in dieser Region weitere 32 000 Quadratkilometer Wald gerodet.*

BEGEHRTE HARTHÖLZER (oben) *Im Tiefland von Edéa in Kamerun sind durch Holzschlag weite Flächen tropischen Regenwalds verlorengegangen. Bäume dieser Größe brauchen 200 Jahre, um heranzuwachsen. In Kamerun und anderen westafrikanischen Ländern gibt es Pläne, durch Genmanipulation schnellwüchsige Harthölzer zu züchten. Solche Hartholzpflanzungen würden jedoch die Vielfalt natürlicher Wälder nicht wieder herstellen. Man könnte sie jedoch als Pufferzonen rund um voll geschützte Flächen ursprünglichen Waldes anlegen.*

DAS VERHEERENDE WEIDEN *Am Amazonas und in Mittelamerika wurden weite Teile des tropischen Regenwalds gerodet, um der Viehzucht Platz zu machen. Ohne Baumdecke und befestigende Wurzeln wird die dünne Schicht Mutterboden innerhalb weniger Jahre weggespült.*

Erde: Die verschwindenden Wälder

AN DER GRÜNEN FRONT
EVARISTO NUGKUAG

Evaristo Nugkuag ist ein Aguaruna-Indianer aus Peru. 1981 gründete er eine Organisation, die 13 verschiedene Stammesgruppen vereinigte und damit mehr als die Hälfte der 220000 Regenwald-Indianer Perus vertrat. Von Anfang an befaßte sich diese Organisation damit, ihre schwächeren Mitglieder zu unterstützen und zu schützen. Es war zum großen Teil dieser neugefundenen Solidarität zuzuschreiben, daß die Indianer Perus Anfang der 80er Jahre ihre menschlichen Grundrechte gegen viele Angriffe verteidigen konnten.

1984 leitete Evaristo Nugkuag eine Reihe von Verträgen mit Stammesvölkern in anderen Ländern in die Wege und gründete die Coordinating Organization for Indigenous Bodies in the Amazon Basin (COICA). Diese Organisation zählt jetzt Vertreter aus Kolumbien, Brasilien, Peru, Ecuador und Bolivien zu ihren Mitgliedern und spricht für mehr als die Hälfte aller Amazonas-Indianer. Es ist ihr gelungen, interne Spannungen zu beseitigen und das allgemeine Wohl zu fördern.

EVARISTO NUGKUAG
Gewinner des Right Livelihood Award 1986

Evaristo Nugkuag erklärt die Arbeit der COICA: „Unsere Geschichte wird gekennzeichnet durch die Unterdrückung seitens eines entmenschlichten westlichen kapitalistischen Systems. Verbrechen, Grausamkeiten und Ungerechtigkeiten sind zu zahlreich, um unsere Gefühle noch verletzen zu können. Doch auch unsere Nationen haben ihren Stolz, ihre Geschichte, ihre Helden, ihre Religionen und ihre Bräuche wie jede andere.

VERTEIDIGUNG DER RECHTE

„Jetzt werden wir, durch unsere Organisation, stärker, von Dorf zu Dorf, von Land zu Land. Unser Hauptziel ist, Anerkennung zu finden für unsere täglichen Probleme und unsere Rechte von unserem Standpunkt ohne äußere Einmischung zu verteidigen.

Vor allem ist uns daran gelegen, unser Land und unsere Ressourcen ebenso zu verteidigen wie unser Recht auf unsere eigene Sprache, Kultur und Bildung, auf Selbstbestimmung und politische Beteiligung zum Wohle unserer Menschen."

---

weltweit die Anpflanzung von Bäumen auf einem Gebiet von 2,4 Millionen Quadratkilometern im Laufe der nächsten 20 Jahre vor.

HOFFNUNG FÜR DIE ZUKUNFT

Noch besteht Hoffnung für die Regenwälder. Mehrere Länder, darunter die Philippinen, Thailand und Indien, haben die Abholzung in ihren Ländern zum nationalen Notfall erklärt. Das Land, das in den letzten Jahren die Abholzung am radikalsten betrieben hat, Brasilien, scheint seine Probleme in den Griff zu bekommen, nachdem Dr. José Lutzenberger, einer der bekanntesten Umweltschützer der Welt, zum Umweltminister ernannt worden ist.

Noch verheißungsvoller sind die wachsenden Bürgerinitiativen in den Regenwald-Ländern. Das Indonesian Environmental Forum hat bereits beträchtlichen politischen Staub aufgewirbelt. In Indien haben die Chipko-Bewegung und die Silent-Valley-Kampagne entscheidende Durchbrüche erzielt. In Kenia hat die Green-Belt-Organisation in einem Jahr mehr Bäume gepflanzt, als es der Regierung in den vergangenen zehn Jahren gelungen ist. Eine ähnliche Entwicklung zeichnet sich in Kolumbien ab. Obgleich diese guten Nachrichten sich nur wie einige kleine Sterne am ansonsten dunklen Himmel ausnehmen, haben wir beträchtliche Fortschritte seit Mitte der 80er Jahre gemacht.

Es liegt wenigstens im Bereich des Möglichen, daß die 90er Jahre das Jahrzehnt sein werden, in dem die Menschheit sich endlich entschlossen hat, das herrlichste Naturwunder in den Annalen des irdischen Lebens zu retten. Wenn es uns gelingt, werden zahllose künftige Generationen uns dafür segnen. Wir haben nicht nur die Verantwortung, sondern auch das Vorrecht, all unsere Regenwälder zu retten, für uns alle, für alle Zeiten.

HARTHOLZ-PLANTAGE (rechts)
Teak ist eine der Hartholzarten, die erfolgreich in Plantagen, wie dieser in Südindien, angepflanzt werden können. Weitere Investitionen in ähnliche Projekte können dazu beitragen, unberührte Regenwälder zu schützen.

EIN WALDBEWOHNER (gegenüber)
Das exotische Lisztäffchen, ein Krallenäffchen, ist für die Menschen ohne Wert und lebt nur in den nordwestlichen Regionen Kolumbiens in Südamerika. Glücklicherweise ist es bis jetzt noch nicht gefährdet. Aber wie lange wird es dauern, bis menschliche Aktivitäten auch seine Waldheimat bedrohen?

GRASLAND
EIN PLÄDOYER FÜR WEIDELAND

DAVID HALL UND JONATHAN SCURLOCK

Weidevieh und Grasland haben sich in Millionen Jahren gemeinsam entwickelt.

Das Gleichgewicht zwischen ihnen zu stören,

wird weitreichende Konsequenzen für die Ökologie unseres ganzen Planeten haben.

Die endlosen Prärien Nordamerikas, die baumgesprenkelten Savannen Afrikas, die Steppen Rußlands – sie alle beschwören Visionen von ewiger Dauer herauf. Aber die Wirklichkeit sieht ganz anders aus. Diese Ökosysteme ernähren Tausende verschiedener Arten, sowohl unter als auch über der Erde, und spielen eine entscheidende Rolle in der Erhaltung des ökologischen Gleichgewichts der Erde.

Trotzdem kannten einst nur Ökologen und Naturschützer die Bedeutung des Graslands. Gerade noch rechtzeitig wird sich eine wachsende Zahl von Wissenschaftlern und Entscheidungsträgern der vielfältigen Schwierigkeiten bewußt, die auftreten, wenn man sicherstellen will, daß das Grasland der Erde auch weiterhin die vielen davon abhängigen Lebensgemeinschaften erhält.

Das Grasland ist einer der weitestverbreiteten Vegetationstypen der Erde. Es bedeckt fast ein Fünftel der gesamten Landoberfläche. Der größte Teil dieser Fläche liegt in den Tropen. Obwohl man es der populären Presse nie entnehmen kann, ist das tropische Grasland größer als der tropische Regenwald – vor allem in Afrika. Man darf davon ausgehen, daß die Fläche des Graslands in absehbarer Zukunft ungefähr konstant bleiben wird; zwar wird aus einigen Grenzgebieten Wüste entstehen, doch dafür wird an-

SONNENUNTERGANG IN TANSANIA (gegenüber) *Diese großen Ebenen erstrecken sich quer über Ostafrika. Ihre Ausdehnung und ihr reicher Tierbestand, zu dem auch der afrikanische Elefant (kleines Bild oben) gehört, werden durch den starken Druck des Bevölkerungswachstums immer kleiner.*

David Hall *ist Professor für Biologie am King's College in London. Er hält weltweit Vorlesungen über Biomasse, Photosynthese und Klimaveränderung und gibt die Zeitschrift* Biomass und Bioenergy *heraus.*

Jonathan Scurlock *arbeitet seit seiner Promotion mit Professor David Hall am King's College in London zusammen. Er ist unabhängiger Berater für Pflanzenphysiologie, Umwelt, Energiequellen und Entwicklung.*

dernorts die Verwandlung von Wäldern in Weideland weitergehen. Es ist ungeheuer wichtig, mehr Information über Grasland-Ökosysteme in ihrer heutigen Form einzuholen, bevor sie entweder durch die Auswirkungen globaler Klimaveränderungen oder immer intensivere Bewirtschaftung verändert werden.

Grasland gibt es entweder dort, wo jahreszeitlich bedingte Trockenheit die Entwicklung einer Baumdecke verhindert, oder wo unsere Vorfahren oder Zeitgenossen den Wald gerodet haben, um Weideland zu gewinnen. Die afrikanischen Savannen, die nordamerikanischen Prärien und die trockenen Steppen der südlichen UdSSR sind natürliches Grasland. Halbnatürliches Grasland, wo der Wald gerodet wurde und die Grasdecke durch Weiden, Schneiden oder Abbrennen erhalten wird, ist meistens feuchter und produktiver. Ein großer Teil des Graslands in Süd- und Südostasien fällt unter diese Kategorie. Eine dritte Kategorie landwirtschaftlichen Gras- oder Weidelands tritt dort auf, wo durch landwirtschaftliche Methoden wie Düngung und Bewässerung neue Grasarten oder -sorten angesiedelt und erhalten wurden. Die tiefliegenden Wei-

TURMBAUTEN *Die Termiten, die ihre Hügel auf offenem Grasland bauen, sind Nutznießer der zerstörerischen Betätigung des Menschen in den Tropen. Da in Südamerika und Afrika viele Wälder gerodet wurden, um die Viehzucht zu ermöglichen, konnten sie sich stark ausbreiten.*

WANDERUNGSSCHEMA (rechts) *Kreuz und quer laufen die Hufspuren, die die Weißschwanzgnus alljährlich auf ihrer Wanderung durch den Massai-Mara-Nationalpark in Kenia hinterlassen. Wenn rings um solche Parks Bevölkerungsdruck herrscht, müssen wandernde Tiere sich oft innerhalb enger Grenzen bewegen. Häufig entstehen Spannungen zwischen den Parkbehörden und Hirtenvölkern wie den Massai. Sie wären leichter zu lösen, wenn die Einheimischen an den Gewinnen des Tourismus teilhaben könnten.*

KONGONI *(Alcelaphus buselaphus cokei)* IM NAIROBI-NATIONALPARK IN KENIA (unten)

degebiete Europas sind typische Beispiele dieser Kategorie.

Im allgemeinen enthält Graslandboden, sowohl dicht unter der Oberfläche als auch tief unten, eine Fülle organischer Stoffe, doch ist die Menge verfügbarer Bodennährstoffe in tropischem Grasland meistens viel niedriger als im Grasland gemäßigter Zonen. Viele tropische Gräser haben einen niedrigen Eiweißgehalt.

Weideland wurde als Grundlage einer billigen, einträglichen Landwirtschaft lange Zeit unterbewertet. Inzwischen hat sich herausgestellt, daß für seine erfolgreiche Nutzung zwei Strategien befolgt werden müssen: eine minimale Bewirtschaftung für natürliches Grasland, um übermäßige Störungen zu vermeiden, und die kontrollierte Bewirtschaftung halbnatürlichen Graslands, die von den jeweiligen örtlichen Gegebenheiten abhängt. In keinem Fall kann man von einer „Hände weg"-Naturschutzmethode sprechen; guter Umweltschutz beruht auf angemessener wirtschaftlicher Verwertung. Das könnte bedeuten, daß man in England die Landschaft durch die Aufzucht von Schafen und Rindern erhält, in Kenia dagegen das Weideland durch die Haltung von Wild anstatt Haustieren.

In den letzten Jahrzehnten hat Europas schwerfällige gemeinsame Landwirtschaftspolitik dazu geführt, daß viele Lebensräume wildlebender Tiere zerstört wurden.

Mit der ehrenwerten Absicht, Europas Ernährung sicherzustellen, wurden gewaltige Subventionen gezahlt. Sie bestärkten Großlandwirte, gerade noch rentablen Boden intensiv zu bebauen, während die Kleinen häufig ihre Betriebe aufgeben mußten. Europas trockenes Grasland wurde auf weniger als ein Zehntel seiner ursprünglichen Größe verringert und oft sogar mit ungeeigneten Feldfrüchten bebaut. Die Vereinbarung von 1990, die europäischen Landwirtschaftssubventionen allmählich zu senken, bietet eine Chance, das Gewicht zu verlagern – sofern die Programme der Rückverwandlung in Grasland und Wald auf die überproduktiven Getreideanbauer zielen und nicht auf die kleinen Landwirte, die sich mit dem Überleben sowieso schon schwer tun.

Die Sahara dehnt sich nach Süden aus und verschlingt dabei alljährlich 50 Kilometer Grasland.

Die schlimme Dürre von 1973 bis 1975 zog die Aufmerksamkeit der Welt auf die unterhalb der Sahara gelegene Region Afrikas, die Sahel genannt wird. Hier bedrohen Bevölkerungswachstum, Überweidung und die Verwandlung schlechten, semiariden Graslands in Anbauflächen – die alle zu Desertifikation führen – die Lebensweise vieler nomadischer Hirtenvölker. Anfangs sahen viele Rehabilitationsprojekte in der Sahelzone ausschließlich das Anpflanzen von Bäumen vor. Sie kümmerten sich wenig um die Ökologie des Graslands und fast gar nicht um die Einheimischen und die Weidegewohnheiten ihres Viehs.

Mitte der 80er Jahre waren viele dieser Projekte gescheitert, vor allem deswegen, weil die einheimischen Hirten und Bauern wenig direktes Interesse am Anbau von Bäumen hatten. Neuere Bemühungen konzentrierten sich darauf, den Tierbestand zu verringern, um eine Überweidung zu vermeiden und die natürliche Regeneration von Gras- und Baumdecke zu fördern. Obwohl über die Strategie für die Bewirtschaftung von Grasland immer noch keine Einigkeit herrscht, können stark betroffene Gebiete saniert werden, wenn man den örtlich angemessenen Weidegewohnheiten die richtige Aufmerksamkeit schenkt.

Einige der erschreckenden Probleme, die mit der Sanierung zusammenhängen, kann man im Rift Valley Kenias sehen. Dort waren die semiariden ostafrikanischen Ebenen 80 Jahre lang einer gewaltigen Erosion des Mutterbodens ausgesetzt. Das dornige Gebüsch, das heute dort wächst, ist von geringem Nutzen für Mensch und Tier, es sei denn, es würde sehr sorgfältig bewirtschaftet.

KAMPF DER TSETSEFLIEGE

Wissenschaftler schätzen, daß mehr als 11 Millionen Quadratkilometer Zentral- und Südafrikas so gut wie unbetretbar bleiben, weil dort die gefährliche Tsetsefliege vorkommt. Dieses Geschöpf ist Träger von Trypanosomaarten, die beim Menschen die Schlafkrankheit und bei Tieren die „Nagana-Krankheit" übertragen.

Über eine Milliarde US-Dollar wurden für Versuche ausgegeben, die Tsetsefliege durch Besprühen aus der Luft, Roden von Bäumen und Büschen (in denen die Fliegen sitzen) und Abschlachten von Wild auszurotten. Nichts davon hat viel bewirkt.

In Simbabwe verbuchte ein britisches Wissenschaftlerteam kürzlich einigen Erfolg mit einer neuen Technik, die Tsetsefliegen unfruchtbar zu machen. Zu diesem Zweck müssen die Fliegen auf dunkle Stoffetzen gelockt werden, die so behandelt werden, daß sie wie Rinderfell aussehen und riechen.

Gefahr der Überweidung

Eine Beschränkung des Verbreitungsgebiets der Tsetsefliege ist wünschenswert, doch wenn sie ausgerottet und neues Weideland geschaffen wird, wäre es fast unmöglich, eine rasche und starke Überweidung zu verhindern.

Umweltschützer fragen sich, ob es nicht sinnvoller wäre, Methoden für die „Zucht" von eingeborenen afrikanischen Wildtieren zu entwickeln, von denen die meisten resistent gegen Trypanosomaarten sind.

BLUTSAUGER *Beim Biß kann die Tsetsefliege den amöbenähnlichen Organismus, der die Schlafkrankheit auslöst, übertragen.*

LAURENS VAN DER POST

„Als ich nach 10 Jahren Krieg, 10 Jahren Tod und Töten in die Welt zurückkehrte, stellte ich fest, daß ich der menschlichen Gesellschaft nicht ins Gesicht sehen konnte. Ich verspürte einen seltsamen Drang, in die Wildnis Afrikas zurückzukehren. Ich lebte im Busch, allein. Ich erinnere mich an meinen ersten Abend in der Wildnis, als ich beim Aufschlagen des Lagers am Pafurifluß den ersten Kudubullen sah. Er stieg aus dem Fluß, wo er getrunken hatte, und witterte die Luft zwischen uns beiden. Dann warf er seinen wunderschönen Kopf zurück, und ich schaute ihn mit ungeheurer Erleichterung an. Ich dachte: ‚Mein Gott, ich bin wieder daheim! Wieder daheim in dem Augenblick, in dem die Menschheit entstand, als alles magisch und lebendig war und durch die Fülle dessen, der dies alles erschuf, magnetisch bebte.' Und dort lebte ich vier volle Wochen und fand durch die Tiere allmählich wieder meine menschliche Identität."

Laurens van der Post ist ein südafrikanischer Forscher und Schriftsteller, der jetzt in England lebt. Dieser Text ist ein Auszug aus seinem Essay *Wilderness: A Way of Truth*.

ERDE: EIN PLÄDOYER FÜR WEIDELAND

DER SCHWARZGEFLECKTE BLÄULING
Im Jahre 1979 wurde dieser Bläuling in Großbritannien für ausgestorben erklärt. Inzwischen wurde er (mit geringem Erfolg) wieder angesiedelt. Maculinea legt seine Eier auf Thymianbüschen ab. Wenn die geschlüpfte Raupe zu Boden fällt, wird sie von einer roten Ameisenart (Myrmica sabuleti) aufgelesen, die glaubt, die Raupe sei eine ihrer eigenen Larven. Im Ameisennest verschlingt die Raupe 10 Monate lang Ameisenlarven, um sich dann in einen Schmetterling zu verwandeln. Heute weiß man, daß diese Ameise – ohne die der Bläuling dem Untergang geweiht wäre – nur auf warmen, stark beweideten Abhängen existieren kann, so daß das Überleben des Bläulings immer noch auf des Messers Schneide steht.

WANGARI MAATHAI

„Als Kind war ich tief beeindruckt von einem gewaltigen wilden Feigenbaum in der Nähe unseres Hauses. Meine Mutter erzählt mir, daß Feigenbäume nicht gefällt oder verbrannt wurden, weil man sie für religiöse Zeremonien verwendete. Man verbot mir sogar, abgebrochene Zweige aufzuheben. Heute steht dieser Baum nicht mehr. Als in meiner Heimat der Teeanbau eingeführt wurde, wurde dieser riesige, alte Feigenbaum geschlagen und verbrannt, um Platz für Teesträucher zu machen.

Nicht allzu weit vom Baum entfernt lag die Quelle eines Stroms, aus dem ich Wasser für meine Mutter zu holen pflegte. Ich sah fasziniert zu, wie das saubere, kühle Wasser sich seinen Weg durch die weiche, rote Tonerde suchte, so behutsam, daß die Sandkörner liegen blieben, wo sie waren. Sich langsam durch die grünen Stengel eines kleinen Pfeilwurzwäldchens schlängelnd, floß es stromabwärts. Die Blätter der Pfeilwurz sind sehr breit, herrlich grün. Manchmal brach ich ein breites Pfeilwurzblatt ab, um Wasser zu schöpfen. Das Blatt war so sauber und ölig, daß das Wasser auf ihm tanzte wie ein großer silberner Ball. Ich freute mich über seine Reinheit und Kühle.

Sobald der Feigenbaum gefällt war, trocknete der Fluß aus, und die breitblättrigen Pfeilwurzpflanzen wichen Teesträuchern. Meine Kinder werden den riesigen Feigenbaum und die breitblättrigen Pfeilwurz nie sehen. Sie haben nie eine Quelle gesehen. Wenn ich das kleine Tal meiner Kindheitsträume besuche, spüre ich die Tragödie unter meinen Füßen. Rinnen starren mich an und erzählen von Bodenerosion, die zuvor unbekannt war; der Boden wirkt erschöpft, was allein zu zählen scheint, ist die Menge der Teeblätter, die geerntet werden kann, damit das Land mehr Devisen verdient. Hunger zeichnet die Gesichter der Einheimischen. Feuerholz ist knapp, weil alle Bäume gefällt worden sind, auch die, die nicht gefällt werden durften. Die Menschen kümmern sich nur um das, was heute ist; sie tun alles, um Produktion und Gewinne zu steigern – auf Kosten von morgen."

Die ehemalige Anatomieprofessorin Wangari Maathai ist Leiterin der Green Belt Movement, gegründet vom National Council of Women in Kenia.

Das Grasland war nicht immer unfruchtbar. Zu Anfang dieses Jahrhunderts stand das Gras im Baringo-Distrikt schulterhoch und ernährte viele wilde Tiere. Doch als europäische Siedler die Menschen von den guten Hochlandböden vertrieben, verstärkte sich der Weidedruck auf das Tiefland gewaltig. Als das Gras schwand und natürliche Feuer (die in der Ökologie des tropischen Graslands eine wichtige Rolle spielen) selten wurden, begann das dornige Akaziengestrüpp seinen Siegeszug. Jetzt sind sogar die Akazien gefährdet, denn sie werden abgeholzt, um den Brennholz- und Holzkohlenbedarf in Stadt und Land zu decken.

Vor diesem Hintergrund fortgesetzten Raubbaus ragt das Baringo Fuel and Fodder Project (BFFP) heraus als leuchtendes Beispiel für den Stopp des Verfalls. Anfang der 80er Jahre wurden schnellwüchsige junge Bäume gepflanzt, um eine Pflanzendecke zu bilden. Dornbüsche und mit Sonnenenergie gespeiste Elektrozäune hielten die ewig hungrigen Ziegen fern. Niedrige Erdwälle wurden gebaut, um das Regenwasser zu halten und weiteren Bodenverlust zu verhindern. Unter eingehender Beratung mit Einheimischen ist das Projekt im Laufe der letzten 10 Jahre gewachsen. Nach und nach entstanden gut bewirtschaftete Felder mit Vielzweckbäumen und Gräsern, die Viehfutter, Feuerholz und Material zum Dachdecken liefern. Wenn man das BFFP mit den vielen gescheiterten Entwicklungsprogrammen von Regierungen und internationalen Organisationen vergleicht, dann liegt sein Erfolg daran, daß es ein echtes „Basis"-Projekt ist.

DER MANGEL AN KOHLENSTOFF

Ganz gleich, ob das Grasland in gemäßigten oder tropischen Zonen liegt, wir fangen gerade erst an zu begreifen, wie wichtig seine Rolle beim Austausch von Kohlenstoff zwischen Atmosphäre, Vegetation und Boden ist. Wissenschaftler haben errechnet, daß die Menge von Kohlendioxid, dem wichtigsten Treibhausgas, in der Atmosphäre nicht so rasch zunimmt, wie die Menschen durch Verbrennung von fossilem Brennstoff und Entwaldung produzieren. Irgendwo auf der Erde muß es einen „Abfluß" für den zusätzlichen, in die Atmosphäre entwichenen Kohlenstoff geben, aber wir wissen nicht, ob der fehlende Kohlenstoff von Graslandböden oder Waldbäumen aufgenommen wird.

Wir wissen aber, daß die alljährlichen Brände auf weiten Flächen tropischen Graslands ein wichtiger Faktor im globalen Kohlenstoffkreislauf sind. Das bedeutet, daß ein Verlust an Kohlenstoff und Nährstoffen die Folge sein kann, wenn der Druck durch Feuer und Abweiden

Grasland

so stark wird, daß sie zu Verschlechterung und Erosion führen.

Bisher gibt es kaum genug statistische Informationen, um geeignete Bewirtschaftungspläne zu entwickeln. Ein von den Vereinten Nationen entwickeltes Umweltprogramm, das auf Erfahrungen in Mexiko, Thailand und Kenia beruht, zeigt jedoch, daß das Grasland für mehr als ein Viertel der Kohlenstoffumwandlung an Land verantwortlich ist – frühere Schätzungen schrieben ihm weniger als ein Zehntel zu.

Wir können heute Computermodelle von Graslandproduktivität und Kohlenstoffkreislauf bauen und dazu Daten aus aller Welt benutzen, einschließlich Prärien, Steppen und Savannen, der Ebenen Mexikos und des überschwemmten Graslands am Amazonas in Brasilien. Diese einzigartige Zusammenarbeit wird uns bei der Voraussage helfen, wie das Grasland der Erde den zusätzlichen Kohlenwasserstoff in der Atmosphäre und die daraus resultierenden Veränderungen von Niederschlägen und Temperatur bewältigen wird.

Es ist dringend notwendig, daß wir unser Grasland besser kennenlernen – sowohl zum Wohle seiner einzigartigen Tiere und Pflanzen als auch zur Sicherung der Zukunft der Weltbevölkerung.

AN DER GRÜNEN FRONT
FORSCHUNG AM AMAZONAS

Philip Fearnside, Ökologe und Mitarbeiter am National Institute for Amazon Research in Manaus, Brasilien, hat mehr als 10 Jahre seines Lebens der Erforschung der Rinderzucht in den entwaldeten Gebieten des Amazonasbeckens gewidmet.

Lange bevor die Zerstörung des Amazonas-Regenwaldes ein modisches Forschungsthema war, arbeitete er unter ungünstigen Bedinungen mit einheimischen Wissenschaftlern zusammen und hat den Umweltbankrott aufgezeigt, der entsteht, wenn man Wald in schlechtes Weideland verwandelt. Große Viehzüchter erhalten bis zu 70 Prozent Subventionen für „Landverbesserung", obwohl sie die Hälfte dieses Weidelandes nach nur ein paar Jahren wieder verlassen.

Da vernünftigen Weideverfahren so wenig Aufmerksamkeit geschenkt wurde, ist zweifelhaft, wieviel Nutzen die Länder Amazoniens und Mittelamerikas aus der Rinderzucht auf tropischem Regenwaldboden gezogen haben. Die Belastung der Umwelt ist gewaltig. Das verlassene Weideland wird kaum wieder aufgeforstet, und der autarke Niederschlagskreislauf des gesamten Amazonasgebiets ist nun infolge der stückweisen Zerstörung des Waldes in Gefahr.

Die sorgfältige Forschung und Aufklärungsarbeit von Fearnside und anderen lenkte die Aufmerksamkeit der Welt auf die Probleme und Konflikte dieser Region, und die brasilianische Regierung hat inzwischen den finanziellen Anreiz für unrentable Viehzucht im Amazonasbecken eingeschränkt.

ÜBERLEBENDE (links) *Auf Nordamerikas Grasländern drängten sich einst Millionen von Bisons. Heute gibt es nur noch wenige in Reservaten und Nationalparks, und selbst hier ist ihr Überleben nicht garantiert.*

DAS FEST IST VORBEI (oben). *Ein Windrad liegt verlassen im australischen Busch, wo Überweidung produktives Land in Halbwüste verwandelt hat. Alljährlich gehen Millionen Tonnen Mutterboden verloren.*

DAS ACKERLAND
VOM WINDE VERWEHT

LESTER BROWN

Da die landwirtschaftlichen Flächen der Erde erodieren, während die Bevölkerung weiter wächst, drohen häufig wiederkehrende Hungersnöte.

SCHLEIEREULE
Tyto alba

Lester Brown, *M Sc M BA, ist Gründer der* State of the World*-Berichte, des* World-Watch*-Magazins und des* Worldwatch Institute *in den USA, dessen Präsident er ist. Er gewann auch den UN Environment Prize.*

Mit dem Fortgang der 90er Jahre sehen sich die Farmer der Welt der entmutigenden Aufgabe gegenüber, jedes Jahr etwa 90 Millionen mehr Menschen zu ernähren – doch mit 24 Milliarden Tonnen weniger Ackerkrume als im Jahr zuvor. An irgendeinem Punkt dieser Entwicklung wird dem Verlust der Ackerkrume durch effektive Bodenschutz-Maßnahmen Einhalt geboten werden müssen, wenn wir nicht wollen, daß Hungersnöte dem Wachstum der Bevölkerung Einhalt gebieten.

Seit 10 000 Jahren – seit der Ackerbau begann – hat sich das Gebiet der Erdoberfläche, das für den Feldanbau genutzt wurde, ständig vergrößert. Mit dem Anwachsen der Bevölkerung sind die Farmer von Tal zu Tal, von Kontinent zu Kontinent gezogen, und dabei hat sich das kultivierte Land mehr und mehr ausgedehnt. Aber 1981, als ein Zehntel der Landoberfläche der Erde kultiviert worden war, kam dieses Wachstum der landwirtschaftlich genutzten Fläche zu einem Stillstand. Die menschliche Bevölkerung ist jedoch unaufhaltsam weiter angeschwollen.

Im Laufe der Geschichte haben die Farmer, als die Nachfrage nach Nahrungsmitteln das örtliche Angebot überstieg, geniale Techniken ersonnen – Bewässerung, Terrassenfeldbau, Brache –, um den Ackerbau auf neue Flächen auszudehnen. Durch künstliche Bewässerung wachsen Feldfrüchte auch dort, wo Niederschläge selten oder unvorhersehbar sind. Der Terrassenfeldbau ermöglicht die Bestellung von Feldern an steilen Hängen, selbst an Bergflanken. Im Laufe von Jahrhunderten sind so kunstvolle und malerische Terrassensysteme in Japan, China, Nepal, Indonesien und in den Hochländern der Anden entstanden, die einst von den Inkas bewohnt wurden.

In semiariden Gebieten, wo die durchschnittlichen Niederschlagsmengen nicht groß genug sind, um ständige Kultivierung zu ermöglichen – etwa in den Great Plains von Nordamerika, dem Anatolischen Hochland der Türkei und den Trockengebieten der Sowjetunion –, haben die Farmer gelernt, ihren Feldern dadurch Feuchtigkeit zuzuführen, daß sie sie zwischen den einzelnen Ernten brachliegen lassen. Indem sie nur ein ums andere Jahr ernten, bleibt das Land jedes zweite Jahr brach. Die Farmer zerstören alle Vegetation auf dem Land, das brachliegen soll, und bedecken es dann mit einer Mulchschicht, um die Verdunstung des Wassers aus dem Boden zu verhindern. Wo die Brache den Boden der Erosion durch den Wind aussetzt, pflügen die Farmer ihre Felder in Streifen, so daß die bestellten Streifen als Windschutz dienen. Durch solche Praktiken schnellte die Weizenproduktion in den amerikanischen Great Plains in den 30er Jahren – den berüchtigten „Dustbowl"-Jahren – bald wieder auf ihr früheres Niveau.

In den humiden Tropen werden in der Vegetation mehr Nährstoffe gespeichert als im Boden selbst. Wenn sie ihrer dichten Vegetationsschicht beraubt werden, verlieren die Böden in vielen Gebieten Afrikas südlich der Sahara, in Teilen des Amazonasbeckens, auf den äußeren Inseln Indonesiens und in anderen tropischen Regionen bald ihre Nährstoffe. Doch durch Brache gewinnt der Boden langsam seine Fruchtbarkeit zurück. Tropische Farmer betreiben eine Wechselkultur, wobei sie das Land roden und es drei bis vier Jahre bestellen, um es dann systematisch aufzugeben und weiterzuziehen, wenn die Ernteerträge niedriger werden. Wenn die erschöpf-

WIND DER ZERSTÖRUNG (links) *Es sieht schön aus, aber die Schönheit dieses Getreidefelds wird mit dem Wind verweht. Studien in den USA zeigen, daß mit jedem Zentimeter Ackerkrume, die verlorengeht, der Ernteertrag um etwa 2,5 Prozent sinkt.*

GERSTENÄHREN
Hordeum vulgare

Eva Moberg

„Ich finde es beklagenswert, daß der Mensch sich selbst als Homo sapiens bezeichnet, als ‚intelligenten Menschen'. Der Mensch ist unglaublich erfindungsreich, aber er ist bestimmt nicht sehr intelligent. Wir betrachten unsere Zivilisation als die fortgeschrittenste, die es je gab. Mit gleichem, wenn nicht mit mehr Recht könnten wir sie als die dümmste bezeichnen. Denn wir sind unfähig, mehr als eine mögliche Art, zu leben und zu denken, zu sehen, und handeln weiter gegen unsere eigenen Interessen – in der festen Überzeugung, daß wir sie fördern. Wir sind sogar dumm genug zu glauben, daß alle anderen Lebensweisen und alle anderen Kulturen genauso für uns da sind."

Eva Moberg

Eva Moberg ist freischaffende Journalistin und Schriftstellerin in Schweden.

ten Böden sich nach 20 bis 25 Jahren erholt haben, kehren die Bauern zurück und wiederholen den Zyklus.

Heute verlieren die lang erprobten Methoden wie künstliche Bewässerung, Terrassenfeldbau, Brache und Wechselkultur ihre Wirkung, da der starke Bevölkerungsdruck die Farmer zwingt, die Brachezeiten und Regenerationsphasen des Zyklus zu verkürzen.

In den letzten vier Jahrzehnten hat sich die Nachfrage nach Grundnahrungsmitteln durch das Anwachsen der Bevölkerung und wachsenden Reichtum weltweit fast verdreifacht. Diese erhöhte Nachfrage hat die Farmer veranlaßt, steiles und oft dicht bewaldetes Terrain zu bestellen. Da es ihnen an Zeit fehlt, die traditionellen Terrassen anzulegen, roden und pflügen sie das Land an steilen Abhängen, obwohl sie wissen, daß sie es wegen der Bodenerosion nach ein oder zwei Jahrzehnten wieder aufgeben müssen. In ähnlicher Weise ziehen verzweifelte Farmer in tropische Wälder, wie die des Amazonasbeckens, und roden das Land für ihre Felder, um es nach drei, vier Erntejahren wieder aufzugeben, wenn der Boden erschöpft ist.

Vom Beginn des Ackerbaus bis zur Mitte dieses Jahrhunderts hat die Ausdehnung der landwirtschaftlich genutzten Flächen mit der erhöhten Nachfrage nach Nahrungsmitteln fast Schritt gehalten. Die Erträge der Landwirtschaft – der Ausstoß eines bestimmten Gebiets – wuchsen während des größten Teils dieser Zeitspanne so langsam, daß ihre Auswirkungen im Laufe einer Generation kaum wahrnehmbar waren. Erst seit Mitte dieses Jahrhunderts, als sich die Ausdehnung der landwirtschaftlich genutzten Flächen dramatisch verlangsamte, wurde das Wachstum der Erträge abhängig von der wachsenden Produktivität des Landes.

REICHE VIELFALT
Gleichmäßige Reihen von Zuckerrüben erstrecken sich auf einem britischen Feld bis an den Horizont (rechts). Die durch solche Anbaumethoden gewachsene Landschaft wirkt düster und monoton im Vergleich mit der artenreichen Vegetation der französischen Felder (oben). Auch in ökologischer Hinsicht besteht ein starker Gegensatz zwischen der Armut intensiv bearbeiteter Monokulturen und der Fülle des traditionellen gemischten Ackerbaus. Vielfalt der Landschaft und Vielfalt der Arten gehen Hand in Hand.

Etwa 24 Milliarden Tonnen Ackerkrume erodieren weltweit jedes Jahr. Das entspricht der Krume, die sämtliche Weizenfelder Australiens bedeckt, und stellt einen Verlust von 9 Millionen Tonnen Getreide dar, das sonst geerntet worden wäre.

In den Vereinigten Staaten hat das Angebot an billigem Stickstoffdünger zu eindrucksvollen Steigerungen der Getreideproduktion geführt, da die Farmer den traditionellen Wechsel von bodenbildenden Gräsern und Hülsenfrüchten zugunsten eines ständigen Anbaus von Mais und anderen Feldfrüchten aufgegeben haben. Aber der Preis, der dafür gezahlt wurde, war ein gewaltiger Verlust an Ackerkrume, der jetzt der Produktivität des Landes Grenzen zu setzen beginnt.

Das Ackerland

Zeitbombe: Brot für die Welt

Wir verschließen die Augen vor dem Problem, die Bevölkerung der Welt zu ernähren. Der Anstieg der landwirtschaftlichen Produktion in den 60er und 70er Jahren (durch die Einführung bestimmter Reissorten und anderer Grundnahrungsmittel) hat sich in den 80er Jahren nicht fortgesetzt. Es bestehen Meinungsunterschiede darüber, ob diese Entwicklung ein kurzzeitiges Phänomen ist oder auf eine tiefere Krise hinweist. Wir zahlen jetzt schon einen ökologischen Preis dafür (in Form von Erosion, Versalzung und Umweltverschmutzung), daß wir die im Westen betriebene intensive Landwirtschaft auf Länder übertragen, die dazu nicht geeignet sind.

Einige Wissenschaftler hoffen, die Ernteerträge durch experimentelle Genetik steigern zu können. Es gibt wenig neues Land, das erschlossen werden kann, und so besteht die Gefahr, daß die landwirtschaftliche Produktion mit der rasch wachsenden Bevölkerung nicht Schritt halten kann.

EIN BILD DES ÜBERFLUSSES *Die Grüne Revolution hat riesige Silos in Westeuropa mit überschüssigem Getreide gefüllt.*

HARTWEIZEN

LANDBESTELLUNG
Angesichts der begrenzten Ressourcen afrikanischer Bauern, wie dieser Frauen in Mosambik, löst eine mit teuren Maschinen und chemischen Düngemitteln betriebene Landwirtschaft nicht das Problem der Lebensmittelknappheit.

Westeuropa
Hochtechnisierte Methoden haben erstaunlich hohe Erträge gebracht, aber zwei Drittel der Getreideproduktion dienen als Viehfutter.

NICHT GENUG ZU ESSEN *Das Diagramm zeigt die Getreidemenge, die jedes Jahr pro Kopf der Bevölkerung in Europa, Afrika und der ganzen Welt produziert wird. Die Weltbevölkerung verzehrt bereits mehr, als sie produziert. 1987 reichten die Weltreserven an Getreide für 101 Tage aus, 1989 nur noch für 54 Tage.*

Weltgetreideproduktion
Die Getreideproduktion der ganzen Welt ist im letzten Jahrzehnt weiter angestiegen, aber sie hält nicht mehr Schritt mit der rasch wachsenden Bevölkerung der Erde. Die Pro-Kopf-Getreideproduktion erreichte um 1985 ihren Höhepunkt; seitdem hat sie ständig abgenommen.

Afrika
Die Getreideproduktion, mit 180 Kilogramm pro Kopf und Jahr bereits unter dem Existenzminimum, wird im Laufe des nächsten Jahrzehnts weiter fallen.

Prof. Dr. Gerhard Thielcke

"Ist nicht alles schon einmal gesagt, was uns bedrückt und was uns bedroht? Wird es nicht endlich Zeit, Strategien für Abhilfe zu vermitteln, um zu retten, was zu retten ist?

Was erfolgreiche Strategien sind? Alle Organismen stehen ständig unter Druck. Ohne Druck läuft auch in der Politik für das Allgemeinwohl gar nichts. Deswegen müssen die Umweltverbände Politiker, Behörden und Wirtschaftsunternehmen unter Druck setzen. Ständiger Tadel stumpft jedoch ab. Er braucht als Ergänzung das Lob. Lob und Tadel lassen sich jedoch noch wirksamer machen, indem für die Umwelt positives oder negatives Verhalten zwischen Konkurrenten verglichen wird, also zwischen Bürgermeistern, zwischen Volksvertretern, zwischen Regierungen und zwischen Wirtschaftsunternehmen. Damit bedienen wir uns eines weiteren außerordentlich wirkungsvollen Prinzips der Evolution – der Konkurrenz. Jeder Bürgermeister will gegenüber Kollegen in einem höheren Ansehen stehen, jede Regierung will wieder gewählt, jedes Wirtschaftsunternehmen Marktvorteile gegenüber Konkurrenten erringen.

Aufgaben der Umweltverbände ist es, diese Gegebenheiten zu nutzen, zum Beispiel mit Wettbewerben um die am besten funktionierende Kläranlage, die geringste Müllmenge, den niedrigsten Energieverbrauch, die größte extensiv bewirtschaftete Gemarkungsfläche und die erfolgreichste Umweltpartnerschaft mit einer anderen Gemeinde auf der Welt."

Professor Dr. Gerhard Thielcke ist Vizepräsident der Stiftung Europäisches Naturerbe (SEN).

Carlos Pimenta

"Die Landwirtschaftspolitik der entwickelten Länder schadet unserer Umwelt. Daß man dafür zahlt, die landwirtschaftliche Produktion zu intensivieren, hat zu einer Zerstörung unserer Böden und der Verschmutzung unserer Umwelt durch Chemikalien geführt. Die überschüssige Produktion wird, besonders in der Europäischen Gemeinschaft, zu Discountpreisen auf dem Weltmarkt verkauft und ruiniert auf diese Weise die Landwirtschaft der Länder der Dritten Welt. Öffentliche Gelder werden dann dafür ausgegeben, den Schaden, der durch intensive Landwirtschaft angerichtet worden ist, wieder gutzumachen. Vernunft muß wieder einkehren; die entwickelten Länder müssen ihre Agrarpolitik überdenken. Die Bauern sind die Bewahrer unserer natürlichen Ressourcen und sollten aus wirtschaftlichen Gründen nicht gezwungen werden, das Gegenteil zu sein."

Carlos Pimenta ist ein Portugiesisches Mitglied des Europäischen Parlaments.

Auch die Entwaldung ist zu einem großen Problem geworden. Sie trägt nicht nur zur Bodenerosion bei, sondern beeinträchtigt indirekt auch die Produktivität des Landes in einigen Staaten, einschließlich denen des indischen Subkontinents. Da Feuerholz knapp wird, beginnen Dorfbewohner damit, die Reste der geernteten Feldfrüchte und Kuhdung zu verbrennen. Das beraubt den Boden sowohl des organischen Materials, das nötig ist, um eine gesunde Bodenstruktur zu bewahren, als auch der Nährstoffe, die er braucht, um fruchtbar zu bleiben.

Kampf um Land

HÜLSEN-
FRÜCHTE

Mit dem Anwachsen der Weltbevölkerung verliert nicht nur das Land durch Erosion und Verlust seiner Fruchtbarkeit an Wert, sondern landwirtschaftlich nutzbare Flächen werden auch in wachsendem Maße zu anderen Zwecken – wie Städte- und Straßenbau – verwendet. In China hat beispielsweise die zwölfprozentige Wachstumsrate der Industrie während der 80er Jahre zum Bau von Tausenden von Fabriken, Lagerhäusern und Straßen geführt. Natürlich werden Fabriken dort errichtet, wo die Menschen leben, und in China leben die Menschen dort, wo das Akkerland liegt – größtenteils in einem 1600 Kilometer breiten Streifen an der Ost- und Südküste.

Der neue Reichtum hat auch zu einem enormen Aufschwung der Bauwirtschaft geführt. Reisende, die in den letzten Jahren das Land besucht haben, sind tief beeindruckt davon, wie viele Häuser in den Dörfern errichtet werden. Das Ergebnis ist der Verlust von über 400000 Hektar landwirtschaftlicher Nutzflächen pro Jahr. Die Knappheit an Land hat die chinesischen Behörden veranlaßt, die Verbrennung von Toten zu fördern, die nun nicht mehr auf traditionelle Weise unter einem Erdhügel begraben werden.

Nach der Dürre des Sommers 1988 fiel die Getreideproduktion in den Vereinigten Staaten um 27 Prozent, in der Sowjetunion um 8 Prozent und in China um 2 Prozent – ein Gesamtverlust von etwa 97 Millionen Tonnen.

Infolge des Bevölkerungswachstums und der immer weiter um sich greifenden Verstädterung nehmen die urbanen Gebiete in der ganzen Welt den Farmen das Wasser weg. In einigen Regionen, wie dem ariden Südwesten der Vereinigten Staaten, hat der Wasserverlust bereits

DAS ACKERLAND

das Land in eine Wüste verwandelt. In anderen Gegenden sehen sich die Farmer gezwungen, wieder auf das weniger produktive Trockenfarmsystem zurückzugreifen.

Die Folgen von alldem sind klar: Alles Land, das der Basis der landwirtschaftlichen Nutzflächen hinzugewonnen wird, wird aufgewogen durch die Verluste – durch Bodenerosion und zweckentfremdete Verwendung des Landes –, während weltweit jedes Jahr 90 Millionen Menschen mehr ernährt werden müssen.

BODEN GEWINNEN

Einige kürzlich in die Wege geleitete Maßnahmen geben jedoch Anlaß zu der Hoffnung, daß der Verlust landwirtschaftlicher Nutzflächen aufgehalten – oder sogar in sein Gegenteil verkehrt – werden kann. Anfang der 80er Jahre zeigte sich die Öffentlichkeit in den Vereinigten Staaten nicht nur über den Verlust an Ackerkrume besorgt, sondern erregte sich auch über die gewaltigen Summen, mit denen die Landwirtschaft subventioniert

FALSCHE VERHEISSUNGEN *Der Verbrauch von Chemikalien ist in den 80er Jahren in der Dritten Welt sprunghaft angestiegen. Es ist schwer, sich die Ernährung der Weltbevölkerung ohne die kontrollierte Verwendung von Pestiziden vorzustellen, doch ihr Nutzen wird von der agrochemischen Industrie stark übertrieben. Das Pesticides Action Network schätzt, daß jedes Jahr etwa 40 000 Menschen in der Dritten Welt an der Vergiftung durch Schädlingsbekämpfungsmittel sterben – oft durch Chemikalien, die in den entwickelten Ländern verboten sind.*

ALTERNATIVE LANDWIRTSCHAFT

Verbraucher machen sich zunehmend Sorge über die Rückstände von Pestiziden in Lebensmitteln und im Trinkwasser.

Viele der in der Landwirtschaft verwendeten Chemikalien dienen rein kosmetischen Zwecken, indem sie das Produkt schöner erscheinen lassen. Die Verbraucher begreifen jetzt, daß Qualität mehr mit Geschmack, Struktur und Nährwert zu tun hat als mit der äußeren Erscheinung oder eine standardisierten Größe.

„Alternative Landwirtschaft" ist ein Begriff, der einen breiten Bereich verschiedener Optionen abdeckt, u.a. extensive Bewirtschaftung (die die Verwendung künstlicher Düngemittel und andere Chemikalien reduziert, aber nicht notwendigerweise eliminiert), integrierte Schädlingsbekämpfung (die eine Reihe biologischer, chemischer und Fruchtwechsel-Techniken benutzt, um Schädlinge unter Kontrolle zu halten), umweltfreundlichen Anbau (der die natürlichen Landschaftsformen und die lokale Flora und Fauna schützt) sowie biodynamische Methoden.

Biodynamische Farmer verwenden keine künstlich hergestellten Düngemittel oder Pestizide und verlassen sich statt dessen auf Fruchtwechsel, unterschiedliche Systeme, das Feld zu bestellen, und Diversifikation. Sowohl in Europa als auch in den Vereinigten Staaten wächst die Zahl biodynamischer Bauern.

AUSSEHEN GEGEN QUALITÄT *Die makellose Uniformität der nicht biodynamisch angebauten Produkte läßt diese attraktiver erscheinen als die biodynamischen Produkte, doch die starken Chemikalien, mit denen diese Wirkung erzielt wird, bleiben sowohl in den Früchten als auch im Boden.*

BIODYNAMISCHE MÖHREN

NICHT-BIODYNAMISCHE MÖHREN

BIODYNAMISCHER APFEL   NICHT-BIODYNAMISCHER APFEL

BIODYNAMISCHE GRÜNE PAPRIKASCHOTE

NICHT-BIODYNAMISCHE GRÜNE PAPRIKASCHOTE

Erde: Vom Winde verweht

FORSCHUNGEN IM EIGENEN INTERESSE
Ein großer Teil der landwirtschaftlichen Forschungen, die in den Ländern der Dritten Welt in Feldstationen wie dieser auf den Philippinen durchgeführt werden, wird durch Gelder westlicher multinationaler Konzerne finanziert. Diese Forschungen dienen vor allem dazu, höhere Ernteerträge zu erzielen, damit die Konzerne ihre Exporte steigern und ihre Profite maximieren können. Gelder für Forschungsvorhaben, die sich mit der Produktion von Nahrungsmitteln für die einheimische Bevölkerung beschäftigen, fließen hingegen wesentlich spärlicher.

wurde. Bis dahin waren die Nutzflächen, die (um einer Überproduktion entgegenzusteuern) der Verwendung entzogen wurden, ohne Rücksicht auf ihre Erosionsanfälligkeit ausgewählt worden.

Umweltgruppen und Beauftragte für den Bodenschutz schlossen sich zusammen, um ein neues Vorhaben in die Wege zu leiten, das Conservation Reserve Program. In der ersten Stufe dieses Vorhabens, von 1986 bis 1990, konzentrierte man sich darauf, die am stärksten der Erosion ausgesetzten Ackerflächen in Weiden oder Waldland umzuwandeln, bevor sie verödeten. Farmer, die sich bereit erklärten, ihre erosionsanfälligen Äcker innerhalb von zehn Jahren solcherart umzuwandeln, erhielten dafür von der Regierung jährliche Zahlungen.

Die zweite Stufe des Vorhabens, von 1990 bis 1995, ist darauf ausgelegt, der Erosion der Ackerkrume auf den restlichen 48 Millionen Hektar erosionsanfälligen Landes Einhalt zu gebieten. Farmer, die solches Land besitzen, werden aufgefordert, ein Bodenschutzprogramm zu entwickeln, das vom Soil Conservation Service genehmigt werden muß. Diejenigen, die dieser Aufforderung nicht nachkommen, verlieren ihre Subventionen, einschließlich ihrer Preisgarantien, ihrer niedrig verzinsten

MOSTAFA TOLBA

„Seit meiner Kindheit in einer ländlichen Gegend im Nildelta bin ich den Wundern der Natur gegenüber äußerst empfänglich. Ich wuchs mit dem Bewußtsein auf, wie zerbrechlich die Natur ist, wie schmal der Rand ist, der den fruchtbaren Gürtel am Nil vor der rauhen Wüste dahinter schützt. Angesichts der vor uns liegenden globalen Probleme bin ich heute zuversichtlicher als je zuvor in all den 15 Jahren als Leiter des Umweltprogramms der Vereinten Nationen, daß wir globale Lösungen finden werden. Menschen überall in der Welt – in den Regenwäldern Brasiliens, an den Küsten des Mittelmeers, in den Städten Europas und im Weizengürtel der Vereinigten Staaten – sind bereit, ihren Teil zur Entwicklung eines ökologischen Schutzsystems beizutragen. Es liegt jetzt an den politischen Führern, auf die Notrufe der Menschen zu hören, das Gleichgewicht der Natur wiederherzustellen und jene globale Partnerschaft herbeizuführen, die unseren Planeten retten wird."

Dr. Mostafa Tolba ist der Executive Director des Umweltprogramms der Vereinten Nationen.

M. S. SWAMINATHAN

„Die ökologische Klugheit der Vergangenheit verschwindet schnell, zusammen mit den Wäldern, unter deren Laubdach die Menschen jene Klugheit erlangten. Eine alte Redensart der nordamerikanischen Indianer sagt: ‚Der Himmel wird von den Bäumen getragen. Wenn der Wald verschwindet, bricht das Himmelsdach der Erde zusammen. Dann gehen die Natur und der Mensch gemeinsam zugrunde.' Die Wälder, die ich in meiner Kindheit im Süden Indiens gesehen habe, sind verschwunden. Warum? Nur ein landwirtschaftliches System, das den Boden schützt, kann die übriggebliebenen Wälder retten. Indien produzierte beispielsweise im Jahre 1990 insgesamt 55 Millionen Tonnen Weizen auf etwa 23 Millionen Hektar Land. Wenn wir, wie im Jahre 1968, weiterhin nur eine Tonne Weizen pro Hektar produziert hätten, hätten wir 55 Millionen Hektar Land benötigt, um die 1990 produzierte Weizenmenge zu erzeugen. Es wären also 32 Millionen Hektar Wald verschwunden. Die einzige Möglichkeit, den Nahrungsbedarf der Zukunft zu befriedigen, liegt darin, mehr und mehr Nahrung auf immer weniger Land zu produzieren. Die Weiterentwicklung einer ökologisch orientierten Wirtschaft ist von entscheidender Bedeutung, wenn wir Hunger und Armut überwinden wollen."

M. S. Swaminathan ist Präsident der World Conservation Union (IUCN) und Präsident eines Forschungszentrums in Madras, Indien.

Darlehen und ihrer Versicherungsleistungen. Agronomen schätzen, daß die Bodenerosion in den USA innerhalb eines Jahrzehnts um zwei Drittel reduziert wird.

---

28 Millionen Tonnen Getreide müßten jedes Jahr mehr geerntet werden, um mit dem voraussichtlichen Bevölkerungswachstum Schritt zu halten. Das Worldwatch Institute schätzt, daß gerade die Hälfte dieser Steigerung im nächsten Jahrzehnt erreicht werden kann.

Diese Ergebnisse müssen vor dem Hintergrund gesehen werden, daß die Basis der landwirtschaftlichen Nutzflächen in den 80er Jahren nicht größer wurde und auch für die 90er Jahre keine nennenswerten Veränderungen erwartet werden. Der wachsende Bedarf an Nahrungsmitteln muß daher durch eine wachsende Produktivität gedeckt werden. Ob die Farmer die Ernteerträge so erhöhen können, daß sie 93 Millionen Menschen im Jahr mehr ernähren können, bleibt abzuwarten.

AN DER GRÜNEN FRONT
MELAKU WOREDE

Melaku Worede ist ein Genetiker aus Äthiopien. Am Anfang seiner Laufbahn half er mit, das Plant Genetic Resources Centre in Addis Abeba zu errichten, dessen Direktor er 1979 wurde und für dessen Arbeit er 1989 den Right Livelihood Award erhielt.

Äthiopiens genetische Vielfalt wird durch Dürren und moderne Landwirtschaftsmethoden bedroht. Worede hat sich bemüht, diese Vielfalt zu erhalten und zugleich „strategische Samenreserven" traditioneller Varietäten angelegt, um sie den Bauern in Dürrezeiten zur Verfügung zu stellen. Worede und seine Mitarbeiter haben eine Sammlung genetisch diverser Pflanzen geschaffen, die jetzt der Landwirtschaft Äthiopiens und seiner Nachbarn zugute kommt.

Worede bildet eine neue Generation von Wissenschaftlern in seinem Heimatland aus und legt großen Wert darauf, die Bauern als Partner in seine Arbeit einzubeziehen. Zusammen hoffen sie, die Ernteerträge um bis zu 5 Prozent jedes Jahr zu erhöhen.

Worede baut in dieser Partnerschaft auf die Erfahrungen der Bauern auf. „Genetische Ressourcen sind der Ausdruck der Weisheit von Bauern, die eine äußerst wichtige Rolle beim Aufbau der genetischen Ressourcen-Basis der Welt gespielt haben. Wie es schon in meinem Lande geschieht, können Bauern und nationale Genbänke in Entwicklungsländern zusammenarbeiten, um die genetische Vielfalt der Feldfrüchte zum Nutzen der ganzen Menschheit zu bewahren und auszuweiten."

DIE AMISCHEN *Die Amischen Mennoniten leben in kleinen Gemeinden in den USA. Die Arbeit wird entweder mit der Hand oder mit Hilfe altmodischer Geräte verrichtet. Moderne Maschinen und Methoden sind verpönt; das bestellte Land wird weder durch Erosion noch durch Auslaugung bedroht. Die Lebensweise der Amischen Mennoniten wird von einer traditionsgebundenen Auffassung bestimmt. Der amerikanische Dichter, Essayist und Farmer Wendell Berry sagte von ihnen: „Sie allein, als Gemeinde, haben ihre Verwendung der durch Maschinen erzeugten Energie auf ein Mindestmaß beschränkt, und so sind sie die einzigen, die die Technik wirklich beherrschen... Sie nehmen nicht teil an der Hast und der Ziellosigkeit, die das Leben der meisten Amerikaner prägen."*

ARTENVIELFALT
DER REICHTUM DES LEBENS

PETER RAVEN UND GHILLEAN PRANCE

Wir wissen mehr über die Oberfläche

des Mondes als über die vielen Lebensgemeinschaften,

die wir hier auf der Erde so schnell zerstören.

HASELSTRAUCHKÄTZCHEN
Corylus

DIE BEDEUTUNG DER VIELFALT

PETER RAVEN

Wir sind, ob wir es wissen oder nicht, vollkommen abhängig von den Pflanzen, Tieren, Pilzen und Mikroorganismen, die die Erde mit uns teilen. Sie sind es, die uns Nahrung schenken; sie liefern viele der Medikamente und anderen Produkte, auf die unsere Lebensqualität im wachsenden Maße angewiesen ist; und sie bieten das Versprechen einer sich selbst erhaltenden Produktivität – einer Produktivität, die die Erde dauerhaft tragen kann, so daß unsere Kinder und Kindeskinder noch ein friedliches und glückliches Leben führen können.

Wir leben in einer Zeit, die von dem offensichtlich unersättlichen Wunsch der Industrienationen bestimmt wird, immer reicher zu werden. Obgleich wir bereit sind, die atmosphärischen Veränderungen als internationales Problem zu sehen, sind wir bisher nicht in der Lage, die biologische Artenvielfalt mit den gleichen Augen zu betrachten. Tatsache ist, daß vielleicht ein Viertel aller auf der Erde vorkommenden Arten im Laufe der nächsten drei Jahrzehnte ausstirbt – innerhalb eines Zeitraums, den die meisten von uns noch erleben werden.

SITTICH-FEDERN

BEDROHTE ARTEN (gegenüber) *In den meisten Gegenden Afrikas gehört der Leopard zu den äußerst bedrohten Arten. Dennoch gibt es noch immer Leute, die ihn lieber auf ihren Schultern drapiert als lebendig in der Natur sehen.*

Peter Raven, *PhD, ist Direktor des Missouri Botanical Garden und Professor für Botanik an der Washington University. Er ist auch ein Mitglied des US National Science Board und Chairman des Report Review Committee des National Research Council.*

Ghillean Prance, *MA Dr. phil. Fil Dr FLS, ist Direktor der Royal Botanic Gardens in Kew in Großbritannien. Er hat 25 Jahre am New York Botanical Garden gearbeitet, wo er Senior Vice President for Science wurde.*

Jedes Jahr brennen wir 1,5 bis 2 Prozent der noch bestehenden tropischen Regenwälder ab, verlieren wir schätzungsweise 24 Milliarden Tonnen Ackerkrume und setzen wir etwa 90 Millionen Menschen in eine Welt, die bereits überfüllt ist, wenn man das Ausmaß menschlichen Hungers und Leids betrachtet, ganz zu schweigen von der Vernichtung natürlicher Ressourcen. Jede Ecke der Erde, von den gefrorenen Wüsten der Antarktis bis zu den fernsten Küsten der Meere, wird von menschengemachten Chemikalien verseucht. Der ganze Planet ist uns jetzt anheimgegeben, ob wir die damit verbundene Verantwortung erkennen oder nicht. In diesem Sinne gibt es kein Gebiet mehr, von dem man sagen könnte, daß es noch „natürlich" sei.

VERANTWORTUNGSBEWUSSTE HALTUNG

Ist uns die Verantwortung bewußt, die wir den vielen Organismen gegenüber haben, die die Erde mit uns teilen? Bisher haben wir noch keinen Beweis dafür abgelegt; wir haben nur 1,4 Millionen von ihnen einen Namen gegeben und wissen nicht, ob ihre Gesamtzahl 10 oder 100 Millionen beträgt. Noch weniger wissen wir über ihre individuellen Eigenschaften oder die Weise, in der sie voneinander abhängen.

Eine Mentalität zu überwinden, die annimmt, daß jedes produktive System auf diesem Planeten sich ohne Rücksicht auf eine biologische Grundlage endlos erweitern läßt, wäre ein wesentliches Merkmal einer solchen Verantwortung. Jede Nation muß das Ihre dazu beitragen, eine Informationsbasis zu entwickeln, um

VERSTEINERTER AMMONIT

ERDE: DER REICHTUM DES LEBENS

RÜCKKEHR VON DEN TOTEN *Nach jahrelanger Bejagung war die arabische Oryx-Antilope vom Aussterben bedroht. Jetzt hat ein in der Gefangenschaft durchgeführtes Zuchtprogramm einen Genbestand aufgebaut, der groß genug ist, um die Oryx-Antilope wieder ihrem ursprünglichen Lebensraum zurückzuführen, wo sie streng geschützt wird.*

ZU TODE GELIEBT

Es gibt nur noch 1500 Manatis (Seekühe) in den Gewässern vor der Küste Floridas, und sie drohen auszusterben. 1989 wurden etwa 150 von ihnen getötet – die meisten durch Zusammenstöße mit Touristenbooten.

Paradoxerweise hat die Gefahr des Aussterbens (und die vielen Veröffentlichungen über das Schicksal der Manatis) die Dinge nur verschlimmert. Taucher und Fotografen besuchen in wachsender Zahl die Yachthäfen Floridas, um die Manatis zu sehen, die oft in den belebtesten Gebieten zu finden sind, da sie keine Angst vor dem Menschen haben. Schätzungen zufolge gibt es in der Hochsaison auf durchschnittlich 10 Quadratmeter Wasserfläche einen Taucher; und jeder verfolgt diese langsamen Säugetiere. Der Manati wird buchstäblich „zu Tode geliebt". Angesichts seiner niedrigen Reproduktionsrate und einer Sterblichkeits- und Verletzungszahl, die jedes Jahr um 25 Prozent wächst, kann die Seekuh am Ende dieses Jahrzehnts ausgestorben sein.

ENDE DES SANFTEN RIESEN *Der Manati wird bis zu 4,5 Meter lang. Seine Größe und sein friedfertiges Wesen tragen möglicherweise zu seinem Niedergang bei.*

die biologische Vielfalt zu begreifen und sie, um ihrer selbst und zukünftiger Generationen willen, zu bewahren.

Für reiche Nationen bedeutet das, daß wir nicht fortfahren können, unseren in seinen Ressourcen strikt beschränkten Planeten auszuplündern, als ob seine Produktivität unerschöpflich sei. Für die ärmeren Nationen ist die Herausforderung noch größer. Es ist eine Herausforderung, der wir nur begegnen können, wenn wir die Richtung des Geldstroms umkehren, der jetzt aus den armen, verhungernden Nationen in die Länder des reichen industrialisierten Nordens fließt. Verantwortung für die Umwelt und soziale Gerechtigkeit gehen Hand in Hand.

RESSOURCEN FÜR DIE ZUKUNFT

Wenn die Welt wirkliche Stabilität erlangen kann, werden wir, die wir in der vielleicht schnellsten und zerstörerischsten aller Wachstumsperioden leben, als diejenigen angesehen werden, die die Macht haben, diese Welt zum Guten oder Bösen zu verändern. Wie große Weidegebiete im Herzen der Vereinigten Staaten, deren traditionelle Gräser jetzt durch produktivere Gräser aus den vor dem Pflug bewahrten Resten der einstigen Prairien ersetzt werden, so werden die Ressourcen, die die zerstörte Welt des 21. Jahrhunderts brauchen wird, um ihre Wunden zu heilen und ihre Menschen zu ernähren und zu schutzen, aus den Organismen stammen, die wir klug genug waren, vor dem Aussterben zu bewahren.

Copaiba langsdorfii, ein im Amazonasbecken wachsender Baum, erzeugt einen Saft, der ähnliche Eigenschaften wie Dieselöl aufweist und unbedenklich in den Tank eines Lastkraftwagens gegossen werden kann.

Die Erhaltung der Arten rund um die Welt wird einer Kombination verschiedener Maßnahmen zu verdanken sein: einem aus internationalen Geldquellen finanzierten System von Parks und anderen Schutzgebieten, an dem sowohl die industrialisierten als auch die unterentwickelten Länder teilhaben; einer Reihe von Botanischen Gärten, Züchtungszentren und anderen Einrichtungen, in denen die Arten außerhalb ihrer natürlichen Lebensräume erhalten werden können, falls die Erhaltung innerhalb derselben sich als unpraktikabel erweisen sollte; und der Erweiterung dieses ganzen Systems auf eine Weise, die es ermöglicht, jene kultivierten Arten wieder zur rechten Zeit in die freie Natur zurückzuführen.

ARTENVIELFALT

Einzelne Pflanzen, Tiere, Pilze und Mikroorganismen werden als Ausgangsbasis von Produkten dienen, die alles übersteigen, was wir uns heute vorstellen können, und für Zwecke benutzt werden, die noch gar nicht konzipiert sind. Die Gentechnik wird unseren Urenkeln einmal ermöglichen, veränderte Organismen miteinander zu verbinden, die unter den Bedingungen, unter denen sie gedeihen, unbeschränkt produktiv sind.

Ob zum Guten oder Bösen – wir finden uns mit der Verantwortung für eine gewaltige und unendlich vielfältige Arche Noah belastet; was wir als nächstes tun werden, wird darüber bestimmen, was gerettet wird. Es ist so, als wären uns vor 100 Millionen Jahren, mitten im Zeitalter der Dinosaurier, ein paar Jahre gegeben worden, in denen wir die Möglichkeit gehabt hätten, für künftige Generationen einige der Organismen zu retten, die uns anheimgegeben waren – sei es, um uns zu erfreuen oder uns zu nützen oder einfach, um sie nicht für immer zu verlieren.

Angesichts von Millionen von Arten – jede das Ergebnis von vielen Millionen Jahren der Evolution –, die zu unseren Lebzeiten für immer verlorengehen könnten, müssen wir uns einfach daranmachen, die Schritte zu unternehmen, die nötig sind, um die zerstörerische Entwicklung so schnell wie möglich umzukehren.

DAVID SHEPHERD

DER WILLKOMMENE STURM

„Elefanten sind die sanftesten und gutmütigsten Geschöpfe; nur der Mensch ist das gefährliche, arrogante und unersättliche Tier. Wir alle, die wir die Welt miteinander teilen, müssen in Harmonie mit der Natur leben, nicht im Kampf mit ihr. Wenn wir das vergessen, gefährden wir uns selbst."

David Shepherd, OBE FRSA, ist ein englischer Maler.

ÜBERLEBEN IM WALD
Der Berggorilla ist vorwiegend in den hochgelegenen Regenwäldern Ruandas und Burundis zu finden, den beiden am dichtesten besiedelten Ländern Afrikas (135 Menschen pro Quadratkilometer). Der Verlust des Lebensraums in Verbindung mit der Jagd nach Trophäen hat die Gorilla-Population auf ein bedrohlich niedriges Niveau gesenkt. Sein Überleben verdankt der Gorilla nicht zuletzt dem Rwanda's Mountain Gorilla Project, das zu einem Hoffnungsstrahl in diesem politisch unruhigen und dichtbesiedelten Land geworden ist.

ARTENVIELFALT

DAS FÜLLHORN DER NATUR

GHILLEAN PRANCE

Die 250000 Arten der Samenpflanzen auf der ganzen Welt liefern uns eine Fülle von Blüten, Früchten und Gemüsen. Ohne diese Pflanzen wäre unser Leben gar nicht denkbar. Doch während einzelne Gruppen, wie die Chácobo-Indianer, die in den artenreichen Regenwäldern Boliviens am Amazonas leben, den größten Teil der Pflanzen, die in ihrer Umgebung wachsen, auch tatsächlich nutzen, wird nur ein geringer Prozentsatz der Flora der Welt von den industrialisierten Gesellschaften genutzt. Nie zuvor ist es so dringend erforderlich gewesen, unsere Pflanzenarten und die genetische Vielfalt, die sie bergen, zu bewahren.

VON BLÜTEN, VÖGELN UND BIENEN

Der Reichtum an Blüten, an dem wir uns heute erfreuen, besteht nur als Folge der Methoden, die die Pflanzen entwickelt haben, um die Übertragung von Pollen zu ermöglichen. So sind zum Beispiel die Kätzchen einer Weide oder eines Haselstrauchs in Wirklichkeit Blüten, die an einem zarten Stengel hängen, damit ihre Pollen vom Wind fortgetragen werden. Durch die Rüttelbewegung des Windes werden sie befreit und gelangen auf diese Weise zu anderen Blüten. Vögel werden von Rot- und Orangetönen angezogen; deshalb sind viele tropische Blüten rot oder orange gefärbt, um Kolibris, Nektarvögel und andere Vögel anzulocken.

Paranußbäume können nicht auf Plantagen angepflanzt werden, da der Baum von einer Holzbiene befruchtet wird, die die vielfältige Struktur eines Regenwaldes zum Leben braucht.

Ein bekanntes Beispiel für eine von Vögeln bestäubte Blüte ist der rotblühende *Hibiscus rosa-sinensis*. Die Blüten produzieren große Mengen an Nektar, der ihren Bestäubern als Nahrung dient; aber sie duften nicht, da Vögel einen nur schwach ausgebildeten Geruchssinn haben. Im Gegensatz dazu haben von Bienen bestäubte Blüten, wie der Klee, oft einen süßen Geruch, während von Fliegen bestäubte Blüten, wie die Osterluzei und die brasilianische Liane *Aristolochia elegans*, nach Aas riechen.

EIN ÜBERFLUSS AN POLLEN (gegenüber) *Die zarten Blüten des Raygrases verbreiten Pollen, der dann mit dem Wind fortgetragen wird. Der evolutive Erfolg dieser Pflanze ist zum Alptraum von Menschen geworden, die an Heuschnupfen leiden.*

OPTISCHE TÄUSCHUNG (links) *Die Spiegel-Ragwurz (Ophrys speculum) ahmt so realistisch die Umrisse einer Biene nach – dem Insekt, auf das sie bei ihrer Befruchtung angewiesen ist –, daß Bienen versuchen, sich mit ihr zu paaren. Dadurch wird die Übertragung des Pollens von der Blüte auf die Biene ermöglicht und so das Überleben der Pflanze gesichert.*

GERUCHSTÄUSCHUNG (oben) *Diese stark geäderte brasilianische Calicoblüte (Aristolochia) sieht prächtig aus, aber sie riecht nach verfaultem Fleisch – und das aus gutem Grund. Die Befruchtung der Pflanze erfolgt durch verschiedene Fliegenarten, die durch die Aussicht auf ein saftiges Mahl von der Pflanze angezogen werden.*

ERDE: DER REICHTUM DES LEBENS

EINE HARTE HÜLLE (unten) *Die bekannten Paranüsse wachsen in einer Frucht von der Größe eines Tennisballs. Die äußere Schicht dieser Frucht ist sehr hart und zerbricht nicht, wenn die Frucht vom Baum fällt.*

SYMBIOSE (rechts) *Die Samen der Galapagos-Tomate müssen durch den Darmtrakt der Galapagos-Riesenschildkröte wandern, um keimen zu können. Dies dauert mehrere Tage, so daß selbst dieses sich langsam bewegende Geschöpf zu einem wirksamen Samenverbreiter wird.*

ENGE PARTNER (rechts) *Große Nagetiere mit scharfen Zähnen, die Agutis, können die harte Fruchthülle der Paranuß öffnen und vergraben die Nüsse im Boden.*

Von Nachtschmetterlingen bestäubte Blüten öffnen sich in der Nacht; sie sind in der Regel weiß und besitzen reichlich Nektar. In von Nachtschmetterlingen befruchteten Blüten, wie Jasmin oder Geranie, befindet sich der Nektar häufig am Boden einer Röhre, der von vielen Insekten nicht erreicht werden kann. Nachtschmetterlinge besitzen jedoch einen langen Rüssel, der bis ans Ende der Röhre vordringt. Viele Kakteen blühen nachts, wie die Königin der Nacht, deren Blüten sich nur für eine Nacht öffnen und ebenfalls von bestäubenden Nachtschmetterlingen besucht werden.

Der Mensch begann schon früh, seinen Körper mit Blüten zu schmücken. Noch heute findet man am Amazonas Indianer, die Blumen in ihren durchbohrten Ohrläppchen oder in ihrem Haar tragen; und die traditionellen Blumenkränze oder *Leis* auf Hawaii sind Ausdruck eines alten Brauchs.

AUSBREITUNG DES SAMENS

Da Pflanzen statische Organismen sind, sind sie auf äußere Kräfte angewiesen, um ihre Samen von einem Ort zum anderen zu befördern. Auf diese Notwendigkeit der Ausbreitung des Samens ist es zurückzuführen, daß Früchte sich ebenso vielfältig wie Blüten entwickelt ha-

ZEITBOMBE: VERLUST AN ARTEN

Wir wissen immer noch nicht genau, wie viele Arten es auf der Erde gibt. Nach optimistischen Schätzungen sind es 30 Millionen, von denen 1,4 Millionen offiziell erfaßt sind. Wenn die gegenwärtige Rate der Abholzung und der Vernichtung von Lebensräumen sich fortsetzt, werden die Arten bald schneller aussterben, als wir sie wissenschaftlich erfassen können. Am gefährdetsten sind die Arten des tropischen Regenwalds – nicht nur Säugetiere und Vögel, sondern auch Pflanzen und Insekten. Der Artenverlust ist hier 1000 bis 10000mal höher, als er vor den Eingriffen durch den Menschen war. Noch nie gab es einen solchen Verlust an genetischer Vielfalt. Vielleicht sind bis 2050 alle tropischen Arten um die Hälfte dezimiert.

KÜNFTIGER VERLUST (oben) *Wenn man die Schätzungen über gegenwärtige Verluste zugrundelegt, werden nach einer Vorhersage ein Zehntel aller Arten bis zum Jahr 2000 und ein Drittel bis zum Jahr 2020 verschwunden sein.*

TODESRATE (rechts) *Die Rate des Artenverlustes ist seit 1950 stark angewachsen. Verluste haben einen kumulativen Effekt – das Aussterben einer Pflanze kann zum Aussterben 30 anderer, von ihr abhängiger Organismen führen.*

INSELLAGE (links) *Auf Inseln lebende Arten können nicht woanders hinziehen, wenn ihr Lebensraum bedroht ist. Der flugunfähige Takahe (Notornis mantelli) ist einer der gefährdeten großen Vögel auf South Island, Neuseeland.*

ben. So besitzen der Bergahorn und andere Ahornarten Früchte mit propellerartigen Flügeln, die sich, vom Wind getragen, wirbelnd von der Mutterpflanze fortbewegen. Viele Angehörige der Korbblütler-Familie besitzen leichte Samen mit einem aus feinen Härchen gebildeten Fallschirm, der es ihnen ermöglicht, mit dem Wind zu wandern.

Mit Samen, die er dem Gefieder eines einzigen Vogels entnommen hatte, konnte Charles Darwin 82 Pflanzen ziehen.

Obgleich wir sie häufig als Früchte bezeichnen, sind es die Samen, die sich der Ausbreitung durch Tiere angepaßt haben. Häufig sind sie fleischig und appetitanregend, damit sie von Tieren gefressen werden. Im Falle der wilden Erdbeere passieren die winzigen Samen den Darmtrakt eines Vogels und werden weit vom Ausgangspunkt ihrer Reise entfernt wieder ausgeschieden. Im Winter vergraben Eichhörnchen massenweise Eicheln in der Erde; und die Eicheln, die von dem Tier vergessen werden, sind diejenigen, die die nächste Generation von Eichen bilden.

DER KAMPF GEGEN LEPRA *Bis vor kurzem kannten die Wissenschaftler außer dem Menschen keine andere Art, die Lepra gegenüber anfällig ist. So war es sehr schwer, ein Vakzin gegen Lepra zu entwickeln. Dann entdeckte man, daß das Gürteltier ein geeigneter „Inkubator" für die Bazillen ist, die die Krankheit hervorrufen. Nach der Injektion erkrankter Zellen werden jetzt Gewebe aus der Milz und der Leber des Tieres für die Produktion eines Anti-Lepra-Vakzins benutzt. Das ist von entscheidender Bedeutung für die Behandlung von Leprakranken, doch stellt es zugleich die Frage nach dem „Wert" anderer Arten. Ist das Gürteltier nur deshalb von Wert, weil es uns nützlich ist?*

GERHARD KNEITZ

„Steinbock, Fischotter, Große Hufeisennase, Wanderfalke, Weißstorch, Laubfrosch, Smaragdeidechse, Segelfalter, Apollofalter...
Dies sind nur einige der Tierarten, die in Deutschland vom Aussterben bedroht sind. Dazu kommen unzählige Pflanzenspezies. Gründe sind die Bejagung, die Zerstörung der Ruheplätze, die Zerschneidung der Lebensräume durch Straßenbauten, das Abholzen von Auenwäldern, die Trockenlegung von Nahrungsräumen, der Einsatz von Insektenbekämpfungsmitteln, die Überdüngung von Gewässern und Freizeitaktivitäten. In unserer durchtechnisierten und chemisierten Industrielandschaft scheint kein Platz für ‚nutzlose' Tier- und Pflanzenarten zu sein.
Wir brauchen dringend die Erweiterung unseres Rechtsbegriffes: ein ‚Eigentum der Natur' ist überfällig – sonst wird die obige Liste bald um eine Art, den Homo sapiens, erweitert werden müssen."

Prof. Dr. Gerhard Kneitz ist Zoo-Ökologe am Institut für Angewandte Zoologie der Universität Bonn.

THOMAS LOVEJOY

„Neulich fragte mich ein Freund: ‚Gibt es wirklich einen Grund, über das Aussterben der Arten besorgt zu sein?' Ich brachte das bekannte Argument vor, daß die Arten so etwas wie eine Bibliothek der Naturwissenschaften seien. Aber er unterbrach mich und sagte, es sei dasselbe, als ob man die unvollkommenen Shakespeare-Ausgaben bewahren wollte, die mit den vielen Druckfehlern. Bis dahin hatte ich nicht gewußt, wie verbreitet das Analphabetentum ist, wenn es um Fragen der Umwelt geht. Man hat ausgerechnet, daß die in einem Chromosom einer Maus enthaltenen Informationen mit denen sämtlicher Ausgaben der Encyclopaedia Britannica vergleichbar seien. Von diesem Gesichtspunkt aus stellt die gegenwärtige Ausrottungsrate die größte Torheit in der menschlichen Geschichte dar. Irgend etwas stimmt nicht, wenn die Menschen es für ein Sakrileg halten, die Frage aufzuwerfen, ob Haydn mit seinen 104 Symphonien nicht die eine oder andere zuviel geschrieben habe, doch gleichgültig gegenüber der Frage bleiben, ob wir ‚wirklich all diese Arten brauchen'."

Thomas Lovejoy ist Assistant Secretary for External Affairs der Smithsonian Institution, Washington, D.C.

CINDY DE WIT

"Wir leben in einer Welt, in der wir wenig über die Tausenden von Chemikalien wissen, die wir der Umwelt zuführen. Ich persönlich fürchte eine andere Art der Umweltverschmutzung, die sich als noch verhängnisvoller erweisen könnte als alles, was in chemischen Laboratorien erfunden wird – die durch experimentelle Genetik erzeugten Organismen (GEOs – ‚genetically engineered organisms'), die absichtlich der Umwelt zugeführt werden. GEOs sind lebende Organismen; sie können sich vermehren und sich unkontrolliert ausbreiten. Wenn sie Amok laufen, können sie nicht mehr zurückgerufen werden. Chemikalien, die als Umweltgifte erkannt worden sind, können wenigstens verboten und aus dem Handel gezogen werden. Wir werden jetzt mit denselben Argumenten über die Sicherheit von GEOs beruhigt, die man früher für Chemikalien verwendet hat. Aber wir wissen so wenig über das komplizierte Netz, das Ökosysteme zusammenhält, und über die Organismen, die sie bewohnen, daß wir nicht vorhersagen können, wie GEOs sich diesem Netz einpassen und wie sie funktionieren werden, wenn sie einmal freigelassen sind. Meine persönliche Hoffnung für die Zukunft der Erde liegt in einer neuen Wissenschaft, in der die Umwelt die erste und der Profit die letzte Stelle einnimmt."

Cindy de Wit arbeitet als Wissenschaftlerin für die Swedish Environmental Protection Agency.

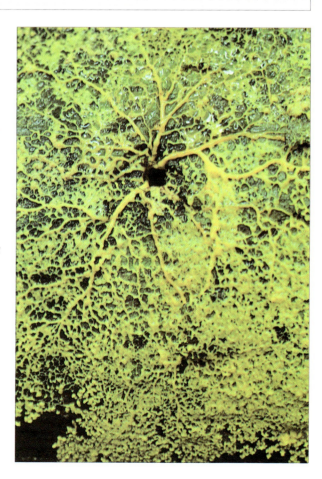

BEÄNGSTIGENDER SCHLEIM *Der Regenwald ist Heimat vieler unterschiedlicher Arten von Schleimpilzen, Organismen, die den Wissenschaftlern immer noch Rätsel aufgeben. Um sich zu vermehren, können buchstäblich Millionen von Individuen an einer Stelle auftauchen, wobei sie eine kleine, aber deutlich sichtbare Säule bilden, die sich dann explosionsartig über ein größeres Gebiet ausbreitet. Es ist unklar, wie diese primitiven Geschöpfe miteinander „kommunizieren" können, um sich so systematisch ihren Lebensraum zu erobern.*

Wir besitzen einen solchen Reichtum von Früchten in der Welt, da die Pflanzen sich auf so vielfältige Weise den Gegebenheiten angepaßt haben, durch die ihre Samen ausgebreitet werden. Die Wechselbeziehungen zwischen Pflanzen und Vögeln, Fledermäusen, Affen, ja, selbst Fischen sind der Grund für die Fülle der Früchte, die wir genießen. Wie Blumenzüchter haben auch die Züchter von Früchten das Grundmodell der wilden Art genommen, um aus ihm die vielen Varietäten der Äpfel, Orangen, Bananen, Birnen und all der anderen Früchte zu produzieren, die heute kultiviert werden.

ÜBERLEBENSTAKTIKEN

Die Pflanzen der kälteren Klimate ruhen im Winter; daher speichern viele Arten in ihren Wurzeln oder anderen unterirdischen Organen Nährstoffe, von denen sie während dieser Zeit leben. Diese Nährstoffe enthalten gewöhnlich einen guten Anteil an Kohlehydraten in Form von Stärke, die das Wachstum im nächsten Frühjahr fördert. Die unterirdischen Speicherorgane bilden viele unserer Gemüse: Möhren, Bete, Pastinaken, Kartoffeln und Rüben, um nur einige zu nennen. Unterirdische Speicherorgane gibt es auch bei vielen tropischen Pflanzen wie Bataten, Yams, Taro und Maniok; alle sind zu Hauptnahrungsmitteln irgendwo in der Welt geworden.

Bohnen, Gurken und Tomaten sind Beispiel für Gemüse, welche von Früchten stammen, die von Pflanzenzüchtern stark modifiziert wurden, um die heute bekannten Varietäten zu bilden. Auch die Blätter vieler Arten werden als Gemüse verwendet. In vielen dieser Fälle sind die ursprünglichen wilden Arten stark verändert worden, um sie schmackhafter zu machen. Der wildwachsende Lattich enthält einen bitteren weißen Saft, den die Züchter allmählich beseitigt haben. Wirsingkohl, Blumenkohl, Brokkoli, Kohlrabi und Rosenkohl stammen samt und sonders von einer wildwachsenden Art der Gattung *Brassica*. Der Wirsingkohl wurde auf große, dicht zusammenstehende Blätter hin entwickelt, der Blumenkohl auf große, dichte Blütenknospen, der Rosenkohl auf dichte Blattknospen.

ERHALTUNG DER VIELFALT

Die Blumen, die wir in unseren Gärten ziehen, und die Früchte und Gemüse, die wir essen, stammen alle von ursprünglich wildwachsenden Arten. Die Züchtung neuer Kulturvarietäten mit dem Ziel, nützliche Eigenschaften zu entwickeln, hat oft den Bestand geschwächt und ihn anfällig gegenüber Krankheiten und räuberischen Angriffen gemacht. Die wilden Verwandten der Arten, die wir nutzen, enthalten also wichtiges genetisches Material, das auch für den Fortbestand unserer Feldfrüchte von entscheidender Bedeutung ist. Von Zeit zu Zeit benötigen wir neues genetisches Material von wildwachsenden Arten, um die Widerstandskraft gegenüber Krankheiten zu stärken und die Kulturpflanzen zu verbessern. Die jährlichen Profite der Tomatenindustrie sind in die Höhe geschossen, als kürzlich ein Gen entdeckt wurde, das verantwortlich für die Süße in einer wilden Art in Peru ist. Mais ist durch genetisches Material, das aus einer wildwachsenden Pflanze in Mexiko gewonnen wurde, krankheitsresistent geworden. Die meisten Feldfrüchte, die wir in den nördlichen gemäßigten Breiten verwenden, sind tatsächlich tropischen Ursprungs. Ohne diese genetische Vielfalt wäre das Leben in den entwickelten Ländern sehr viel anders.

Wir wissen, daß außer den wilden Verwandten unserer Feldfrüchte noch viele andere Pflanzen in der Wildnis leben, deren Ressourcen bis heute noch nicht angezapft worden sind. Man schätzt, daß etwa 20000 Pflanzen eßbare Teile haben, doch nur 3000 Pflanzen sind bisher in großem Ausmaß genutzt worden. Unsere zukünftigen Feldfrüchte wachsen in den noch bestehenden Regenwäldern, Savannen, Tundren, gemäßigten Wäldern, Teichen, Sümpfen, Marschen und anderen Lebensräumen der Erde. Wenn wir auch in Zukunft noch neue Pflanzenprodukte entdecken wollen, müssen wir diese natürlichen Lebensräume schützen.

Die in Westafrika vorkommende Serendipity-Beere ist dreitausendmal süßer als Zucker, doch hat sie einen niedrigeren Kaloriengehalt.

Biologen und Umweltschützer versuchen sicherzustellen, daß ihre Bemühungen, die Vielfalt tropischer Arten zu studieren und zu nutzen, den Ländern zugutekommt, in denen diese Arten gedeihen. So werden beispielsweise Verträge zwischen Pharmaziekonzernen und dem New York Botanical Garden oder den Royal Botanic Garden in Kew bei London nur unterzeichnet, wenn es auch entsprechende Abkommen über Lizenzgebühren gibt, die den Ursprungsländern zufließen, falls ein neues Medikament aus den jeweils erforschten Pflanzen entwickelt wird. Es ist von entscheidender Bedeutung, entweder das Keimplasma und die Forschungsergebnisse frei unter allen Ländern der Erde auszutauschen, oder sicherzustellen, daß das gewaltige wirtschaftliche Potential der Artenvielfalt der Welt mit den Ländern geteilt wird, die es am nötigsten brauchen.

AN DER GRÜNEN FRONT
ROYAL BOTANIC GARDENS

Die Royal Botanic Gardens in Kew, London, besitzen eine der bedeutendsten Samen-Sammlungen der Welt und vollbringen Pionierleistungen auf dem Gebiet der Pflanzenforschung.

Derartige Forschungen werden häufig als weniger „dringend" als der Umweltschutz angesehen. Aber die Mitarbeiter in vielen der bedeutendsten Botanischen Gärten der Welt haben sich bereits mit Fragen der Umwelt und ihres Schutzes beschäftigt, als diese Probleme noch gar nicht die Öffentlichkeit beschäftigten: Die Forschungen in Kew begannen vor über 200 Jahren. Heute beraten Botaniker die Regierungen über gefährdete Arten und suchen nach pflanzlichen Organismen, die als alternative Nahrungsmittel, Brennstoffe oder Medikamente dienen können.

Der Prince of Wales rühmte ihre Arbeit in einem Vortrag, den er 1990 hielt. Er sagte: „Die Royal Botanic Gardens in Kew haben viel getan, um auf die erstaunliche Vielfalt in den tropischen Regenwäldern hinzuweisen. Die Idiotie, diese Vielfalt zu eliminieren und sie durch kurzlebige Monokulturen von Feldfrüchten oder durch Weideland zu ersetzen, verdeutlicht die Arroganz des Westens beim Umgang mit der Natur. Aber es ist ermutigend, daß jetzt Botaniker und Zoologen an der vordersten Front stehen, um vernünftige und tragfähige Alternativen zu entwickeln."

RETTUNG BEDROHTER ARTEN
Wissenschaftler in Kew ziehen seltene Orchideen unter sterilen Bedingungen auf.

BESTÄTIGTE VORHERSAGE *Diese herrliche Orchidee (Angraecum sesquipedale) wird nur auf Madagaskar gefunden und wurde zuerst von Charles Darwin entdeckt. Nachdem er festgestellt hatte, daß die Länge des Nektarsporns der Pflanze genau 45 Zentimeter betrug, prophezeite er, daß eines Tages ein Falter mit einem genauso langen Rüssel gefunden werden würde. Etwa 50 Jahre später wurde seine Vorhersage bestätigt, und die neue Falterart erhielt den passenden Namen Praedicta.*

RETTET DIE ERDE

GEBIRGE
DER VERLUST DER HOCHLÄNDER

DAVID PITT UND DENIS LANDENBERGUE

ALPINE BLÜTEN

Es gibt nur wenige Gebirgszüge, die so hoch und so unzugänglich sind,

daß die verderbenbringende Hand des Menschen sie nicht erreichen konnte.

Viele von ihnen stehen nun vor einer schweren ökologischen Krise.

Fast überall auf der Welt werden Gebirgszüge als etwas Selbstverständliches hingenommen. Die uralten, schneebedeckten Felsen wirken so, als seien sie weit entfernt vom alltäglichen Trott, unberührt von dem Unheil, das moderne Industrie und Landwirtschaft unten auf den Ebenen angerichtet haben. Aber der Schein kann trügen.

Etwa 40 Prozent der Erdoberfläche sind gebirgig, und ein Zehntel der Weltbevölkerung lebt in diesen Regionen. Fast der ganze Rest der Weltbevölkerung, diejenigen, die im Flachland leben, sind auf die Gebirge angewiesen, weil sie Wasser, Energie, Erholung und Inspiration liefern. Das Mosaik der Mikrolebensräume, die in Tälern und auf verschiedenen Höhen vorkommen, enthält eine verblüffende Vielfalt an seltener Fauna und Flora. Nicht weniger einzigartig sind die kulturellen Variationen, die die Menschen zustandebringen, die an solchen abgelegenen und isolierten Orten leben. Viele der 300 Millionen Angehörigen von Stammes- und Eingeborenenvölkern leben im Gebirge, oft außerhalb der Reichweite mächtiger Reiche sowie der Massenmedien.

Die tatsächliche Funktion der Berge im Ökosystem unseres Planeten ist zwar erst seit kurzem bekannt, aber äußerst wichtig. Sie sind das Schlüsselelement in der Kryosphäre, jenen schneebedeckten Regionen der Erde, die Hitze in den Weltraum zu-

HEILIGER BERG (gegenüber) *Der Fudschijama wird in Japan als Heiligtum verehrt. Doch oft verhüllt eine Dunstglocke den Gipfel.*

WAGHALSIGE KLETTERER (kleines Bild oben) *Schneeziegen überqueren einen Felsgrat auf dem Mount Evans in den Rocky Mountains, Colorado.*

David Pitt *ist Geschäftsführer von Alp Action und Mitglied des Inter-Governmental Panel on Climatic Change. Er stammt aus Neuseeland, lebt in der Schweiz und hat mehr als 20 Bücher über Entwicklung, Gesundheit, Umwelt und Frieden geschrieben bzw. herausgegeben.*

David Landenbergue *hat viele Projekte für Umweltschutz und die Wiederherstellung von Ökosystemen geleitet, insbesondere das biologische Reservat Verbois bei Genf. Nach Abschluß seines Studiums am Graduate Institute of International Studies in Genf arbeitet er heute als Projektleiter von Alp Action.*

rückstrahlen. Dieser „Albedo-Effekt" trägt dazu bei, die Erderwärmung zu regulieren. Die Höhe der Meeresspiegel hängt von dem Schmelzen des Gletschereises ab, das fast ausschließlich auf dem gebirgigsten aller Kontinente – dem antarktischen – festliegt. Auch die meisten Wälder der Erde, die als Absorbens des Treibhausgases in der Atmosphäre so wichtig sind, stehen in Bergregionen. Im hydrologischen System der Erde spielen Berge ebenfalls eine entscheidende Rolle. Sie wirken wie riesige Wassertürme, die immer wieder die Flüsse füllen, die ihrerseits das Wasser liefern, das wir für Energieerzeugung, Industrie und Haushaltszwecke benötigen.

Viele große Gebirgszüge der Erde sind im Augenblick ernsthaft bedroht. In den Industrieländern sterben über die Hälfte der Wälder vorzeitig an Umweltverschmutzung und Austrocknung. Im Himalaja und in den Anden ist auf Grund von Holzschlag und Bevölkerungsdruck eine schlimme Entwaldung im Gange. Wie eindringlich auf unseren Fernsehschirmen zu sehen war, ist das Hochland Äthiopiens zur Wüste degradiert worden. Erosion und stromabwärts gerichtete Überschwemmungen sind nur zwei Folgen so einer Entwaldung. Sie können katastrophale Ausmaße annehmen, wie kürzlich in Bangladesch, wo der größte Teil des Landes überschwemmt wurde.

Klimaveränderungen, verursacht durch den Treibhauseffekt, schaffen zusätzlichen Druck. So treten zum Beispiel immer öfter Monsunplatzregen ein, die wahrscheinlich kein Wald aufnehmen kann. Globale Erwärmung mag der Grund für das Aufbrechen der west-

GEMEINER BUNDKLEE

ERDE: DER VERLUST DER HOCHLÄNDER

FREEMAN PATTERSON

SONNENAUFGANG IN DEN ANDEN

„Ich machte diese Aufnahme an einem Januarmorgen, als die Sonne über dem Painemassiv im Nationalpark Torres del Paine in Südchile aufging. Oft erzeugen die Anden ihre eigenen Wettersysteme und Wolkenformationen, die ihrerseits das ganze Lebensspektrum der Region beeinflussen."

Freeman Patterson

Freeman Patterson wurde vom National Film Board in Kanada mit einer Goldmedaille ausgezeichnet und erhielt 1985 den Order of Canada.

antarktischen Eisdecke sein, die, wie einige Experten sagen, die Meeresspiegel eines Tages um 5 bis 6 Meter erhöhen könnten – wenn Eisblöcke von der Größe Belgiens von diesem Kontinent abbrechen. Beim Schmelzen des ewigen Eises in der Arktis würden gewaltige Mengen Methan oder Sumpfgas (ein Treibhausgas) in die bereits überladene Atmosphäre entweichen und Bedingungen schaffen, die Lawinen und Erdrutsche fördern. Bergseen, vor vielen Tausenden von Jahren auf natürliche Weise entstanden, könnten überlaufen und so ihren Druck auf Staudämme verstärken. In einigen Gebieten sind solche Dämme auch erdbebengefährdet.

ENDEMISCHE PROBLEME

Armut ist in Bergregionen ein großes Problem. Miserable Grundbesitzverhältnisse, Schulden, hohe Zinsen, Inflation, chronische Arbeitslosigkeit, beschränkte Möglichkeiten, Geld zu verdienen, und dürftiger Schulunterricht: Eine Verbindung aus diesen Mängeln bedeutet, daß Länder wie Nepal, Bhutan, Lesotho und Äthiopien von den Vereinten Nationen zu den am geringsten entwickelten gerechnet werden. Selbst wenn man bedenkt, daß es sich um Entwicklungsländer handelt, so sind Kindersterblichkeit und Analphabetentum hier viel häufiger und die Lebenserwartung viel niedriger als im Durchschnitt. Aber solche Bedingungen beschränken sich nicht nur auf Entwicklungsländer. In den Schweizer Alpen leben heute noch Bauernfamilien von der Hand in den Mund und ohne Elektrizität, Wasser und sanitäre Einrichtungen.

Armut wird noch erschwert durch häufige Kriege und politische Unruhen. Gebirge sind oft Grenzregionen, oder sie haben im Laufe der Geschichte Dissidenten Unterschlupf geboten. Da sich im Gebirge auch viele Naturkatastrophen ereignen, eilen immer wieder Hilfsorganisationen herbei, die oft viel Unruhe stiften.

AUSSTERBENDE FERTIGKEITEN

Wahrscheinlich ist der Bevölkerungsdruck in Bergregionen nicht so stark, wie allgemein angenommen wird. Ja, viele Gegenden leiden sogar unter Entvölkerung, da die Leistungsfähigen in die Städte abgewandert sind. Nun ist niemand mehr da, um die Terrassen zu reparieren, die die Erosion aufhalten. Der Verfall vieler traditioneller Gemeinwesen hatte zur Folge, daß alte Kenntnisse, wie man mit der Natur in Einklang lebt, in Vergessenheit gerieten.

Die gefährlichste Art des Bevölkerungsdrucks übt wahrscheinlich der Tourismus aus. Er schüttet Beton auf

Bergwiesen, fällt Bäume, um Platz für Skipisten und Parkplätze zu schaffen, und hinterläßt nichts als Müll und eine entwürdigte einheimische Kultur. Die Touristenseuche befällt inzwischen sogar die abgelegensten Gebiete des Himalaja und der Anden, und die Tatsache, daß in diesen Regionen viele Gemeinden kaum andere Einkommensquellen haben, führt zu einem schrecklichen Zwiespalt.

Aber die Lage ist nicht gänzlich hoffnungslos. Ein sanfterer Tourismus entsteht, angeführt von denjenigen, die einfach in den Bergen wandern wollen und die Wohltaten genießen, die solche Gegenden der menschlichen Seele bieten. In alten Zeiten wurden Berge in der Tradition ihrer Bewohner für heilig gehalten. In vielen Teilen der Erde entdeckt man Pilgerpfade zu Bergheiligtümern, Tempeln und Klöstern neu.

EINE NEUE EINSTELLUNG

Heute gibt es viele Bemühungen, die Berge zu retten, wie zum Beispiel das berühmte Chipko Movement, bei dem Himalajafrauen sich an Bäume klammerten, um sie vor der Axt zu schützen. Organisationen helfen ebenfalls auf allen Stufen. Umweltschutz- und Entwicklungsgruppen arbeiten zusammen, um der Weltkonferenz für Umwelt und Entwicklung 1992 das Anliegen der Berge vorzutragen. Die World Conservation Union bereitet eine spezielle Gebirgsnaturschutzstrategie vor, um die Artenvielfalt zu erhalten, und die Vereinten Nationen koordinieren Forschungs- und Bildungsprogramme. Alpinisten, Gemeinden, ja, sogar Touristen organisieren sich, und Schutzgebiete entstehen rund um den Erdball. Die Mentalität der Flachlandbewohner herrscht nicht mehr vor. Laßt uns hoffen, daß all dies nicht zu wenig ist und auch nicht zu spät geschieht.

MIRIAM ROTHSCHILD

„Als ich 17 Jahre alt war, brachte meine Mutter mich nach Italien, wo ich mich weiterbilden und etwas über italienische Malerei lernen sollte. Ich war wütend: Ich wäre lieber zu Hause geblieben, um bei Tennisturnieren mitzuspielen. Wir reisten mit der Eisenbahn, und ich durfte luxuriös im Schlafwagen schlafen. Ich erwachte früh am Morgen, als der Zug mit einem langen, zischenden Seufzer an der italienischen Grenze hielt. An den Rändern des Rollos schien die Sonne herein und ließ die Staubkörnchen in der Luft aufblitzen.

Ich lehnte mich aus der Koje und schob das Rollo beiseite. Zum ersten Mal im Leben sah ich schneebedeckte Berge, die sich von einem klarblauen Himmel abhoben. Ich war völlig überwältigt von ihrer überirdischen Schönheit. Es war wie eine göttliche Offenbarung, die ich mein Leben lang nicht vergessen habe.

Ich ließ das Fenster herunter und lehnte mich hinaus. Ich stellte fest, daß Gebirgsluft die besondere Erfahrung von Klarheit und Zeitlosigkeit in sich birgt. Seither habe ich 30 Winter in großer Höhe in den Alpen verbracht. Aus meinem Fenster konnte ich beobachten, wie die ersten Strahlen der aufgehenden Sonne den Sattel zwischen zwei schneebedeckten Gipfeln vergoldeten oder die Schatten im Gletscher sich grün färbten, wenn ein warmer Wind drohte. Bevor es hell wurde, konnte man hoch oben im Tal das Morgenlied der Schneefinken erklingen hören. Ich dachte an Byrons Gedicht:

*Kunst, Ruhm, Freiheit vergehen,
aber die Berge bestehen.*

Im Zweiten Weltkrieg sehnte ich mich nicht nach Benzingutscheinen, Schokolade, Zucker oder einem neuen Kleid – ich träumte von Bergluft und davon, wie der Schall sich im Tal fortpflanzt."

Miriam Rothschild ist eine britische Zoologin, Mitglied der Royal Society und gehört zu den führenden Floh-Experten der Welt.

DIE ERDE FESTHALTEN (rechts) *Millionen Menschen rund um den Erdball verdanken ihre Nahrung und ihren Lebensunterhalt komplizierten Terrassensystemen. Diese terrassierten Felder in der Nähe von San'a im Jemen existieren mehr oder weniger unverändert seit mehr als 2000 Jahren.*

DIE ARBEIT VON GENERATIONEN ZERSTÖRT (oben) *Diese erodierten Hänge an Pemagatsel in Bhutan machen eindrucksvoll deutlich, wie schnell Terrassenfelder zerstört sind. Viele Einheimische sind auf der Suche nach Arbeit in die Stadt gezogen. Zu wenige blieben zurück, um die notwendigen Wartungs- und Reparaturarbeiten auszuführen.*

GEBIRGE

DIE MISERE DER ALPEN

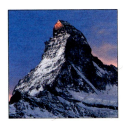

Die Alpen verbinden Landschaften und Kulturen, die sich über sieben Länder erstrecken: Frankreich, die Schweiz, Italien, Deutschland, Liechtenstein, Österreich und Jugoslawien. Ihre Wälder und Wiesen, die lange als eine Oase unverdorbener Natur und ursprünglicher Landschaft galten, beherbergen auch heute noch eine ungewöhnliche Vielfalt wilder Pflanzen. Rund 3500 Arten wurden allein in den Französischen Alpen registriert, und fast ein Drittel der Flora der Alpenkette ist endemisch.

Auch die überlebende Fauna ist vielfältig und enthält Raritäten wie den Goldadler, das Murmeltier, den Apollofalter und den Alpensalamander. Der Steinbock, der im 19. Jahrhundert durch die Jagd fast ausgerottet worden wäre, hat inzwischen viele seiner angestammten Herrschaftsgebiete wieder eingenommen. Andere Tierarten, darunter der Bartgeier, der Otter, der Luchs, der Braunbär und der Wolf, sind mehr oder weniger verschwunden. Obwohl junge Bartgeier – in Gefangenschaft geboren – frei über die Felsen und Täler der Alpen segeln, darf man das Freilassungsprogramm erst dann als geglückt betrachten, wenn wieder Paare in Freiheit horsten.

Verlust der Stabilität

Insgesamt gesehen ist das Ökosystem der Alpen stark bedroht. Luftverschmutzung und saurer Regen haben den Wäldern schwere Schäden zugefügt. Ihre Bewahrung hat einen hohen Stellenwert. Die Wälder bieten nicht nur zahlreichen Tieren und Pflanzen Lebensraum, sondern schützen auch menschliche Siedlungen vor Lawinen, Steinschlag und Erdrutschen.

Große Dämme haben den Wasserhaushalt vieler Täler beeinflußt. Sie veränderten Landschaften und zerstörten das ökologische Gleichgewicht von Flüssen und Feuchtgebieten. Um dieses Gleichgewicht wieder herzustellen, sollte gesetzlich vorgeschrieben werden, daß auch aus eingedämmten Flüssen ein bißchen Wasser abfließt. Auch die Wasserverschmutzung muß kontrolliert werden – in vielen Alpenflüssen sind die Fische so stark verseucht, daß man sie nicht mehr essen kann. Und nicht zuletzt könnten starke Klimaveränderungen katastrophale Auswirkungen auf die lebenswichtige Funktion der Alpen als „Wasserturm Europas" haben.

Pläne werden vorbereitet, alle Aspekte des alpinen Ökosystems gemeinsam anzupacken. Mehrere Regierungen – allen voran die Schweizer – haben Gesetze eingebracht, um die Emission von Umweltgiften und Treibhausgasen zu kontrollieren, und die Alpenkonvention soll zu grenzüberschreitenden Vereinbarungen über Umweltverschmutzungskontrolle führen. Der Weltkonferenz über Umwelt und Entwicklung von 1992 wird es zweifellos nützen, wenn sie das „Alpenmodell" in ihren Debatten berücksichtigt. Vielleicht findet sie darin ein Modell für den Schutz anderer Gebirge der Erde.

TÖDLICHE HÜLLE (gegenüber) *Smog aus Norditalien und anderen Industriezentren wälzt sich über die Alpen.*

MATTERHORN (kleines Bild, oben) *Sonnenaufgänge haben in den Alpen Generationen von Urlaubern begeistert.*

ÜBERBLEIBSEL AUS DER EISZEIT (links) *Das Wollgras ist kostbar, denn es gehört zu den typischen „Arktispflanzen", die in den Alpen blieben, als sich das Eis aus Europa zurückzog.*

WIEDER AUF DER JAGD *Der Luchs (unten) konnte in einigen Teilen der Schweiz und Sloweniens wieder angesiedelt werden. Vielleicht wird man eines Tages noch wildere und abgelegene Teile der Alpen wählen, um Braunbär und Wolf zurückzuholen.*

ISOLIERTE BESTÄNDE (links) *Das Schneehuhn (Lagopus mutus) stammt aus der arktischen Tundra. Nach der letzten Eiszeit ist es in Europa geblieben und lebt oberhalb der Baumgrenze in hohen Gebirgen wie den Alpen.*

AN DER GRÜNEN FRONT
ALP ACTION

Daß die Probleme der Alpen so schwierig sind, hat glücklicherweise zu neuen und unerwarteten Bundesgenossen geführt. So gründete zum Beispiel im Jahre 1990 die Bellerive-Stiftung, deren Vorsitzender Prinz Sadruddin Aga Khan ist, Alp Action, eine Gemeinschaft von Umweltschützern, Wissenschaftlern, Industriellen und Geschäftsleuten.

Über die Umweltprobleme der Alpen haben viele Menschen die Hände gerungen. Obwohl viele Naturschutzorganisationen wertvolle Arbeit an bestimmten Problemen, wie zum Beispiel saurem Regen oder Tourismusdruck leisteten, behinderte ihr Mangel an Koordinierung den Fortschritt sehr. Alp Action hat vor allem das Ziel, die nötigen Mittel zu beschaffen (insbesondere aus der Geschäftswelt), um praktische Basisprojekte dieser Art zu finanzieren und koordinieren.

Alp Action hat gezeigt, was man mit einem relativ kleinen Budget alles leisten kann: einzigartige Lebensräume und gefährdete Tier- und Pflanzenarten schützen, Aufforsten, Flüsse und Alluvialzonen wiederbeleben, die traditionelle Landwirtschaft wiederherstellen und den sanften Tourismus fördern. Die Organisation vergibt Preise an die Presse, die das öffentliche Bewußtsein aufbauen sollen.

Die Antarktis: Naturschutzpark oder Ödland?

Der antarktische Kontinent macht über 10 Prozent der Festlandfläche der Erde aus. Davon ist der größte Teil mit einer mächtigen, stellenweise fast fünf Kilometer dicken Eisschicht bedeckt. Sollte diese Eismasse jemals gänzlich schmelzen, würden die Meeresspiegel der Erde um mehr als 50 Meter steigen.

Bis jetzt ist die Antarktis größtenteils unversehrt, doch wenn es nach dem Willen einiger mächtiger Industrienationen ginge, wird es nicht viel länger so bleiben. Die Meere, die diesen Eiskontinent umgeben, machen ihn zu einer der wichtigsten biologischen Reserven der Erde. Riesige Mengen Krill sind das Schlüsselelement in einer Nahrungskette, zu der Wale, Delphine, Seehunde, Pinguine und viele andere Vogelarten gehören. Man befürchtet, daß die kommerzielle Nutzung des Krills die komplexen Beziehungen zwischen diesen prachtvollen Geschöpfen total zerrütten könnte.

Gespaltene Meinungen

Der antarktische Kontinent selbst wird durch den Antarktis-Vertrag geschützt, der 1961 in Kraft trat. Der Vertrag garantiert allen Beteiligten freien Zutritt. Es gibt heute 39 Unterzeichner, von denen viele wissenschaftliche Institute in der Antarktis unterhalten. Trotz ständigen Gezänks hat der Vertrag zu vielen präzisen Vereinbarungen geführt. Aber er ist heute ernstlich gefährdet. Nach einer Zwischenbilanz 1990 stellte sich heraus, daß zwei Meinungsrichtungen existieren: Nach der einen sollte die Antarktis in einen völlig vor kommerzieller Ausbeutung geschützten Wildpark mit strengen Kontrollen über Tourismus und wissenschaftliche Forschung verwandelt werden. Nach der anderen, die Länder wie Großbritannien und Japan vertreten, sollten Bergbau und andere wirtschaftliche Entwicklungen nicht unwiderruflich verboten werden.

Bis Ende 1991 sollte die Frage geklärt sein. Inzwischen werden die Naturschützer sich weiter für einen Weltpark einsetzen: Die Antarktis ist zu einem Symbol unserer Bereitschaft geworden, aus alten Fehlern zu lernen und unsere Beziehung zur lebendigen Erde neu zu bewerten.

DAS EIS UND SEINE KAISER *Jeden Sommer brechen glitzernde neue Eisberge* (oben rechts) *von der Eisdecke ab. Im langen antarktischen Winter sind die Kaiserpinguine* (rechts) *die einzigen Vögel, die an Land bleiben.*

DIE ROLLE DES MENSCHEN *Noch wirken unsere kleinen menschlichen Siedlungen gegenüber den Naturkräften des Kontinents unscheinbar* (gegenüberliegende Seite). *Trotzdem müssen Forschungsstationen wie diese britische Basis auf den Südorkney-Inseln* (rechts) *sorgfältig darauf achten, daß sie die unberührte Wildnis nicht verunstalten. Altes Baumaterial, leere Ölfässer und Müll dürfen nicht einfach liegenbleiben und müssen abtransportiert werden.*

RETTET DIE ERDE

III
LUFT

Wenn wir den Himmel über uns betrachten, scheint er uns endlos zu sein... Ohne darüber nachzudenken, glauben wir, daß das Luftmeer grenzenlos sei, und dann sitzt man an Bord eines Raumschiffes, das einen von der Erde fortreißt, und nach zehn Minuten hat man die Luftschicht verlassen, und dahinter ist nichts! Hinter der Luft ist nur Leere, Kälte und Dunkelheit. Der „grenzenlose" blaue Himmel, das Meer, das uns Luft gibt und uns vor der endlosen Dunkelheit und dem Tod schützt, ist nur ein hauchdünner Film. Wie gefährlich ist es, auch nur den kleinsten Teil dieser lebenerhaltenden Luftdecke zu zerstören!

Der sowjetische Raumforscher Wladimir Schatalow, zitiert nach The Home Planet, herausgegeben von KEVIN W. KELLEY

Im Laufe der Jahrhunderte hat die Menschheit sich bemerkenswert wenig Gedanken über die empfindliche Atmosphäre gemacht, die das Leben auf diesem Planeten erst ermöglicht. Vor der industriellen Revolution war diese Gedankenlosigkeit verständlich. Abgesehen von gelegentlichen Irritationen durch Rauchbildungen in schlecht gelüfteten Gebäuden, konnten die Menschen die Luft, die sie atmeten, als etwas Selbstverständliches hinnehmen. Als die Fabriken der industriellen Revolution die Lungen der Menschen mit lebensgefährlichen Schadstoffen füllten, wurde die Luftverschmutzung als unvermeidlicher Preis angesehen, den man für den Fortschritt bezahlen mußte. Erst in den 40er und 50er Jahren unseres Jahrhunderts, als die dichten Londoner Smogs Tausende von Menschen töteten, wurden die ersten Gegenmaßnahmen ergriffen.

FUNKELNDER VEILCHENOHR KOLIBRI

Doch selbst damals hielt man noch die oberen Bereiche der Atmosphäre für groß genug, um die vom Menschen verursachten Verschmutzungen gefahrlos aufnehmen zu können. Die gelegentlichen Warnungen von Wissenschaftlern, die erkannt hatten, daß alles, was hier unten ausgeblasen wird, irgendwo dort oben enden muß, wurden völlig ignoriert. Schon 1896 hatte der schwedi-

ZEICHEN AM HIMMEL (gegenüber) *Unsere Vorfahren konnten im Regenbogen Zeichen der Hoffnung finden. Der Mensch von heute findet am Himmel nur noch Hinweise auf seine Torheit.*

SONNENUNTERGANG IN KALIFORNIEN (oben) *Trotz der strengsten Abgasbestimmungen der Welt bieten die Straßen von Los Angeles wenig Hoffnung auf eine sauberere, hellere Zukunft für unsere Städte.*

sche Naturwissenschaftler Svente Arrhenius seine Sorge über den Ausstoß großer Mengen von Kohlendioxid in die Atmosphäre geäußert. Die Ansichten Sherwood Rowlands und Mario Molinas, der amerikanischen Forscher, die Anfang der 70er Jahre entdeckt hatten, daß die Emissionen großer Mengen von FCKWs und anderer auf Chlor basierenden Chemikalien unweigerlich das Ozon in den oberen Schichten der Atmosphäre zerstören würden, wurden als „unwissenschaftlich" und, schlimmer noch, als „emotional" abgetan.

LUFTVERSCHMUTZUNG: DAS ERBE UNSERER INDUSTRIELLEN ZIVILISATION IM SPIEGEL EINES FRANZÖSISCHEN GEMÄLDES (19. JH.)

Für kurze Zeit gaben berühmte Wissenschaftler den Politikern sogar zu verstehen, daß es akzeptabel sei, die Atmosphäre mit jenen radioaktiven Teilchen anzureichern, die bei Atomtests frei geworden waren. Zwischen den ersten atmosphärischen Tests amerikanischer Atomwaffen in den 40er und 50er Jahren und dem Atomtestabkommen von 1963, das schließlich zum Verbot dieser Tests führte, ließen Großbritannien, Frankreich, China, die Sowjetunion und die Vereinigten Staaten Dutzende von Bomben in der Atmosphäre explodieren. Es gab keinen Teil der Erdoberfläche, der nicht vom Niederschlag der dabei entstehenden Radioaktivität in nachweisbaren Mengen betroffen war.

LUFTVERSCHMUTZUNG: VON SAUREM REGEN ZERSTÖRTE BÄUME IN NORTH CAROLINA, USA

VIELLEICHT IST ES NUR NOCH HIER IN DER ANTARKTIS MÖGLICH, WIRKLICH SAUBERE LUFT ZU ATMEN

Viele Menschen finden es immer noch schwer begreiflich, daß wir auf mindestens dreifache Weise das natürliche Gleichgewicht in der Atmosphäre empfindlich gestört haben: Durch die Freisetzung von Chemikalien, die die Wälder, Flüsse und Seen versauern lassen; durch die Freisetzung einer Vielzahl ozonschädigender Substanzen, darunter FCKWs und Halogene; und durch die Freisetzung gewaltiger Mengen Kohlendioxids infolge des Verbrauchs fossiler Treibstoffe und des Abbrennens der Regenwälder.

Man sollte meinen, daß wir nach diesen Ereignissen klüger geworden wären. Doch leider weigern wir uns, das Ende einer Ära zu akzeptieren, die vor mehr als 250 Jahren begann, als wir lernten, unsere fossilen Brennstoffreserven anzugreifen. Mit ungebremstem Eifer haben wir diese natürlichen Vorkommen ausgebeutet, ohne auf die Folgen für die Umwelt zu achten.

Die Politiker ergreifen nur zu gern jede noch bestehende Unsicherheit, um ihre Inaktivität zu entschuldigen. Es gibt immer

LUFTVERSCHMUTZUNG: IN DER HAUPTVERKEHRSZEIT LEGT SICH EIN DICHTER DUNST ÜBER DIE SKYLINE VON MANHATTAN noch einige Wissenschaftler, die bestreiten – worüber längst allgemeine Übereinkunft herrscht –, daß die Atmosphäre sich im Laufe des nächsten Jahrhunderts erwärmen wird, und die den Regierungen raten, sich erst auf einen Klimawechsel einzustellen, wenn er eintritt, und bis dahin nichts zu tun. Es gibt auch immer noch einige, die an der dünner werdenden Ozonschicht zweifeln – trotz der Tatsache, daß das (1986 unterzeichnete und im Juni 1990 neugefaßte) Montreal Protocol die allmähliche Verringerung der meisten ozonschädigenden Chemikalien bis zum Jahre 2000 vorsieht.

Das Montreal Protocol stellt die hoffnungsvollste Entwicklung auf diesem Gebiet dar. Es war eine große Leistung seitens des Umweltprogramms der Vereinten Nationen, dieses Abkommen auf den

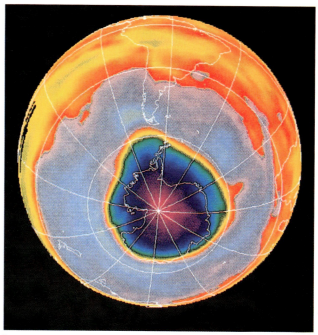

LUFTVERSCHMUTZUNG: EINE SATELLITENKARTE DER ERDE AUS DEM JAHRE 1990 ZEIGT EIN DURCH FCKWs VERURSACHTES LOCH IN DER OZONSCHICHT (ROSAROTE UND VIOLETTE GEBIETE)

Weg gebracht zu haben; obgleich der Fahrplan viel langsamer ist, als die Umweltorganisationen erhofft hatten, ist der Umfang des Abkommens und die Tatsache, daß 30 Länder an ihm beteiligt sind, von nicht zu unterschätzender Bedeutung.

GLOBALE ERWÄRMUNG: ERHÖHTE METHANGASWERTE DURCH VERMEHRTE VIEHZUCHT

Am hoffnungsvollsten stimmt vielleicht die – freilich noch zögernde – Bereitschaft der OECD-Nationen, die Länder der Dritten Welt finanziell zu unterstützen, um ihnen einen Ausgleich dafür zu geben, daß sie auf die Verwendung von FCKWs und damit einen Nutzen verzichten, den wir anderen bereits genossen haben. Da es unsere Länder waren, die der Ozonschicht den größten Schaden zugefügt haben, und unsere Bürger sich die meisten Sorgen um die Gefährdung der menschlichen Gesundheit durch die Verminderung des Ozongehalts in der oberen Atmosphäre machen, ist es nur gerecht, daß wir die Dritte Welt bei dem Schutz dessen unterstützen, was Teil des gemeinsamen Ganzen ist.

Die Atmosphäre kennt keine Grenzen und kann nur durch internationale Maßnahmen geschützt werden. Die Länder, die diese Atmosphäre geschädigt haben oder noch immer schädigen, sollten die Hauptlast der Maßnahmen tragen, die jetzt nötig sind, um sie zu schützen.

GLOBALE ERWÄRMUNG: ÜBERSCHWEMMUNGEN WIE HIER (1988 IN DHAKA, BANGLADESCH) KÖNNEN HÄUFIGER WERDEN.

VÁCLAV HAVEL

„Als Junge lebte ich eine Zeitlang auf dem Lande, und ich erinnere mich deutlich an ein Erlebnis aus jenen Tagen: Ich ging damals über einen von Ochsenkarren ausgefahrenen Weg zur Schule in einem nahe gelegenen Dorf und sah jedesmal eine riesige Rauchwolke von einer eilig – wahrscheinlich zu Kriegszwecken – errichteten Fabrik am Horizont aufsteigen. Der dichte braune Rauch breitete sich am Himmel aus. Jedesmal, wenn ich ihn sah, hatte ich das starke Gefühl, daß etwas in Unordnung geraten war, daß Menschen den Himmel verunreinigten. Ich habe keine Ahnung, ob es damals schon so etwas wie eine Wissenschaft der Ökologie gab; wenn es sie gab, wußte ich nichts davon. Doch diese ‚Verunreinigung des Himmels' empörte mich spontan. Es schien mir, als ob die Menschen sich schuldig gemacht hätten, als ob sie etwas Wichtiges zerstörten, indem sie die natürliche Ordnung der Dinge absichtlich verletzten, und daß so etwas nicht ungestraft geschehen dürfte. Sicherlich, mein Widerwillen war größtenteils ästhetischer Natur. Damals wußte ich noch nichts von den giftigen Emissionen, die eines Tages unsere Wälder verheeren, die Wildbestände dezimieren und die Gesundheit der Menschen bedrohen sollten."

Václav Havel

Der Dramatiker Václav Havel ist Präsident der Tschechoslowakei.

R. S. THOMAS

Cymru (Wales)

Welcher Schönheit war es zuzuschreiben,
daß du dich prostituiertest? Trauernde,
die du weinst in deinen Wasserfällen
und Strömen, birkenbraunes Haar im Wind,
der Körper geschmeidig wie die junge Esche,
in den Tänzen des Morgens oder des Abends
Nebelschleier abwerfend,
um kahle Knochen zu enthüllen.
Du hast dich in das Leichentuch
der Industrie gehüllt, dein Gesicht
mit Öl und Kohlenstaub geschminkt, denen,
die mit dem Scheckbuch wedeln, verkündet,
du habest deinen Preis. Vergib uns
unser Versagen, dich in wahrer Liebe
zu unterweisen, unsere Bereitschaft,
dich klagen zu lassen – nicht
um unser täglich Brot, sondern daß wir
unter den Exkrementen der Fabriken
den Klee begraben haben, der aufblühte,
wohin dein Fuß trat.

R. S. Thomas

R. S. Thomas ist ein Dichter aus Wales.

ÜBERLEBEN IN VERSCHMUTZTER LUFT

C. MÜLLER-PLANTENBERG

„Angesichts der sich organisierenden indianischen Völker, die ihre naturverbundenen Wirtschaftsweisen erhalten wollen, haben wir die Chance, von ihnen zu lernen, unseren Konsum zu bremsen, der ihre Wälder indirekt zerstört…
Wir haben die Möglichkeit, nicht koloniale Bündnisse mit diesen Völkern zu schließen, in Solidarität mit dem Leben dieser Völker und mit unseren zukünftigen Generationen, deren Lebensqualität von dem umsichtigen Umgang mit der Natur abhängig ist – und zwar weltweit.
Lokales Handeln muß mit globalem Denken verbunden werden. Ein konkreter solidarischer Schritt in unseren Regionen ist das Klimabündnis europäischer Städte mit indianischen Völkern. Die Wahrung der Erdatmosphäre ist das gemeinsame globale Ziel des Bündnisses. Die lokalen Schritte machen die Kommunen des Nordens im ökologischen Stadtumbau (Senkung der Emissionen) und die Organisation der indianischen Völker des Amazonasbeckens bei der Erhaltung ihrer Wälder."

Clarita Müller-Plantenberg

Professor Dr. Clarita Müller-Plantenberg ist Soziologin und Mitbegründerin des „Klimabündnisses".

JEREMY RIFKIN

„Der Begriff ‚Biosphäre' wurde Anfang dieses Jahrhunderts geprägt. Er bezieht sich auf die dünne chemische Hülle, die sich von den Tiefen des Ozeans bis in die Stratosphäre erstreckt und all die verschiedenen Lebensformen dieses Planeten erhält. Eine neue, in der Einstellung gegenüber der Biosphäre verwurzelte ‚Art des Denkens' nimmt jetzt Gestalt an und gibt Anlaß zu Hoffnungen für die erste Generation des 21. Jahrhunderts.
Die neue Einstellung sieht die Erde als lebenden Organismus und die menschliche Art als Partner und Teilhaber, abhängig vom richtigen Funktionieren der Biosphäre und zugleich für ihr Wohl verantwortlich.
Der Übergang zu einer Kultur der Biosphäre wird das Ende des Nationalstaates als beherrschende politische Institution und das Ende der multinationalen Körperschaft als bestimmende ökonomische Institution bezeichnen. Das biosphärische Zeitalter wird politische und wirtschaftliche Aktionen ins Leben rufen, die mehr mit unserem neuen ökologischen Verständnis der Erde als lebenden Organismus übereinstimmen."

Jeremy Rifkin

Jeremy Rifkin ist Gründer und Präsident zweier in Washington, D.C., ansässiger Organisationen: der Foundation on Economic Trends und der Greenhouse Crisis Foundation.

Rettet die Erde

Don Binney

HAUTURU RATA

„Im Jahre 1979 geschaffen, um die Vorstellung einer geweihten Stätte zu beschwören, zeigt dieses Bild die blühende Rata-Rebe auf der heiligen Insel Hauturu. Die Vögel, von oben nach unten, sind der Kakariki oder Springsittich (Cyanoramphur auriceps), der Popokatea oder Weißköpfchen (Mohoua albicilla) und der sehr seltene, aber jetzt in seinem Bestand gestärkte Hihi (Notiomystis cincta)."

Don Binney ist ein Künstler, der in Auckland, Neuseeland, arbeitet.

Ted Turner

„Ich liebe und ehre den Planeten Erde mit allem Leben, das er trägt, besonders meine Artgenossen, die Menschen. Ich verspreche, alle Menschen mit Achtung, Respekt und Freundlichkeit zu behandeln. Ich verspreche, nicht mehr als zwei Kinder in die Welt zu setzen. Ich verspreche, mein Bestes zu tun, um das, was von unserer natürlichen Welt übriggeblieben ist, in seinem ursprünglichen Zustand zu bewahren. Ich trete dafür ein, sowenig wie möglich Ressourcen anzugreifen, die sich nicht erneuern lassen, und so wenig wie möglich toxische Chemikalien, Pestizide und andere Gifte zu verwenden; und ich bemühe mich, darauf hinzuwirken, daß andere ebenfalls ihren Gebrauch einschränken. Ich verspreche, denen beizustehen, die weniger glücklich sind als ich, und ihnen zu helfen, saubere Luft und sauberes Wasser, hinreichend Nahrung und eine angemessene Gesundheitsfürsorge, Unterkunft und Ausbildung zu bekommen. Ich lehne die Anwendung von Gewalt, vor allem militärischer Gewalt, ab und unterstütze die Bemühungen der Vereinten Nationen um friedliche Regelung internationaler Konflikte. Ich unterstütze die Abschaffung aller nuklearen, chemischen und biologischen Waffen und die Abschaffung aller Massenvernichtungswaffen. Ich unterstütze die Vereinten Nationen in ihrem Bemühen, die Lebensbedingungen dieses Planeten zu verbessern."

Ted Turner ist Vorsitzender des Turner Broadcasting System, Inc., der Muttergesellschaft des Cable News Network.

Peter Ustinov

„Es war in Osaka, Japan. Ich hatte bei einem Symposion gerade eine Ansprache über das Flüchtlingsproblem beendet. Ich setzte mich nieder, um dem nächsten Redner zuzuhören, einem japanischen Professor für Naturwissenschaften, einem Nobelpreisträger. Er sprach zögernd, mit bemerkenswerter Zurückhaltung. Dies ist die wirklich traurige Geschichte, die er erzählte: ‚Sohn… einer Mutter und eines Vaters recht fortgeschrittenen Alters… und einziges Kind… wurde ich von meinem Vater gehegt und gepflegt als möglicher… Teilzunehmender in seiner einzigen Leidenschaft, dem Spiel… des Golfes… Da er es schwierig fand… einen Partner zu finden… war er besonders ungeduldig… mich groß werden zu sehen… damit ich teilnehmen konnte an seiner Leidenschaft… Es war eine große Enttäuschung… für beide von uns… daß bei meinem ersten Versuch zu spielen… ich mich weniger angezogen fühlte von dem Ball… als von dem Gras, das ihn umgab…' Ein totgeborener Golfspieler gewann den Nobelpreis.
Man kann nur hoffen, daß der Vater den Schock überstand."

IN MAROKKO HEIMISCHER FALTER
Syntomis mogadonensis

Zu den vielen Berufen, die Sir Peter Ustinov ausübt, gehören die eines Stückeschreibers, Schauspielers, Autors, Regisseurs, Opern- und Filmproduzenten.

GLOBALE ERWÄRMUNG
GEFAHREN DER KLIMAVERÄNDERUNG

STEPHEN SCHNEIDER

Daß die Erde sich erwärmt, ist heute unbestritten; doch Unsicherheiten über die Geschwindigkeit und die Folgen der klimatischen Veränderungen stellen sowohl Politiker als auch Wissenschaftler vor schwere Herausforderungen.

Stephen Schneider, *PhD, ist Leiter der Interdisciplinary Climate System Section am National Center for Atmospheric Research in Boulder, Colorado. Er ist auch ein bekannter Schriftsteller und Rundfunkkommentator über Klimafragen und Umweltprobleme.*

Nach den Hitzewellen, Überschwemmungen, Waldbränden und dem Super-Hurrikan des Jahres 1988 entdeckte die nordamerikanische Öffentlichkeit die globale Erwärmung. Am 23. Juni jenes Jahres sagte James Hansen, Direktor des Goddard Institute for Space Studies, der NASA bei einem Senats-Hearing, daß die 80er Jahre einen Wärmerekord aufgestellt hätten und daß besonders das Jahr 1987 das wärmste Jahr in den Annalen der Meteorologie gewesen sei. Hansen war „zu 99 Prozent davon überzeugt", daß es einen Trend zur Erwärmung gab, und meinte, daß wir aufhören sollten „herumzuschwafeln" und akzeptieren müßten, daß der Treibhauseffekt wahrscheinlich für die Erwärmung verantwortlich sei. Er behauptete nicht, daß er zu 99 Prozent davon überzeugt sei, daß die seit Jahrhunderten andauernde Ansammlung von Treibhausgasen die Ursache des Wärmerekords sei, doch so wurde er von den meisten Medien zitiert. Bei den ständigen Veröffentlichungen über die Rekordtemperaturen in den USA, den Überschwemmungen in Bangladesch und einem Super-Hurrikan in der Karibik ist es nicht überraschend, daß viele Menschen den Eindruck gewannen, die Hitzewellen und Dürren des Jahres 1988 seien vor allem auf den Treibhauseffekt zurückzuführen. Doch kein verantwortungsbewußter Wissenschaftler hat das je behauptet.

Selbst wenn die meisten Wissenschaftler die Dürren nicht direkt mit der globalen Erwärmung in Verbindung brachten, wurde doch der Eindruck von Ursache uns Wirkung vermittelt. So folgte bald in Ame-

FEUER ALS ZERSTÖRER UND BEWAHRER (gegenüber) *Feuer ist eine natürliche Komponente vieler Ökosysteme. In Gebieten wie dem hier abgebildeten Yellowstone National Park in den USA helfen Brände, neues Wachstum zu fördern und das ökologische Gleichgewicht aufrechtzuerhalten. Aber Feuer, die durch höhere Temperaturen und Trockenheit als Folge der globalen Wärme entstehen, können zu schweren Schädigungen der Lebensräume führen.*

ERSCHRECKENDE EXTREME *Im September 1988 wurde das fruchtbare Ackerland des amerikanischen mittleren Westens von einer Dürre heimgesucht (links). Zur gleichen Zeit führten ungewöhnlich schwere Regenfälle in Bangladesch dazu, daß Hunderttausende von Menschen durch Überschwemmungen ihr Heim verloren (kleines Bild, oben links). Solche Szenen lassen erkennen, daß das Erdklima vielleicht einer katastrophalen Veränderung unterworfen ist.*

LUFT: GEFAHREN DER KLIMAVERÄNDERUNG

WETTERSTRUKTUREN (rechts) *Hurrikane – wie der Hurrikan Dora aus dem Jahr 1983, hier von oben gesehen – könnten als unmittelbare Folge der klimatischen Veränderungen an Stärke zunehmen.*

SCHIFFBRÜCHIGE (unten) *Eine Familie aus Bangladesch rettet sich auf einem Floß vor den Überschwemmungen des Jahres 1988. Ein Ansteigen des Wasserspiegels in der Bucht von Bengalen könnte derartige Tragödien häufiger werden lassen.*

rika und anderen Ländern eine Gegenreaktion. Man argumentierte, daß es angesichts der verbleibenden Unsicherheiten nicht nötig sei, etwas gegen die globale Erwärmung zu unternehmen.

Inzwischen hat die Frage zu einer politischen Auseinandersetzung geführt, bei der auf der einen Seite Umweltschützer und einige Politiker sofortige Maßnahmen fordern, um die Emission von Treibhausgasen zu reduzieren, und auf der anderen Seite Vertreter der Industrieinteressen und Regierungsbeauftragte behaupten, daß solche Maßnahmen angesichts des Mangels eines schlüssigen Beweises von „Ursache und Wirkung" zu kostspielig seien. Die Medien stellen diese Debatte als unversöhnlichen Disput zwischen denen dar, die versichern, daß die Beweise schlüssig seien, und jenen, die behaupten, sie seien nicht eindeutig. Diese Art der Polarisierung von Meinungen über ein technisch so schwieriges Problem wie die globale Erwärmung trägt dazu bei, die Öffentlichkeit zu verwirren.

Beobachtungen der Erde haben ohne jeden Zweifel gezeigt, daß Bestandteile der Atmosphäre wie Wasserdampf, Wolken, Kohlendioxid (CO_2), Methan CH_4), Stickoxid (N_2O) und Fluorchlorkohlenstoffe (FCKs) eine bestimmte Art von Wärme (die Infrarotstrahlung) in der Nähe der Erdoberfläche binden und so den berühmten Treibhauseffekt herbeiführen. Es ist heute eigentlich unbestritten, daß eine Steigerung des CO_2-Gehalts um 25 Prozent und eine Steigerung des CH_4-Gehalts um 100 Prozent während der letzten 150 Jahre auf einen wachsenden Verbrauch von fossilen Brennstoffen, eine vermehrte Aufzucht von Haustieren, die Ausbreitung landwirtschaftlicher Nutzflächen und eine beschleunigte Abholzung zurückzuführen sind.

Übereinstimmung herrscht auch darüber, daß die Ansammlung dieser atmosphärischen Bestandteile zwei zusätzliche Watt an Strahlungsenergie – die Wärme, die von einer kleinen Weihnachtskerze abgegeben wird – pro Quadratmeter der Erdoberfläche bindet. Um eine Vorstellung von der Gesamtmenge der hier beteiligten Wärme zu geben, müßten 500 Millionen Weihnachtskerzen in einem Abstand von einem Meter gleichmäßig auf der Erdoberfläche verteilt werden.

Alles dies ist durch wissenschaftliche Untersuchungen während der letzten zehn Jahre bestätigt worden. In jüngster Zeit hat das von der UNO geförderte Inter-Governmental Panel on Climate Change (IPCC) einen Bericht an die Regierungen der Welt vorbereitet, der noch einmal bestätigt, daß international Übereinstimmung über die globale Erwärmung besteht. Worauf gründet sich dann der andauernde, häufig polemisch geführte Streit über globale Klimaveränderungen in den Medien?

Globale Erwärmung

Zunächst basieren die Voraussagen der Wissenschaftler auf noch nicht verifizierten Annahmen darüber, wie die Wolken, Böden, Wälder, Eiskappen und Meere der Erde auf diese Erwärmung reagieren werden. Diese Faktoren könnten sich so verändern, daß sie den Erwärmungseffekt beeinflussen – entweder, indem sie ihn reduzieren, wie Kritiker der globalen Erwärmung meinen, oder indem sie ihn steigern, wie die jüngsten Klimamodelle zu zeigen scheinen. Diese Modelle weisen auf, daß der Treibhauseffekt die Ursache dafür sein müßte, daß unsere Atmosphäre sich in den letzten 100 Jahren um 1° C erwärmt hat, wenn alle anderen Faktoren konstant geblieben wären – eine zweifelhafte Annahme.

Wissenschaftler haben bereits bestätigt, daß die Erdatmosphäre sich zwischen 1890 und 1990 tatsächlich um 0,5° C erwärmt hat. Das stimmt mit dem niedrigeren bis mittleren Bereich der errechneten Erwärmungsrate überein; aber es ist nicht klar, ob andere Faktoren (wie die natürlichen Klimafluktuationen, Veränderungen im Ausstoß der Sonnenwärme oder von Menschen oder Vulkanausbrüchen hervorgerufener Staub) dazu beigetragen haben, die globale Erwärmung durch vermehrte Treibhausgase auszugleichen! Die im letzten Jahrhundert beobachteten Temperaturfluktuationen können also die Vorhersagen über die globale Erwärmung weder bestätigen noch widerlegen.

TREIBHAUSGAS
Kohlendioxid (CO_2) ist zu mehr als 50 Prozent für die globale Erwärmung verantwortlich. Kohlendioxid entsteht vor allem durch das Verbrennen fossiler Brennstoffe (oben) *und die Brandrodung der Regenwälder* (rechts). *Wenn Chinas Energieverbrauch dem der USA entspräche, würde der globale CO_2-Gehalt sich verdreifachen.*

Die fünf wärmsten Jahre des 20. Jahrhunderts traten alle in den 80er Jahren auf.

Nur langzeitige globale Temperaturtrends können beweisen, ob die Erwärmung mit, sagen wir, 99prozentiger Sicherheit – dem üblichen wissenschaftlichen Kriterium – auf die Ansammlung von Treibhausgasen zurückzuführen ist. Ein solcher Beweis wird frühestens in 10 oder 20 Jahren zu erbringen sein. Solange zu warten wäre unverantwortlich!

WENN NICHTS GETAN WIRD

Mehreren Schätzungen zufolge ist eine globale Erwärmung um zusätzlich mindestens 1° C und möglicherweise um bis zu 5° C im 21. Jahrhundert zu erwarten, wenn wir fortfahren, die Atmosphäre mit Treibhausgasen zu belasten. Eine solche Veränderung wäre einmalig in der Geschichte der menschlichen Zivilisation und etwa zehnmal größer als die Langzeitrate natürlicher globaler Klimaveränderungen. So endete beispielsweise die letzte Eiszeit vor 15 000 bis 5000 Jahren. Während dieser Zeit

---

AN DER GRÜNEN FRONT

UNEP
United Nations Environment Programme

UNEP wurde 1972 als Ergebnis der im selben Jahr abgehaltenen Stockholmer Konferenz über Umwelt und Entwicklung in die Wege geleitet. Lange blieb es der Öffentlichkeit praktisch unbekannt – personell unterbesetzt, finanziell ungenügend ausgestattet, politisch innerhalb des UNO-Apparats an den Rand gedrängt und unfähig, Gelder für ehrgeizige Programme (wie die Eindämmung der um sich greifenden Desertifikation) aufzubringen.

Mitte der 80er Jahre erzielte UNEP einen entscheidenden Durchbruch mit dem Montreal-Protokoll zum Schutz der Ozonschicht, dem ersten internationalen Abkommen dieser Art. Bei der Review Conference des Protokolls im Jahre 1990 handelten UNEP-Beauftragte einen Spezialfonds aus, der den Ländern der Dritten Welt helfen soll, ozonfreundliche Alternativen zu den Fluorchlorkohlenstoffen zu entwickeln.

Gegenwärtig beschäftigt sich UNEP mit Fragen der Artenerhaltung und der globalen Erwärmung. Beides erfordert komplizierte Verhandlungen zwischen Nord und Süd, wobei es den Ländern der Dritten Welt vor allem darum geht, finanzielle Hilfe vom reichen Norden zu bekommen, um neue Maßnahmen zum Schutz der Umwelt zu verwirklichen.

LUFT: GEFAHREN DER KLIMAVERÄNDERUNG

ZEITBOMBE: GLOBALE ERWÄRMUNG

Die globale Durchschnittstemperatur wird bis zum Jahr 2030 um mindestens 1° C ansteigen. Das ist die „optimistischste Schätzung" des Inter-Governmental Panel on Climate Change. Es könnte auch noch wärmer werden.

Mit der Entwicklung anderer Wettermuster würde die Landwirtschaft in vielen Teilen der Welt schwere Schäden erleiden. Klimazonen würden sich nach Norden auf die Pole zu verlagern, und die polaren Eiskappen würden anfangen zu schmelzen. Als Folge davon könnte der Meeresspiegel zwischen 10 Zentimetern und 2 Metern ansteigen.

URSACHEN DES KLIMAWECHSELS (oben) *Austretendes Gas wird auf einer Ölförderungsanlage in der Nordsee abgefackelt. Das hauptsächlich am Treibhauseffekt beteiligte Gas ist Kohlendioxid, das durch das Verbrennen fossiler Brennstoffe frei wird: Kohle und Öl.*

Niedrig gelegene Küstenstädte würden von der Landkarte verschwinden. Ein Anstieg des Meeresspiegels um 1 Meter würde 2000 Quadratkilometer von Bangladesch überschwemmen, einem Land, das bereits unter Armut und Übervölkerung leidet.

KOHLE, EINER DER BEDEUTENDSTEN FOSSILEN BRENNSTOFFE

TREIBHAUS IN FUNKTION (rechts) *Den Treibhauseffekt hat es immer schon gegeben. Der größte Teil der Sonnenenergie wird von der Erde absorbiert, aber ein Teil der Wärme strahlt zurück in den Weltraum. Bestimmte Gase in der Atmosphäre reflektieren diese Wärme teilweise wieder zur Erde.*

AUS DEM GLEICHGEWICHT (links) *Die Erde erhält die gleiche Energiemenge von der Sonne, aber da sich Treibhausgase in der Atmosphäre aufbauen, halten sie mehr der von der Erdoberfläche reflektierten Wärme zurück. Die Folge ist ein allgemeiner Temperaturanstieg.*

LANGFRISTIGE VERÄNDERUNGEN *Das kleine Diagramm (rechts) zeigt die globalen Durchschnittstemperaturen der letzten 20 000 Jahre. Während dieser Zeit ist die Temperatur nur um 5° C gestiegen. Einige Wissenschaftler sagen einen Temperaturanstieg der gleichen Größe in den nächsten 100 Jahren voraus – eine Beschleunigung der Erwärmungsrate, die sich verheerend auf das Weltklima auswirken würde.*

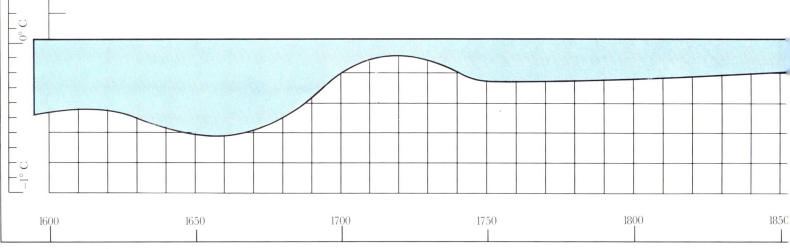

GLOBALE ERWÄRMUNG

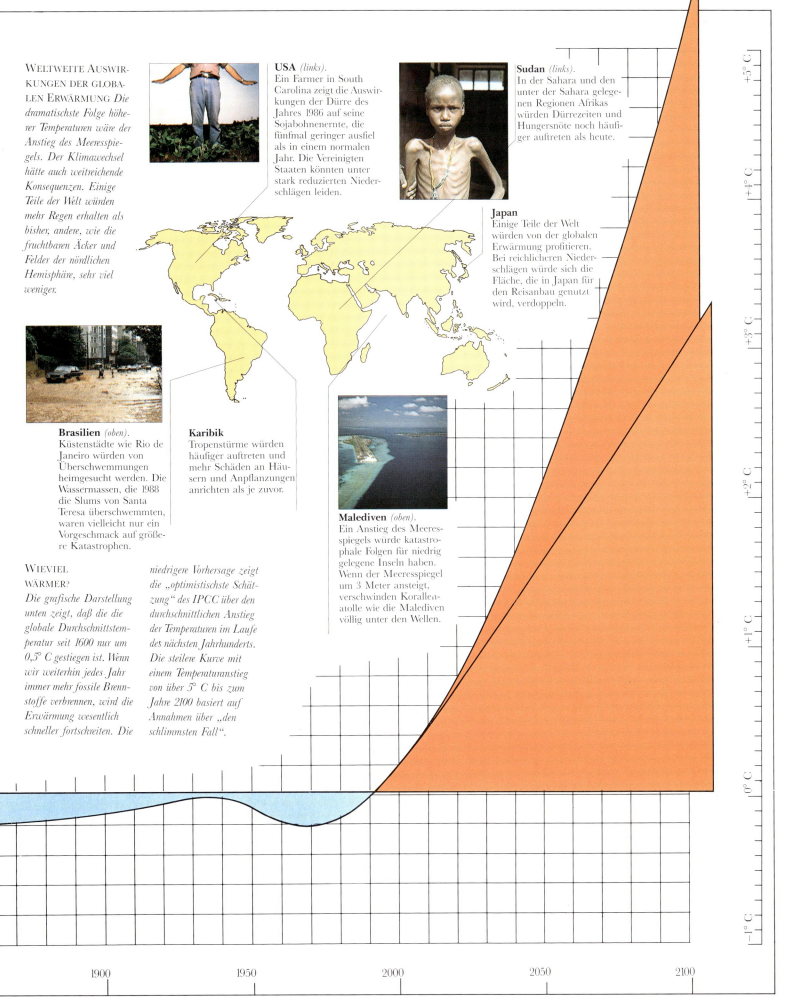

WELTWEITE AUSWIRKUNGEN DER GLOBALEN ERWÄRMUNG *Die dramatischste Folge höherer Temperaturen wäre der Anstieg des Meeresspiegels. Der Klimawechsel hätte auch weitreichende Konsequenzen. Einige Teile der Welt würden mehr Regen erhalten als bisher, andere, wie die fruchtbaren Äcker und Felder der nördlichen Hemisphäre, sehr viel weniger.*

USA *(links)*. Ein Farmer in South Carolina zeigt die Auswirkungen der Dürre des Jahres 1986 auf seine Sojabohnenernte, die fünfmal geringer ausfiel als in einem normalen Jahr. Die Vereinigten Staaten könnten unter stark reduzierten Niederschlägen leiden.

Sudan *(links)*. In der Sahara und den unter der Sahara gelegenen Regionen Afrikas würden Dürrezeiten und Hungersnöte noch häufiger auftreten als heute.

Japan. Einige Teile der Welt würden von der globalen Erwärmung profitieren. Bei reichlicheren Niederschlägen würde sich die Fläche, die in Japan für den Reisanbau genutzt wird, verdoppeln.

Brasilien *(oben)*. Küstenstädte wie Rio de Janeiro würden von Überschwemmungen heimgesucht werden. Die Wassermassen, die 1988 die Slums von Santa Teresa überschwemmten, waren vielleicht nur ein Vorgeschmack auf größere Katastrophen.

Karibik. Tropenstürme würden häufiger auftreten und mehr Schäden an Häusern und Anpflanzungen anrichten als je zuvor.

Malediven *(oben)*. Ein Anstieg des Meeresspiegels würde katastrophale Folgen für niedrig gelegene Inseln haben. Wenn der Meeresspiegel um 3 Meter ansteigt, verschwinden Korallenatolle wie die Malediven völlig unter den Wellen.

WIEVIEL WÄRMER? *Die grafische Darstellung unten zeigt, daß die die globale Durchschnittstemperatur seit 1600 nur um 0,5° C gestiegen ist. Wenn wir weiterhin jedes Jahr immer mehr fossile Brennstoffe verbrennen, wird die Erwärmung wesentlich schneller fortschreiten. Die niedrigere Vorhersage zeigt die „optimistischste Schätzung" des IPCC über den durchschnittlichen Anstieg der Temperaturen im Laufe des nächsten Jahrhunderts. Die steile Kurve mit einem Temperaturanstieg von über 5° C bis zum Jahre 2100 basiert auf Annahmen über „den schlimmsten Fall".*

Uta Ranke-Heinemann

„Die Erde ist unsere Heimat. Es brauchte viel dazu, des Menschen Erde zu sein. Es brauchte Milliarden Jahre an Zeit. Es mußten fremde Sonnen entstehen und vergehen, damit die Erde sich aus deren Stoffen bilden konnte, und es brauchte Verstand über unseren Verstand hinaus, bis der Reichtum und die Schönheit der Erde sich in ihrer Flora und Fauna zu einem Ausmaß über unser Begreifen hinaus auch für den Menschen entfaltete. Denn es ist Verstand in der Sache.

Die Erde hatte dem Menschen vertraut, als sie ihm Raum gab zum Leben. Aber der Mensch hat es ihr nicht gedankt. Was sie in langer geduldiger Sorgfalt aufgebaut hatte, hat er in nahezu einem Augenblick zerstört. Er hat sich als Vernichter entpuppt, der alles vergiftete und zerschlug, der in seiner aggressiven Tollheit demnächst sein Haus und sich selbst in die Luft sprengt, die diesen Namen Luft schon längst nicht mehr verdient.

Wenn die Erde sich retten will, muß sie sich vor dem Menschen retten. Sie muß die menschlichen Metastasen beseitigen. Es bleibt ihr nichts als eine Radikalkur. Und so wird die Erde, wenn der Mensch demnächst sich tollen Sinnes mit seinen Friedenswaffen verkocht und verstrahlt haben wird, zugleich den Menschen ausgespien haben. Sie wird in der nuklearen Hölle, die der Mensch ihr antut, sich von ihrem unzurechnungsfähigen Höllenfürsten befreien.

Es kann sein, daß sie selber dabei stirbt, daß sie leer und ausgebrannt um eine vergebliche Sonne kreist. Es kann aber auch sein, daß sie überlebt, daß sie aus Krämpfen und Fiebern durch den myriadenfachen Tod ihrer Tiere und Pflanzen hindurch wieder erwacht. Dann wird sie sich langsam von neuem schmücken. Sie wird wieder grünen und blühen und wieder Pflanzen und Tieren Leben geben und den Menschen vergessen wie einen schlimmen Traum."

Prof. Dr. Uta Ranke-Heinemann ist katholische Theologin. Sie engagierte sich im Bereich der Entwicklungs- und humanitären Hilfe und der Friedenspolitik.

Sicco Mansholt

„Bevor wir beginnen, ‚die Erde zu retten', müssen wir die Tatsache akzeptieren, daß wir, die reichen Bewohner der industrialisierten Länder, die größte Gefahr für die Zukunft der Welt darstellen. Jedes Jahr erzeugen wir 3,5 Tonnen CO_2 pro Kopf – zehnmal soviel wie die Menschen in den Entwicklungsländern. Um weltweit schwerwiegende Klimaveränderungen zu vermeiden, müssen wir im nächsten Jahrhundert CO_2-Emissionen rigoros einschränken. Wenn wir akzeptieren, daß die armen Länder ein Grundrecht haben, ihren Energieverbrauch zu erhöhen, müssen die reichen Länder innerhalb einer Generation ihren Pro-Kopf-Energieverbrauch um ein Fünftel reduzieren. Selbst bei größten Anstrengungen, Energie effizienter zu nutzen, bleibt im reichen Norden wenig Raum für eine Erhöhung des Verbrauchs oder ein wirtschaftliches Wachstum. Sind wir auf diese Zukunft vorbereitet?"

Der bekannte niederländische Wirtschaftswissenschaftler Dr. S. L. Mansholt war als Comissioner for Agriculture in der EWG tätig.

hat sich die Erde um nur 5° C erwärmt – eine Rate von höchstens 1° C in 1000 Jahren.

Die gegenwärtigen Voraussagen sind eher zu vorsichtig als zu hochgegriffen; so liegen die zu erwartenden Veränderungen wahrscheinlich am oberen Ende der 1°- bis 5°-C-Spanne. Unter solchen Umständen würden die Ökosysteme katastrophal gestört werden. Ich bin kein planetarischer Glücksspieler. Ich würde es vorziehen, jetzt etwas zu tun, um die rapide Ansammlung von Treibhausgasen zu verlangsamen, anstatt darauf zu hoffen, daß alles schon in Ordnung kommen wird.

Die Kosten der Versicherung

Die Meinung einiger Industriellen und der Verantwortlichen der US-Regierung, daß eine Kontrolle der CO_2-Emissionen die amerikanische Wirtschaft ruinieren würde, ist nicht stichhaltig. Selbst der Wirtschaftswissenschaftler William Nordhaus von der Yale University, ein entschiedener Kritiker radikaler Verringerungen der CO_2-Emissionen, räumt ein, daß der ökonomische Nutzen bescheidener Reduzierungen der CO_2-Emissionen um 10 bis 47 Prozent in den USA die Kosten aufwiegen würde. Und seine Rechnungen berücksichtigen noch nicht einmal die zusätzlichen Vorteile eines sparsamen Energieverbrauchs und einer wirkungsvollen Emissionskontrolle: weniger saurer Regen, weniger Belastungen der Gesundheit und der Ökosysteme durch Luftverschmutzung und eine Verringerung des Außenhandelsdefizits dank geringerer Öl-Importe aus dem Ausland.

Studien in Europa, Australien und anderen Ländern der Erde zeigen, daß es möglich wäre, die CO_2-Emissionen auf dem gegenwärtigen Stand zu stabilisieren und dabei noch Geld zu verdienen. Einige sagen sogar voraus, daß Verringerungen der gegenwärtigen CO_2-Emissionen um bis zu 25 Prozent bei Anwendung „bester Praktiken" in der Stromversorgung, der Herstellung, dem Transportwesen und dem Wohnungsbau ohne zusätzliche oder nur mit geringen Kosten erzielt werden könnten, so daß die Gewinne steigen würden.

Um zu niedrigeren Realkosten zu gelangen, müssen wir auch aufhören, den Verbrauch fossiler Brennstoffe und die Abholzung durch staatliche Subventionen zu unterstützen. Wenn das 21. Jahrhundert eine stabile Umwelt haben will, müssen die Preise fossiler Brennstoffe die Gesamtkosten widerspiegeln, einschließlich der möglichen Umweltschäden. Dann erst läßt sich darüber debattieren, ob weitere Verringerungen ohne wesentliche Investitionen zu erreichen sind und ob derartige Investitionen sich nicht als „Versicherungen" gegen zukünftige Klimaveränderungen rechtfertigen ließen.

Ende des 19. Jahrhunderts, als Europa und die Vereinigten Staaten billige, unreine Kohle verwendeten, um das Wachstum der Industrie zu fördern, lebten auf der ganzen Welt weniger als 2 Milliarden Menschen. Heute würden Länder wie China und Indien gern ihre reichen Kohlevorkommen als billigen Brennstoff für ihre Industrialisierung verwenden. Aber allein diese beiden Länder haben eine Gesamtbevölkerung von 2 Milliarden Menschen; wenn sie ihre Kohle verbrennen würden, wären die globalen Auswirkungen also viel größer als je in der Vergangenheit.

Durch diese Aussicht alarmiert, drängen die USA und Europa sie jetzt, sauberere, wirksamere High-Tech-Methoden bei der Erzeugung von Energie anzuwenden. Die Entwicklungsländer wenden natürlich ein, daß solche Methoden teurer sind als die traditionellen Optionen – ein Dilemma, das mit Nachdruck auf die Notwendigkeit einer „neuen Umverteilung" hinweist.

Dämme von nur 1,5 Kilometer Länge zum Schutz des Landes vor den infolge der globalen Erwärmung ansteigenden Fluten würden etwa 2 Milliarden Dollar kosten.

Am einfachsten wäre es, wenn alle Länder sich bereit erklärten, ihre Emissionen von Treibhausgasen um einen bestimmten Prozentsatz zu reduzieren, aber das wäre im globalen Maßstab nicht der kostengünstigste Plan – und auch nicht der fairste. Eine bessere Lösung wäre es, wenn die entwickelten Länder die unterentwickelten durch zweckgebundene Subventionen mit dem Ziel unterstützten, die ineffiziente Energieerzeugung dieser Länder durch eine effizientere zu ersetzen.

Die Fairneß wird nicht dadurch bestimmt, wie stark jedes Land seine CO_2-Emissionen reduziert, sondern durch die Frage, wer für diese Reduktionen zahlt. Da die reichen Nationen heute für weit über die Hälfte der Luftverschmutzung durch CO_2 verantwortlich sind, sollten sie den ihnen zukommenden Anteil an den Kosten übernehmen. Investitionen des einen Landes in die Emmissionsverringerungen des anderen könnten sich als wirksamstes System und als die beste Möglichkeit erweisen, die Mittel zu transferieren, die für eine Entwicklung notwendig sind.

Eine „Versicherung" gegen Klimaveränderungen, die andere Dividenden zahlt, ist lange überfällig. Fehlende Gewißheit als Entschuldigung dafür geltend zu machen, nötige Maßnahmen hinauszuzögern, setzt künftige Generationen nur noch größeren Umweltrisiken aus.

SCHMELZENDER DAUERFROST *Die Erhöhung der Temperatur infolge der globalen Erwärmung wird sich am nachhaltigsten in den Polarregionen auswirken und könnte den arktischen Dauerfrost dramatisch verändern. Unter dem gefrorenen Boden Alaskas sind gewaltige Mengen Methan gebunden – ein starkes Treibhausgas. Wenn dieses Methan durch Schmelzen des Permafrosts freigesetzt würde, könnte es die globale Erwärmung weiter beschleunigen.*

LUFTVERSCHMUTZUNG
BEDROHTES LEBEN

MICHAEL WALSH

Luft ist das Kostbarste, das der Mensch besitzt.

Er kann Wochen oder sogar Monate ohne Nahrung und Tage ohne Wasser auskommen.

Aber selbst wenige Minuten ohne Luft bedrohen sein Leben.

Seit der Mensch auf dieser Erde lebt, hat er fast immer über einen fast unbegrenzten Vorrat an sauberer Luft verfügt. Die Reinheit der Luft wurde nur gelegentlich durch Waldbrände und Vulkanausbrüche beeinträchtigt, ansonsten jedoch für selbstverständlich genommen. Doch seit Beginn des Industriezeitalters, als die Bevölkerung steil anzusteigen begann, ist die Verschmutzung der Luft zu einem bestimmenden Faktor in allen größeren Städten geworden. In vielen Teilen der Welt hat die Luftverschmutzung – vom Wind über weite Entfernungen getragen – zugenommen und sich zu einem regionalen oder sogar kontinentalen Problem entwickelt.

In den ersten Stadien des modernen Industriezeitalters waren vor allem die Fabriken und Gießereien für die von den Menschen hervorgerufene Luftverschmutzung verantwortlich. Seitdem sind andere Verursacher hinzugekommen, zunächst die Kraftwerke und später die von Motoren angetriebenen Fahrzeuge – jetzt in den meisten der betroffenen Gebiete hauptverantwortlich für die Verschmutzung.

Im Laufe der letzten Jahrzehnte haben mehrere Katastrophen – wie beispielsweise die Londoner Smogs der 40er Jahre, als Tausende von Menschen die Krankenhäuser aufsuchen mußten und Hunderte innerhalb weniger Tage starben – die Öffentlichkeit wachsam gegenüber den Gefahren schwerer Luftverschmutzung werden lassen. Glücklicherweise sind derartige Zwischenfälle jetzt, wo die Belastung der Luft durch Schadstoffe ständig kontrolliert wird und Kohle in den meisten Haushalten nicht mehr der Hauptbrennstoff ist, selten geworden.

Michael Walsh *ist ein international bekannter Berater über Fragen der Luftverschmutzung. Er hat sowohl für die Stadt New York als auch für die Environmental Protection Agency der USA Programme auf diesem Gebiet geleitet und die UNO in vielen Ländern der Welt beraten.*

SMOG IN SÃO PAULO (gegenüber) *Die riesige brasilianische Stadt muß jedes Jahr rund eine halbe Million Menschen mehr unterbringen. Das ungezügelte Wachstum São Paulos hat zu einer Luftverschmutzung gewaltigen Ausmaßes geführt; ein suppenähnlicher photochemischer Smog hängt oft tagelang über der Stadt und schädigt die Gesundheit von jungen und alten Menschen gleichermaßen. Bis jetzt gibt es noch keine Pläne, dieses Problem zu lösen, und notwendige Änderungen des Straßenverkehrssystems scheitern an fehlendem Geld.*

MEGALOPOLIS (links) *Im Jahre 2000 wird Mexico City mit einer Einwohnerzahl von 25 Millionen Menschen die größte Stadt der Welt sein. Heute schon ist es durch die vielen Menschen und Autos der Alptraum jedes Umweltschützers. Im Sommer 1990 war die Luft in einigen Teilen der Stadt so verschmutzt, daß ein Ausnahmezustand erklärt werden mußte.*

DURCH SAUREN
REGEN GESCHÄDIGTER
EIBENZWEIG

GESUNDE EIBE

AN DER GRÜNEN FRONT
POLENS ÖKOLOGIE-CLUB

Der 1981 gegründete Polnische Ökologie-Club (PKE) mußte immer gegen starken politischen Druck ankämpfen. Er überstand die Zeit des Kriegsrechts zwischen 1982 und 1985 nur, weil er auf eine Klausel in der polnischen Verfassung hinwies, die lautet: „Die Bürger Polens haben das uneingeschränkte Recht auf eine natürliche Umwelt und die Pflicht, sie zu schützen."

Im Jahre 1986 schloß sich der PKE als erste osteuropäische Umweltgruppe den Friends of the Earth International an. Seit der Demokratisierung bemüht er sich vor allem darum, die weitverbreitete Ansicht zu widerlegen, daß die wirtschaftliche Lage Polens es dem Lande nicht erlaube, sich mit Umweltfragen zu befassen. So wies er beispielsweise nach, daß die Schäden, die durch sauren Regen entstehen, bis zu 10 Prozent des Bruttosozialprodukts Polens verschlingen könnten, wenn nichts gegen sie unternommen würde. In ähnlicher Weise hat er sich den Plänen der Regierung widersetzt, die Landwirtschaft so schnell wie möglich zu intensivieren, und unterstützt statt dessen die Einführung eines extensiven, naturverbundenen Bewirtschaftungssystems.

JERZY ZELNIK

„Man kann hier in Polen nicht umhin, tief besorgt über die Umwelt zu sein. Mehr als im Westen werden wir von der Umweltverschmutzung vergiftet. Aber die Menschen im Westen müssen unsere Wirklichkeit erkennen: Vor allem die Armut hindert uns daran, die Dinge wieder ins Lot zu bringen. Ich hoffe nur, daß ...der Lebensinstinkt unsere westlichen Nachbarn veranlassen wird, uns zu Hilfe zu kommen – und die Erde, die Luft, die Wälder und Flüsse unseres schönen Landes zu retten."

Jerzy Zelnik ist ein polnischer Schauspieler, der sich stark für den Polnischen Ökologie-Club engagiert.

CARL SAGAN

„Als Naturwissenschaftler haben viele von uns tiefe Ehrfurcht ...vor dem Universum. Wir wissen, daß das, was als heilig angesehen wird, mit größerer Sorgfalt und Demut behandelt wird. Unser Heimatplanet sollte so angesehen werden. Bemühungen, die Umwelt zu schützen und zu bewahren, müssen beseelt sein von einem Gefühl des Heiligen. Zugleich ist ein tieferes Verständnis der Wissenschaft und Technologie nötig. Wenn wir das Problem nicht verstehen, werden wir es auch nicht lösen können."

Carl Sagan, Professor für Radiophysik und Raumforschung an der Cornell University, steht an vorderster Front der Umweltbewegung in den Vereinigten Staaten.

Die auffälligste Form der Luftverschmutzung ist Ozon oder der photochemische Smog. In der oberen Atmosphäre spielt Ozon eine segensreiche Rolle, indem es die Menschen vor der ultravioletten Strahlung schützt, aber in Bodennähe ist es ein gefährlicher Schadstoff. Es bildet sich, wenn sich die Kohlenwasserstoffe der Auspuffgase im Sonnenlicht mit Stickoxiden verbinden. Seit den 60er Jahren ist der Anteil des bodennahen Ozons in den USA und Europa um mehr als 60 Prozent gestiegen. Etwa 100 Millionen Amerikaner leben in Gebieten, in denen die Schadstoffe die zulässigen Werte des „Luftqualitätsstandards" (eines offiziell festgesetzten Maßes, bei dem die Verschmutzung gesundheitsgefährlich wird) überschreiten; viele leiden an Lidrandentzündungen, Husten und ähnlichen Beschwerden, Kopfschmerzen, Erkrankungen der Atemwege und gehäuft auftretenden Asthmaanfällen.

NICHT ZUM ATMEN GEEIGNET

Smog ist ein weltweites Problem. In Mexico City trat er kürzlich so massiv in Erscheinung, daß Vögel im Chapultepec-Park, im Herzen der Stadt, starben. Die Behörden sahen sich genötigt, einen Ausnahmezustand zu erklären und die Schulen zu schließen. Mit ähnlichen Problemen hatten die Athener im letzten Sommer zu kämpfen. Abgesehen von diesen besonders krassen Fällen, überschreitet der Ozonspiegel in vielen Teilen Europas und Afrikas häufig die zulässigen Werte.

In Athen sterben an Smogtagen sechsmal mehr Menschen als an klaren Tagen.

Neue Untersuchungen zeigen, daß hohe Ozonkonzentrationen die Lungenfunktionen reduzieren können – nicht nur bei Menschen, die bereits an Atembeschwerden leiden, sondern auch bei solchen, die gesund sind. Jogger klagen oft über Brustschmerzen und Atemnot. Bei Kindern treten ähnliche Beschwerden auf, wenn sie sich Ozonkonzentrationen aussetzen, die noch unter den gültigen Luftqualitätswerten liegen.

Hohe Kohlenmonoxidkonzentrationen aus Autogasen wirken gleichermaßen schädlich. Wenn Kohlenmonoxid eingeatmet wird, ersetzt es den lebenswichtigen Sauerstoff im Blut. Unser Herz muß deshalb schneller arbeiten, um den Sauerstoff herbeizuschaffen, der von unseren Geweben benötigt wird – eine zusätzliche Belastung für alle, die ein schwaches Herz haben. Embryonen, an Sichelzellenanämie Erkrankte und kleine Kinder können schon durch relativ geringe Kohlenmonoxidkonzentrationen geschädigt werden.

Andere Kraftfahrzeugemissionen, wie die Stickoxide, führen zu Lungenschäden. Das Einatmen von Stickstoffdioxid wird mit einer erhöhten Anfälligkeit gegenüber Infektionen des Atemsystems, einer Blockierung der Atemwege bei Asthmatikern und verminderten Lungenfunktionen in Verbindung gebracht.

Auch die meisten Spurenmetalle, Kohlenwasserstoffe und säurehaltigen Stoffe, die mit den Auspuffgasen von Personen- und Lastwagen ausgestoßen werden, bergen schwere Gesundheitsrisiken. Eine Untersuchung des schwedischen Instituts für Umweltmedizin hat nachge-

ERNESTO SABATO

„Vielleicht ist die menschliche Rasse außerstande, den drastischen Veränderungen zu begegnen, die in der heutigen Welt stattfinden. Denn diese Veränderungen sind so schrecklich, so weitreichend und vor allem so schnell, daß sie diejenigen, die zum Verschwinden der Dinosaurier geführt haben, vergleichsweise unbedeutend erscheinen lassen. Der Mensch hat noch nicht die Zeit gehabt, sich den plötzlichen und mächtigen Veränderungen anzupassen, die seine Technik und seine Gesellschaft um ihn herum geschaffen haben; und es läßt sich mit Sicherheit sagen, daß viele der heutigen Krankheiten die Mittel sind, die der Kosmos verwendet, um diese stolze menschliche Rasse auszulöschen. Der Mensch ist das einzige Tier, das seine eigene Umwelt geschaffen hat. Ironischerweise ist er auch das einzige, das damit seine eigenen Mittel zur Selbstzerstörung geschaffen hat."

Ernesto Sabato ist ein Schriftsteller und Verfechter der Menschenrechte aus Argentinien. Dies ist ein Auszug aus seinem Buch *Hombres y Engranajes*.

SAURER REGEN, SAURE ERDE

Riesige Waldflächen in Europa und den Vereinigten Staaten sind durch sauren Regen vernichtet worden. Von den 90 000 schwedischen Seen sind 40 000 stark versauert – wie jeder fünfte See in den Vereinigten Staaten.

Saurer Regen wird vor allem durch Schwefeldioxid und Stickoxide aus Kraftwerken sowie durch dieselben Stickoxide aus den Auspuffgasen von Autos verursacht. Nachdem jahrelang behauptet wurde, es gäbe nicht genügend Beweise, haben sich jetzt die Vereinigten Staaten und alle Mitgliedsstaaten der EG darauf geeinigt, die Emissionen der hauptsächlich beteiligten Schadstoffe zu verringern. Die Länder der EG sind durch Bestimmungen gebunden, die sie verpflichten, die Schwefeldioxid-Emissionen aus Kraftwerken bis zum Jahr 2003 um einen bestimmten Betrag zu senken. Von 1993 an müssen alle neuen Wagen, die in der EG verkauft werden, mit einem Katalysator ausgerüstet sein. Die USA und Japan sind der Europäischen Gemeinschaft in den entsprechenden Bestimmungen um Jahre voraus. Wir können wählen: Entweder jetzt für die Reinhaltung der Umwelt zahlen oder später sehr viel mehr!

VERGIFTETER REGEN
Waldsterben als Folge des sauren Regens ist in den Pyrenäen (links) *und in anderen dichtbewaldeten Gebieten Europas eine vertraute Erscheinung. Saurer Regen schädigt auch Seen, Flüsse, Feldfrüchte, Gebäude und die menschliche Gesundheit. Um ihrem Säuregehalt entgegenzuwirken, werden schwedische Seen* (unten) *oft „gekalkt"; doch dieses vermeintliche Heilmittel hat schwere Nebenwirkungen auf die lokale Flora und Fauna.*

LUFT: BEDROHTES LEBEN

ZEITBOMBE: KRAFTFAHRZEUG-EMISSIONEN

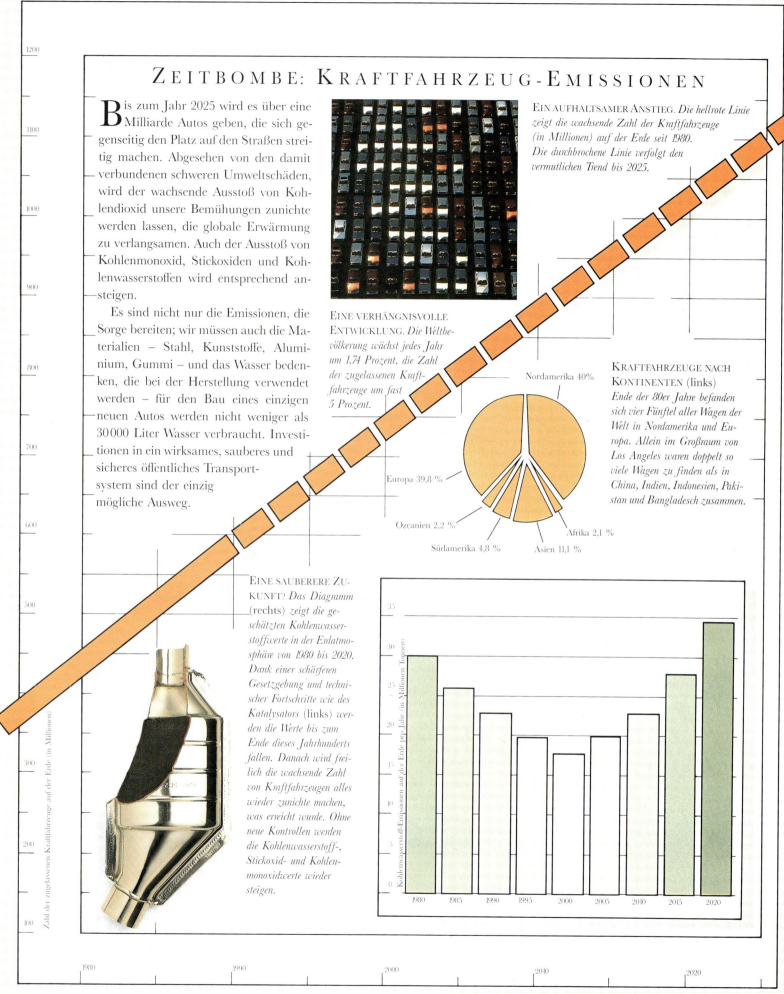

Bis zum Jahr 2025 wird es über eine Milliarde Autos geben, die sich gegenseitig den Platz auf den Straßen streitig machen. Abgesehen von den damit verbundenen schweren Umweltschäden, wird der wachsende Ausstoß von Kohlendioxid unsere Bemühungen zunichte werden lassen, die globale Erwärmung zu verlangsamen. Auch der Ausstoß von Kohlenmonoxid, Stickoxiden und Kohlenwasserstoffen wird entsprechend ansteigen.

Es sind nicht nur die Emissionen, die Sorge bereiten; wir müssen auch die Materialien – Stahl, Kunststoffe, Aluminium, Gummi – und das Wasser bedenken, die bei der Herstellung verwendet werden – für den Bau eines einzigen neuen Autos werden nicht weniger als 30 000 Liter Wasser verbraucht. Investitionen in ein wirksames, sauberes und sicheres öffentliches Transportsystem sind der einzig mögliche Ausweg.

EIN AUFHALTSAMER ANSTIEG. *Die hellrote Linie zeigt die wachsende Zahl der Kraftfahrzeuge (in Millionen) auf der Erde seit 1980. Die durchbrochene Linie verfolgt den vermutlichen Trend bis 2025.*

EINE VERHÄNGNISVOLLE ENTWICKLUNG. *Die Weltbevölkerung wächst jedes Jahr um 1,74 Prozent, die Zahl der zugelassenen Kraftfahrzeuge um fast 5 Prozent.*

KRAFTFAHRZEUGE NACH KONTINENTEN (links) *Ende der 80er Jahre befanden sich vier Fünftel aller Wagen der Welt in Nordamerika und Europa. Allein im Großraum von Los Angeles waren doppelt so viele Wagen zu finden als in China, Indien, Indonesien, Pakistan und Bangladesch zusammen.*

Nordamerika 40%
Europa 39,8 %
Ozeanien 2,2 %
Südamerika 4,8 %
Asien 11,1 %
Afrika 2,1 %

EINE SAUBERERE ZUKUNFT? *Das Diagramm (rechts) zeigt die geschätzten Kohlenwasserstoffwerte in der Erdatmosphäre von 1980 bis 2020. Dank einer schärferen Gesetzgebung und technischer Fortschritte wie des Katalysators (links) werden die Werte bis zum Ende dieses Jahrhunderts fallen. Danach wird freilich die wachsende Zahl von Kraftfahrzeugen alles wieder zunichte machen, was erreicht wurde. Ohne neue Kontrollen werden die Kohlenwasserstoff-, Stickoxid- und Kohlenmonoxidwerte wieder steigen.*

wiesen, daß ein Zusammenhang zwischen dem Einatmen von Dieselölrückständen und Lungenkrebs bei Gabelstaplerfahrern besteht.

Viele Studien zeigen, daß photochemische Schadstoffe die Wälder empfindlich stören. Die ersten Symptome des Waldsterbens zeigten sich 1979 in Europa, und nach vier Jahren hatten sie sich über weite Teile des Kontinents ausgebreitet. An vielen Orten nehmen die Waldschäden noch zu, sowohl hinsichtlich ihrer Intensität als auch hinsichtlich der von ihnen betroffenen Gebiete. Die spezifischen Ursachen für dieses weitverbreitete Phänomen, das meist dem „sauren Regen" zugeschrieben wird, sind schwer zu bestimmen; aber es ist bekannt, daß der chemische Cocktail, der sich aus verschiedenen Formen der Luftverschmutzung zusammensetzt, sich oft mit anderen Belastungsfaktoren, wie Schädlingsbefall, Nadel- und Wurzelpilzen, Frost-, Sturm- und Schneeschäden, verbindet.

Der saure Regen hat mittlerweile fast jede Baumart in Europa in Mitleidenschaft gezogen, einschließlich der vier wichtigsten Nadelbäume (Fichte, Tanne, Kiefer, Lärche) und der sechs häufigsten Laubbäume (Buche, Birke, Eiche, Esche, Ahorn und Erle). Nach einer Untersuchung sind die Schäden am schlimmsten in Westdeutschland, wo 55 Prozent der Bäume betroffen sind, gefolgt von der Schweiz und Großbritannien.

In den Vereinigten Staaten gibt es verläßliche Berichte, nach denen die Weymouthskiefer, Gelbkiefer, kanadische Rotfichte, Frasertanne, der Zucker- und Ährenahorn, die Buche und Birke, der Eschenahorn sowie eine Vielzahl von anderen Baumarten stark geschädigt sind. Experimente haben gezeigt, daß die Ozonkonzentration, die im ganzen Osten der Vereinigten Staaten anzutreffen ist, sowohl das Pflanzenwachstum als auch die Photosynthese erheblich reduzieren kann.

Aufgeschreckt durch die Luftverschmutzung des Landes, ergänzte 1970 der US-Kongreß den Clean Air Act und erließ Verordnungen, die als Muster für alle weiteren Gesetzesvorlagen in Amerika dienten. Da außer Zweifel stand, daß Motorfahrzeuge in wachsendem Maße für die Luftverschmutzung verantwortlich waren, verlangte der Kongreß, alle neuen Wagen so auszurüsten, daß sie weit weniger Kohlenmonoxid, Kohlenwasserstoffe und Stickoxide emittierten als die auf dem Markt befindlichen Modelle. Derart substantielle Verbesserungen konnten nicht mit der Technik erzielt werden, die damals kommerziell verwendet wurde. Um dem Gesetz Genüge zu tun, sahen sich die Autohersteller daher gezwungen, neue Techniken zu entwickeln und zu vermarkten, die bisher nur in Forschungslabors oder bei Prototypen erprobt waren.

ARPÁD GÖNCZ

„Viele Menschen glauben, daß wir vor einer ökologischen Katastrophe stehen. Schreckliche Geschichten werden erzählt; der Prozeß scheint nicht mehr aufzuhalten zu sein. Und die Zerstörung kennt keine nationalen Grenzen. Ich weiß das alles; und doch kann ich es nicht begreifen. Ich glaube einfach, daß mein Tag anders anfängt, wenn am Morgen die Sonne scheint und ich einen Baum anschauen kann, der vor Kraft strotzt. Er lächelt mich an, und plötzlich merke ich, daß ich zurücklächle."

Arpád Göncz ist Staatspräsident von Ungarn.

EDGAR MORIN

„Die Geschichte der Menschheit ist die der Wechselwirkung zwischen der Biosphäre und dem Menschen. Diese Wechselwirkung verstärkt sich mit der Entwicklung der Landwirtschaft, die einen bedeutenden Einfluß auf die Ökosysteme der Welt hat. Sie ist (in einer Beziehung, die ebenso von einander anziehenden wie von einander abstoßenden Kräften bestimmt wird) mehr und mehr zu einem Dialog zwischen der Natur und der Menschheit geworden. Der Mensch muß aufhören, sich wie ein Dschingis Khan des Sonnensystems zu gebärden. Er sollte sich nicht für den Schäfer der Welt halten, sondern sich eher als Kopiloten der Natur betrachten."

Der französische Soziologe, Anthropologe und Autor Edgar Morin ist Direktor des Journals *Communications*.

WEGE DER FREIHEIT? *Kaum jemand wird sich der Ästhetik dieses Autobahnkreuzes in Los Angeles entziehen können, und für viele ist der Wagen immer noch gleichbedeutend mit Freiheit, Sicherheit und gesellschaftlicher Stellung. Aber der „amerikanische Traum" einer Demokratie von Autobesitzern ist zu einem Alptraum geworden, da die gewaltigen mit ihm verbundenen sozialen und ökologischen Kosten nicht mehr zu rechtfertigen sind.*

KRISENBEWÄLTIGUNG IN KALIFORNIEN

STADT IM SMOG
Der Smog in Los Angeles, hier von weitem (oben) *und aus der Nähe* (rechts) *gesehen, stellt ein schweres Gesundheitsrisiko für Millionen dar. Der größte Teil des Smogs wird durch die Abgase der Kraftfahrzeuge verursacht. Mit wachsender Zahl der Fahrzeuge verzeichnen die mit Infrarotstrahlen arbeitenden Luftmeßgeräte der Stadt* (Kasten oben) *immer höhere Werte der Verschmutzung – trotz der Tatsache, daß alle neu zugelassenen Wagen in Kalifornien seit 1980 mit Katalysatoren ausgerüstet sind.*

Das Gebiet um Los Angeles im Süden Kaliforniens zeichnet sich durch ein Klima, eine Topographie, eine Wirtschaft und einen Lebensstil aus, die sich in einzigartiger Weise so miteinander verbinden, daß sie „ideale" Bedingungen für Luftverschmutzungen schaffen. Das Gebiet weist einen schmalen Küstenstreifen mit üppig bewachsenen Tälern im Westen (wo der größte Teil der Bevölkerung lebt) auf; im Norden und Süden erheben sich Hügel und steile Bergkämme, und im Osten erstreckt sich Wüstenland.

13 Millionen Menschen leben in diesem Gebiet, die insgesamt 8 Millionen Wagen besitzen. Im Jahre 2010 werden es 21 Millionen Menschen mit schätzungsweise 13 Millionen Wagen sein.

Eine der wichtigsten Bestimmungen des kürzlich revidierten Clean Air Act hat dem Staat Kalifornien die Möglichkeit gegeben, schärfere Einschränkungen für Motorfahrzeuge anzuwenden, als sie in den übrigen USA erforderlich sind. Zugleich haben die Stadtbehörden eine konzertierte Aktion in die Wege geleitet, um der Luftverschmutzung durch eine alternative Verkehrspolitik Herr zu werden. Zu den geplanten Maßnahmen gehören aufeinander abgestimmte Arbeitszeiten; Sonderparkplätze für Wagen, die gemeinschaftlich genutzt werden; Einrichtungen für Fahrradfahrer und Fußgänger; Synchronisierung der Verkehrsampeln; der Ankauf von Behördenfahrzeugen mit niedrigen Emissionswerten und die Umstellung auf eine energiesparende Straßenbeleuchtung.

Der South Coast Air Quality Management District (der das ganze Stadtgebiet von Los Angeles umfaßt) hat einen dreistufigen 20-Jahres-Plan zur Luftreinhaltung verabschiedet. Stufe I verlangt, daß bis 1993 alle Wagen mit der schon heute zur Verfügung stehenden Technik zur Verringerung der Abgase ausgerüstet sein müssen. Zu den Zielen der Stufe II gehören die Umstellung von 40 Prozent des Passagieraufkommens und 70 Prozent des Frachtaufkommens auf elektrische Antriebe oder alternative Treibstoffe und die Reduzierung der Abgase von nicht-motorisierten Fahrzeugen (Flugzeuge, Schiffe und Lokomotiven). Stufe III zielt darauf ab, die Forschung und Entwicklung von Techniken zu fördern, die auch in Zukunft die Abgasemissionen weiter reduzieren.

Obgleich die Hersteller behaupteten, die gesetzten Standards seien unmöglich zu erreichen und würden zu einer wirtschaftlichen Katastrophe führen, wurde die nötige Technik – deren wichtigste Komponente der Katalysator ist – tatsächlich so schnell entwickelt, daß ausnahmslos alle neuen Wagen mit Benzinantrieb, die seit 1980 in den USA verkauft wurden, mit Katalysatoren ausgerüstet sind und mit bleifreiem Benzin fahren.

Als Folge davon haben die meisten Gebiete des Landes heute eine reinere Luft als im Jahre 1970. Obgleich 55 Millionen mehr Wagen über die Straßen rollen, sind Überschreitungen der durch den „Luftqualitätsstandard" vorgeschriebenen Werte um 88 Prozent zurückgegangen. Leider sind die meisten westeuropäischen Länder diesem Beispiel nicht so schnell gefolgt, wie es wünschenswert gewesen wäre; doch die Europäische Gemeinschaft hat kürzlich beschlossen, daß von 1993 an alle neuen Wagen mit einem Katalysator ausgerüstet sein müssen.

Aufgaben der Zukunft

Trotz der Einführung des Katalysators muß jeder Versuch, die Luftverschmutzung weiter zu reduzieren, sich darauf konzentrieren, das Transportwesen insgesamt zu verändern. Schätzungen zufolge gibt es etwa 500 Millionen Fahrzeuge mit Benzinantrieb in der Welt, und wenn die Tendenz sich wie bisher fortsetzt, wird die Zahl im Jahre 2030 auf 1 Milliarde ansteigen. Autohersteller müssen neue Wege finden, die Kraftfahrzeugemissionen zu reduzieren, wenn wir zu einem wirklichen Fortschritt gelangen wollen.

Abermals hat der US-Kongreß erkannt, daß die saubere Luft der Zukunft heute abgesichert werden muß; 1990 verabschiedete er drastische Zusatzbestimmungen zum Clean Air Act. Die neuen Bestimmungen erfordern nicht nur beträchtliche Fortschritte in der Motortechnologie, sondern auch dramatische Veränderungen in der Zusammensetzung der Treibstoffe.

Es ist paradox, daß gerade jetzt, wo Europa und die Vereinigten Staaten radikale Maßnahmen ergreifen, um die Schäden durch die Luftverschmutzung zu beseitigen, viele Länder der Dritten Welt den Ausbau eines Straßenverkehrssystems betreiben, das eines Tages genau dieselben Probleme verursachen wird. In vielen Städten der Dritten Welt hat die Luftverschmutzung katastrophale Ausmaße angenommen. So ungern Autohersteller es auch hören mögen – eine saubere Umwelt zu erlangen und gleichzeitig die Zahl der Kraftfahrzeuge überall in der Welt ständig wachsen zu lassen, sind Ziele, die sich gegenseitig ausschließen.

Yehudi Menuhin

„*Dieses Gedicht wurde von einem zehnjährigen Jungen aus Australien geschrieben, der vielleicht einer der ersten einer ganzen Generation von Menschen ist, die unsere vergiftete Atmosphäre nicht überleben werden. Jonathan Wilson-Fuller kann nur unter sterilsten Bedingungen überleben; sein Zimmer ist hermetisch abgeschlossen und enthält nur keimfreie Luft. Jede Verunreinigung wird ihn vergiften. Dieses Gedicht ist sein cri de cœur:*"

Warum seht ihr nicht das zerstörte Land?
Hat euer Auge denn keinen Verstand?

Warum riecht ihr nicht den schwelenden Brand?
Hat eure Nase denn keinen Verstand?

Warum bemerke ich nicht mein rotes Haar?
Weil ich weiß, daß es schon immer da war.

Sir Yehudi Menuhin,
selbst ein international bekannter Geiger,
hat jahrelang vielversprechende
junge Geiger ausgebildet.

Russell Peterson

Unabhängigkeitserklärung

„*Wir, die Menschen des Planeten Erde,
Voller Ehrfurcht vor der Würde des menschlichen Lebens,
Besorgt um zukünftige Generationen,
Wissend, daß wir unserer Umwelt verbunden sind,
Die Grenzen unserer Ressourcen kennend
Und der Nahrung bedürftig, der Luft, des Wassers, der Unterkunft, der Gesundheit,
des Schutzes, der Gerechtigkeit und der Erfüllung,
Erklären hiermit unsere Unabhängigkeit
Und beschließen, in Friede und Harmonie mit unserer Welt zu leben,
Um die Qualität des Lebens
überall in der Welt zu steigern.*"

Russell W. Peterson, Präsident Emeritus der National
Audubon Society in den Vereinigten Staaten,
ist auch Präsident des International
Council for Bird Preservation und Mitbegründer
der Better World Society.

IV
FEUER

Ich bin der Ansicht, daß die Grundlagen des Friedens nicht im allgemeinen Wohlstand im modernen Sinn liegen, weil dieser Wohlstand, wenn überhaupt, nur durch die Unterstützung menschlicher Triebe wie Neid und Haß erreicht wird, die Intelligenz, Glück, Gelassenheit und dadurch die Friedlichkeit des Menschen zerstören... Die Schaffung von Bedürfnissen ist das Gegenteil von Weisheit... Nur durch eine Verringerung von Bedürfnissen kann man eine Verringerung derjenigen Spannungen erreichen, die die Hauptursachen von Streit und Krieg sind.
Aus Small is Beautiful *von* E. M. Schumacher

EIN MELPA MIT KOPFPUTZ IN PAPUA-NEUGUINEA.

Nach der alten griechischen Sage stahl Prometheus den Göttern das Feuer und gab es den Menschen hier auf Erden. Für sein Vergehen wurde er gebührend von Zeus bestraft und an einen einsamen Felsen im Kaukasus geschmiedet. Jeden Tag hackte ein Adler seine Leber heraus, die in der Nacht wieder nachwuchs. Das war eine grausame Strafe, aber Zeus war der Meinung, daß die Menschen nun, da sie das Feuer besaßen, danach trachten würden, auf der Erde zu schalten und zu walten, als ob sie selber Götter wären.

Zeus hatte sich nicht geirrt. Das Feuer befreite die Menschen von Hunger und Kälte. Seither hat es unerhörten Nutzen gebracht: Landstriche konnten gerodet, Werkzeuge geschmiedet, Maschinen gebaut, neue Technologien entwickelt werden. Dank der Verbrennung fossilen Brennstoffs war es möglich, große Städte zu bauen und am Leben zu erhalten. Aber nicht immer haben wir diese schöpferische Energie zu so milden Zwecken benutzt. Viele Technologien haben die Erde und diejenigen, die sich für die Herren und nicht die Diener der Technologien hielten, stark belastet.

Eines der größten Probleme war das unterschiedliche Tempo, mit dem sich die Technologie und der menschliche Verstand, der ja mit ihr umgehen muß,

AUSSER KONTROLLE (gegenüber) *Ein Indianermädchen aus Guyana versucht vergeblich, die Flammen eines Buschfeuers zu löschen.*

DIE KUNST DER OSTERINSEL (rechts) *Um diese riesigen steinernen Köpfe errichten zu können, fällten die Osterinsulaner alle Bäume und brachten ihrer reiche Gesellschaft Armut.*

LÄNDLICHE RESSOURCEN: ZUSAMMENTREIBEN DER SCHAFE IN DER SCHWEIZ

entwickelt haben. Wenn wir einsehen – und das müssen wir –, daß die Pläne zur Förderung von besserer Versorgung und größerer Gerechtigkeit nur dann funktionieren können, wenn neue Technologien eigens eingespannt werden, um dieses Ziel zu erreichen, dann müssen wir auch begreifen, welch enorme Herausforderung dies für unser Erziehungssystem bedeutet. Es reicht einfach nicht, eine ständig wachsende Menge scheinbar neutraler wissenschaftlicher Fakten im Klassenzimmer zu übermitteln; wir müssen sichergehen, daß die jungen Menschen dieses Wissen auch interpretieren und ein Wertsystem entwickeln können, das sich auf die Welt bezieht, die tatsächlich existiert, und nicht auf diejenige, die die Politiker von heute gern hätten.

Irgendwie handelt jedes der vier Kapitel in diesem Teil von *Rettet die Erde* von genau so einem Erziehungsvorgang. In Europa und den Vereinigten Staaten herrscht ein gewaltiges Unwissen über das, was in den Städten und Dörfern der Dritten Welt tatsächlich passiert. Die einzigen Nachrichten, die fast alle von uns über diese Länder sehen, sind entsetzlich düster. Sie konzentrieren sich auf Katastrophen und hartnäckige Probleme. Die Fähigkeiten und Erfahrungen der Menschen der Dritten Welt, sich praktische Alternativen auszudenken, bleiben weitgehend unerwähnt.

LÄNDLICHE RESSOURCEN: EIN JÄGER DER INŪIT MIT SEINER BEUTE IN GRÖNLAND

WELTBEVÖLKERUNG: EIN FLÜCHTLINGSLAGER IN HONDURAS

Die Wahrheit ist, daß viele dieser Alternativen einfach nicht in das herrschende Denkmodell von wirtschaftlichem Erfolg passen. Für diejenigen, die den Vorsitz über die heutige Weltwirtschaftsordnung haben, zählt nur das Wachstum, das sich in immer größerer Produktion und immer größerem Konsum ausdrückt. So hat zum Beispiel der Verkauf von Kernreaktoren an Länder der Dritten Welt (sogar an solche, die Erdbebenzonen haben, wie die Philippinen) einen höheren Stellenwert als die Förderung einer wirtschaftlicheren Energieausnutzung oder die Hilfe bei der Entwicklung vernünftigerer, wiederverwertbarer Energiequellen. In den meisten industrialisierten Ländern hat sich die Kernkraft als Belastung erwiesen; in der Dritten Welt ist sie eine wirtschaftliche Katastrophe.

Wenn es, wie hier, um die Wahl von technologischen Möglichkeiten geht, befinden sich allzu viele Politiker in der Gewalt derjenigen maßgeblichen Kreise, die am meisten zu verlieren haben, wenn wir uns einer gerechteren, dauerhaften Weltordnung zu-

STÄDTE: SCHROTTSUCHER IN CHITTANGONG IN DER BUCHT VON BENGALEN, BANGLADESCH

Feuer

STÄDTE: DIE HELLEN LICHTER VON CHICAGO BEI NACHT

wenden. Es ist verlockend, den Standpunkt zu vertreten, daß bei einer solchen Wendung alle besser dran wären. Aber selbstverständlich wird es auch Verlierer geben. Einige werden die unschuldigen Opfer der Veränderung von Wirtschaftsformen sein, darunter diejenigen, die in unhaltbaren oder bankrotten Industrien wie zum Beispiel der Kernkraft oder der Tabakindustrie arbeiten. Andere werden die Menschen sein, denen diese Industrien gehören, oder die, deren Reichtum von den Gewinnen dieser Industrien abhängt. Aber gleichzeitig werden neue Berufe und neue Möglichkeiten entwickelt, neue Quellen zuverlässigen Reichtums geschaffen werden. Es wird eine andere Art von Wirtschaft sein, eine Wirtschaft, die zukünftigen Generationen viel bessere Aussichten bietet.

Die Politiker von heute sind die Opfer ihrer eigenen gedankenlosen Befürwortung von wirtschaftlichem Wachstum als einziger Lösung all unserer Probleme geworden. Angesichts des Schadens, den wir der Natur bereits zufügen, kann die Antwort nicht einfach heißen, mehr Menschen zu überreden, mehr zu produzieren und zu konsumieren. Trotzdem werden wir alle immer noch dazu aufgefordert. Das Argument lautet so ähnlich wie: „Wir

BEDROHTE VÖLKER: FRAUEN DES DINKA-STAMMES IN SÜDSUDAN

müssen eine Menge Geld ausgeben, um den schrecklichen Umweltschlamassel, in dem wir stecken, aufzuräumen, und sogar noch mehr Geld, damit so etwas nicht wieder passiert. Um dieses Geld aufzutreiben, müssen wir die Wirtschaft auf der ganzen Welt ankurbeln, damit sie weiter wächst und schneller reich wird." Umweltschützer in aller Welt sind der Meinung, das sei genauso dumm, wie zu versuchen, ein Feuer auszulöschen, indem man Benzin hineingießt, oder seine Schulden bezahlen zu wollen, indem man noch mehr Geld zu noch höheren Zinsen leiht.

Im Umweltschutz hat es immer ein paar Leute gegeben, die Umweltfragen entpolitisieren wollten und glaubten, man solle sie ohne Rücksicht auf ihren politischen Zusammenhang einzeln behandeln. Aber es gibt keine reinen Umweltprobleme: Womit wir es zu tun haben, ist eine Reihe einander überschneidender wirtschaftlicher und politischer Fehlschläge, deren Druck auf die Natur sogar noch stärker ist.

Diese Analyse (und die Rezepte, die sich logischerweise daraus ergeben) ist nicht das Eigentum einer bestimmten politischen Partei. Ja, es wäre sogar am besten, wenn sich alle politischen Parteien der Welt dafür einsetzen würden.

BEDROHTE VÖLKER: KAYAPO-INDIANER FÜHREN STOLZ IHRE FESTTAGSTRACHT VOR

GRO HARLEM BRUNDTLAND

„Die Zukunft unserer Kinder hängt davon ab, ob wir lernen können, in Harmonie mit der Natur und mit uns selbst zu leben. Wir können nicht fortfahren, unsere eigenen Bedürfnisse auf Kosten künftiger Generationen zu befriedigen.

In der ganzen Welt wächst die Überzeugung, daß radikale Maßnahmen nötig sind, um die jetzigen negativen Tendenzen umzukehren. Die Menschen sorgen sich immer mehr um die Zerstörung ihrer natürlichen und sozialen Umwelt. Die politisch Verantwortlichen sehen sich einem wachsenden Druck ausgesetzt, schnell und entschieden zu handeln.

Die Entwicklungen in Europa lassen uns optimistisch in die Zukunft schauen. Die europäischen Nationen haben bestätigt, daß Sicherheit nicht mehr nur eine militärische Frage ist. Wir müssen zu einer neuen Begriffsbestimmung gelangen, die Sicherheit als Schutz vor Armut und Umweltschäden definiert und ihr die gleiche Aufmerksamkeit schenkt, die bisher der Gefahr vor dem Krieg gegolten hat."

Gro Harlem Brundtland ist Ministerpräsidentin von Norwegen. Sie war Vorsitzende der World Commission on Environment and Development der UNO, die 1987 den Brundtland-Report *Our Common Future* veröffentlichte.

ANGELIKA ZAHRNT

„Frauen sind der Zukunft über ihre Kinder stärker verbunden, sie müssen diese Zukunft mitgestalten – in Elterngruppen, Bürgerinitiativen, Umweltverbänden, politischen Parteien und Parlamenten. Sie dürfen ihre Zukunft und die ihrer Kinder weder alternden Politikern noch smarten Alternativen überlassen.

Sie müssen sich auch einschalten in die Diskussionen über ‚sustainable development‘ und ‚nachhaltiges Wirtschaften‘. Sie müssen deutlich machen, daß Arbeit im häuslichen, erzieherischen, pflegerischen Bereich in einer ökologischen Wirtschaft einen höheren Stellenwert erhalten muß und nicht allein Frauenarbeit bleiben darf.

Die ökologische Wirtschaft, in der z.B. Hausarbeit zeitaufwendiger sein wird als bei Mikrowellenherd und Tiefkühlkost, bedarf einer anderen Arbeitsteilung von Männern und Frauen. Die umweltfreundlich wirtschaftende Hausfrau und Mutter und der berufstätige, umweltpolitisch engagierte Vater sind keine zugkräftigen sozialen Zukunftsmodelle."

Dr. Angelika Zahrnt ist politisch in der Frauen- und Ökologiebewegung engagiert.

DAVID ATTENBOROUGH

„Da praktisch nichts von unserer ursprünglichen Wildnis geblieben ist, könnten wir in Großbritannien vielleicht die ersten sein, die eine wirklich integre Bodenpolitik betreiben, in der Platz für alle ist: Für den Farmer, der das Korn anbaut, ebenso wie für den Naturfreund, der geistigen Trost sucht; für den Wagenbesitzer, der die Autobahn benutzt, ebenso wie für den Spaziergänger, der über einen Feldweg wandert; und nicht zuletzt für die Vielzahl der Tier- und Pflanzenarten, die lange vor uns auf dieser Erde waren."

Der durch seine Beiträge im Fernsehen bekannte Autor Sir David Attenborough hat seit den 50er Jahren Naturfilme gedreht.

NICOLAS URIBURU

OMBU: DER BAUM DES LEBENS

„Die entwickelteren Länder vergiften das Land, das Wasser und die Luft der Erde und zerstören die Ressourcen der Dritten Welt. Ich prangere den Antagonismus zwischen Natur und Zivilisation an und sehe freudig der Vereinigung der Lateinamerikaner durch die Wasser ihrer Flüsse entgegen – doch nicht in den von Menschen gesetzten Grenzen. Ein ganzer Kontinent, vereint durch die Natur."

Nicolas Uriburu ist ein argentinischer Künstler.

DESMOND MORRIS

„Wenn wir ehrlich sind, gibt es nur eine Ursache für die Katastrophe, die auf diesen Planeten zukommt, und das ist die erschreckende Geschwindigkeit, mit der die menschliche Art sich in den letzten Jahrhunderten vermehrt hat. Andere Tiere bedienen sich einer Vielzahl von natürlichen Kontrollmechanismen, die verhindert, daß ihre Zahl bedrohliche Grenzen überschreitet. Ihre Fähigkeit, sich zu reproduzieren, nimmt rapide ab, wenn ihre Population zu groß wird. Dank unseres Erfindungsreichtums haben wir es geschafft, diese lebenswichtige Kontrolle zu überwinden. Wenn es uns nicht gelingt, sie wieder wirksam werden zu lassen, werden all unsere Bemühungen, die Umwelt zu schützen, vergeblich sein. Wir können nicht hoffen, in den Genuß einer sauberen Luft, eines sauberen Lands und Wassers zu gelangen, wenn der Mensch weiterhin diesen Planeten übervölkert. Wer ist für die Krise, der wir entgegengehen, verantwortlich zu machen? Zuerst und vor allem die religiösen Führer dieser Welt. Sie haben die Menschheit mit der gefährlichen Mythe genährt, daß sie über der Natur stehe und daß es ihr gottgegebenes Recht sei, sich die Erde untertan zu machen. In vielen Fällen haben sie aktiv die Übervölkerung unterstützt und das Ihre dazu getan, eine vernünftige Familienplanung zu verhindern.

Zweitens klage ich die politischen Führer an, die fast ausnahmslos ohne Rücksicht auf die Konsequenzen eine Politik des nationalen Wachstums verfolgen. In ihrem Machtrausch glauben sie törichterweise: ‚Je mehr, desto besser.' Sie verlangen ständig nach mehr Häusern, mehr Schulen, mehr Kliniken, mehr Industrie, anstatt mehr Qualität zu verlangen. Aber wir sind keine Art, die darauf angelegt ist, eine hohe Quantität zu erreichen. Wir sind eine Art der hohen Qualität, und unser gesellschaftliches Denken sollte allein darauf gerichtet sein."

Desmond Morris, Kurator für Säugetiere am Londoner Zoo von 1959 bis 1967, schreibt über menschliches und tierisches Verhalten.

STRASSENLEBEN IN BOMBAY

SPIKE MILLIGAN

„Es gibt nur eines, das es zu verfolgen gilt: Entvölkerung. Wenn das erreicht ist, regelt sich alles andere von selbst."

Spike Milligan ist ein britischer Fernsehkommentator, Schauspieler und Schriftsteller.

PETRA KELLY

„Feminismus und gewaltfreie Macht sind für mich sehr wesentliche Grundbegriffe einer grünen Politik. Von Männern geführte Revolutionen haben häufig und tragischerweise nur zu Machtwechseln in einer ansonsten unveränderten politischen Landschaft geführt und künden, wie die Belagerung des Winterpalais und die Einnahme der Bastille, von Krisen und Heroismus. Diese Revolutionen waren oft auf der Vorstellung gegründet, man müsse für eine Sache sterben; die feministische Einstellung geht mehr dahin, daß man den Mut haben müsse, für eine Sache zu leben.

‚Global denken und lokal handeln' ist eines der Mottos der Grünen Partei und der feministischen Bewegung in Europa. Feminismus und Gewaltlosigkeit sind Begriffe, die zusammengehören im Kampf um eine wirklich demilitarisierte Gesellschaft, die die ökologische Grundlage des Lebens bewahrt, soziale Gleichheit und Gerechtigkeit garantiert und die Bedürfnisse der Frauen und all jener respektiert, die keine Lobby haben – der Kinder, der Kranken, der Alten, der Behinderten. Wie Norwegens Ministerpräsidentin Gro Harlem Brundtland einmal bemerkte: ‚Wir sind eine Erde, aber keineswegs eine Welt!'"

Petra Kelly vertrat die Grünen im Deutschen Bundestag.

RENÉ DUMONT

„Als ich Afrika verließ, einen Kontinent zerstörter Dörfer, ihrer Hoffnung beraubter Diplomaten und unhygienischer Slums ohne Arbeit, und nach Hause zurückkehrte in eine Zivilisation, die auf Verschwendung beruht, schämte ich mich über das ständig wachsende Wohlstandsgefälle zwischen Europa und Afrika. Die Menschheit steht an einem Scheideweg, und unsere Zukunft hängt ab davon, wie schnell wir uns der Schwere der Krise bewußt werden."

EINE ÖFFENTLICHE ZAPFSTELLE IN KANG, NIGERIA

René Dumont ist ein französischer Agronom und Autor, der bekannt ist für sein Interesse an Umwelt- und Entwicklungsfragen.

WELTBEVÖLKERUNG
ERSCHRECKENDE ZAHLEN

JONATHON PORRITT

Keine ökologische Aufgabe ist so dringend wie die, die Wachstumsrate der Weltbevölkerung zu senken und zugleich das Konsumverhalten des reichen Nordens zu ändern.

VON SPERMIEN UMGEBENES MENSCHLICHES EI

Die meisten Politiker scheuen sich, über Bevölkerungsprobleme zu sprechen. Doch wenn wir den gegenwärtigen Zustand der Erde verändern wollen, wie es das Ziel dieses Buches ist, gibt es keine wichtigere Aufgabe, als das Wachstum der menschlichen Bevölkerung zu verlangsamen. Privat geben das viele Politiker zu, doch in der Öffentlichkeit schweigen sie. Warum? Haben sie Angst, daß die Katholiken unter ihren Wählern darauf empfindlich reagieren? Glauben sie, daß nur die Erwähnung des Bevölkerungsproblems sie in Zusammenhang mit Plänen zur Zwangssterilisation bringt und ihnen den Vorwurf des Kindermords einträgt?

Vor fünfzehn Jahren hätte ich es vermieden, solche Ausdrücke zu verwenden. Aber inzwischen habe ich, wie die überwiegende Mehrheit der Umweltschützer, dazugelernt. Denn noch haben wir eine Wahl; aber diese Möglichkeit zu wählen steht uns nicht für immer offen.

Durchschnittlich werden in jeder Minute eines jeden Tages 274 Menschen geboren, während 97 Menschen sterben. 177 Menschen mehr in jeder Minute sind 93 Millionen Menschen mehr in jedem Jahr. Die weitaus meisten von ihnen leben in den Ländern der Dritten Welt, die am wenigsten dazu gerüstet sind, dieses Wachstum zu verkraften.

Ökologisch gesehen, ist es nicht nur die Bevölkerungsstatistik, auf die es ankommt, sondern die Zahl der Menschen multipliziert mit ihrem Durchschnittsverbrauch natürlicher Ressourcen und Energien. Schätzungen zufolge verbraucht ein Bürger der Vereinigten Staaten durchschnittlich wenigstens fünfzigmal mehr als ein Einwohner Kenias. Daraus folgt, daß eine Schwangerschaftsverhütung in den USA sich fünfzigmal günstiger auf die Erde auswirkt als eine Verhütung in Kenia. Wenn Umweltorganisationen von der Notwendigkeit einer vernünftigen Bevölkerungspolitik eines jeden Landes reden, meinen sie nicht, daß es genügt, den Ländern der Dritten Welt einen herablassenden Rat und empfängnisverhütende Mittel zu geben. Jedes entwickelte Land muß sich zuerst um ein Nullwachstum zu Hause bemühen, ehe es eine allgemeine Senkung der Bevölkerungszahl verlangen kann.

EINE FRAGE DES ÜBERLEBENS

Trotzdem liegt das eigentliche Problem in der Dritten Welt, wo die meisten Neuankömmlinge in diesem Jahrzehnt geboren werden. Der Unterschied zwischen dem bestmöglichen und dem schlimmstmöglichen Szenario der zukünftigen Weltbevölkerung, wie er in den Schätzungen der United Nations Family Planning Association zutage tritt, ist der Unterschied zwischen einer gesicherten Zukunft der Menschheit und einer durch Entwaldung, Bodenerosion und Verminderung des Grundwassers hervorgerufenen ökologischen Katastrophe.

Nach dem bestmöglichen Szenario würde sich die Weltbevölkerung zwischen 7,5 und 8,5 Milliarden einpendeln. Das würde eintreten, wenn

GEBURTENRATEN *Diese überfüllte Straße (gegenüber) zeigt, wie akut das Bevölkerungsproblem in Indien ist. Das Land hat bereits mehr als eine Milliarde Menschen – bei einer jährlichen Wachstumsrate von etwa 2 Prozent. Die durchschnittlichen Wachstumsraten in Afrika sind sogar noch höher. Diese Mutter mit Kind (rechts) kommt aus Ruanda, einem Land mit einer der höchsten Wachstumsraten der Welt – 3,4 Prozent pro Jahr.*

AN DER GRÜNEN FRONT
IPPF
International Planned Parenthood Federation

Die 1952 gegründete International Planned Parenthood Federation ist die größte freiwillige Familienplanungsorganisation der Welt; sie arbeitet in 134 verschiedenen Ländern. Sie besteht aus autonomen Vereinigungen in jedem Land und wird von Ortsansässigen für Ortsansässige betrieben, wobei sie Programme zu verwirklichen sucht, die auf die jeweiligen Bedürfnisse zugeschnitten sind. Obgleich sie bestrebt ist, auf nationaler und internationaler Ebene die öffentliche Meinung zu beeinflussen (indem sie beispielsweise die Regierungen veranlaßt, bevölkerungspolitische Belange in die Verfassung aufzunehmen), ist es dieses basisorientierte Vorgehen, das sie so erfolgreich werden ließ.

Eine ihrer bekanntesten Mitgliedorganisationen ist Pro Familia in Kolumbien, eine Vereinigung, die 1988 von den Vereinten Nationen mit einem besonderen Preis ausgezeichnet wurde. Kaum staatlich subventioniert, betreibt Pro Familia 43 Familienplanungszentren und hat bewirkt, daß im Laufe von 23 Jahren das Bevölkerungswachstum von 3 auf 1,7 Prozent sank. Der Erfolg der Vereinigung ist vor allem auf die Tätigkeit ortsansässiger Frauen zurückzuführen, die in den Gemeindezentren arbeiten und Haus-zu-Haus-Besuche machen. Ihr wichtigstes Aufklärungsmittel ist ein Handbuch mit Schaubildern und einem Kalender, der vor allem Frauen mit kleinen Kindern an die Termine für Impfungen, zahnärztliche Untersuchungen und andere medizinische Kontrollen erinnern soll.

Die Helferinnen müssen oft in Gebieten arbeiten, die von Guerillakriegen, Drogenhandel und äußerster Armut heimgesucht sind. Doch ihrer Tätigkeit ist es zuzuschreiben, daß jetzt zwei von drei Paaren Familienplanung betreiben, indem sie empfängnisverhütende Mittel anwenden, die von Pro Familia empfohlen wurden.

alle Entwicklungsländer dem Beispiel jener Länder folgen könnten, die in den letzten beiden Jahrzehnten ihre Wachstumsraten am schnellsten gesenkt haben. Wenn es andererseits vielen Entwicklungsländern nicht gelingt, ihr Bevölkerungswachstum in den nächsten 20 Jahren unter eine Rate von 2 Prozent zu senken, wird die Weltbevölkerung auf etwa 14 Milliarden wachsen. Der Unterschied zwischen beiden Szenarios, etwa 6 Milliarden Menschen, ist größer als die gesamte heutige Weltbevölkerung.

Die eigentlichen Problemzonen sind Afrika, Südostasien und Südamerika. Viel hängt davon ab, ob Länder wie China und Indien weiterhin ihr Bevölkerungswachstum erfolgreich bremsen können. Die „Ein-Kind"-Politik Chinas hat sich in den Städten als wirksam erwiesen, ist jedoch in den ländlichen Bezirken nicht immer befolgt worden – nicht zuletzt wegen der mächtigen kulturellen Tradition, die Jungen den Vorzug gegenüber Mädchen gibt. Fälle von Tötungen weiblicher Säuglinge sind weit verbreitet.

Chinas Bevölkerungspolitik, ob sie nun gelingt oder nicht, hat kritische Fragen über Menschenrechte und den Status von Frauen aufgeworfen, die noch nicht gelöst sind. Aber in anderen Ländern ist viel getan worden, um das Wachstum der Bevölkerung zu reduzieren. Südkorea, Taiwan, Sri Lanka, Thailand, Simbabwe, Mexiko, Kuba, der Staat Kerala in Indien – sie alle bieten Beispiele, auf denen andere Länder aufbauen können. Noch gibt es gewaltige kulturelle und religiöse Hindernisse, nicht zuletzt seitens der Katholischen Kirche, die weiterhin ihr Edikt gegen die Empfängnisverhütung aufrechterhält.

DAS CHINA-SYNDROM (unten) *Bei der letzten Volkszählung im Oktober 1990 war die Bevölkerung Chinas auf 1 133 682 501 Menschen angewachsen. Bei 17 Millionen Einwohnern mehr in jedem Jahr mußte die Regierung ihr Ziel einer Gesamtbevölkerung von nur 1,2 Milliarden im Jahr 2000 aufgeben.*

AN DER BASIS (oben) *Der Mitarbeiter einer Familienplanungs-Organisation in Simbabwe schreibt ein Rezept für ein empfängnisverhütendes Mittel aus. Das Regierungsprogramm wird für eines der besten Familienplanungs-Modelle in Afrika gehalten. Es hat gezeigt, daß eine ungeheure Nachfrage nach Kontrazeptiven unter den Frauen in ländlichen Gebieten besteht.*

Wenn die Rate des Bevölkerungswachstums in Afrika nicht auf 2,9 Prozent reduziert wird, wird sich die Bevölkerung des Kontinents in 24 Jahren verdoppeln.

Nach Schätzungen der Vereinten Nationen ist nicht weniger als ein Drittel aller Schwangerschaften in den Ländern der Dritten Welt entweder zu diesem Zeitpunkt oder überhaupt nicht gewollt. Um die ungeheure Nachfrage nach empfängnisverhütenden Mitteln überall in der Welt zu befriedigen, müßten nur die gegenwärtigen Ausgaben von etwa 3 Milliarden Dollar auf etwa 6 Milliarden Dollar pro Jahr verdoppelt werden.

Die Armut in den ärmsten Ländern der Welt ist eine doppelte Geißel. Sie ist nicht nur unmittelbar an der Umweltzerstörung, vor allem in ländlichen Gegenden, beteiligt, sondern die hohe Kindersterblichkeit verstärkt auch den Wunsch nach großen Familien als „Versicherung" gegen das Risiko eines frühzeitigen Todes.

Die unsinnige Vorstellung, daß das Bevölkerungswachstum die wirtschaftliche Entwicklung fördert, ist inzwischen von fast allen Ländern der Dritten Welt aufgegeben worden. Alle Anzeichen bestätigen die Richtigkeit der Theorie, daß weniger Kinder gleichbedeutend mit glücklicheren und gesünderen Kindern ist.

AUS TATSACHEN GELERNT

Zwei wichtige Tatsachen haben sich aus den vielen Programmen zur Geburtenkontrolle ergeben: Erstens gelingt es den Ländern, in denen das Einkommen gleichmäßiger auf alle Einwohner verteilt ist, leichter, die Wachstumsrate zu verlangsamen, als den Ländern, in denen eine verhältnismäßig kleine Elite sich ständig auf Kosten der Armen bereichert.

Zweitens sind solche Programme wirksamer, wenn sie sich vor allem auf Frauen beziehen, besonders, wenn sie darauf abzielen, den Ausbildungs- und Gesundheitsstandard der Frauen in den ärmsten Gemeinschaften zu verbessern. In der ganzen Dritten Welt sind Frauen Nahrungsmittelproduzenten, Verwalter des Haushalts und Mütter; in Afrika werden 80 Prozent der Nahrungsmittel, die in der Familie verbraucht werden, von Frauen angebaut. Doch diese Frauen sind oft unterernährt, überarbeitet, durch dauernde Schwangerschaften belastet und kulturell unterdrückt. In den Ländern mit den höchsten Wachstumsraten wird es keine vernünftige Geburtenkontrolle geben, wenn die Frauen nicht voll in die entsprechenden Programme eingebunden werden. Es ist nicht unbedingt nötig, diese Programme durch entwickelte Länder zu finanzieren. China und Indien sind bei ihren Maßnahmen der Geburtenbeschränkung kaum von außen unterstützt worden. Freilich gibt es viele Länder der Dritten Welt, die dringend finanzielle Hilfe auf diesem Gebiet suchen, ohne sie zu erhalten.

Unser Schicksal (und das der Erde) ist nicht vorbestimmt. Es ist noch nicht zu spät, den Weg einzuschlagen, den wir gehen wollen. Die Erfolge, die einige Länder bereits erzielt haben, lassen sich auch in vielen anderen Ländern verwirklichen; und die Gründe, jetzt zu handeln, liegen auf der Hand. Woran es zu fehlen scheint, ist einzig der politische Wille und die Entschlossenheit, der Bevölkerungspolitik und den Fragen der Geburtenkontrolle Priorität einzuräumen.

DIE RESSOURCEN DER ERDE TEILEN *Auch die Kunden in diesem Pariser Geschäft spielen eine wichtige Rolle beim Bevölkerungsproblem der Erde. Jeder Verbraucher in einem Industrieland übt denselben Druck auf die Ressourcen der Welt aus wie Dutzende von Menschen in einem Entwicklungsland. Dieses Ungleichgewicht auszutarieren, ist vordringlich in der Bevölkerungspolitik.*

PAUL EHRLICH
ANNE EHRLICH

„Amerika und andere reiche Nationen haben heute eine klare Wahl: Sie können fortfahren, das Bevölkerungsproblem samt allem, was sie selbst dazu beitragen, zu ignorieren. Dann werden sie von der nach unten führenden Spirale mitgerissen, die in wenigen Jahrzehnten zum Untergang der menschlichen Zivilisation führen kann. Mehr Dürren, mehr vernichtete Ernten und häufigere Hungersnöte, mehr sterbende Wälder, mehr Smog, mehr internationale Konflikte, mehr Epidemien, mehr verstopfte Straßen, mehr Drogen, mehr Verbrechen, mehr Verunreinigungen durch Abwässer und andere Unannehmlichkeiten werden unseren Weg begleiten.

Oder wir können gemeinsam zur Besinnung kommen und die Maßnahmen ergreifen, die nötig sind, um die Geburtenrate drastisch zu senken. Die Menschen können lernen, das Bevölkerungswachstum als das Krebsgeschwür zu begreifen, das es tatsächlich ist, und beginnen, eine dauerhafte Gesellschaft aufzubauen. Die Reichen können den Armen helfen, anstatt danach zu streben, weiteren Reichtum anzuhäufen und unsinnige militärische Vorteile gegenüber anderen zu erlangen. Dann hat die Menschheit vielleicht eine Chance, all die sonstigen scheinbar unlösbaren Probleme zu bewältigen.

Wir sollten uns nicht täuschen: Die Bevölkerungsexplosion wird schon bald ihre Grenzen erreicht haben. Die einzige Frage ist, ob sie durch humane Methoden der Geburtenkontrolle zum Stillstand kommt oder dadurch, daß die Natur die Überzähligen auslöscht."

Paul R. Ehrlich ist Bing Professor of Population Studies und Professor of Biological Sciences an der Stanford University, an der Anne H. Ehrlich Senior Research Associate in Biological Sciences ist.

FEUER: ERSCHRECKENDE ZAHLEN

ZEITBOMBE: ÜBERBEVÖLKERUNG

Die begrenzten Ressourcen der Erde werden heute ungleich unter 5,3 Milliarden Menschen aufgeteilt, zu denen in jeder Sekunde drei weitere Menschen kommen. Die *niedrigste* Schätzung der UN für das Jahr 2100 liegt bei 7,5 Milliarden. Die Zahl ist unrealistisch optimistisch; wahrscheinlich werden zwischen 11 und 14,2 Milliarden Menschen die Erde bevölkern. Die meisten dieser Menschen werden in Entwicklungsländern leben. Es wird auch weit mehr ältere Menschen geben, die von der arbeitenden Bevölkerung unterstützt werden müssen. Unsere einzige Hoffnung liegt darin, ein stabile Bevölkerung zu schaffen, indem wir die Geburtenziffer so weit senken, daß sie der Sterbeziffer entspricht. Das läßt sich nur dadurch bewerkstelligen, daß wir dem wachsenden Bedürfnis nach Aufklärung und Familienplanung unter den Frauen der ganzen Welt entsprechen.

ZU VIELE MENSCHEN, ZUWENIG LAND (links)
Die Armen haben in der Regel große Familien, da sie glauben, daß eine größere Zahl von Kindern bei geringen Kosten das Einkommen steigert. Doch wie diese brasilianischen Siedler feststellen mußten, ist das Ergebnis häufig eine Bevölkerung, für die das zur Verfügung stehende Land nicht ausreicht.

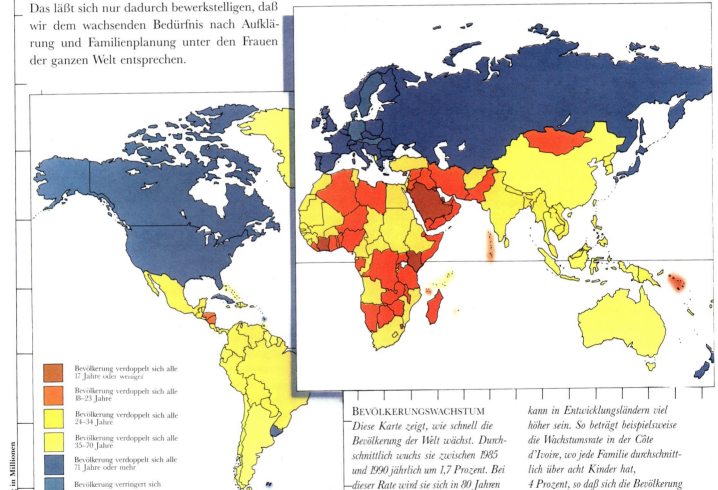

BEVÖLKERUNGSWACHSTUM
Diese Karte zeigt, wie schnell die Bevölkerung der Welt wächst. Durchschnittlich wuchs sie zwischen 1985 und 1990 jährlich um 1,7 Prozent. Bei dieser Rate wird sie sich in 80 Jahren verdoppeln. Doch die Wachstumsrate kann in Entwicklungsländern viel höher sein. So beträgt beispielsweise die Wachstumsrate in der Côte d'Ivoire, wo jede Familie durchschnittlich über acht Kinder hat, 4 Prozent, so daß sich die Bevölkerung in nur 17 Jahren verdoppelt.

WELTBEVÖLKERUNG

KLEINFAMILIE *In Industrieländern gehen viele Frauen einem Beruf nach und praktizieren Familienplanung. Das bevorzugte Modell ist die Kleinfamilie (links) mit ihren zwei Kindern – eine Familienstruktur, die zu einer stabilen Bevölkerung führt. Wie das Diagramm zeigt (rechts), sind die Industrieländer nur zu 10 Prozent am Bevölkerungswachstum beteiligt.*

Wachstum der Weltbevölkerung in Industrie- und Entwicklungsländern zwischen 1950 und 2100

ALTERSPROFIL (unten) *Verglichen mit den Industrieländern, sind in den Entwicklungsländern junge Menschen mit einem sehr hohen Anteil in der Gesamtbevölkerung vertreten. Frauen gründen oft früher eine Familie (in Indien heiraten Mädchen durchschnittlich mit 14 Jahren) und haben mehr Kinder. Die Menschen in den Industrieländern haben gewöhnlich weniger Kinder, und wegen des höheren Lebensstandards und der besseren Gesundheitsfürsorge leben sie länger.*

DAS RICHTIGE GLEICHGEWICHT (unten) *In den Industrieländern ist die Bevölkerung gleichmäßig über alle Altersbereiche verteilt. Mehr arbeitende Menschen ernähren daher die Kinder und andere Abhängige.*

DREI VORAUSSAGEN ÜBER DIE WELTBEVÖLKERUNG
Die Hauptkurve zeigt das allmähliche Anwachsen der Weltbevölkerung zwischen 1500 und 1850 (unten) und das erschreckende Ausmaß der Hochrechnungen, die die Vereinten Nationen für das Jahr 2100 angestellt haben (rechts). Die drei Hochrechnungen basieren auf unterschiedlichen Annahmen darüber, wie erfolgreich die Kampagne zur Förderung der Familienplanung verlaufen wird. Es gibt mehrere wichtige Schritte, die die Größe der Familien in Entwicklungsländern reduzieren könnten. Eine Verbesserung des Status der Frauen in der Gesellschaft würde ihnen gestatten, über ihr eigenes Leben zu bestimmen und die Informationen über Gesundheitsfürsorge und Schwangerschaftsverhütung zu nutzen. Auch die Ausbildung der Frauen hat Einfluß auf die Familienplanung: Studien haben gezeigt, daß Frauen mit Schulbildung gewöhnlich weit weniger Kinder haben als Frauen mit Schulbildung. Männer sollten auch mehr an der Familienplanung beteiligt werden – die männliche Einstellung kann jede jede Art der Geburtenkontrolle verhindern.

Hohe Hochrechnung 14,2 Milliarden
Diese Zahl würde erreicht werden, wenn die Durchschnittsfamilie im Jahre 2025 immer noch mehr als zwei Kinder hätte.

Mittlere Hochrechnung 11 Milliarden
Diese Zahl würde erreicht werden, wenn die Durchschnittsfamilie im Jahre 2035 zwei Kinder hätte.

Niedrige Hochrechnung 7,5 Milliarden
Diese Zahl würde erreicht werden, wenn die Durchschnittsfamilie bereits im Jahre 2010 zwei Kinder hätte, was als äußerst unwahrscheinlich gilt.

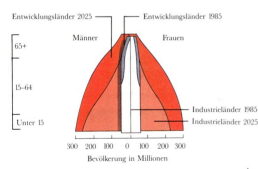

Die Grafik zeigt das Verhältnis zwischen der männlichen und der weiblichen Bevölkerung in den verschiedenen Altersgruppen in Industrie- und Entwicklungsländern. Die rosa und weißen Flächen zeigen die Bevölkerung 1985, und die roten und grauen Flächen den Anstieg von 1985 bis 2025.

Städte
Neue Wege

Jorge Hardoy und David Satterthwaite

Wenn sich die politischen Vorgaben nicht radikal ändern, werden die 90er Jahre, wie die 80er Jahre, eine „verlorene Dekade" für die meisten Menschen in den Städten der Dritten Welt werden.

Während der 80er Jahre verringerte sich das Durchschnittseinkommen in vielen Ländern der Dritten Welt, besonders in Lateinamerika und in Afrika südlich der Sahara. Der Gesundheitszustand der Bevölkerung verbesserte sich nicht, sondern tendierte im Gegenteil in einigen Gebieten eher zu einer Verschlechterung, mit häufigeren Erkrankungen und Behinderungen und einem frühen Tod. Der „materielle Reichtum", der in früheren Jahrzehnten der Entwicklung vorausgesagt worden war, verwirklichte sich nicht.

Wir stehen nun vor der Tatsache, daß die Mehrheit der Bevölkerung der Dritten Welt nicht viel – wenn überhaupt – von den wirtschaftlichen Veränderungen profitiert hat; viele Länder sind heute genauso schlecht dran wie vor 30 oder 40 Jahren. Unsicherheit beherrscht die Diskussionen zwischen den gegenwärtigen Führern der Dritten Welt, die dem Beginn eines neuen Jahrhunderts ohne klare Vorstellung von dem entgegensehen, was die Zukunft ihren verarmten Ländern bringen wird.

Inzwischen schreitet das Wachstum der Städte scheinbar unaufhaltsam fort. Die städtische Bevölkerung der Dritten Welt ist heute größer als die Gesamtbevölkerung Europas, Nordamerikas und Japans zusammen: etwa 1,3 Milliarden Menschen.

SLUMWOHNUNGEN IN LA PAZ, BOLIVIEN (gegenüber)
Die Armen und ihre Kinder (wie der Abfallsammler in Manila, oben) sind die eigentlichen Planer der meisten Städte in der Dritten Welt. Sie, und nicht die Behörden oder großen wirtschaftlichen Interessen, sind es, die die Stadt zum großen Teil finanzieren und gestalten. Sie sind es auch, die die meisten Behausungen bauen, auch wenn diese von den Regierungen für illegal erklärt werden.

Jorge Hardoy, *MSc PhD, ist Präsident des International Institute for Environment and Development America Latina in Buenos Aires. Zweimal als Guggenheim Fellow ausgezeichnet, hat er sich in seinen Schriften sowohl mit historischen als auch mit zeitgenössischen Problemen der Urbanisierung befaßt.*

David Satterthwaite *ist als Forscher für IIED in London und als Berater für die World Commission on Environment and Development tätig. Zusammen mit Jorge Hardoy gibt er die halbjährlich erscheinende Zeitschrift des IIED,* Environment and Urbanization, *heraus.*

Armut und Elend, gemeinhin eher mit ländlichen Gegenden in Zusammenhang gebracht, bilden jetzt einen traurigen Teil des städtischen Lebens. Millionen von Menschen leben in illegal errichteten Hütten und Häusern auf Grundstücken, die ihnen nicht gehören. Viele andere Aspekte ihres Lebens sind illegal: ihre Arbeit, die Wasserversorgung, die Anschlüsse an das Elektrizitätsnetz und selbst die Gesundheitseinrichtungen und die Busse, die sie in Anspruch nehmen. Legale Häuser, Arbeitsstellen und Dienstleistungen stehen entweder nicht zur Verfügung oder sind zu teuer. Die meisten Armen der Dritten Welt sterben vor ihrem 40. Lebensjahr; in vielen Ländern sterben 30 Prozent oder mehr, bevor sie fünf Jahre alt werden.

Das Wachstum der Städte

Das Wachstum der Bevölkerung der Dritten Welt in den nächsten Jahrzehnten wird sich vor allem in städtischen Ballungszentren vollziehen – und dies trotz der Tatsache, daß sich in den meisten Ländern die Rate, in der die städtische Bevölkerung wächst, im Vergleich zu der der 50er, 60er und 70er Jahre infolge der stagnierenden Wirtschaft eher verlangsamt hat. Viele Städte wuchsen in den 80er Jahren langsamer als in früheren Jahrzehnten. Dennoch wachsen die Städte weiter, da wirtschaftliche, soziale und politische Faktoren dafür sorgen, daß auch in Zukunft neue Arbeitsstellen, Fortbildungsmöglichkeiten oder einfach die Chance zu überleben auf städtische Ballungsgebiete konzentriert bleiben. In den Ländern, in denen eine kleine Elite den größten Teil des bebauten Landes besitzt, führt die erhöhte landwirtschaftliche Produktion gewöhnlich dazu, daß sie die Lebensgrundlage der armen ländlichen Haushalte zerstört. In Ländern, in denen der Landbesitz gerechter

FEUER: NEUE WEGE

AUF DER FALSCHEN SEITE DER STRASSE (rechts) *Slums an der Bahnstrecke nach Jakarta sind ein Symptom für die wachsende Bevölkerungszahl Indonesiens. Ziel des bekannten Umsiedlungsprogramms (zum Teil von der Weltbank finanziert) ist es, Millionen Menschen vom javanischen Festland in entlegene Gebiete zu bringen. Die eigentliche Wurzel des Problems ist jedoch nicht die Überbevölkerung, sondern die Konzentration fruchtbarer Anbauflächen in den Händen einer Minorität.*

AUSDEHNUNG DER RANDGEBIETE *Mit 20 Millionen Einwohnern ist Mexico City das größte städtische Ballungsgebiet der Welt. Die Wohnungsnot ist groß – die 3 Millionen Menschen, die in den schachbrettartigen Straßen des Bezirks Nizahua-Coyotl (links) leben, sind kaum besser dran als die Bewohner der Wellblechhütten in Valle de Chalco (unten).*

verteilt ist, fördert eine erhöhte landwirtschaftliche Produktion und wachsender Wohlstand immer noch das städtische und industrielle Wachstum. Und selbst dort, wo die Landwirtschaft stagniert, verbessert die arme ländliche Bevölkerung oft ihre Überlebenschance dadurch, daß sie in die städtischen Ballungsräume zieht.

Städte wachsen auch durch die Kinder, die dort geboren werden. Selbst bei einem langsameren Wachstum werden nicht weniger als 60 Städte in Afrika, Asien und Lateinamerika in den 90er Jahren um wenigstens 100 000 Einwohner pro Jahr wachsen. Etwa 150 andere Städte werden um 50 000 Einwohner pro Jahr wachsen. Knapp 3 Prozent der Bevölkerung der Dritten Welt lebt in „Megastädten" mit 10 Millionen und mehr Einwohnern, die unvorhergesehen große Probleme bereiten. Sie sind schon heute so groß, daß eine Wachstumsrate von 3 oder 4 Prozent pro Jahr eine enorme zusätzliche Bevölkerung bedeutet. Es steht zu erwarten, daß der Großraum Mexico City in den 90er Jahren um über 500 000 Einwohner pro Jahr wachsen wird, São Paulo um durchschnittlich 400 000 und Karatschi und Bombay (unter anderem) um mindestens 300 000. Im Gegensatz dazu werden in den 90er Jahren vermutlich nur zwei Städte in Westeuropa – Athen und Madrid – um 25 000 Einwohner pro Jahr wachsen.

Schätzungsweise 600 Millionen Menschen in den Städten der Dritten Welt leben ohne Wasserversorgung, sanitäre Einrichtungen und ohne feste Häuser.

Diese Zahlen sprechen für sich; doch was sie für die Umwelt und die natürlichen Ressourcen städtischer Ballungsräume bedeuten, ist noch entmutigender – besonders in Regionen, die noch vor einer Generation unbesiedelt oder nur schwach besiedelt waren. Ein großer Teil des Bevölkerungswachstums der letzten Zeit hat in empfindlichen Ökosystemen wie den feuchten Tropenwäldern und den Trockengebieten Lateinamerikas, Südostasiens und Afrikas stattgefunden.

Die Gründe dafür sind vor allem in der Politik zu suchen. In Afrika südlich der Sahara und in Südostasien hat die Unabhängigkeit Millionen von Menschen die Freiheit gegeben, ihren Wohnort selbst zu bestimmen; unter der Kolonialherrschaft war dieses Recht strengen Einschränkungen unterworfen gewesen. Als diese Einschränkungen aufgehoben wurden, zogen viele in städtische Ballungsräume (sowohl alte als auch neue) und andere in neu für die Landwirtschaft erschlossene Gebiete.

Städte

Zeitbombe: Urbanisation

Für viele Städte der Dritten Welt ist die Bevölkerungsexplosion bereits Teil ihres Alltags geworden. Städte wie Sao Paulo und Mexico City verzeichnen seit den 70er Jahren einen steilen Anstieg ihrer Bevölkerung und erwarten für die kommenden Jahre noch mehr Zuwachs. Die mit diesem Urbanisationsprozeß verbundenen Umweltschäden sind beträchtlich: immer mehr Wälder werden abgeholzt, die Bodenerosion schreitet fort, und die chronischen Probleme der Luft- und Wasserverschmutzung belasten zusätzlich die ohnehin schon stark beanspruchten Infrastrukturen der Städte. In vielen städtischen Gemeinden sind Verarmung, Unterernährung und Epidemien bereits so allgegenwärtig wie in den ländlichen Gebieten.

1990 Weltbevölkerung: Stadt (Dritte Welt): 25%; Stadt (Industrienationen): 17%; Land (Industrienationen): 6%; Land (Dritte Welt): 52%

2025 Weltbevölkerung: Stadt (Dritte Welt): 46%; Stadt (Industrienationen): 13%; Land (Industrienationen): 4%; Land (Dritte Welt): 37%

Die Anziehungskraft der Stadt (unten) *Durch Dürre aus ihrer Heimat vertriebene bäuerliche Familien hausen in Zelten vor der indischen Stadt Ahmadabad.*

Vorhersagen über Stadt/Land Bevölkerung (oben) *Als Folge der Urbanisation in der Dritten Welt werden im Jahre 2025 insgesamt 59 Prozent der Weltbevölkerung in städtischen Gebieten leben.*

Städtebalken (Millionen):
- Mexico City: 2000: 25; 1990: 20; 1970: 9; 1950: 3
- New York: 2000: 16; 1990: 15; 1970: 12.4
- São Paulo: 2000: 23; 1990: 18; 1970: 8; 1950: 2.7
- Lagos: 2000: 8.3; 1990: 4.7; 1970: 1.4; 1950: 0.3
- Teheran: 2000: 13; 1990: 9; 1970: 3.; 1950: 0.9
- Kalkutta: 2000: 16; 1990: 12; 1970: 7; 1950: 4
- Dacca: 2000: 11; 1990: 6.5; 1970: 1.5; 1950: 0.4
- Bangkok: 2000: 10; 1990: 7; 1970: 3.2; 1950: 1.4
- Schanghai: 2000: 14; 1990: 12; 1970: 11; 1950: 10
- Tokio: 2000: 20; 1990: 19.2; 1970: 14.9; 1950: 6.7

Schlüssel *Die Balken auf der Weltkarte zeigen die Bevölkerung (in Millionen) für die Jahre unten. (New York ist eine Ausnahme. Seine höchste Einwohnerzahl, 16 Millionen, hatte es 1970. Seither hat sich seine Bevölkerungszahl auf 15 Millionen eingependelt). Die Zahlen sind Schätzungen der UNO.*

Der Autor bezweifelt die Richtigkeit der Annahmen, auf denen die UNO-Vorhersagen über städtisches Bevölkerungswachstum beruhen.

Bangkok

Überall auf der Erde leiden die Großstädte unter den gleichen verheerenden Folgen der schnellen Urbanisation. Doch jede Stadt hat überdies ihre eigenen Probleme.

So liegt beispielsweise Bangkok am fruchtbaren Schwemmdelta des Chao Phraya. Der Fluß und die vielen Kanäle haben nicht unwesentlich zum wirtschaftlichen Erfolg der Stadt beigetragen, aber Wasser ist auch eine der Hauptursachen für die drängendsten ökologischen Probleme der Stadt.

- Nur 2 Prozent der Einwohner Bangkoks haben Anschluß an das Abwässersystem.
- Der Wasserspiegel ist seit den 50er Jahren um 25 Meter gefallen, so daß sich das Land mit einer Rate von 13 cm im Jahr absenkt.
- Ein Drittel der Bevölkerung der Stadt hat keinen Zugang zur öffentlichen Wasserversorgung und muß Wasser von Händlern kaufen.
- Ein Viertel der Abfälle wird auf Müllhalden deponiert oder fließt in die Flüsse.
- Die Armen werden oft von gutem Bauland vertrieben und in Gebieten angesiedelt, die durch Überschwemmungen gefährdet sind.

Feuer: Neue Wege

ABFALLSAMMLER (oben) *Am Rande Manilas auf den Philippinen leben Hunderte von Menschen von den Abfällen, die sie auf den großen, als „Rauchende Berge" bekannten Müllkippen finden. Obwohl gefährlich und ungesund, ist die Abfallsuche in den Städten der Dritten Welt etwas Alltägliches.*

KLEINGEWERBE *Die fast chancenlosen Armen der meisten Städte der Dritten Welt leben von kleinen, inoffiziellen Geschäften – wie diese Uhrreparaturwerkstatt in Nigeria (oben, rechts) und der Andenkenladen in Lima, Peru (rechts, unten). Das Wirtschaftsleben der Stadt beruht auf kleinen Unternehmen wie diesen.*

Auch in Lateinamerika waren neue landwirtschaftliche Nutzflächen erschlossen worden, hier durch den Umstand bedingt, daß eine kleine Elite bereits den größten Teil des qualitativ hochwertigen kultivierten Bodens besaß. Die Suche der Menschen nach neuem Land in Verbindung mit privaten und öffentlichen Initiativen, bisher unerschlossene natürliche Ressourcen anzuzapfen, wurde unterstützt durch den Bau neuer Straßen und Kommunikationssysteme.

Dies wiederum hat ein Netzwerk von Groß- und Kleinstädten sowie ländliche Siedlungen in Gebieten geschaffen, die früher kaum von Menschen bewohnt waren. Sofern es bereits kleinere Städte dort gab, haben sie sich innerhalb von zwei oder drei Jahrzehnten um ein Vielfaches vergrößert. Andere wuchsen aus dem Nichts. Brasilia mit seinen etwa 2,4 Millionen Einwohnern (1989) existierte 1960 überhaupt noch nicht! Ciudad Járez im Norden Mexikos wuchs in den Jahren zwischen 1960 und 1990 von 262000 Einwohnern auf über 1 Million. Verleger moderner Atlanten sehen sich mit der fast unmöglichen Aufgabe konfrontiert, mit dieser demographischen Entwicklung Schritt zu halten. Orte, die in einer Auflage zu klein waren, um überhaupt Erwähnung zu finden, haben beim Erscheinen der nächsten Hunderttausende von Bewohnern angezogen.

Die neuen städtischen Ballungszentren, die in einigen der empfindlichsten Ökosystemen der Welt entstehen, verursachen enorme Umweltschäden.

Irgendwie muß es gelingen, den Austausch zwischen städtischen Ballungsgebieten und ihrer Umgebung vernünftiger zu gestalten und zugleich einen angemesseneren Lebensstandard für die ärmere städtische Bevölkerung zu gewährleisten, d.h. sie mit Nahrungsmitteln, Wasser und den anderen natürlichen Ressourcen zu versorgen, die sie braucht. Diese beiden politischen Ziele schließen einander nicht aus; eine innovative Politik kann Lösungen für beide suchen.

So kann die Erhaltung der natürlichen Ressourcen selbst neue Arbeitsstellen schaffen und die Qualität der städtischen und ländlichen Umwelt entschieden verbessern – zum Beispiel durch Wiederaufforstungen, durch die Nutzung verbrauchten Wassers aus den Städten zur Bewässerung von Äckern, die Verminderung der Abfallerzeugung und die Förderung von Recyclingverfahren, um sicherzustellen, daß weniger Abfall in Flüsse und Seen wandert oder auf Schutthalden an der Peripherie der Städte abgelagert wird.

Außerdem ist es in der Regel viel billiger, dem wachsenden Bedarf an welchen Ressourcen auch immer durch wirkungsvollere Nutzung dieser Ressourcen zu begegnen. So ist es beispielsweise weitaus billiger, den wachsenden Wasserbedarf durch Reparaturen schadhafter Leitungssysteme abzudecken, und eine bessere Ausnutzung der Energie ist wirkungsvoller, als den Ausstoß an Energie zu erhöhen. Eine bessere Verkehrsplanung zusammen mit Maßnahmen, das öffentliche Transportwesen zu Lasten des privaten auf den bestehenden Straßen zu fördern, kann die Überlastung der Straßen billiger beseitigen als der Bau neuer Verkehrswege. Das trägt dazu bei, die Luftverschmutzung herabzusetzen, die in vielen Städten der Dritten Welt extrem ungesunde Ausmaße erreicht hat. Solche Maßnahmen müssen begleitet werden von rigorosen Kontrollen – vor allem der Industrie –, wobei die Firmen an den Kosten der öffentlichen Straßen, der Wasserversorgung, der Abflußsysteme und anderer Einrichtungen, die sie nutzen, in vollem Umfang beteiligt werden müssen.

Die politische Zukunft der meisten Länder der Dritten Welt hängt maßgeblich davon ab, wie sie die Probleme ihrer Städte lösen. Wir müssen anfangen, vier Grundtatsachen zu begreifen. Erstens nützt der Versuch, den Urbanisierungsprozeß zu stoppen, weder den ärmeren Bevölkerungsgruppen noch einer verbesserten Ressourcenverwaltung. Tatsächlich können gutgeführte Städte die Grunddienstleistungen (Wasserversorgung, sanitäre Einrichtungen, Gesundheitsfürsorge und so wei-

JACK MUNDEY

„Als Arbeiter und Gewerkschaftler habe ich den Eindruck gewonnen, daß es der Umweltbewegung in der ganzen Welt und besonders in den reichen Ländern nicht gelungen ist, arbeitende Menschen in die wichtigste Bewegung unserer Zeit einzubeziehen. Gleichermaßen muß die internationale Gewerkschaftsbewegung ihr enges wirtschaftsorientiertes Denken aufgeben und eine sozial verantwortungsbewußte Einstellung der Arbeit gegenüber gewinnen. Die Green-Ban-Bewegung in Australien hat in den 70er Jahren erfolgreich ein historisches Bündnis zwischen Menschen der Mittelklasse und der Arbeiterklasse geschlossen und viele Umweltprobleme gelöst – gestützt auf die Überzeugung, daß jede Arbeit sozial verträglich sein sollte. Die Gestaltung beständiger Gesellschaften erfordert eine gründliche Überprüfung des gesamten Produktions- und Konsumprozesses. Nur wenn wir die Menschen aller gesellschaftlicher Klassen aufrufen mitzumachen, können wir uns vom herrschenden konsumorientierten Verhalten lösen und eine ethische Revolution herbeiführen, die uns den Weg weist zu einer sozialen, ökonomischen und politischen Gesundung."

Jack Mundey ist nationaler Berater der Australian Conservation Foundation und Präsident der Urban Environment Coalition.

WOLFGANG ENGELHARDT

„Das nun anbrechende Jahrhundert wird – so oder so – das Jahrhundert der Umwelt werden.
Ob es in der Rückschau künftiger Generationen positiv oder negativ bewertet wird, liegt nicht an der Natur, sondern allein an den Menschen, zuvorderst an den Entscheidungsträgern in Politik und Wirtschaft, aber auch an uns allen, die wir die richtigen und notwendigen Entscheidungen nicht nur fordern, vielmehr auch zu tragen haben. Jahrhundert der Umwelt, das heißt
– das Bevölkerungswachstum in allen Regionen der Erde in ein Gleichgewicht mit den Möglichkeiten der jeweiligen natürlichen Grundlagen des Lebens zu bringen,
– der fortschreitenden Zerstörung des Ozonschildes und
– der drohenden Änderung des Globalklimas wirksam zu begegnen,
– die rasche Ausbreitung der Wüsten anzuhalten,
– der schlimmen Verschmutzung der Meere entgegenzuwirken
– und – am vordringlichsten – die Vernichtungsorgie, die sich seit Jahren an den tropischen Wäldern austobt, zu beenden.
Jahrhundert der Umwelt heißt ganz besonders, endlich in Globalzusammenhängen zu denken und zu handeln."

Professor Dr. Wolfgang Engelhardt ist Präsident des Deutschen Naturschutzringes.

WASCHTAG AN DER ABWASSERLEITUNG
Wo die Wasserversorgung ungenügend ist, müssen die Ärmsten der Städte der Dritten Welt, wie hier in Haiti, mit dem vorliebnehmen, was sie finden, selbst wenn es aus einer offenen Abwasserleitung kommt.

ter) wesentlich billiger anbieten und dazu beitragen, Naturlandschaften und Gebiete von besonderem ökologischen Wert zu schützen, indem sie die Menschen auf kleinere Flächen konzentrieren und den Druck auf ländliche Ressourcen vermindern.

In den meisten Städten der Dritten Welt werden über 70 Prozent aller neuen Behausungen „illegal" in inoffiziellen Siedlungsgebieten gebaut.

Zweitens wird die Ökonomie und Umwelt dieser Städte weitgehend bestimmt von Menschen mit geringem Einkommen: Lumpensammlern und Abfallverwertern, Flickschustern, Hausierern, Dienstmädchen, Regierungsangestellten, Fabrikarbeitern, Schuhputzern und Marktverkäufern. Drittens werden viele Familien von Frauen geleitet, die sich der dreifachen Aufgabe gegenübersehen, Kinder aufzuziehen, den Haushalt zu führen und für den größten Teil des Einkommens zu sorgen. Und viertens wird in den meisten Städten der Dritten Welt fast die Hälfte der Bevölkerung in den nächsten ein, zwei Jahrzehnten aus Einwohnern bestehen, die weniger als 15 Jahre alt sind. Das Ausmaß, in dem ihre Bedürfnisse und Prioritäten befriedigt werden, wird von entscheidender Bedeutung für ihre politische Einstellung und ihre beruflichen Möglichkeiten sein. Die meisten dieser Kinder werden arbeiten müssen, bevor sie die Schule beendet haben. Obwohl viele von ihnen weiterhin bei ihren Familien leben werden, wird es Millionen geben, für die die Straße das Heim ist und die ständiger Gewalt und Ausbeutung ausgesetzt sind.

EINE NEUE PARTNERSCHAFT

Die einzige Art, mit diesen Problemen fertigzuwerden, besteht darin, aus der Not eine Tugend zu machen. Das bedeutet, daß Politiker und Behördenvertreter nicht nur lernen müssen, Städte mit sehr geringem Einkommen zu verwalten, sondern dies auch dadurch bewerkstelligen, daß sie mit den und nicht gegen die wenig verdienenden, unausgebildeten Menschen arbeiten, die die Mehrheit der Bevölkerung bilden.

Doch persönlicher Einfallsreichtum und die Bereitschaft der Armen, sich den Gegebenheiten anzupassen, kann nicht den Mangel an Straßen, Kanalisation, Wasser- und Abwässersystemen oder Grundstücken beseitigen, auf denen diese Armen legal bauen dürfen. Anstatt ihre Bedürfnisse zu ignorieren oder zu unterdrücken – etwa durch Einebnung ihrer Siedlungen –, müssen die

REICHTUM AUS ABFÄLLEN

Weil Kalkutta keine modernen Kläranlagen zur Reinigung seiner Abwässer besitzt, wird der größte Teil der menschlichen Abfallprodukte in flache Seen am Rande der Stadt geleitet, die eine Fläche von über 2500 Hektar einnehmen. Durch ein kompliziertes System von ober- und unterirdischen Kanälen werden die Abwässer sorgfältig auf diese Seen verteilt. Wenn es gelingt, sie auf einem bestimmten Pegel zu halten, begünstigen sie das Wachstum von Algen und Wasserpflanzen, wie Wasserhyazinthen und Brunnenkresse, die dazu beitragen, einige der Schwermetalle in den Abwässern zu absorbieren. Diese Pflanzen bieten den Riesengarnelen, Karpfen, Tilapien und anderen in den Seen lebenden Fischen reichlich Nahrung.

Das ganze System der Verwandlung menschlicher Abfallprodukte in wertvolle Nahrungsquellen wird von Fischern kontrolliert.

Es ist dies die größte biologische Abwässerentsorgungsanlage der Welt. Sie erfordert kaum Wartung und kostet die Stadt Kalkutta keine einzige Rupie. Viele im reichen Norden mögen sich von solchen Vorstellungen abgestoßen fühlen, aber es ist ein System, das sich nicht nur selbst erhält, sondern überdies Leben spendet.

BIOLOGISCHE ABFALLBESEITIGUNG
Fischer aus Kalkutta mit ihrem Tagesfang aus dem sich selbst erhaltenden Abwässersystem der Stadt.

STÄDTE

Regierenden erkennen, daß eine Zusammenarbeit mit den armen Bevölkerungsgruppen ein wirksamerer und demokratischerer Weg städtischer Entwicklung ist. Regierungen könnten die Quantität und Qualität der Wohnraumbeschaffung für die Armen einfach dadurch verbessern, daß sie diese in ihren eigenen Bemühungen unterstützen – indem sie ihnen genügend billiges Bauland in möglichst unmittelbarer Nähe ihrer Einkommensquellen zur Verfügung stellen, ihnen Darlehen zu erfüllbaren Bedingungen gewähren, ihnen mit Rat und Tat beim Bau billiger und sicherer Häuser und der Gestaltung neuer Siedlungen zur Seite stehen. Die Kosten der Wasserversorgung, der sanitären Einrichtungen, des Straßenbaus, der Kanalisation und anderer Infrastrukturmaßnahmen werden durch eine solche Partnerschaft erheblich reduziert.

Es wird neue Führer geben. Die Menschen, die die zukünftigen Städte bauen und verwalten, werden sich von den traditionellen Politikern und Technokraten unterscheiden. Viele Frauen aus allen gesellschaftlichen Schichten werden eine wachsende politische, berufliche und wirtschaftliche Rolle in der Stadt der Zukunft spielen.

MANGEL AN EINSICHT

Es mag seltsam klingen, aber die meisten Regierungen und internationalen Organisationen haben keine klare Vorstellung von dem, was mit den Städten und ihren Armen geschehen soll. Städte werden immer noch als „Fässer ohne Boden" betrachtet, in denen Unmengen an Geldern ohne sichtbare Wirkung verschwinden. Trotz aller Informationen über das, was gegenwärtig geschieht, sind die Diskussionen über die Möglichkeiten, Städte zu verwalten, in denen die Mehrheit der Bevölkerung arm ist, völlig unrealistisch. Wir können nicht auf Erfolge verweisen, indem wir stolz einige erfolgreiche Projekte herausstellen, die die Überlebenschancen oder die Lebensbedingungen einer kleinen Minderheit aller Bedürftigen verbessert haben.

Wenn die Länder der Dritten Welt sich je auf Dauer entwickeln sollen, müssen wir die Fragen der menschlichen Grundbedürfnisse und der städtischen Entwicklung an die erste Stelle der Tagesordnung jedes Landes und jeder internationalen Organisation rücken. Die Verantwortlichen in Regierungen und Organisationen haben den Einfallsreichtum und das Solidaritätsgefühl der Menschen vergessen, die sie als das eigentliche Problem betrachten. Sie sehen nicht, daß es eben diese Menschen sind, die dazu beitragen können, gesündere und umweltfreundlichere Städte zu bauen und zu verwalten.

AN DER GRÜNEN FRONT
ELA BHATT UND SEWA
Self-Employed Women's Association

Ela Bhatt gründete die Self-Employed Women's Association im Jahre 1972. Als Rechtsanwältin und Sozialarbeiterin hatte sie die elenden Lebensbedingungen der freiberuflich arbeitenden Frauen in ihrer Heimatstadt Ahmadabad, im indischen Staat Gujarat, kennengelernt.

Die SEWA zählt jetzt über 100 000 Mitglieder in sechs indischen Staaten. Zu den Frauen gehören Weberinnen, Stickerinnen, Obst-, Fisch- und Gemüseverkäuferinnen, Altpapiersammlerinnen und Straßenbauarbeiterinnen. Die meisten von ihnen müssen übertreuerte Mieten für ihre Verkaufsstände oder die für ihr Gewerbe nötigen Geräte bezahlen und werden nicht selten von Geldverleihern, Arbeitgebern und Behördenangestellten ausgenutzt.

Im vereinten Kmapf gegen Armut und Unterdrückung haben sie Kooperativen gegründet, um Kenntnisse und Fertigkeiten auszutauschen, neue Geräte und Techniken zu entwickeln, Großeinkäufe zu tätigen und ihre Produkte gemeinsam zu vermarkten. Überdies haben sie eine eigene Bank aufgemacht. Heute verwaltet die SEWA 22 000 Konten und hat Tausende von Frauen davor geschützt, Geldverleiher und Pfandhäuser aufsuchen zu müssen. Statt dessen besitzen diese Frauen jetzt Land, kleine Vermögenswerte und ihre eigenen Produktionsmittel.

In Ela Bhatts eigenen Worten: „Anstatt das Elend passiv hinzunehmen, haben die SEWA-Frauen dadurch, daß sie sich organisierten, den Mut gewonnen, sich zu erheben."

BLICK AUF HARLEM, NEW YORK
Städtische Verelendung ist nicht auf Länder der Dritten Welt beschränkt. Noch immer müssen Millionen von Kindern in Umgebungen wie dieser in einem der reichsten Länder der Erde leben.

Rettet die Erde

Die ländlichen Ressourcen
Zivilisation neu erlernen

Anil Agarwal

Drei Milliarden Menschen in etwa einer Million Dörfer nutzen den Großteil des Landes der Welt. „Gebildete Leute" betrachten sie als unwissend und unkultiviert; doch nichts könnte der Wahrheit ferner sein.

Wir leben in einer Welt, die erbarmungslos aufgeteilt ist zwischen den hoffnungslos Armen und den allzu Reichen, den Hungrigen und den Übersättigten, den Mächtigen und den Machtlosen. In den ländlichen Gebieten zeigt die Ungerechtigkeit und Grausamkeit dieser Teilung ihr bösartigstes Gesicht. In vielen Dörfern Afrikas, Asiens und Südamerikas leben Menschen seit Tausenden von Jahren. Sie besitzen eine wahrhaft verwurzelte Kultur und kennen seit Jahren ihre Umwelt. Sie haben herausgefunden, was die Zeiten überdauert und was nicht. Eine Unzahl von Umweltbedingungen brachte auch unzählige Kulturen hervor: Auf den Hängen praktizieren die Menschen Wechselwirtschaft; in der Wüste machen sie einen behutsamen und jahreszeitlich angepaßten Gebrauch von den Ressourcen und leben daher als Nomaden; in semiariden Gebieten betreiben sie eine Mischung aus Viehzucht und Ackerbau; und in der relativ robusten Umgebung der feuchten Tropen fällen sie die Bäume, kultivieren riesige Flächen für den Reisanbau und legen dazu ein Netz von „Hausgärten" mit einer außerordentlichen Vielfalt von Kulturpflanzen an.

Weltweit ist dadurch ein breites Spektrum auskömmlicher Lebensunterhalte und Kulturen entstanden. Über Generationen hinweg bewahrte man Verfahren, die den Lebensunterhalt sichern, gab

Anil Agarwal, *der seine Laufbahn als Wissenschaftsjournalist begann, ist heute Leiter des* Centre for Science and Environment *in Neu-Delhi, einer Einrichtung, die das öffentliche Bewußtsein für umweltorientierte Entwicklung stärken will.*

andere, die sich als nicht tragfähig erwiesen, auf. Die Kultur setzte diese „Gebote und Verbote" ins Alltagsleben um und formte damit einen machtvollen Vorrat aus überliefertem Wissen.

Das, was im kolonialen und nachkolonialen Indien geschah, ist ein deprimierendes Beispiel dafür, wie dieses Wissen mißachtet wurde. Bauern, die in semiariden Gebieten leben, mußten schon immer Verfahren anwenden, die ökologisch verträglich und relativ risikolos waren. Der Monsun bringt ausgiebige Regenfälle, aber nur drei Monate im Jahr, und die tatsächliche Niederschlagsmenge ist von Jahr zu Jahr sehr unterschiedlich. Als Antwort auf diese natürlichen Bedingungen entwickelten die Dorfbewohner ein komplexes Recycling-System. Der Ackerbau produziert Getreide, das die Menschen ernährt, und Ernte-Überreste für die Tiere. Durch Viehhaltung gewinnt man nicht nur Milch, sondern auch Dünger und Zugtiere; Wälder bieten eine anhaltende Versorgung mit Grünfutter und Brennholz. Somit verwandelte sich das Land um jedes indische Dorf herum in ein komplexes Ökosystem aus Feldern, Weiden und Wäldern, ein sich gegenseitig beeinflussendes biologisches „Mehrzweck"-System, das den jahreszeitlichen Rhythmen der Gegend angepaßt ist und die sozialen und wirtschaftlichen Auswirkungen der unterschiedlichen Niederschlagsmengen auf ein Minimum reduziert.

Weil das Land die meiste Zeit des Jahres über ausgedörrt ist, haben die Menschen Vorrichtungen entwickelt, um Wasser zu speichern. Dazu mußten sie keine riesigen Staudämme bauen: Sie fingen einfach die gewaltigen Regenfälle auf, die in ihrem eigenen Dorf niedergingen, bevor sie der Fluß schluckte. Als die Briten im frühen 19. Jahrhundert begannen, Indien zu kolonisieren, gab es über das

Den Schaden beheben *Aufgrund der starken Rodungen seiner Hügel und Berge hat Nepal eine verheerende Erosion erlebt. Umfangreiche Aufforstungsprogramme sind im Augenblick im Gange; doch es wird noch viele Jahre dauern, bevor die Bäume, die diese junge Nepalesin gepflanzt hat (gegenüberliegende Seite) dazu beitragen werden, den Status quo wiederherzustellen. Auf dem indischen Subkontinent wird die wertvollste Arbeit oft von Frauen getan, wie das Teepflücken auf einer großen Plantage (kleines Bild, oben) oder häusliche Arbeiten wie das Trocknen von Reis in Bangladesch (rechts).*

Feuer: Zivilisation neu erlernen

UNTERWEGS Nomadische Hirten wie diese jemenitischen Kameltreiber haben ihre Lebensweise besonders empfindlichen Ökosystemen auf der Welt angepaßt. Etwa 50 Millionen Menschen auf der Erde leben von der Aufzucht von Rindern, Ziegen, Kamelen, Eseln und Schafen, doch die Entwicklung und die moderne Agrikultur sind dabei, sowohl ihre Lebensweise als auch die wenigen kostbaren Ressourcen, von denen sie abhängen, zu zerstören.

UWE SEELER

„Ich bin mir sicher, daß heute immer mehr Menschen begreifen, wie notwendig es ist, zu einem ökologischen Leben zu finden. Denn meines Erachtens ist es möglich, im Einklang mit unserer natürlichen Umwelt zu leben. Dazu bedarf es nicht immer einer revolutionären Neuerung oder grundlegenden Systemveränderung.
Umwelt begreifen heute sehr viel mehr Menschen ganz anders als in der Vergangenheit. Heute sind wir wesentlich besser durch Zeitungen, Zeitschriften, Rundfunk und Fernsehen informiert.
Das bessere Verständnis zur Umwelt kommt aber nicht allein durch das Erleben von Gefährdungen der eigenen Gesundheit aus den Medien, sondern z. B. auch durch eine ständig steigende Rechnung für die Müllabfuhr. Auch diese Kleinigkeiten können zum Umdenken bei uns allen führen.
Und wichtige Ergebnisse für uns und unsere Umwelt, die Wandlung in unseren Denkprozessen sind überall zu sehen: Sonnenkollektoren auf Dächern, Alternative Wohn- und Lebensformen, biologischer Anbau von einheimischen Früchten, Sortierung und Recycling des Mülls, abgasfreie und leise Elektroautos…
Diese spürbare Verantwortung, dieses Denken in größeren Zusammenhängen und dieses ‚selbst mal in die Hand nehmen' ist deshalb meiner Meinung nach der richtige Weg, umweltgerecht unseren Planeten Erde in den Zustand zu versetzen und zu erhalten, der es wert ist, an unsere Kinder weitergegeben zu werden.
Nichtstun fordert seinen Preis, Ge- und Verbote sind nicht die Patentrezepte, sondern Bereitschaft zur Verantwortung gegenüber unserer Natur und Umwelt.
Denn: Die Umwelt braucht uns nicht, aber wir ganz sicherlich die Umwelt mit all ihren Schönheiten."

Uwe Seeler, bekannter deutscher Fußballspieler, engagiert sich auch für Umweltfragen.

ganze Land verteilt Hunderttausende solcher Teiche zum Auffangen von Wasser.

Diese Technologie wurde von einem ausgefeilten System der Besitzrechte und religiösen Bräuche begleitet. Äcker waren Privatbesitz, Weiden, Wälder und Teiche dagegen Gemeineigentum, dessen Gebrauch durch die Dorfbewohner geregelt wurde. Nicht nur die Kuh, sondern auch das Weideland war heilig. In vielen Wäldern wurden heilige Gehölze ausgespart und geschont, während die Teiche und ihr Wasserreservoir religiöse Bedeutung erlangten und nicht verschmutzt werden durften.

EIN SYSTEM, DAS SICH BEWÄHRT HAT

Von dem Wohlstand, der in solchen Dörfern erzeugt wurde, lebten die verschiedensten Handwerker, die eine Vielzahl weltberühmter Artikel herstellten. Gewaltige Städte entstanden am Ganges und anderswo im Land. Bevor die Briten kamen, konnten in Indien fast 100 Prozent der Menschen lesen und schreiben, und es gab hier auch vermutlich mehr Städte als in irgendeinem anderen Land der Welt. Das gesamte System versagte nur während extremer Dürren und Überschwemmungen, und das vor allem aufgrund des unentwickelten Transportwesens. Könige und Königreiche mochten sich ihren Wohlstand streitig machen, das Leben in den Dörfern jedoch ging weiter – gestützt auf Selbstvertrauen und wirtschaftliche Unabhängigkeit.

Doch all dies zerrüttete und zerstörte der Kolonialismus. Die Europäer brannten darauf, am Reichtum Indiens teilzuhaben, aber die Auffassung vom Gemeineigentum in der Dritten Welt begriffen sie nicht. Da die Ländereien, die der Gemeinschaft gehörten, keine Erträge abwarfen, betrachteten die Briten sie als Ödland, machten sie zu Staatseigentum und ließen sie von einer Bürokratie verwalten, die einen Prozeß systematischer Ausplünderung in Gang setzte. Im ganzen Land übernahmen sie riesige Waldflächen, ohne den Dorfbewohnern irgendeine Entschädigung anzubieten.

Das gesamte ökonomisch-ökologische System wurde darauf ausgerichtet, Güter für die städtischen Märkte der Kolonialmacht statt für den Bedürfnisse der einheimischen Bevölkerung zu produzieren. Die Auswirkungen dieses Wandels waren tiefgreifend. Alte indische Städte, die von natürlich gewachsenen Stadt-Land-Bindungen abhängig waren, verarmten; Indien wurde insgesamt enturbanisiert; Handwerker machten Bankrott und mußten zurück aufs Land gehen; das Analphabetentum breitete sich rasch aus. Selbst heute sind die meisten der alten indischen Städte immer noch extrem arm. Unter diesen kolossalen Kräften wurde die indische Ge-

Die ländlichen Ressourcen

sellschaft schlagartig zertrümmert. Die Einheimischen, die die Kontrolle über ihre Umwelt verloren, wurden zunehmend entfremdet und beteiligten sich schließlich an der Ausplünderung ihres Landes. Aus den ehemals vom Dorf selbst verwalteten Gemeindeländereien wurden „frei verfügbare Ressourcen".

ZYKLEN DER VERWÜSTUNG

Mit dem Zurückgehen der Wälder wurde Brennholz knapp; daher verbrannten die Menschen Kuhdung und ließen wenig Dünger für die Feldwirtschaft übrig. Da es dann aber auch weniger Futter für die Tiere gab, wurden die Weiden überlastet. Die Zahl der Ziegen wuchs, die zusammen mit den Rindern auf dem früheren Waldland herumstreiften, das sich nun nicht mehr regenerieren konnte – und der Gott des Regens wusch Jahr um Jahr die Erde aus. Die Knappheit der Biomasse wurde zu einer bedrohlichen Krise des Menschen. Frauen hatten am meisten zu leiden, als Gras, Blätter, Bäume und Wasser verschwanden. Kinder, besonders Mädchen, die ihren Müttern zur Hand gingen, konnten nicht länger zur Schule gehen.

FRAUENALLTAG *Frauen tragen in Nepal* (oben) *Reisstrohbündel nach der Ernte in ihr Dorf zurück. In ländlichen Gemeinschaften der Dritten Welt leisten Frauen neben der Versorgung von Haushalt und Kindern den Großteil der Feldarbeit. Da westliche Entwicklungsprojekte immer von Männern erdacht werden, kann es kaum überraschen, daß so viele Hilfsgelder so skandalös falsch verwandt werden. Der Kern wirklich nachhaltiger Entwicklung ist die Selbstbestimmung. In manchen Ländern wie in Niger* (links) *erweisen sich Frauenkooperativen als sehr erfolgreich, indem sie Land in der Umgebung des Dorfes wieder bestellen und die Anbaumethoden neu erlernen.*

FEUER: ZIVILISATION NEU ERLERNEN

AN DER GRÜNEN FRONT
DIE SIX S ASSOCIATION

Das Hauptziel der *Six S Association* ist es, das technische Know-how zur Verfügung zu stellen, um den beispiellosen Herausforderungen der Dürre und Desertifikation in der Sahelzone begegnen zu können und um Dorfbewohnern bei Verhandlungen mit Regierungsbeamten und Hilfsorganisationen beizustehen. Der volle Name der Association, ein Zusammenschluß aus bäuerlichen Organisationen aus Burkina Faso, Senegal, Benin, Mali, Togo, Niger, Mauretanien, Guinea-Bissau und Gambia, ist *Se Servir de la Saison Seche en Savanne et au Sahel* (aus der trockenen Jahreszeit in der Savanne und im Sahel Nutzen ziehen). Unter den Gründern der Association war Bernard Quedraogo, ein ehemaliger Lehrer und Regierungsbeamter aus Burkina Faso.

Auf seine Initiative hin wurde die *Six S* gegründet. Die Organisation hat die volle Kontrolle über die Gelder, über deren Einsatz allerdings die Gruppen der Bauern selbst bestimmen. Dies ist einer der Gründe, warum sich die Landbevölkerung mit *Six S* identifiziert und ihr vertraut. Quedraogo, der 1990 den Right Livelihood Award erhielt, hat immer betont, daß die Probleme nur im Einklang mit der einheimischen Kultur und dem traditionellen Wissen gelöst werden können.

„Überall in Afrika droht die Gefahr, daß die Auslöschung unserer Wege durch die aggressiven Wege der anderen, unserer eigenen Werte durch fremde Werte, das Gefühl zerstören wird, für die Lösung der Probleme unserer Gemeinschaften selbst verantwortlich zu sein."

EINHEIMISCHE UND AUSLÄNDISCHE BÄUME *Die Chipko-Bewegung (Menschen, die ihre Bäume ‚umarmen‘, um sie zu schützen) ist inzwischen ein Symbol geworden für Aktionen der betroffenen Menschen, um Gemeinderessourcen gegen die sogenannte „Entwicklung" zu verteidigen* (oben). *Die Bewegung begann 1974 im Dorf Reni am Fuße des Himalajas. Wenn heimische Wälder abgeholzt sind, werden sie allzu oft durch Monokulturen ersetzt, wie diese Plantage schnellwachsender Eukalyptusbäume in Südindien* (rechts).

Doch die Briten kamen nicht nur als Plünderer, sondern auch um zu herrschen. Und sie teilten diese Herrschaft mit einer ganzen Klasse von Indern, die ihr eigenes Land nicht länger liebten oder verstanden. Diese Klasse kam nach der Unabhängigkeit an die Macht, angetrieben von einem ungestümen Drang nach westlichen Werten und Errungenschaften, dem man heute noch schwerer entgegenwirken kann, weil er von braunen Herren inszeniert wird.

DIE GÖTTER DER WESTLICHEN WELT

Die großzügige Vergabe von Regierungskrediten für die Umstellung der ländlichen Produktion auf städtische Bedürfnisse verlockte jene, die es sich leisten konnten, in das Rennen einzusteigen. In dem Maße, in dem neue Arten von Monokulturen zunahmen, rückte die Idee der biologischen Vielfalt in weite Ferne. Die Grüne Revolution, eine marktorientierte Strategie, mit der man den wachsenden Nahrungsmittelbedarf befriedigen wollte, hat den Artenreichtum in der bäuerlichen Landwirtschaft zerstört. Und die Weiße Revolution, die den Milchbedarf der Städte abdecken sollte, vernichtet die genetische Mannigfaltigkeit des Viehs und ruft unter der Landbevölkerung ernstliche Formen der Unterernährung hervor. Die 80er Jahre dieses Jahrhunderts erlebten das sogenannte *Programme for Social and Community Forestry*, ein ‚soziales' Aufforstungsprojekt, das von der Weltbank gefördert wurde; doch all die Bäume, um die es hier ging, waren Privateigentum, exotisch und für den Markt bestimmt, wohingegen die Armen die heimische Artenvielfalt benötigten, die man früher traditionsgemäß auf dem Gemeindeland gepflanzt hatte. Das urbane System, genährt von westlicher Hilfe und westlichem Kapital, hat die Ressourcen des Landes für seine eigenen gewaltigen Bedürfnisse verschlungen.

Heute bemüht sich die indische Landbevölkerung, ihre Rechte an ihrer Umwelt erneut geltend zu machen. Die *Chipko Movement* (die weltberühmte „Umarme-den-Baum"-Bewegung im Garhwal Himalaja, die der Regierung verdeutlichte, daß sie vor den Bäumen erst die dort lebenden Menschen fällen müßte) hat gezeigt, daß die Landbevölkerung ein dringlicheres Interesse an der langfristigen Erhaltung ihrer Umwelt hat als private Handelsinteressen oder die Regierung. „Wir müssen unser Weide- und Waldland als Gemeineigentum zurückerhalten", haben sie immer wieder betont. „Unsere Zukunft ist unauflöslich mit unseren Bäumen verflochten.

In den Dörfern, wo das „frei verwertbare" Gemeindeland in das traditionelle, von der Dorfgemeinschaft verwaltete Gemeineigentum zurückverwandelt worden ist, hat die Regeneration der Umwelt auch wirtschaftliches Wachstum hervorgebracht.

Die Erfahrung dieser Dörfer zeigt, daß nicht der Umgang der Menschen mit der Krise ihrer Umwelt rückständig ist, sondern das archaische System der herrschenden Gesetze. Die meisten Gesetze für Indiens Land, Wasser und Wälder wurden von den Briten geschaffen. So muß Indien die Umweltprobleme des 21. Jahrhunderts mit den archaischen Gesetzen und Bürokratien einer Kolonialmacht aus dem 19. Jahrhundert bewältigen.

Was muß der Westen heute aus all dem lernen? Zum ersten mag die repräsentative Demokratie des Westens ja wirklich geeignet sein, um Nationalstaaten mithilfe von Bürokratien zu regieren, aber die Entwicklung demokratischer Mitbestimmung in ländlichen Gebieten konnte sie nicht fördern. Die Ressourcen des Gemeineigentums – vom Sumpfland bis zu tropischen Wäldern – können nur durch ein die Landbevölkerung beteiligendes System der Basisdemokratie verwaltet werden.

Zum zweiten braucht die Dritte Welt keine Hilfe oder Wohltätigkeit, sondern angemessene Preise für ihre Produkte. Erzeugnisse wie Tee, Holz, Bananen, Kaffee, Kakao, Ananas und Erdnüsse wachsen in der Dritten Welt, werden aber vor allem von den reichen Ländern des Nordens und den Eliten des Südens verbraucht. Die Handelsbedingungen für diese Produkte haben sich ständig verschlechtert, weil die reichen Konsumenten nicht bereit sind, die wahren Produktionskosten zu bezahlen.

DIE GLOBALSTEUER

Barbara Ward, eine der Begründerinnen der westlichen Umweltbewegung, schlug ein internationales System der Einkommenssteuer für Länder vor, so daß der Reichtum automatisch als gesetzliches Recht transferiert werden kann und nicht als Ausdruck von Hilfe oder Mildtätigkeit. Die Gelder, die man damit gewänne, könnten einen internationalen Fond „Recht auf Leben" bilden, der jedem Menschen, überall auf der Welt, einen Mindestlohn zum Überleben garantieren würde. Gäbe man so den Armen der Welt den finanziellen Spielraum, auf Erträge zu warten, die erst in fünf oder zehn Jahren kommen, könnten sie die Produktivität der Erde wiederherstellen, statt sie zu erschöpfen. Zusammen mit der Errichtung basisdemokratischer Strukturen, die für die schonende Bewirtschaftung der Umwelt entscheidend sind, wären wir dann einen kleinen Schritt vorangekommen auf dem Weg zu einer gerechten Welt, die alle Menschen ernähren kann.

DESMOND TUTU

„Das ungerechte und ausbeuterische System der Appartheid hat schreckliche ökologische Folgen. In unseren ländlichen Gebieten tragen Hochspannungsmasten den elektrischen Strom über das ganze Land, doch nicht zu den afrikanischen Bauern. So müssen sie Bäume fällen, um Brennholz zu erhalten, und das treibt die Bodenerosion voran. Gerechtigkeit und Ökologie sind unauflöslich miteinander verknüpft."

Desmond M. Tutu ist der anglikanische Erzbischof von Kapstadt in Südafrika.

RAVI BHAGWAT

„Hundertundfünfzig Jahre kolonialer Herrschaft haben uns nicht nur ein Erbe kahlgeschlagener Wälder und eingedämmter Flüsse hinterlassen, sondern auch den Glauben, daß das Fortschritt sei. In dem halben Jahrhundert seit der Unabhängigkeit haben wir nicht nur herzlich wenig getan, um diesen Glauben zu erschüttern, sondern eben dieses Modell sogenannter Entwicklung mit Macht weiter betrieben. Es entbehrt nicht der Ironie, daß sich Umweltschützer heute in vielen westlichen Ländern Mahatma Gandhis Weltsicht erinnern, während er in seinem eigenen Land, wie auch in vielen anderen Ländern der Dritten Welt, vergessen zu sein scheint. Dennoch gibt es heute Anzeichen, daß wir über Entwicklung ernsthaft und neu nachdenken werden."

Ravi Bhagwat ist der Honorary Secretary von *Parisar*, einer nichtstaatlichen Umweltorganisation mit Sitz im indischen Poona.

FÜR DIE ERDE ODER DEN HERD? *Eine Frau verkauft Fladen aus getrocknetem Kuhdung auf einer Straße in Indien. Weil Brennholz in den Dörfern häufig knapp oder teurer wird, greifen die Einheimischen oft zum Kuhdung als alternativer Energiequelle zum Kochen oder Heizen. Das raubt dem Boden seine wichtigste Nährstoffquelle und mindert zunehmend den Ertrag von Wiesen und Feldern.*

RETTET DIE ERDE

PERLENAMULETT AUS
NORDINDIEN

BEDROHTE VÖLKER
DIE WEISHEIT EHREN

ROBIN HANBURY-TENISON

AFRIKANISCHE
MASKE

Während Industrienationen ausbeuten und zerstören, pflegen und bewirtschaften Naturvölker ihre verschiedenen Heimatgebiete auf behutsame und wirkungsvolle Weise, die den Test von Jahrtausenden bestanden hat.

Überall auf der Welt leben Naturvölker, die außergewöhnlich enge und harmonische Beziehungen zu ihrer Umwelt entwickelt haben und ein breites Spektrum ökologischer Nischen nutzen, ohne sie im Lauf der Zeit zu zerstören. Erst jetzt, fast im letzten Augenblick, fangen wir an zu begreifen, daß diese Menschen der lebendige Ausdruck dessen sind, was man wirklich unter Erhalt von Lebensgrundlagen versteht. Dennoch werden sie in den meisten Fällen von der umgebenden Bevölkerung und den Regierungen als ‚dem Fortschritt im Wege stehend' betrachtet.

Viele Stämme haben unter der Eroberung ihres Landes sehr gelitten. Manche, wie die Aché-Indianer Paraguays hat man gejagt, eingefangen und in Lagern sterben lassen. Das geschah noch in den 70er Jahren unseres Jahrhunderts, mit dem Ergebnis, daß es heute überhaupt keine „freien" Aché-Indianer mehr gibt. In anderen Fällen sterben Ureinwohner an Krankheiten, die von außen eingeschleppt werden und durch die Zerstörung ihrer Kultur und Gesellschaft um sich greifen, die vielen sogenannten „Entwicklungsprojekten" auf dem Fuße folgte. Die Straßen und Dämme, Minen und Farmen, die das Land verwüsten, vernichten auch die Lebensgrundlagen der Stämme und drängen sie an den Rand der erobernden Gesellschaft, die so wenig von ihnen hält.

Ein gemeinsamer Wesenszug aller Stammesgesellschaften ist der tiefe Respekt vor der Natur. Gemeinsam ist ihnen auch ein Gefühl des Entsetzens angesichts des rücksichtslosen Umgangs mit ihr, den der moderne Mensch praktiziert. „Wir gehören zu dem Land, doch das Land gehört nicht uns" – diese Gesinnung habe ich, so oder so ausgedrückt, bei Stammesangehörigen in Afrika, Südostasien, Australien und auf den amerikanischen Kontinenten vorgefunden.

Der Regenwald erteilt uns die bittere Lehre, daß der wahre Reichtum die natürliche Fülle der Biomasse ist, und nicht der kurzfristige Profit, der durch Abholzen oder Viehzucht gewonnen werden kann – ganz zu schweigen von der gierigen Suche nach den Mineralien, die unter der Erde liegen. Aber selbst die einfallsreichsten westlichen Wissenschaftler haben immer noch kaum eine Vorstellung davon, wie man die Ressourcen des Regenwaldes effizient, profitabel anzapfen und dabei die natürliche Grundlage bewahren kann. Nur die Mitglieder der Stämme, die dort leben, wissen es. Nur sie kennen nicht nur die Namen und äußeren Merkmale aller Pflanzen und Tiere, sondern auch deren Verwendungsmöglichkeiten als Nahrung, Medizin, Kleidung, Baumaterial und so weiter. Sie können zu den richtigen Zeiten des Jahres das beste Rattan finden, ein Material zur Möbelherstellung, das derzeit mehr pro Tonne einbringt als Baumholz. Sie kennen buchstäblich Hunderte von Pflanzenarten, die sich zu Gemüse oder Getreide entwickeln ließen, die angebaut werden könnten, um die

Robin Hanbury-Tenison
ist Forschungsreisender, Schriftsteller und Streiter für bedrohte Völker. Als einer der Gründer von Survival International *hat er an mehr als 24 Expeditionen teilgenommen, darunter vielen in die Regenwälder am Amazonas.*

SAMBURU-FRAU
MIT KIND, KENIA

KULTURELLES ERBE *Im Innern Neuguineas leben viele Stämme, wie diese Melpa, immer noch sehr abgeschieden. Bei einer Bevölkerung von nur 4 Millionen Menschen werden in Papua-Neuguinea mehr als 1000 Sprachen und Dialekte gesprochen. Drei Viertel der ursprünglichen Wälder der Insel sind immer noch intakt, auch wenn Teile davon heute durch Bergbau und landwirtschaftliche Entwicklung bedroht sind.*

FEUER: DIE WEISHEIT EHREN

CAROLINE JONES

Der Heilige Geist des großen Südlandes

EINGEBORENE VOM STAMM DER ARANDA
SCHMÜCKEN IHRE KÖRPER

Zuerst erblickte ich ihn als Kind – in den wilden Stürmen, die auf Murrurundi, ein Nest in den Hügeln im Land das Kamilaroi, niederfegten.

Ich versteckte mich unter dem Küchentisch, während der Hagel die Fensterscheiben zerbrach und die Veilchen zerfetzte.

Ich hörte ihn in Steinen summen, die mit Flechten überwachsen waren. Er klappert in den Schlaghölzern, brummt und grunzt im Didjeridu, kreischt in der Zikade, schimmert im Opal, kreist bei Dämmerung im Graureiher, pulsiert in der tiefschwarzen, sternenübersäten Nacht über der Nullarbor-Ebene.

Er bricht in blau-lila Glocken des Jacaranda-Baums aus, bauscht sich in den bizarren Blütenbüscheln der Banksie, wirbelt in den beige- und rosafarbenen Spiralen, die in die Stämme der weißen Eukalypten gemalt sind, glänzt in ihren fetten Lederriemenblättern: der lebendige Geist des großen Südlandes.

Er träumt in den Männern und Frauen der Aborigines, den Bewahrern des Geistes, der Familie, des Landes … die seit Äonen unter dem ungestümen Druck aus dem Westen ausharren, der mit der Geißel der Zeit winkt und mit Zwangsräumung droht.

Ihre geduldigen Leiber erzählen von Mut, Leid, Vergeben und Ehrfurcht vor dem Geheiligten; sie, deren Währung die Kenntnis der Religion ist, die verbindet; sie, die den Vögeln vorsingen auf ihren Wanderungen.

Ihr gefährdetes Überleben erhellt die gewundenen Pfade meiner eigenen Reise.

Sie ergründen das Geheimnis und erinnern mich daran, was es wirklich bedeutet, Mensch zu sein.

Caroline Jones.

Caroline Jones moderiert die Sendung *The Search for Meaning* bei ABC Radio in Australien.

---

gefährlich geringe Auswahl an Getreidesorten zu erweitern, von der die Mehrheit der Weltbevölkerung abhängt. Und ihr profundes arzneikundliches Wissen birgt Hinweise auf viele neue Medikamente. Über 3000 verschiedene Pflanzen werden als Verhütungsmittel benutzt. Mehr als 1400 Arten sollen gegen Krebs wirksam sein. Doch sowohl dieses Wissen als auch die Flora und Fauna selbst sind vom Aussterben bedroht. Ohne die Hilfe der Urvölker werden wir aus dieser erstaunlichen „Werkstatt der Natur" keinen Nutzen ziehen können.

FRUCHTBARE WÜSTEN

Der moderne Mensch neigt dazu, Wüsten als Katastrophengebiete zu betrachten, und es ist sicher richtig, daß ihre schnelle Ausbreitung in Gebiete, die noch vor kurzem grün und fruchtbar waren, eines der sichtbarsten Symptome unseres Raubbaus an dem Planeten ist. Für viele Völker jedoch stellen Wüsten, wenn sie klug genutzt und effizient bewirtschaftet werden, eine Heimat dar, in der man immer noch ergiebige Viehzucht betreiben kann. Buschmänner der Kalahari sind von allen Völkern der Erde am besten mit Eiweiß versorgt (übertroffen nur von den Bewohnern des amerikanischen Mittleren Westens), während nomadische Hirten wie die Tuareg der Sahara den bestmöglichsten Gebrauch von einem anderen angeblich unfruchtbaren „Ödland" nutzen. Sie ziehen ständig auf der Suche nach Weiden umher, die durch die periodischen Regenfälle entstehen, und gewinnen aus einem großen Gebiet Nahrung, ohne auch nur Teile davon übermäßig auszubeuten.

EINE GANZ EINFACHE WAHRHEIT

Dasselbe gilt für traditionelle Fischfangmethoden, ob sie nun von Eskimos in den fischreichen arktischen Gewässern, aus denen sie nur das Lebensnotwendige herausholen, betrieben werden oder von den Cuna in Panama, deren Gemeinschaftsnetz ich einmal mit dem größten Fang von Süßwasserfischen gefüllt sah, der mir je vor die Augen gekommen ist. Dieses Netz wird nur ein paarmal im Jahr benutzt. „Sonst", sagten sie mir, als wäre es die selbstverständlichste Sache der Welt, „würden wir bald alle Fische aus dem Wasser holen und hungern müssen."

Den gleichen Beschränkungen unterliegen auch die Früchte des Waldes oder wilde Tiere. Selbst die raffiniertesten Modelle und Entwürfe der modernen Wissenschaft sind der praktischen Erfahrung der Menschen unterlegen, die ihre Vorgehensweisen seit zahllosen Generationen im täglichen Leben erprobt haben. Diese schlichte Wahrheit wird endlich auch von globalen Insti-

Bedrohte Völker

tutionen wie der Weltbank anerkannt. Zögernd und etwas ängstlich beginnen sie, die wirklichen Experten um Rat zu fragen und ihnen zuzuhören. Von der Bank sind inzwischen Richtlinien vorbereitet worden für Investitionen in Gebieten mit eingeborener Bevölkerung; in einigen Fällen wurden Gelder von umweltschädlichen Projekten abgezogen, als die betroffenen Stämme Widerstand leisteten.

STAMMESANGEHÖRIGER DER KELABIT AUS SARAWAK

Es ist immer noch nicht zu spät, um die Moral aus der Geschichte zu lernen, die der industrielle Mensch vergessen hat. Mächtige Vorurteile und Interessengruppen müssen überwunden werden; doch in dem Maße, in dem die allgemeine Entrüstung wächst, gibt es, glaube ich, eine echte Chance, daß das Pendel umschlägt zugunsten der Respektierung allen Lebens und der Anerkennung der größeren Weisheit jener, die diese Gesinnung seit jeher bewiesen haben.

GERECHTIGKEIT UND VERNUNFT

Seit zwei Jahrzehnten hat das Entsetzen über den anwachsenden Völkermord, dessen Zeugen wir waren, Kampagnen ins Leben gerufen, die die Naturvölker in ihrem Überlebenskampf unterstützen. Das ist nur deshalb zustandegekommen, weil sich ganz gewöhnliche Menschen aktiv in Organisationen wie *Survival International* engagieren, der weltweiten Bewegung zur Unterstützung bedrohter Völker. Gemeinschaften im Interesse von Entwicklungsprojekten wie Dämmen oder neuen Minen oder auch nur „zu ihrem Besten", wie manchmal behauptet wird, aus ihrer Heimat zu verdrängen ist immer entsetzlich, ein unverzeihliches Verbrechen, das sowohl die Rechte der Naturvölker als auch die Belange ihrer Umwelt mißachtet. Besitzrechte am Land und Selbstbestimmung sind die Schlüsselworte, die ihr Überleben sichern. Als Ergebnis des internationalen Drucks und des nachdrücklichen Eintretens der bedrohten Völker selbst für ihre Sache wird heute ein Teil des Landes seinen ursprünglichen Besitzern zurückgegeben. Das ist der beste Weg, es zu schützen, auf lange Sicht sicher besser, als Nationalparks oder Naturschutzgebiete einzurichten.

Alle Stammesgesellschaften achten die Natur, verehren die Mutter Erde und die Kräfte des Lebens, die die Jahreszeiten, Fruchtbarkeit und die immerwährenden Zyklen, von denen das Wohlergehen des Planeten letzten Endes abhängt, bestimmen. Auch wir waren einmal so.

AN DER GRÜNEN FRONT
SURVIVAL INTERNATIONAL

Seit ihrer Gründung im Jahre 1969 ist die Organisation *Survival International* zur weltweit maßgeblichen Instanz für Naturvölker geworden; sie unterstützt sie in ihrem Recht, über ihre eigene Zukunft zu entscheiden, und hilft ihnen, ihr Land und ihre Lebensweise zu verteidigen.

Ihre Erfolge können sich sehen lassen: sie verhinderte Staudamm-Projekte in Indien und Guyana; sie überzeugte die Papierfirma Scott Paper, aus einem Projekt in Indonesien auszusteigen und damit die heimatlichen Wälder von 15 000 Menschen zu erhalten; sie übte unaufhörlich Druck aus auf die malaiische Regierung, die Rodungen in Sarawak einzustellen. Ihr Appell im Namen der Yanomani-Indianer Brasiliens brachte über 100 000 US-Dollar ein und versorgte ein Volk, das von den Auswirkungen der Goldsuche in seinen Jagdgebieten verheerend getroffen wurde, mit dringend benötigter medizinischer Hilfe.

Obwohl der Völkermord an Ureinwohnern und die Zerstörung ihres Landes eine ständige Bedrohung bleibt, erleben wir heute wirkliche Veränderungen. Regierungen fangen an, aufmerksam zu werden; die Weltbank hat eine eigene Umweltabteilung eingerichtet; Schulbücher behandeln Naturvölker nicht länger als „primitiv"; die meisten Missionare respektieren heute die Kultur der Eingeborenen; und viele Stämme verfügen über eigene Organisationen, um ihre Sache zu vertreten.

PENAN-JÄGER *Bewaffnet mit einem Blasrohr und vergifteten Pfeilen, steht ein Angehöriger des Stammes der Penan neben einem Wasserfall in seinem heimischen Wald. Die Penan kämpften an vorderster Front gegen die destruktive Abholzungspolitik der malaiischen Regierung in Sarawak. In einem verzweifelten Versuch, ihre traditionelle Kultur und ihr Territorium zu erhalten, haben sie Blockaden organisiert, um die Lastwagen mit den Holzfällertrupps abzuwehren. Unga Paran, ein Stammesältester der Penan, erklärt: „Der Wald hat seit Jahrtausenden unsere Lebensweise bestimmt. Die Regierung sagt, sie brächten uns Entwicklung. Das ist eine Lüge.. Wir leiden heute Hunger, weil die Bäume gefällt worden sind."*

FEUER: DIE WEISHEIT EHREN

ZEITBOMBE: VÖLKERMORD

TURKANA-NOMADEN AUS NORDKENIA

Es ist manchmal kaum zu begreifen, in welchem Ausmaß sich die europäischen Kolonialmächte gegenüber einheimischen Völkern vergangen haben. So ist beispielsweise die Zahl der südamerikanischen Indianer seit 1500 von mindestens 10 Millionen auf weniger als 1 Million gefallen. Heute ist die nackte Existenz mancher Stammesvölker in vielen Teilen der Welt durch Unternehmer bedroht, die ihr Land durch Bergbau, Holzgewinnung, Siedlungen oder Viehzucht auszubeuten suchen.

Christoph Kolumbus machte den Anfang, als er die Ausrottung der Taino auf der Insel Hispaniola befahl. In den 500 Jahren seit Kolumbus hat sich kaum etwas geändert: Viele Regierungen in Lateinamerika und Südostasien sehen die Stammesvölker immer noch als „Wilde" an und versuchen, sie in ihre Gesellschaft zu integrieren, indem sie ihre Identität und Kultur zerstören.

Aber der Wind hat sich gedreht. Wir beginnen jetzt einzusehen, wieviel wir über den wahren Reichtum und die umweltfreundliche Nutzung der Regenwälder, Wüsten und arktischen Eisgebiete von den Menschen lernen können, die seit Jahrtausenden in ihnen gelebt haben.

DER FLUCH DES ÖLS (unten) *Bis vor kurzem gehörten die Waorani Ecuadors zu den isoliertesten Völkern der Welt. Jetzt wird ihr Land durch Ölbohrer zerstört.*

MILITÄRISCHE INVASION (rechts) *Die Innu zogen einst mit den wandernden Karibuherden durchs Land. Jetzt sind sie gezwungen worden, feste Siedlungen in der Nähe eines Nato-Ausbildungslagers zu beziehen, wo Menschen und Tiere von tiefliegenden Militärmaschinen terrorisiert werden.*

GEFÄHRDETE STÄMME (unten) *Die Karte zeigt einige der vom Aussterben bedrohten Stämme und führt die Hauptursachen ihrer Gefährdung auf: Bergbau, Holzgewinnung, Staudämme, Ackerbau oder Viehwirtschaft.*

UMSIEDLUNG (unten) *Nachdem ihre Wälder gerodet wurden, um Ölpalmen anzupflanzen, werden die Mentawai der Insel Siberut jetzt durch die geplante Umsiedlung von 100 000 Menschen aus anderen Teilen Indonesiens bedroht.*

INNU *Militärbasis* (Kanada)

BHIL UND TADAVI *Staudammprojekt* (Indien)

LUMAD *Holzabbau und ein geplantes Kraftwerk* (Philippinen)

OPFER DES FORTSCHRITTS (oben) *Angehörige eines Stammes in Westindien pflegen die Tradition ihres heimatlichen Waldlandes, das durch ein gewaltiges Staudammprojekt am Narmada-Fluß gefährdet ist. Wenn der Damm gebaut wird, versinkt die Heimat von 60 000 Einheimischen, vor allem Bhils und Tadavis, unter den Fluten eines künstlichen Sees.*

YANOMAMI *Goldvorkommen* (Brasilien)

WAORANI *Erdölförderung* (Ekuador)

BARABAIG *hochtechnisierte Weizenfarmen* (Tansania)

MENTAWAI *Siedleransturm* (Malaysia)

DAJAK *Holzgewinnung* (Malaysia)

ABORIGINES (Australien)

DIE VERLOCKUNG DES GOLDES *Ein Yanomami-Mädchen (unten rechts) bereitet sich auf ein Stammesfest vor. Ihr Volk hat schwer unter von Weißen eingeschleppten Krankheiten gelitten. Die Karte (rechts) zeigt das ursprüngliche Gebiet der Yanomami in Nordbrasilien. 1988 teilte die Regierung ihnen nur 30 Prozent dieses Landes zu, und selbst hier dringen jetzt rücksichtslos Goldgräber ein.*

- Das Gebiet im Norden Brasiliens, das 1985 von den Yanomami als unberührter Nationalpark beansprucht wurde.
- Durch Regierungsbeschluß 1988 als Indianer-Territorium ausgewiesenes Gebiet.
- Durch Zustimmung der Regierung 1990 für den Bergbau freigegebenes Gebiet.

LAND DER VÄTER (rechts) *Ein Aborigine steht vor Ayer's Rock – einem von seinem Volk verehrten Felsen, der jetzt als Touristenattraktion dient. Die territorialen Rechte der Aborigines, der Ureinwohner Australiens, sind kaum je respektiert worden.*

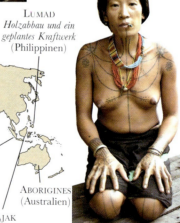

Bedrohte Völker

NAVAJO-ÄLTESTER
Viele Amerikaner bewältigen erst heute die Vergangenheit, in der die nordamerikanischen Indianer seit 350 Jahren verfolgt und unterdrückt worden sind.

Wenn wir dem Tumult und dem Gestank unserer Zivilisation entrinnen können und für einen Augenblick in den Frieden der Wildnis oder das pochende Keimen eines Regenwaldes eintauchen, erinnern wir uns, wie es einmal war, und ahnen leise, wie es sein könnte. Doch umgeben von den Zwängen und Belastungen der modernen Welt, sei es der Krach und Verkehrslärm einer modernen Stadt oder, was weitaus mehr Menschen betrifft, die Armut, die Überbevölkerung und der Hunger der Dritten Welt, vergessen wir die Lehren der Natur und sehen nur noch zu, kurzfristig über die Runden zu kommen. Das ist gefährlich, weil es ins Chaos führt.

Die Naturvölker selbst bieten die Lösung für so viele Probleme, denen die Welt heute gegenübersteht. Ihr Überleben ist der Schlüssel für unser eigenes Überleben. Sie sind die besten Freunde, die die Erde immer noch hat, und wir sollten ihnen mit all der Sorgfalt und Aufmerksamkeit zuhören, die wir aufbringen können.

AILTON KRENAK

„Mein Volk hat an diesem Ort sehr lange gelebt, seit der Zeit, als die Welt noch nicht ihre heutige Gestalt hatte. Das Volk des Waldes bewahrt die Erinnerung an die Erschaffung der Welt, an die fundamentalen Prinzipien des Lebens. Wir meinen, daß wir die Zivilisation davon abhalten müssen, die Natur zu verletzen. Wir alle erinnern uns noch an die Zeit, als die Erde allen Menschen Unterhalt gewährte – uns ernährte, uns behütete, uns in den Schlaf wiegte mit den Liedern der Vögel, der Flüsse, Wasserfälle und Wälder. Jede Jahreszeit lehrte uns, daß alles zu seiner Zeit getan werden muß. Wir wollen den Stadtbewohnern zeigen, daß es für die menschliche Rasse möglich ist, Abenteuer und Glück in einer noch lebendigen Natur zu erleben. Wir wollen in den Herzen der Stadtbewohner einen schönen Wald aus Freundschaft, Musik und Festen bauen. Dann können wir ihren Geist besänftigen, so daß sie mit den Menschen des Waldes leben können. Das ist unsere Botschaft."

Ailton Krenak ist National Coordinator der Union of Indian Nations und Vorsitzender der Forest Peoples Alliance in Brasilien.

HÄUPTLING GARY POTTS

Mutter Natur bestimmte vor langer Zeit,
daß wir leben und sterben und geboren werden sollten –
während der Zeiten des Eises, des Wassers,
Landes und Schnees.
Im Widerhall des Geburtsschreies unserer Mutter
wuchsen und gediehen wir.

Aus dem Bau unseres allumfassenden Schoßes
starren wir hinaus in das Universum –
durch die Fensterscheibe unserer Luft.
Und ich frage mich, sind wir bald ein großes Grab?

Die Sprachen des außermenschlichen Seins
klingen mit der Seele unserer Mutter überein.
Der Stein ist der Knochen unserer Mutter –
die Erde das Fleisch,
die Lava ist das Mark unserer Mutter –
die Sonne ihr großer Prüfstein;
der Mond schlägt den Rhythmus für unsere Mutter.

Als Voyager II unser Sonnensystem verließ, im Jahre 1990,
sandte er ein Bild von uns zurück, ein Tüpfelchen Blau,
die Farbe des Friedens der Unendlichkeit.
Es ist kein Ding der Unmöglichkeit,
unserer Mutter Natur ein Leben auf Dauer zu sichern.

Seit 1972 ist Gary Potts Erster Häuptling der Teme-Augama Anishnabai in Kanada. Als Streiter für Menschenrechte reiste er über den ganzen Erdball.

RETTET DIE ERDE

V

WASSER

Am nächsten Tag segelten wir mit dem trägen Wind durch ein Meer, dessen klares Wasser voll von schwarzen Teerfladen war, die auf der Oberfläche trieben und nicht zu enden schienen... Der Atlantik war nicht mehr blau, sondern graugrün und opak, bedeckt mit Ölklumpen, einige so groß wie Stecknadelköpfe, andere von der Größe eines durchschnittlichen Sandwiches. Plastikflaschen trieben in dem Unrat. Wir hätten uns in einem verdreckten Großstadthafen befinden können... Es wurde uns allen klar, daß die Menschheit tatsächlich ihren lebenswichtigsten Quell vergiftete, die unverzichtbare Filtrieranlage unseres Planeten, den Ozean.

Aus The Ra Expeditions *von* THOR HEYERDAHL

MARMORKEGEL (links) UND PRINZENKEGEL

In den Wassern des St. Lawrence River in Kanada lebt der Weißwal. Der einzige Süßwasserwal der Welt ist tatsächlich weiß – und vergiftet. Gefährliche Chemikalien, die sich im Laufe der letzten 40 Jahre allmählich im Fluß aufgebaut haben, gelangen über die Nahrungskette zum Weißwal. Die Gewebe der Wale enthalten solche Konzentrationen dieser Chemikalien, daß ihre Körper nach den kanadischen Gesetzen als Giftmüll in Sonderdeponien abgelagert werden müssen.

Ist dies der Höhepunkt der industriellen Zivilisation, daß wir es fertigbringen, eines der schönsten und erstaunlichsten Geschöpfe in einen schwimmenden Giftbehälter zu verwandeln? Einige der Konzerne, die an dieser Schändung beteiligt sind, weisen jede Verantwortung von sich und verteidigen sich mit dem uralten Argument, daß ihre Produkte harmlos seien, solange ihr Schädlichkeit für die Umwelt nicht bewiesen sei. Seit langem schon suchen Meeresbiologen und andere Fachleute dem entgegengesetzten Argument Gültigkeit zu verschaffen, daß jede neu unseren Meeren und Flüssen zugeführte Komponente als potentiell gefährlich angesehen werden sollte, solange ihre Harmlosigkeit nicht bewiesen sei. Vor dem Zeitalter der Vernunft und der Morgenröte der modernen Wissen-

GLOBALES GEMEINGUT (gegenüber) *Im Süden von Neuseeland erstreckt sich das südliche Eismeer, wild und weit abgelegen. Und doch ist es ein Teil des die Küsten aller Kontinente umspülenden Gesamtgewässers.*

GEFLAMMTE KAMMUSCHELN (oben) *Muscheln, die Wasser einsaugen müssen, um leben zu können, sind besonders empfindlich gegenüber Veränderungen der chemischen Zusammensetzung des Meeres.*

Rettet die Erde

OZEANE UND MEERE: SOWJETISCHER FABRIKTRAWLER IN DEN REICHEN FISCHGRÜNDEN DER ANTARKTIS

schaft schrieben unsere Vorfahren den Flüssen und Teichen, den Meeren und Seen eine ganz besondere spirituelle Bedeutung zu. Es war ein Sakrileg, einen sauberen Fluß oder einen schönen See zu verunreinigen, nicht nur als Quelle geistiger Inspiration und ästhetischer Befriedigung, sondern auch als Quelle eines natürlichen, gottgegebenen Reichtums, von dem alles menschliche Leben abhing. Die heutige Umweltverschmutzung verkehrt diese Auffassung in ihr Gegenteil.

Ein Teil dieser Verschmutzung ist nicht zu übersehen: Schaum auf den Flüssen, eine schimmernde Ölschicht auf der Oberfläche eines Sees, Unrat und Industriemüll mit sich tragende Ströme. Aber ein großer Teil ist unsichtbar. Von saurem Regen heimgesuchte Seen können immer noch von atemberaubender Schönheit sein, aber in Wirklichkeit sind sie tot.

FEUCHTGEBIETE: SEEROSE IN DEN EVERGLADES IN FLORIDA

Leider hört damit der Mißbrauch, den wir mit dem Wasser treiben, nicht auf. Unsere Meere, Seen und Flüsse wimmeln von einer Vielfalt der unterschiedlichsten Arten, von denen viele seit Jahrhunderten dem Menschen als Nahrung dienen. Diese verläßliche Nahrungsquelle war bis zum 19. Jahrhundert keiner Gefahr ausgesetzt; doch dann begannen größere Schiffe und wirksamere Fangtechniken die Zuchtbestände wichtiger Arten ernsthaft zu dezimieren. Vom größten Meereswal bis zum kleinsten Süßwasserkrebs haben viele eßbare Arten im Industriezeitalter unter einer ständigen Überfischung durch den Menschen gelitten.

MEERESSTRÄNDE: SCHLANGENSTERN (links) UND GEMEINER SEESTERN (rechts)

Es gibt kaum ein besseres Beispiel für das, was der amerikanische Ökologe Garrett Hardin als „die Tragödie des Gemeinguts" bezeichnet hat. Aus Angst, nicht konkurrenzfähig zu sein, glaubt jeder Fischer, daß er es sich nicht erlauben könne, seine Fangquote zu verringern; so versucht er soviel zu fangen, wie er bekommen kann. Das führt von einer ökologischen Katastrophe zur nächsten, begleitet von (größtenteils unnötigen) menschlichen Leiden, da Arbeitsplätze verlorengehen und vielfach die Lebensgrundlagen zerstört werden.

OZEANE UND MEERE: EIN ECHTER BONITO, EINER DER VON HOCHSEEFISCHEREI-FLOTTEN ERBARMUNGSLOS GEJAGTEN THUNE

Der Golfkrieg

Der Golfkrieg führte 1991 zu einer der größten Umweltkatastrophen. Die irakischen Truppen Saddam Husseins ließen nicht nur gewaltige Ölmengen in den Golf selbst fließen, sondern setzten beim Rückzug auch noch etwa 570 kuwaitische Förderungsanlagen in Brand.

Alle Kriege zerstören die Umwelt. Im alten Griechenland vernichteten die Heere die Ernte ihres Gegners, und noch 1960 zerstörten amerikanische Truppen die Wälder Vietnams. Der Krieg auf dem Gebiet eines ölfördernden Landes *mußte* zu einem Desaster führen.

Unmittelbar nach dem Krieg verbrannten täglich etwa 6 Millionen Barrel Öl. Ungeheure Rauchwolken senkten die Temperatur um durchschnittlich 10° C. Glücklicherweise erreichte der Rauch nicht die höheren Schichten der Atmosphäre und verminderte so die Risiken einer Auswirkung auf Gebiete jenseits der Golfregion. Aber das schwefelhaltige kuwaitische Öl hat die landwirtschaftliche Produktivität durch Vermehrung des Säuregehalts des Bodens stark beeinträchtigt. Der Verlust an entgangenen Öleinnahmen beläuft sich auf Milliarden von Dollar. Der Schaden, der der Umwelt zugefügt wurde, ist unmöglich zu beziffern, aber er hat wenigstens viele Länder aktiv werden lassen, nach neuen Wegen zu suchen, um in Zukunft weitere „ökologische Terrorakte" zu verhindern.

OPFER (oben) *Viele Schildkröten und Seekühe und Tausende von Vögeln wurden durch den Ölschlick getötet, der die Riffe und den Meeresboden stark in Mitleidenschaft gezogen hat. Da die Gewässer des Golfs ruhig und flach sind, hat das Öl besonders lange gebraucht, um sich aufzulösen.*

DIE VERWÜSTUNGEN DES KRIEGES (rechts) *Der Anblick so vieler gleichzeitig brennender Öltürme war etwas, was die Welt noch nicht gesehen hatte. Löschtrupps aus Amerika wurden in ihrer Arbeit durch Wassermangel und die von den Irakis zurückgelassenen Tretminen behindert.*

Rettet die Erde

Zeitbombe: Wasserknappheit

Mit der wachsenden Weltbevölkerung steigt auch der Bedarf an Süßwasser, das jedes Jahr nicht nur für häusliche Zwecke, sondern vor allem von der Landwirtschaft und Industrie verbraucht wird. Theoretisch könnten die 9000 Kubikkilometer Wasser, die für menschliche Verwendung zur Verfügung stehen, diesen Bedarf leicht decken. Aber viele Teile der Welt leiden unter empfindlichem Wassermangel – sei es, daß sie von Dürren heimgesucht werden, sei es, daß ihr Grundwasser, ihre Flüsse und Seen durch Industrieabfälle oder Abwässer verschmutzt sind, oder sei es, daß ihre Bewohner einfach mit den Wasservorräten verschwenderisch umgehen.

TÄGLICHER WASSERVERBRAUCH (links)
Der Wasserverbrauch in den verschiedenen Ländern der Erde weist groteske Ungleichheiten auf. Ein großer Teil der gewaltigen Wassermenge, die von amerikanischen Haushalten verbraucht wird, dient dazu, Rasen zu sprengen und Autos zu waschen.

Durchschnittlich verbraucht jeder Amerikaner bis zu 1000 Liter Wasser am Tag.

Fast Dreiviertel der Weltbevölkerung stehen nicht mehr als 50 Liter Wasser am Tag zur Verfügung. Für einen gesunden Lebensstandard werden mindestens 80 Liter benötigt.

In den ländlichen Gebieten Kenias müssen die Menschen mit 5 Liter Wasser am Tag auskommen.

Die Weltbevölkerung verbraucht jetzt fünfmal soviel Wasser wie im Jahr 1950.

DÖRFLICHE WASSERVERSORGUNG (oben)
Ein Anschluß versorgt ein ganzes Dorf in Nigeria mit Wasser. Tausende von Dörfern in Afrika und Asien sind auf kommunale Anschlüsse oder Brunnen angewiesen.

BEWÄSSERUNG VON FELDERN (oben) *Dreiviertel des Süßwassers, das jedes Jahr auf der Erde verbraucht wird, dient zur Bewässerung von Feldern. Viel davon geht durch Verdunstung oder undichte Leitungen verloren.*

GLOBALER WASSERVERBRAUCH
Die blaue Linie, die sich über diese Seite zieht, zeigt den gewaltigen Mehrverbrauch an Süßwasser zwischen 1940 und 1990. Die Zahl für 1990 ist ein Schätzwert.

Vereinigte Staaten
Die riesigen Grundwasservorräte der acht Great-Plains-Staaten sind so stark reduziert worden, daß der Wasserspiegel jedes Jahr um etwa 1 Meter fällt. In Südkalifornien haben Dürren und verschwenderischer Verbrauch zu ernster Wasserknappheit geführt. Um die ständig wachsende Nachfrage zu decken, versorgen Seen im Norden des Staates die Bevölkerung mit Wasser. Man spricht sogar davon, Entsalzungsanlagen zu errichten.

UdSSR
Der Aralsee war einst ein riesiger See, der große Gebiete mit Süßwasser versorgte. Jetzt ist er, von seinen Zuflüssen abgeschnitten, vergiftet und nur noch halb so groß wie vor 25 Jahren.

Osteuropa
Die hiesigen Flüsse sind durch Industrieabfälle und städtische Abwässer stark verunreinigt. Die Weichsel in Polen ist selbst für industrielle Zwecke zu schmutzig.

China
In 50 der größten Städten leidet Chinas Bevölkerung unter akutem Wassermangel. So fällt der Grundwasserspiegel unter Peking beispielsweise 1-2 Meter jährlich; ein Drittel der städtischen Brunnen führt kein Wasser mehr.

Indien
Tausende indischer Dörfer haben kein Wasser, und ihre Bewohner müssen große Entfernungen zurücklegen, um welches zu bekommen. Durch Feldbewässerung ist der Grundwasserspiegel drastisch gesunken, und die Bemühungen der Regierung, ländliche Gebiete mit Wasser zu versorgen, sind erfolglos geblieben. Von 2700 Brunnen im Norden des Landes sind 2300 ausgetrocknet.

WELTWEIT GESEHEN *Diese Karte (rechts) zeigt den Anteil der Menschen, die Zugang zu sicherem Trinkwasser haben. Aber „Zugang" heißt in einigen Ländern nur, daß Wasser in einer Entfernung von 15 Gehminuten zur Verfügung steht.*

- 50-100% haben Wasser
- 0-50% haben Wasser
- Keine verfügbaren Daten

Ägypten
Die wachsende Bevölkerung und der sinkende Wasserspiegel des Nils werden dazu führen, daß Ägypten im Jahre 2000 ein Drittel weniger Wasser haben wird.

Mittlerer und Naher Osten
Die Wasserversorgung im Mittleren und Nahen Ostens ist von politischen Gegebenheiten abhängig. So teilen sich etwa Jordanien und Israel denselben Fluß. Syrien wird wahrscheinlich unter Versorgungsproblemen leiden, wenn der türkische Atatürk-Staudamm 1992 beendet ist.

WASSER

Noch verhängnisvoller wirken sich zwei Probleme aus, die bereits das Leben von Millionen von Menschen gefährden: Fehlendes Trinkwasser und Wassermangel überhaupt. Eine erschreckend hohe Zahl von Krankheiten und vorzeitigen Todesfällen in den Ländern der Dritten Welt ist auf infiziertes Trinkwasser zurückzuführen. Man schätzt, daß jeden Tag 25000 Menschen sterben, weil sie verseuchtes Wasser getrunken haben. 1980 leiteten die Vereinten Nationen das Jahrzehnt der International Drinking Water Supply and Sanitation mit dem Slogan ein: „Sauberes Wasser und angemessene sanitäre Anlagen für alle bis zum Jahr 1990".

WASSERKNAPPHEIT: IN ALLEN LÄNDLICHEN GEBIETEN AFRIKAS, WIE IN DIESEM NIGERIANISCHEN DORF, ZÄHLT JEDER TROPFEN

Obgleich Millionen von Menschen mit unbedenklichem, sauberem Trinkwasser versorgt wurden, hat der Anstieg der Weltbevölkerung vieles wieder zunichte gemacht, was bei dieser Kampagne gewonnen wurde. Am Ende des Jahrzehnts litten ungefähr genauso viele Menschen unter dem Mangel an sauberem Wasser und an sanitären Anlagen wie zu seinem Beginn. Es ist nicht nur der Mangel an Wasser, der den Ländern der Dritten Welt zu schaffen macht; es ist auch die fehlende Hilfsbereitschaft des reichen Nordens, sie finanziell zu unterstützen. Doch es ist durchaus möglich, daß es der Norden sein wird, der infolge seiner chronischen Verschwendung zuerst unter den Auswirkungen eines echten Wassermangels zu leiden hat *(siehe gegenüberliegende Seite)*. Man schätzt heute, daß 80 Millionen Dollar für jeden Tag des Jahrzehnts nötig gewesen wären, um das im Jahre 1980 gesetzte Ziel der Vereinten Nationen zu erreichen. Das hört sich gewaltig an, doch wenn man bedenkt, daß Großbritannien gegenwärtig plant, bis zu 26 Milliarden Pfund für die Verbesserung seiner eigenen Trinkwasserqualität und des Umweltschutzes auszugeben, steht außer Frage, daß das Geld hätte aufgebracht werden können. Solche unverhältnismäßig hohen Investitionen verstärken die weitverbreitete Überzeugung, daß sich Umweltschutz nur in den reichen Industrienationen verwirklichen läßt, und so wird die Kluft zwischen dem Norden und dem Süden immer größer.

FLÜSSE: TAMBAQUI, EIN SAMENFRESSENDER FISCH DES AMAZONAS

RIEDGRAS

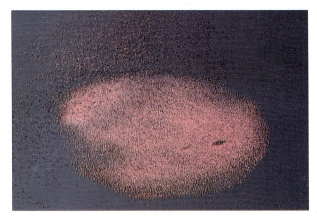

FEUCHTGEBIETE: LEUCHTEND ROSAFARBENE FLAMINGOS FLIEGEN ÜBER DEM ETOSHA-NATIONALPARK, NAMIBIA, AUF

PAUL McCARTNEY

GOLDSCHWANZ-
GAUKLER
Chaetodon chrysurus

„Hier ist eine Geschichte über ein Land mit einem Loch im Himmel. Der Regen, der auf dieses Land fiel, war eine giftige Säure, die die Bäume tötete. Und nur wenig wuchs auf dem Boden, da er durch seltsame Chemikalien verseucht war, die die Bauern verwendeten. Manchmal pflegten die Leute zu fragen: ‚Warum ist das so?' Und der Bildschirm in der Ecke eines jeden Zimmers antwortete ruhig: ‚Es muß so sein.' Die Leute verstanden es nicht. Sie vergaßen ihre Frage und gingen ihren Geschäften nach.
Eines Tages wachte an einem grauen Morgen ein kleines Kind auf. Der Regen fiel durch das Loch im Himmel auf den Boden, auf dem nur wenig wuchs. Und wie eine Reihe trauriger Ameisen gingen die Leute ihren Geschäften nach. Einer von ihnen blieb plötzlich stehen, und das Kind hörte, wie er fragte: ‚Gibt es wirklich nichts Besseres für uns?' Und der Bildschirm in jedem Zimmer sagte: ‚Wenn ihr Wohlstand, schöne Sachen und Luxus haben wollt, müßt ihr einen Preis zahlen. Ihr müßt das Land verseuchen. Es muß so sein.' Und jeder vergaß die Frage und ging weiter. Aber das Kind erhob seine Stimme und sagte: ‚Es muß etwas Besseres geben, um die Dinge zu machen, die wir haben wollen – etwas, das nicht die Luft oder den Regen oder das Land verschmutzt.'
Und die Leute hörten, was es sagte, und drehten ihren Bildschirm ab und suchten etwas Besseres zu finden. Das Land begann nach langer Zeit zum erstenmal wieder zu blühen. Der Himmel leuchtete in einem wunderschönen Blau, und der Regen schmeckte süß. Es ist Zeit, daß wir jenes kleine Kind werden, um eine bessere Zukunft zu bauen."

Paul McCartney setzt sich aktiv für Umweltbelange ein. Seine 1989-90 unternommene Welttournee „sponserte" Gruppen von Friends of the Earth in der ganzen Welt. Dieser Text war die Einleitung zu einem Konzertprogramm, das für fast 2 Millionen Fans ohne Gage gegeben wurde.

PATRICK MOORE

„Die Vorräte an fossilen Brennstoffen sind begrenzt, und die Atomkraft bringt große Probleme mit sich. Warum nutzen wir also nicht die Ressourcen, die die Erde uns schenkt – umsonst? Wir müssen nach vorn schauen, und es ist keine Zeit mehr zu verlieren. Wenn wir das Atom spalten können, können wir sicher auch die Gezeiten nutzen."

Der britische Astronom, Fernsehautor, Musiker und Komponist ist der Verfasser von mehr als 60 Büchern, die meisten von ihnen über Astronomie.

GEZEITENKRAFTWERK, FRANKREICH

WILLIAM GOLDING

„Es muß eher vor 70 als vor 60 Jahren gewesen sein, als ich einen zauberhaften Platz entdeckte. Er lag an der Westküste unseres Landes, zwischen Felsen verborgen. Bei einer bestimmten Mondphase ging die Ebbe weiter als gewöhnlich zurück und gab eine kleine Nische frei, die mir wie eine Höhle erschien. Zwischen all den Felsen und in den Tümpeln neben ihnen wimmelte es von Leben in allen möglichen Formen, aber diese letzte Nische vor den noch geheimnisvolleren Tiefen des Meeres beherbergte seltsame Bewohner, wie ich sie noch nirgendwo anders gefunden hatte. Nur eine Handbreit über den letzten paar Zentimetern des stehenden Wassers blühten sie, grau, grün und violett, springlebendig – eine Entdeckung, ein Zusammentreffen, das mehr in mir weckte als Interesse oder Vergnügen. Sie waren das Leben; wir teilten die Freude am Leben, bis die ersten kleinen Wellen der wiederkehrenden Flut ihre Umrisse verschwimmen ließen und sie schließlich meinen Augen entzogen. Als die Sommerferien vorüber waren, trug ich die Erinnerung an jene Höhle mit mir wie einen geheimen Schatz…
Seitdem bin ich wieder dort gewesen. Die Nische – denn jetzt scheint sie nicht mehr als das zu sein – ist noch da, und bei Niedrigwasser kann man noch hineinsehen. Nichts lebt dort mehr. Es ist jetzt alles sehr sauber, sauberer Sand, sauberes Wasser, sauberer Felsen. Wo die lebenden Geschöpfe einst hingen, haben sie zwei Löcher wie Augenhöhlen zurückgelassen, so daß man sich bei einiger Phantasie vorstellen könnte, einen Totenschädel vor sich zu sehen. Kein Leben. War es ein natürlicher Prozeß? War es Heizöl? Waren es Abwässer oder gefährlichere Chemikalien, die den Zauber und das Geheimnis meiner Kindheit töteten? Ich weiß es nicht, und es spielt auch keine Rolle. Worauf es ankommt, ist, daß dies nur ein kleines Beispiel unter Millionen dafür ist, wie wir den einzigen Planeten, den wir zum Leben haben, verkümmern lassen."

SEEPFERDCHEN
Hippocampus

Der englische Romancier William Golding, Autor des Buches *Lord of the Flies* und der Trilogie *Rites of Passage*, erhielt 1983 den Nobelpreis für Literatur.

JOSEF VAVROUSEK

„Unter unserem früheren totalitären System war die Einstellung der Umwelt gegenüber geprägt von Arroganz, Rücksichtslosigkeit und Ausbeutung. Das Ergebnis ist, daß unsere Lebenserwartung 5 bis 7 Jahre unter der der entwickelteren Länder liegt."

Josef Vavrousek ist Minister des tschechoslowakischen Bundeskomitees für die Umwelt.

ROSA FILIPPINI

„Ich hatte das große Glück, meine Ferien an einem Ort zu verbringen, an dem man nachts die Sterne und am Tage die Delphine zwischen den Wellen spielen sehen konnte. Dieser isolierte Ort, fern von jeder Großstadt und ohne elektrisches Licht und Autos, hat es mir ermöglicht, das Schauspiel zu genießen, das die Natur kostenlos jedem bietet, das jedoch praktisch all jenen Stadtbewohnern unbekannt ist, die den Himmel nur durch Smog und künstliches Licht sehen und die von ständigem Lärm umgeben sind. Ein solches Schauspiel ist zu einem Luxus geworden, der bloß noch jenen wenigen vergönnt ist, die entweder so arm sind, daß sie dazu ‚verdammt' sind, fern von unserer Konsumgesellschaft zu leben, oder aber so reich, daß sie sich einen ‚Urlaub in der freien Natur' ermöglichen können. Ich war tief berührt von diesem lange vergessenen Naturdrama, das so alt ist wie die Welt. Als ich zurückkehrte, hatte ich zum erstenmal das Gefühl, daß der Preis, den wir für den weitverbreiteten Überfluß in unserer Gesellschaft zahlen, vielleicht zu hoch ist. Wenn wir alte Schriften lesen, sehen wir, daß die Herrschaft des Menschen über die Natur sehr relativ ist. Die Schöpfung ist keineswegs nur dazu da, dem Menschen nützlich zu sein. Selbst wenn von Menschen geschaffene Schiffe das Meer durchpflügen, hat Gott doch auch Leviathan, den Wal, ins Meer gesetzt."

Rosa Filippini

Rosa Filippini ist Mitglied der Grünen Partei im Italienischen Parlament.

HAROUN TAZIEFF

„Tatsächlich ist die Erde, als Planet, nicht in Gefahr, und wir brauchen nicht um sie zu kämpfen. Aber Millionen von Menschen sind in Gefahr, nicht wegen modischer Probleme wie der Ozonschicht oder der globalen Erwärmung (Anlaß für viele Politiker, große Geldsummen für einen Kampf gegen Windmühlen aufzubringen), sondern wegen der äußerst bedrohlich gewordenen Umweltverschmutzung. Am schlimmsten ist die Verschmutzung der unterirdischen wasserführenden Schichten – verseuchtes Untergrundwasser kann jahrhundertelang toxisch bleiben. Als nächstes kommt die Verschmutzung des Oberflächenwassers. Und dann die Verschmutzung des Bodens – durch Pestizide, Kunstdünger und alle möglichen Abfälle. Ich wünschte nur, daß das Geld und die Mühen, die jetzt aufgebracht werden, um gegen einige der heutigen ‚Windmühlen' zu kämpfen, dazu verwendet würden, die immer weiter um sich greifende Verschmutzung des Wassers, des Bodens und der Luft zu bekämpfen."

Haroun Tazieff

Haroun Tazieff ist ein belgischer Vulkanologe, Agronom und Geologe.

VIERFLECK-SCHMETTERLINGSFISCH
Chaetodon quadrimaculatus

CHARLES LYNN BRAGG

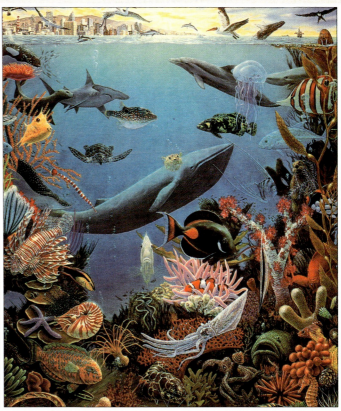

AM WASSER

„Die Evolutiom hat uns gezeigt, daß nichts dasselbe bleibt: Kontinente driften über die Meere, Urwälder verwandeln sich in Wüsten, und Dinosaurier machen Ameisenfressern Platz. Und wo einst der Wind und die Sonne den Verlauf der Evolution diktierten, ist es jetzt der Mensch, der über die nahe Zukunft unseres Planeten entscheidet. Das Gleichgewicht und der Kampf zwischen Habgier, Mitleid, Furcht und Intelligenz bestimmen jetzt das Schicksal allen Lebens auf Erden."

Charles Lynn Bragg

Dieses Bild des Malers Charles Lynn Bragg aus Los Angeles wurde in der Kampagne für die Rettung der Santa Monica Bay verwendet.

ALEJANDRO LERNER

„Wir sind alle eins. Vögel, Pflanzen, Säugetiere, Minerale – wir sind alle unterschiedliche Manifestationen derselben Grundenergie. Unsere Bestrebungen und Träume sind der molekulare Ausdruck der Lebenserfahrung aller Dinge, die zu unserem Planeten gehören. Indem wir an ihnen Anteil nehmen, tragen wir zu unserer aller Entwicklung bei."

Alejandro Lerner

Alejandro Lerner ist ein argentinischer Schriftsteller und Komponist.

OZEANE UND MEERE
FISCHEREI AUF ABWEGEN

JOHN BEDDINGTON

WIMPELFISCH
Heniochus acuminatus

DREIFLECK-ENGELFISCH
Apolemichthys trimaculauns

Die traditionelle Freiheit der Meere gab den Fischereiflotten die Möglichkeit, die Ozeane der Welt zu befahren und so viele Fische zu fangen, wie sie konntenohne Rücksicht darauf, ob sich die Bestände je wieder erholen.

Die Meere und Seen sind wohl die empfindlichsten und sicher die am stärksten genutzten Gemeingüter der Welt. Der Fang von Fischen und anderen Meerestieren hat eine Geschichte, die so alt wie die Menschheit ist, aber erst jetzt hat er zu Auswirkungen geführt, die ernsthaft die Meere und das Leben bedrohen, das sie enthalten.

Die Verschmutzung der Meere von Pol zu Pol zeigt, wie notwendig internationale – nicht nationale – Kontrollen sind. Noch immer pumpen Schiffe mitten im Meer ungestraft Öl und andere Schadstoffe ins Wasser. Aber obgleich Verklappungen und Ölverschmutzungen bedeutende lokale Auswirkungen haben, sind diese Gewässer im allgemeinen frei von den schlimmsten Folgen der Verschmutzung. Die am meisten betroffenen Gebiete sind die küstennahen Regionen in der Nähe menschlicher Siedlungen. Hier konzentrieren sich die Schadstoffe und geschehen die meisten Tankerunfälle; und genau hier ist auch das stärkste marine Leben zu finden – an den Kontinentalschelfen.

John Beddington, *BSc MSc PhD, ist gegenwärtig Direktor der Renewable Resource Assessment Group am Imperial College, London. Seine früheren Arbeiten und Publikationen waren vorwiegend der Populationsbiologie und theoretischen Ökologie gewidmet.*

Der größte Schaden, den die Meeresressourcen durch den Menschen erlitten haben, wurde erst in den letzten 100 Jahren angerichtet. Zunächst wurden die Meeressäuger, besonders die Robben in ihren großen Brutkolonien, in Mitleidenschaft gezogen. Ein großer Teil der Zerstörung geschah vor Beginn des 20. Jahrhunderts, als die Pelzrobben und See-Elefanten der Antarktis auf Bruchteile ihrer ursprünglichen Population reduziert wurden. Die Ge-

DIE MACHT DES MEERES (gegenüber)
Meere bedecken mehr als 70 Prozent der Erdoberfläche. Die gewaltige Kraft des Ozeans löst die unterschiedlichsten Gefühle aus – von blankem Entsetzen bis zu jener Ehrfurcht, die im 19. Jahrhundert den englischen Dichter Lord Byron bewegte zu schreiben: „Rolle weiter, du tiefer und dunkler blauer Ozean – rolle weiter. Zehntausend Flotten segeln stolz über deine Wogen; der Mensch hinterläßt überall auf der Erde Zeichen der Vernichtung – doch seine Macht endet an der Küste."

STEINERNER WAL (links) *Diese alte Felszeichnung eines Schwertwals stammt von nordamerikanischen Indianern. In ihrer Einstellung dem Meer gegenüber, seinen Gefahren und seinen Reichtümern, zeigen Stammesvölker eine Achtung vor marinem Leben, der nachzueifern auch Industriegesellschaften gut anstünde. Das Los der Delphine und Wale ist einer breiten Öffentlichkeit durch viele Publikationen wohl bekannt; schwieriger ist es, den Menschen klarzumachen, daß das Schicksal der Fische und Krebse ebenso wichtig ist wie das der Meeressäuger.*

MITTELMEERVERSEUCHUNG

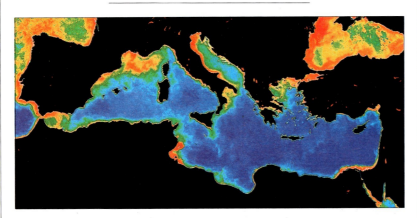

Das Mittelmeer nimmt nur 1 Prozent der gesamten Meeresfläche der Erde ein, doch fast 50 Prozent aller die Meere verschmutzende Schadstoffe fließen in seine Gewässer. Die Chemikalien der Industrie vermischen sich mit Unmengen menschlicher Abfälle – besonders im Sommer, wenn ein Touristenstrom die an den Küsten des Mittelmeers ansässige Bevölkerung mehr als verdoppelt.

1975 initiierte das Umweltprogramm der Vereinten Nationen den Mediterranean Action Plan, der 16 Anrainerstaaten verpflichtete, die weitere Verschmutzung des Mittelmeers durch Schiffe zu verhindern und die Verseuchung durch Küstenabwässer zu begrenzen. Der Erfolg des Action Plan ist jedoch ausgeblieben; um die geplanten Maßnahmen in die Tat umzusetzen, müßten alle beteiligten Staaten voll hinter ihnen stehen, und das ist nie geschehen.

ZEICHEN VON LEBEN *Diese Satellitenaufnahme des Mittelmeers zeigt die Verteilung des Oberflächen-Phytoplanktons, der mikroskopisch kleinen Pflanzen, von denen die Nahrungskette des marinen Lebens abhängt. Die roten Flecken stellen die dichteste Konzentration dar – über Orange, Gelb, Grün und Blau (die schwächste Konzentration). Verglichen mit dem planktonreichen Atlantik (links) und dem Schwarzen Meer (oben rechts) ist das Mittelmeer öde.*

HUMBERTO DA CRUZ

„Das Mittelmeer ist die Wiege einiger der reichsten Kulturen der menschlichen Geschichte. Seine Schönheit und sein mildes Klima ziehen heute mehr Touristen an als jede andere Region der Erde. Der daraus entstandene Wohlstand ging zu Lasten der natürlichen Ressourcen des Gebiets. Maßnahmen, den angerichteten Schaden zu verringern, wie sie vor allem im Mediterranean Action Plan vorgesehen sind, sind durch Kurzsichtigkeit und mangelnden politischen Willen vereitelt worden. Nur entschiedene und sofortige, auf dem Prinzip einer dauerhaften Entwicklung basierende Aktionen können die Zukunft der Region sichern."

Humberto da Cruz, Professor für Wirtschaftswissenschaften, ist Präsident der *Federacion de Amigos de la Tierra* (Friends of the Earth, Spanien).

---

schichte des Walfangs, in deren Verlauf die meisten der großen Walarten dezimiert wurden, ist allgemein bekannt. Weniger bekannt ist die Dezimierung vieler wertvoller Fischbestände.

Es erhebt sich die Frage, wie das geschehen konnte, da doch niemand Interesse an der Vernichtung so wertvoller natürlicher Ressourcen haben kann. Es rührt alles von der Tatsache her, daß es nie einen Eigentümer der Meeresressourcen gab. Wo es keinen Eigentümer gibt, gibt es auch keinen Mechanismus, der den Zugang zu diesen Ressourcen regelt – nur eine *laissez-faire*-Ökonomie und einen gnadenlosen Konkurrenzkampf.

AUSBEUTEN UND WEITERZIEHEN

Wo der Zugang zu verheißungsvollen Fischgründen nicht eingeschränkt wird, entwickelt sich eine Fischerei, die hohe Profite macht; weitere Teilnehmer stellen sich ein, und die Ausbeutung der Fischbestände nimmt bald Ausmaße an, die jedes vernünftige Maß überschreiten. Da niemand daran interessiert ist, sich zurückzuhalten und auf einem vertretbaren Niveau zu fischen, werden die Ressourcen allmählich dezimiert, bis die Beteiligten – von anderen Fangplätzen angezogen – weiterziehen. Mit dem Aufbau von Hochsee-Fischereiflotten im 20. Jahrhundert wurde der Prozeß noch verhängnisvoller. Sobald die Bestände dezimiert waren, suchten die Flotten profitablere Gebiete auf und ließen vernichtete Fischgründe und zerstörte Küstengemeinden zurück.

Ökonomische Veränderungen verschärften das Problem. Hohe Zinssätze lassen kurzfristige Erwägungen in den Vordergrund treten; die heutigen Gewinne sind attraktiver als die Gewinne von morgen. Am dramatischsten hat sich diese Form der Ausbeutung bei der Dezimierung der großen Wale gezeigt. Doch auch weniger spektakuläre Arten, wie der Hering des Nordatlantiks, der Schellfisch und der Thunfisch, sind in ähnlicher Weise dezimiert worden.

Anfangs hat die internationale Gemeinschaft versucht, die Hochseefischerei durch die Einsetzung internationaler Kommissionen zu regeln, doch ihre Möglichkeiten, die Bestände vor weiterer Dezimierung zu bewahren, waren recht beschränkt. Im wesentlichen haben diese Kommissionen eine Reihe kurzfristiger Entscheidungen getroffen, die im Interesse der Teilnehmerstaaten lagen, doch langfristig zur Schwä-

SEEHUNDJUNGE
Phoco vitulina

chung der Ressourcen führten, von denen sie leben. Das gilt nicht nur für die frühen Jahre der International Whaling Commission, sondern auch für die Kommissionen, die heute die Fischbestände der Industrienationen verwalten.

Das Hauptproblem liegt darin, daß sie nicht mit Rechten ausgestattet sind, die es ihnen ermöglichen würden, unabhängig über die Ressourcen zu verfügen. Anfällige Entscheidungen erfordern die Zustimmung aller betroffenen Staaten und enthalten daher oft Einschränkungsklauseln, die die Entscheidungen nicht für alle verbindlich machen. So können einzelne Staaten häufig ihre eigenen egoistischen Interessen verteidigen.

Das einzig Positive, was diese Kommissionen geschaffen haben, sind wohl die wissenschaftlichen Apparate, die in ihrem Dunstkreis entstanden sind. Wissenschaftliche Ausschüsse sammeln Daten und bieten ein Forum für kritische Diskussionen. Leider ist der Rat der in ihnen vertretenen Wissenschaftler oft ignoriert worden. Schätzungen über die Höhe der Fischbestände sind mit einem großen Maß an Unsicherheit verbunden, und die Kommissionen haben häufig einen möglichst optimistischen Standpunkt eingenommen und dort, wo Zweifel angebracht waren, eher zugunsten der Fischindustrie als der Wissenschaftler entschieden.

In den 60er Jahren wurde die Konferenz der Vereinten Nationen über Seerechtsfragen einberufen, um Möglichkeiten auszuarbeiten, die Mineralvorkommen am Meeresboden gerecht zu verteilen. Was jedoch vor allem dabei herauskam, war eine Übereinkunft darüber, das Hoheitsgebiet der Küstenstaaten auf 370 Kilometer oder 200 Seemeilen auszudehnen. In den meisten Teilen der Welt sind diese neuen Exclusive Economic Zones mehr oder weniger identisch mit den flachen Meeresgebieten, die die Kontinentalschelfs bedecken.

Der Grund dafür war jedem verständlich – der Schaden, der den Fischgründen der Meere durch die uneingeschränkten Operationen der Hochseeflotten zugefügt wird. Ein unmittelbarer Vorteil der Ausdehnung der Gebietshoheit wäre damit gegeben, so wurde argumentiert, daß die betroffenen Staaten ihre Ressourcen selbst verwalten könnten. Aber in der Praxis ist das weltweite Problem der uneingeschränkten Fischerei durch Hochseeflotten nur zu einem nationalen Problem geworden.

In einigen der entwickelten Ländern haben die eingeschränkten Rechte über ihre traditionellen Fischgründe (die jetzt Teil des Hoheitsgebietes anderer Küstenstaaten wurden) nur dazu geführt, daß sie gezwungen wurden, sich wieder ihren eigenen erschöpften heimatlichen Fischgründen zuzuwenden. Kompromisse mußten ausgehandelt werden zwischen den Interessen des Natur-

HEATHCOTE WILLIAMS

Im Wasser sind die Wale die beherrschende Art geworden,
Ohne ihre Artgenossen zu töten.

Im Wasser sind die Wale die beherrschende Art geworden,
Obgleich sie die Ressourcen, die sie nutzen, nicht zerstören.

Im Wasser sind die Wale die beherrschende Art geworden,
Obgleich sie die Sprache zur Kommunikation verwenden – und nicht,
um Rivalen auszumerzen.

Im Wasser sind die Wale die beherrschende Art geworden,
Obgleich sie ihren Lebensraum nicht mit Waffengewalt verteidigen.

Im Wasser sind die Wale die beherrschende Art geworden,
Obgleich sie nicht ihre Unschuld aufgeben, um nach irdischen Gütern zu streben.

Im Wasser sind die Wale die beherrschende Art geworden,
Obgleich sie andere Meinungen als ihre eigene gelten lassen.

Im Wasser sind die Wale die beherrschende Art geworden,
Ohne daß ihre Population verheerende Ausmaße annimmt.

Im Wasser sind die Wale die beherrschende Art geworden,
Außerirdische, die bereits gelandet sind...
Eine marine Intelligenz, die um die Tiefe weiß.

Vom Weltraum aus gesehen, ist der Planet blau.
Vom Weltraum aus gesehen, ist der Planet nicht das Territorium
Der Menschen, sondern der Wale.

Heathcote Williams

Heathcote Williams ist ein britischer Dichter.
Dies sind die letzten Zeilen seines Gedichts *Whale Nation*.

ARKTISCHES BLAU (links) *Trotz der Unwirtlichkeit weiter Teile des Nordpolarmeeres (hier vor Ellesmere Island in Kanadas West Territories abgebildet) wird seine empfindliche Ökologie von jenen Erschließungsmaßnahmen in großem Stil bedroht, die jetzt die traditionelle, behutsame Lebensweise der Inuit verdrängen. Durch Ölbohrungen suchen Kanada und die Vereinigten Staaten sich unabhängiger vom Öl des Golfs zu machen.*

WASSER: FISCHEREI AUF ABWEGEN

ZEITBOMBE: ÜBERFISCHUNG

Die Abnahme der Fischbestände ist ein aufschlußreicher Hinweis darauf, wie wir mit dem natürlichen Reichtum der Erde umgehen. Nach Schätzungen der FAO ist es vertretbar, 100 Millionen Tonnen Fisch im Jahr zu fangen. Doch 1987 wurden 91 Millionen Tonnen von der Fischereiindustrie und 24 Millionen Tonnen von lokalen Fischern gefangen, deren Fänge nicht registriert werden.

Hering *(Clupea harengus)* Industrialisiertes Fischen in den 60er und 70er Jahren dezimierte die Heringsbestände in den Gewässern des Nordost-Atlantiks. Die Zahlen für diese Darstellung beziehen sich auf die Heringsfischerei in der Nordsee, die zwischen 1977 und 1982 völlig eingestellt wurde, um den Beständen die Möglichkeit zu geben, sich zu erholen. Aber obgleich es verboten ist, Nordsee-Fische von weniger als 20 Zentimeter Länge anzulanden, sind die Bestände immer noch gefährdet, da Jungfische außerhalb der offiziell vorgeschriebenen Grenzen gefangen werden.

NIEDERGANG *Die Anchovisfischerei Perus (rechts) war einmal die größte Fischerei der Welt und landete jährlich Fänge von etwa 13 Millionen Tonnen an. Aber 1972 führte die starke Überfischung (verbunden mit einer Richtungsänderung des warmen El-Niño-Stromes) zu einem Zusammenbruch der Fischerei. (unten).*

ÜBERFISCHUNG *Das Diagramm zeigt Fänge in tausend Tonnen für die unten angegebenen Jahre. Die Entdeckung wertvoller Fischgründe führt fast unvermeidlich zu einer Dezimierung der Bestände. Es ist sehr schwer, die Größe von Fischpopulationen abzuschätzen, daher müssen sowohl die Fischer als auch die Wissenschaftler von den jährlich gefangenen Tieren ausgehen. Die Zeit, in der Fischbestände sich reduzieren und wieder erholen, hängt zum Teil von den Wandergewohnheiten und den Brutzyklen der jeweiligen Arten ab.*

Schellfisch *(Melanogrammus aeglefinus)* Nordsee-Fänge sind Anfang der 80er Jahre in die Höhe gegangen, doch in den letzten Jahren wieder auf einen absoluten Tiefpunkt gesunken.

Kabeljau *(Gadus morhua)* Die Fänge in sämtlichen traditionellen Kabeljau-Fischgründen im Nordatlantik befinden sich auf dem niedrigsten Stand aller Zeiten. Die hier angegebenen Zahlen beziehen sich auf den in der Nordsee gefangenen Kabeljau.

Eisfisch *(Notothenia rossii)* Antarktische Fischereiflotten haben die Bestände dieser langsam wachsenden Art stark dezimiert. Bis sie sich erholt haben, empfehlen Wissenschaftler eine Einstellung aller Fänge.

Pollack *(Pollachius virens)* Die Bestände des im Nordatlantik häufig gefangene Pollack sind stark zurückgegangen, wie die Zahlen für die Nord- und Ostsee zeigen. Kommerzielle Fischer suchen ohne Rücksicht auf die Langzeitfolgen ihre Fänge zu maximieren.

schutzes und der Industrie. Eine Reduzierung der Fangquoten war nötig, damit die Bestände sich wieder erholen konnten, während die Industrie sicherzustellen suchte, daß ihr Kapital einen vernünftigen Profit abwarf. Viele Regierungen, die einem Niedergang ihrer Fischindustrie entgegensahen, taten das Schlimmste, was sie tun konnten, indem sie einfach die Flotten subventionierten, um sich solcherart den sozialen Frieden zu erkaufen. Infolge dieser Subventionen wurden unwirtschaftliche Betriebe am Leben erhalten, deren Schiffe weiterhin auf Fischfang fuhren. Anstatt sich zu erholen, verringerten sich die Bestände. Erst in jüngster Zeit haben einige Länder Programme entwickelt, den Fischern Entschädigungen für die Verringerung ihrer Fangquoten und die Ausmusterung ihrer Schiffe zu zahlen.

SUBVENTIONIERTER WAHNSINN

Für die Entwicklungsländer, die wenige natürliche Ressourcen besaßen, öffnete sich mit der neuen 370-Kilometer-(200 Seemeilen)-Zone eine Schatzkammer, durch die sie reich zu werden hofften. Das führte zu spekulativen Investitionen, an denen Entwicklungsorganisationen und -banken maßgeblich beteiligt waren. In einigen Ländern ließen billige Darlehen und direkte Subventionen den Bau von Fischereifahrzeugen so florieren, daß die Fischbestände bald ernsthaft dezimiert wurden.

Das verringerte häufig die Fänge der traditionellen Küstengemeinden, die bisher die lokalen Ressourcen auf einem niedrigen, vertretbaren Niveau genutzt hatten.

Diese Ausbeutung beschränkte sich nicht auf die industrielle und kommerzielle Fischerei. In den Küstengemeinden selbst hat das Bevölkerungswachstum im Verein mit einer hochentwickelten Technologie (die in der Regel von wohlmeinenden Entwicklungsorganisationen finanziert wurde) die Kapazitäten der Fischereiindustrie beträchtlich erweitert, so daß die lokalen Fischgründe häufig im Übermaß ausgebeutet wurden. Die traditionellen Eigentumsrechte verloren an Geltung, da die Fischer sich immer weiter von ihren ursprünglichen Fanggründen entfernten, um leben zu können. Das Ergebnis ist ein sinkender Lebensstandard der Gemeinden, da immer mehr und besser ausgerüstete Fischer immer kleiner werdenden Fischbeständen nachstellen. Trotz dieser Probleme muß die Ausdehnung des Hoheitsgebiets auf die Fischressourcen der Welt als Fortschritt angesehen werden. Natürlich sind Kontrollen notwendig, aber das Bewußtsein dafür ist vorhanden, und diese Kontrollen lassen sich durch die Wahrnehmung der Hoheitsrechte wirksam ausüben.

AN DER GRÜNEN FRONT

EIA

Environmental Investigation Agency

Die Environmental Investigation Agency (EIA) wurde 1984 in Großbritannien gegründet, um ökologische Mißstände zu ermitteln und mit Hilfe von Film- und Fotodokumentationen gegen sie zu Felde zu ziehen.

Abgesehen davon, daß die EIA entscheidend dazu beigetragen hat, den internationalen Elfenbeinhandel zu verbieten, hat sie sich vorwiegend auf Meeresfragen konzentriert. Sie hat Kampagnen gegen das jährliche Abschlachten der Grindwale vor den Färöer-Inseln geführt *(siehe Seite 161)* und sowohl die International Whaling Commission (IWC) als auch die europäischen Parlamente gedrängt, Bestimmungen zu erlassen, um dieses barbarische Ritual einzuschränken.

Sie hat auch viel getan, um das Los der anderen kleinen Wale, der Tümmler und Delphine, zu verbessern. Die EIA war maßgeblich an der Lösung des Thunfisch/Delphin-Problems beteiligt *(siehe Seite 156)* und hat sich des Dall-Hafen-Tümmlers angenommen, dessen Bestände in den letzten drei Jahren um 70 Prozent von den Japanern dezimiert wurden. 1989 wurden 40 000 Tümmler abgeschlachtet. Dadurch, daß sie den Fall an die Öffentlichkeit brachte (nicht zuletzt durch Filme, die den Verkauf von Tümmlerfleisch in Japan dokumentierten), konnte die Agency die IWC bewegen, eine Resolution zu erlassen, die Japan verpflichtete, die Zahl der jährlich getöteten Tümmler zu reduzieren.

NETZVERLUSTE *Dieser Gewöhnliche Delphin ist einer von vielen, die jährlich in Treibnetzen umkommen. In den engen Maschen wie bei diesem Kiemennetz verfangen sich auch Tiere, die noch nicht geschlechtsreif sind, so daß die Population verringert wird. Internationale Empörung hat zu einem Verbot der Treibnetzfischerei ab 1992 geführt.*

WASSER: FISCHEREI AUF ABWEGEN

AN DER QUELLE BESEITIGEN (links) *Als Folge des Drucks seitens der Umweltschützer und anderer europäischer Regierungen hat sich Großbritannien verpflichtet, bis 1998 keinen Abwässerschlamm mehr in die Nordsee zu pumpen. Es gibt alternative Beseitigungsmethoden, etwa durch Verbrennen oder Landauffüllung, aber auch sie lösen nicht das eigentliche Problem: Der Schlamm ist durch Schwermetalle und andere industrielle Schadstoffe kontaminiert. Wenn es gelänge, diese Stoffe von den menschlichen Abfällen zu trennen, brauchten die Abwässer nicht mehr gesondert beseitigt zu werden, sondern könnten zu Dünger verarbeitet werden.*

PFLANZEN AUS DEM MEER (rechts) *In Japan ist die Verwertung von Kelp bereits eine umsatzstarke Industrie, die eine wertvolle Grundlage für proteinreiche Nahrung liefert. Wir haben noch nicht gelernt, den erstaunlichen Reichtum des Meeres an möglichen Nahrungsmitteln voll auszuschöpfen, die bisher nur einen kleinen Prozentsatz des weltweiten Bedarfs an Proteinen decken.*

Doch auch außerhalb der Hoheitsgebiete wird gefischt. Am lukrativsten ist wahrscheinlich der Fang von Thunfischen auf hoher See, der in allen großen Meeren mit Ausnahme der Arktis und Antarktis betrieben wird. Thunfische sind nicht ortsgebunden; sie ziehen zwischen den Küstenzonen der verschiedenen Staaten und zwischen diesen Zonen und dem freien Meer hin und her. Das macht eine Regelung äußerst schwierig. Die Hochseeflotten verwenden häufig Ringwadennetze für Thune, die in Konservenfabriken verarbeitet werden, wenn sie nicht mit Langleinen- oder Treibnetzen arbeiten, um die höherwertigen Thunfische zu fangen, die auf orientalischen Märkten angeboten und roh gegessen werden.

Die Ringwadenflotten des Ostpazifik wirken sich besonders unheilvoll auf die marinen Ökosysteme aus, da sie am wirksamsten arbeiten, wenn sie Thunfische in der Nähe von Delphinschulen fangen. Ringwaden sind große Netze, die von zwei Schiffen um eine Schule von Fischen ausgelegt werden. Wenn die beiden Enden zusammengezogen werden, schließt sich das Netz um die Fische. Obgleich die ökologische Verbindung zwischen Thunfischen und Delphinen wissenschaftlich noch nicht geklärt ist, führt das Auslegen eines Ringwadennetzes um eine Schule von Delphinen oft zu einem vermehrten Fang von Thunfischen. Trotz kürzlich eingeführter technischer Verbesserungen töten Ringwadennetze immer noch eine große Anzahl von Delphinen.

TÖDLICHE FALLEN

Noch besorgniserregender ist die wachsende Verwendung von Treibnetzen – großen, oft 50 Kilometer langen Wandnetzen, die vor allem von den Flotten Japans, Taiwans und Koreas eingesetzt werden. Treibnetze töten viele Tiere, die für die Fischer ohne Wert sind, darunter Meeressäuger und Schildkröten. Das Ausmaß dieser Zerstörung ist entmutigend. Man schätzt, daß jedes Jahr Netze in einer Gesamtlänge von 7000 Kilometern im Pazifik ausgelegt werden.

Im Dezember 1989 nahm die Generalversammlung der Vereinten Nationen eine Resolution an, die das Fischen mit Treibnetzen vom 1. Juli 1991 an verbietet. So gibt es Grund zur Hoffnung, auch wenn Taiwan, eine der maßgeblich an der Hochseefischerei beteiligten Nationen, kein Mitglied der UNO ist, und das, was tatsächlich auf hoher See geschieht, sich häufig jeder Rechtsprechung entzieht.

SPRINGENDE DELPHINE (gegenüber) *Delphine tummeln sich im Pazifik vor den Galapagos-Inseln. Naturschützer bemühen sich um eine Ächtung der vielen „Delphin-Gefängnisse" überall auf der Welt, an denen Touristen dafür zahlen, eine traurige Travestie dieser fröhlichen Akrobaten zu sehen.*

MEERESSTRÄNDE UND FLUSSMÜNDUNGEN
GEZEITENWECHSEL

ROBERT EARLL

STRANDKRABBE
arcinus maenas

KREISELSCHNECKE
Monodonta lineata

NORDISCHE PURPURSCHNECKE
Nucella lapillus

Die Grenzbereiche zwischen Meer und Land sind äußerst fruchtbar. Aber Meeresstrände und Flußmündungen in aller Welt sind heute immer mehr von der Ausweitung menschlichen Wirkens bedroht.

Wenn wir auf einer felsigen Landspitze stehen und zuschauen, wie die stürmische See gegen die Küste schlägt, vermerken wir oft mit Verwunderung, welche gewaltige Kraft dem Meere innewohnt. Und wenn wir durch den Schlamm einer Flußmündung waten, erweckt die gewaltige Ausdehnung der Wattenlandschaft ein Gefühl des Staunens und der Ehrfurcht in uns. Hier kommen viele der Arten, die wir besonders lieben, in Hülle und Fülle vor.

Seit den Anfängen der Zivilisation haben Menschen diese Küstenlinien besiedelt; der leichte Zugang zu Nahrungsmitteln und die vielen Möglichkeiten, Handel zu treiben, haben diesen Trend verstärkt. Von den zehn Großstädten der Welt mit den meisten Einwohnern liegen acht an Flußmündungen oder an der Küste; und diese Städte allein zählen

Robert Earll, *PhD, ist Leiter der Umweltabteilung der Marine Conservation Society in England. Er ist Autor zahlreicher Artikel über marinen Umweltschutz, ein aktiver Taucher und ein Fachmann auf dem Gebiet der Meeresökologie.*

über 100 Millionen Menschen. Während die Wissenschaftler Spekulationen über den Treibhauseffekt und die Veränderungen des Klimas anstellen, wirken sich selbst kleine Veränderungen in der Höhe des Meeresspiegels oder in der Stärke und Häufigkeit von Stürmen tiefgreifend auf diese Küstengemeinschaften aus und gefährden Millionen von Menschen. Die Einwohner der Malediven im Indischen Ozean werden vielleicht die ersten sein, die ihre Heimat durch einen Anstieg des Meeresspiegels verlieren.

Der Lebensunterhalt der Küstengemeinschaften hängt oft von dem fein ausbalancierten Gleichgewicht wechselseitiger Interessen ab. Ein neues Kraftwerk oder ein neuer Container-Terminal kann die umgebende Küstenzone völlig beherrschen und sich sowohl auf die lokalen Lebensräume der Pflanzen

GRENZLINIEN (gegenüber)
Gewöhnlich bringen die Gezeiten an die Strände zurück, was wir als Abfall in das Meer geworfen und gepumpt haben. In vielen Teilen der Welt sind wirklich saubere Strände wie dieser abgelegene Strand in Neuseeland kaum noch zu finden.

DAS GLEICHGEWICHT DES LEBENS (links)
Wenige Vögel offenbaren eine solche Eleganz beim Fliegen und eine solche Geschicklichkeit beim Fangen ihrer Beute wie der Baßtölpel. Sie sind nur eines der vielen Beispiele für den Reichtum der Tierwelt an Meeresküsten. Es gibt noch viele Baßtölpel, doch in den letzten 20 Jahren sind durch Überfischung und Verschmutzung des Meeres die Brutkolonien stark dezimiert worden, da die Fischbestände, von denen sich die Tiere ernähren, vernichtet wurden.

Keine Zukunft für Wellhornschnecken?

Mitte der 1980er Jahre erschienen seltsame Geschichten über das Liebesleben der Wellhornschnecken in britischen Zeitungen. Wissenschaftler hatten entdeckt, daß die einst häufig vorkommende Wellhornschnecke viel seltener wurde. Der Grund dafür lag darin, daß die weiblichen Wellhornschnecken Penisse und Spermenleiter entwickelten und dadurch die normale Vermehrung verhinderten.

Experimente hatten bestätigt, daß diese bizarre Geschlechtsumwandlung durch kleine Mengen von Tributyltin (TBT) verursacht wurde – es genügte ein Teil in einer Million, um die Reaktion auszulösen. TBT ist ein Bestandteil von Farben, die auf Schiffsböden und Reusennetzen aufgetragen werden, um Krebse und Muscheln daran zu hindern, sich an ihnen festzusetzen.

Beweise, daß TBT auch bei anderen marinen Lebensformen Mißbildungen verursacht, führten zu zunehmender

WELLHORNSCHNECKE. *Dieses Schnecke hat unter TBT in Bootsfarben gelitten.*

Besorgnis in der Muschelindustrie: Austernparks mußten wegen TBT aufgegeben werden. Die britische und französische Regierung verboten seine Verwendung für kleine, doch nicht für große Schiffe. Forschungen haben gezeigt, daß die TBT-Verpestung weit in die Nordsee reicht.

---

und Tiere als auch auf die Küstengemeinden selbst verheerend auswirken.

Der Verlust unserer am Meer gelegenen Feuchtgebiete durch Flutbarrieren, Eindeichungen und andere Arten des „Küstenschutzes" sind weitere Beispiele unserer arroganten Annahme, daß wir die Folgen der Veränderung unserer Umwelt mit Sicherheit voraussagen könnten. Erst jetzt beginnen wir einzusehen, daß der „Schutz" der Küsten oft eine kostspielige Illusion ist. Es ist viel besser – und wesentlich billiger –, der Natur und den Erosionsprozessen ihren natürlichen Lauf zu lassen.

Das Leben in den Mündungsgebieten

Von den Feuchtgebieten der Everglades, den großen Deltas des Mississippi und des Ganges, den komplexen Lagunen der Chesapeake Bay und des Wattenmeeres bis zu den Schlammebenen und Marschen der Themse nehmen Mündungsgebiete die unterschiedlichsten Formen an. Die dynamischen Wechselbeziehungen zwischen Fluß, Land und Meer bilden einige der größten Feuchtgebiete unserer Erde.

Flußmündungen sind schlammig. Flüsse tragen Lasten von Schwemmsand mit sich, die häufig durch unsere Zerstörung der Wälder und dem daraus resultieren-

EIN EMPFINDLICHES GLEICHGEWICHT
Überall in den Tropen bilden die Mangroven riesige Wälder an den Rändern der Meere. Sie wurzeln im Salzwasser und tragen so dazu bei, die Küsten vor Erosion zu schützen. Ihr Laubdach wird von einer Vielzahl terrestrischer Arten bewohnt; doch bieten sie auch Fischen und Schalentieren eine Heimstatt. Die Mangrove wird in wachsendem Maße durch Landgewinnungsprojekte, Fischfarmen und gedankenlose kommerzielle Ausbeutung bedroht. Wenn die Mangroven verschwinden, geht auch ihr ökologischer Nutzen verloren, und das empfindliche Gleichgewicht zwischen Land und Meer wird für immer zerstört.

den Verlust der oberen Bodenschicht vermehrt werden. Wenn ein Fluß das Meer erreicht und das Süßwasser sich mit dem Wasser der See vermischt, lagert der Schwemmsand sich ab und breitet sich aus, um riesige Schlammebenen zu bilden.

Der Wechsel der Gezeiten und die Vermischung der Strömungen sorgen dafür, daß die Wasser von Flußmündungen reich an Nährstoffen sind. Mündungsgebiete gehören zu den fruchtbarsten Lebensräumen der Erde. Die hier herrschenden harten und schwierigen Bedingungen bringen es mit sich, daß die Lebensräume in Mündungsgebieten gewöhnlich viel weniger reich an Arten als das Meer selbst sind. Aber was den Flußmündungen an Vielfalt fehlt, wird durch die ungeheure Zahl der Repräsentanten jeder hier lebenden Art wettgemacht. Garnelen, Krabben, Würmer, Schnecken, Austern, Mies- und Herzmuscheln kommen in gewaltigen Mengen vor. Die spektakulärsten Nutznießer dieses Überflusses sind die Vögel – riesige Schwärme von Flamingos und Gänsen und Tausende von Watvögeln, die ganze Kontinente überqueren, um hier zu fressen.

Mündungsgebiete und Mangroven können bis zu 20 Prozent reicher an Leben sein als das offene Meer.

Da sie nicht besonders „hübsch" sind, haben die schlammigen Mündungsgebiete weniger Aufmerksamkeit auf sich gezogen als viele andere Lebensräume. Das muß anders werden. Gruppen wie die Royal Society for the Protection of Birds (RSPB) in Großbritannien und die von Deutschland, den Niederlanden und Dänemark betriebenen Wattenmeer-Programme bemühen sich, diese Einstellung zu ändern, indem sie auf die Bedeutung der Mündungsgebiete für die Zugvögel verweisen.

DIE OFFENE STRANDLINIE

Es besteht ein auffälliger Unterschied zwischen den ruhigen Wassern der Flußmündung und den ans Ufer schlagenden Wellen der offenen See. Die härteren Felsen der Landspitzen wirken wie Bastionen gegen die gewaltigen Kräfte des Meeres. Es sind die weicheren Gesteine, die unter dem Ansturm zerbröckeln, um die Sande und Kiese der Strände und Buchten sowie die langen Geröllbänke zu bilden, hinter denen sich die Küstenlagunen mit ihrer reichen Flora und Fauna entwickeln. Diese Küstengewässer sind oft klarer als die Flüsse und lassen das Licht bis zu einer Tiefe von 30 Metern oder mehr ein-

EIN MEER VON BLUT (links)
Bilder wie dieses vom jährlichen Abschlachten der Grindwale durch die Einwohner der Färöer Inseln schockieren die Welt. Aber das Massaker wird jedes Jahr fortgesetzt.

IM NETZ GEFANGEN (oben)
Die Unechte Karettschildkröte ist vom Aussterben bedroht. Viele Tausende verfangen sich in Netzen, und die Zahl der Tiere, die auf solche Art sterben, erhöht sich jedes Jahr.

ROEFIE HUETING

„Wirtschaftswachstum bleibt das erstrebenswerteste Ziel jedes Landes auf der Erde. Doch ein höheres Bruttosozialprodukt ist unweigerlich verbunden mit einer Zerstörung der Umwelt. Eine Umkehr zu einem Verhalten, das die Umwelt schützt, wird zweifellos das Wachstum bremsen und höchstwahrscheinlich zu einer niedrigeren Produktion führen. In den volkswirtschaftlichen Bilanzen eines Landes sind eine Fahrt mit dem Fahrrad, ein Pullover, eine zusätzliche Wolldecke, ein Bohnengericht oder Ferien mit der Eisenbahn von geringerem ökonomischen Wert als eine entsprechende Fahrt mit dem Auto, eine höhere Zimmertemperatur, eine Beheizung des ganzen Hauses, ein Fleischgericht oder Ferien mit dem Flugzeug.

Der einzige Weg, unsere Umwelt zu retten, besteht darin, unsere Aktivitäten (und die Zahl unserer Art) den Möglichkeiten unseres Planeten anzupassen. Dazu brauchen wir am wenigsten ein wachsendes Bruttosozialprodukt."

Roefie Hueting ist ein holländischer Wirtschaftswissenschaftler, der für das Statistische Landesamt arbeitet.

Wasser: Gezeitenwechsel

ABWÄSSERVER-
SCHMUTZUNG (rechts)
*Diese Verschmutzung
durch Abwässer vor der
Küste Großbritanniens ist
keine Ausnahme. Derartige
Praktiken sind nur teil-
weise durch die Küstenge-
wässerverordnung der EG
eingeschränkt worden.*

ÖLVERSCHMUTZUNG
IN ÄGYPTEN (unten)
*Jedes Jahr werden Hun-
derte von Stränden durch
Öl verschmutzt. Es sind
nicht nur die großen Hava-
rien – Exxon Valdez –, die
die Meere verseuchen; es
gibt ständig kleinere
Unfälle sowie die üble
Unsitte, Tanks auf offener
See zu „spülen".*

dringen, so daß Meeresalgen und Seegräser gedeihen können.

Seevögel, Schildkröten und die großen Meeressäuger kehren hierher zurück, um ihre Jungen aufzuziehen, und die großen Wale suchen häufig die seichten Küstenlagunen auf, um sich hier zu vermehren. Durch die unkontrollierte kommerzielle Ausbeutung dieser Arten sind viele von ihnen jetzt vom Aussterben bedroht. Die jahrhundertealten Küstengemeinden der nördlichen Breiten wirken sich trotz aller Bemühungen von Umweltschützern immer noch zerstörerisch auf die Flora und Fauna aus. Das Zusammentreiben von Grindwalen zu den alljährlichen Jagden vor den Färöer-Inseln im Nordost-Atlantik ist ein besonders schlimmes Beispiel.

GLOBALE MÜLLKIPPEN

Viel zu lange haben wir geglaubt, daß wir einem so grenzenlosen Lebensraum keinen Schaden zufügen könnten. Wir haben die Meere als Müllkippe benutzt. Die an den Küsten angesiedelten Industrien speien Säuren und Laugen durch ihre an den Strand verlegten Rohrleitungen. Ungereinigte Abwässer und Sanitärprodukte werden aus der blitzsauberen Toilette den Abfluß hinunter ins Meer gespült. Unrat in allen Formen, Plastikschnüre, die nicht verrotten und in denen Tiere sich verfangen, medizinischer Abfall, Giftfässer, die auf See „verlorengehen", und alle Arten menschlichen Plunders werden jeden Tag von den Wellen am Strand abgelagert.

---

*Nachdem sie quecksilberverseuchte Muscheln
aus der Minimata-Bucht gegessen hatten,
starben zwischen 1952 und 1960 in Japan 40 Menschen
und mehr als 2000 erlitten schwere geistige
und körperliche Schäden.*

Jedes Jahr dringen Tausende von Chemikalien, die wir nicht sehen können, in das Meer ein – der winzige „Tropfen im Ozean", der heimlich größer und größer wird: langlebige und giftige Chemikalien; Schwermetalle wie Quecksilberverbindungen; organische Chemikalien wie Pestizide. Wir wissen nicht, wie wir das Quecksilber aus den Sedimenten der Liverpool Bay in England oder die Pestizide aus den von Industriemüll verseuchten Flußmündungen entfernen können.

Selbst die schönsten Gebiete bilden keine Ausnahme. Korallenriffe werden beispielsweise durch Fischen mit Dynamit, Pestizide, Schwemmsand, den Abbau der Korallenfelsen für Bauvorhaben und die Kalkgewinnung für Zementfabriken bedroht. Alle diese Faktoren wirken häufig zusammen mit dem Resultat, daß ein Riff schließlich völlig zerstört wird und sich die Erosion der Küstenränder beschleunigt.

In wachsendem Maße ist die Verschmutzung und der Abbau der Küstenräume ein Ergebnis unserer Aktivitäten im Inneren des Landes, weit weg vom Meer. Der Abwässerschlamm aus den großen Städten und die Düngemittel der Garten- und Landwirtschaft tragen das Ihre dazu bei, unsere Küstengewässer mit Nährstoffen in einem bisher unbekannten Maß anzureichern. Wie Düngemittel auf dem Lande das Wachstum von Gartenpflanzen und Feldfrüchten fördern, wirken sie sich auch auf das Wachstum der im Meer lebenden Pflanzen aus. Vieles weist darauf hin, daß nicht nur pflanzliches Plankton besser gedeiht als je zuvor, sondern daß auch das natürliche Gleichgewicht der Algenarten gestört ist. Eine Art erzeugt einen trüben Schaum an Wasserrändern, der äußerst unangenehm ist. Wenn er zerfällt, bildet er einen schwarzen Schleim, der nach verfaulten Eiern riecht. Einige Algenarten scheiden Substanzen aus, die sich in Muscheln aufbauen und giftig für Menschen sind. Andere Arten setzen Gifte frei, die zu Massensterben in europäischen Lachsfarmen in schottischen Lochs und norwegischen Fjorden geführt haben.

NAHRUNG AUS DEM MEER

Wie John Beddington in seinem Kapitel gezeigt hat, sind wir in nicht unwesentlichem Maße darauf angewiesen, daß die Mündungsgebiete der Flüsse und die Küsten der Meere uns mit Nahrung versorgen. Unsere Methoden, mit den Ressourcen der Flüsse und Meere umzugehen, scheinen jedoch denen zu ähneln, die Lewis Carroll in seinem bekannten Gedicht aus „Alice im Spiegelreich" beschreibt, wo das Walroß und der Zimmermann mit Tränen in den Augen das Los der armen Austern beklagen, die sie gerade verzehrt haben.

An den Küsten vieler Länder sind Fischfarmen zu einem bedeutenden Industriezweig geworden. Doch wie Farmen auf dem Land sind auch diesen Farmen durch die ökologischen Gesetze des Meeres Grenzen gesetzt, die wir zu respektieren haben. Ob es sich um Kammuscheln in Japan oder um Lachse in Schottland handelt – Fischfarmen haben mit Problemen zu kämpfen, die überall die gleichen sind: ein vermindertes Wachstum infolge eines zu hohen Tierbestands, eine erhöhte Anfälligkeit gegenüber Krankheiten und einer ernsten Verschmutzung der Umwelt, die in verhängnisvollem Umfang das Wachstum von Algen fördert und giftige Gase, wie Schwefelwasserstoff und Methan, aus dem Meeres-

---

AN DER GRÜNEN FRONT
GREENPEACE INTERNATIONAL

Seit über 20 Jahren verbindet sich mit dem Wort Greenpeace die Vorstellung mutiger, gewaltloser, zielgerichteter Aktionen zur Verteidigung der Umwelt. Seit seinen Anfängen in Kanada (Proteste gegen Atombombentests der Vereinigten Staaten auf den Aleuten) bis zu seiner gegenwärtigen Stellung als einer der führenden Umweltschutz-Organisationen hat Greenpeace es sich zur Aufgabe gemacht, viele der schlimmsten Umweltverschmutzer und Ausbeuter anderer Geschöpfe zu bekämpfen.

Da sie sich der Bedeutung der Medien stets bewußt waren, haben die Greenpeace-Aktionisten Schornsteine erklommen, Abflußrohre chemischer Fabriken verstopft, in Schlauchbooten Walfangschiffe und mit Nuklearwaffen ausgerüstete Schlachtschiffe blockiert und mit ihren eigenen Körpern Robben vor den Keulen ihrer Jäger beschützt.

Greenpeace ist gegenwärtig in mehr als 25 Ländern tätig, einschließlich der Länder Osteuropas, Mittel- und Südamerikas. Obgleich zu den Kampagnen der Organisation jetzt die Verbreitung von Informationsmaterial und eigene Forschungsarbeiten gehören, fühlt sie sich weiterhin einem Buch mit indianischen Mythen und Legenden verbunden, das einige ihrer ersten Aktionen tief beeinflußt hat:

„Die vor uns liegenden Aufgaben sind gewaltig; erschreckend sind die Unwissenheit, der Haß und die Vorurteile, die sich vor uns auftürmen. Aber die ‚Kämpfer des Regenbogens' werden sich auf den Schwingen des Adlers erheben, um alle Schwierigkeiten zu überwinden. Sie werden glücklich sein, Millionen von Menschen überall auf der Erde zu finden, die bereit und willens sind, sich ihnen anzuschließen, um alle Barrieren zu stürmen, die den Weg zu einer neuen und schönen Welt versperren. Ihr habt genug von leeren Reden. Jetzt müssen Taten folgen."
(Aus *Warriors of the Rainbow* von William Willoya und Vinson Brown)

GREENPEACE IN AKTION
Greenpeace-Aktionisten blockieren das Abflußrohr der BASF-Werke an der Scheldemündung in der Nähe von Antwerpen (oben) und das Abflußrohr einer Produktionsanlage von Albright und Wilson an der schottischen Küste (rechts).

Wasser: Gezeitenwechsel

Touristenschwemme

Unser Verlangen, den Urlaub am Meer zu verbringen, ist fast unersättlich. Während der Tourismus dringend benötigte Gelder einbringt, zerstören die Touristenmassen gerade das, was sie zum Reisen veranlaßt hat.

Der Tourismus wird in den 90er Jahren weiterhin eine der wichtigsten Einkommensquellen für Küstenländer sein. Die wachsende Zahl der Touristen erhöht in bedenklicher Weise die Bevölkerungszahl der an den Küsten gelegenen Orte. Sie wächst am Mittelmeer im Sommer um das Doppelte. Berechnungen der Vereinten Nationen haben ergeben, daß die Zahl der Besucher sich im Jahr 2025 auf 760 Millionen belaufen wird – bei einer ansässigen Bevölkerung von etwa 150 Millionen. Diese Touristenschwemme bringt es mit sich, daß riesige Abwässermengen ins Meer geleitet werden, wo sie Seegräser dadurch abtöten, daß sie ihnen Sauerstoff entziehen. Das wiederum führt zu einem verstärkten Wachstum giftiger Algen. Das häufige Auftreten der „Algenpest" hat die Behörden am Golf von Genua veranlaßt, einen 35 Kilometer langen Damm vor der Küste zu errichten, um zu verhindern, daß die Algen den Strand erreichen. Daß es sich dabei um eine rein kosmetische Maßnahme handelt, zeigt die Tatsache, daß nichts gegen das eigentliche Abwässerproblem getan wurde.

Unsere Vorliebe für Küsten führt auch zum Aussterben von Arten, wie der Schildkröten und der mediterranen Mönchsrobbe. Die Schildkröten werden schon seit langem dadurch bedroht, daß man ihre Brutplätze zerstört und ihre Eier stiehlt. Die Errichtung von Freizeitstätten hat diese Situation verschlechtert.

Das Schicksal der Korallenriffe ist ein besonders aufschlußreiches Beispiel für den Schaden, den der Tourismus anrichtet. Taucher, die bedenkenlos die Korallen niedertrampeln, Anker, die das Riff zerstören, und das Sammeln von Korallen und Muscheln durch Andenkenjäger verlangen ihren Zoll.

Sonne an der Copacabana (oben) *Schädliche ultraviolette Strahlen auf sich einwirken zu lassen, um braun zu werden, scheint eines der beliebtesten Freizeitvergnügen zu sein. Aber die Zerstörung der schützenden Ozonschicht und das vermehrte Auftreten von Hautkrebs haben die Menschen zum Nachdenken gebracht.*

Muschelsammeln *Das Sammeln von Gehäusen der Tritonshörner* (unten), *dem natürlichen Feind des Dornkronenseesterns* (rechts), *hat zu einer Ausbreitung des Seesterns geführt, der weite Gebiete des Großen Korallenriffs zerstört hat.*

boden freisetzt. Wie alle intensiven Eingriffe in die Natur erfordern derartige Tierhaltungen Sorgfalt und geeignete Kontrollmaßnahmen, um sowohl die Farmer als auch die Umwelt zu schützen. In diesem Zusammenhang sollten wir uns auch fragen, ob die rücksichtslos von der Fischereiindustrie betriebenen Methoden, Fischmehl für die Fischfarmen zu produzieren, der richtige Weg sind, die Ressourcen des Meeres vernünftig zu nutzen.

INTERNATIONALE AKTIONEN

Wie kommt es, daß der Mensch in so großem Umfang die Küstenränder geschädigt hat, die wie kaum ein anderer Lebensraum die ungebändigte Kraft und grenzenlose Weite der Natur verkörpern? Im Vergleich zu dieser Kraft und Größe scheinen viele unserer Aktivitäten bedeutungslos zu sein; doch zusammengenommen sind ihre Auswirkungen verheerend. Sie können zu Umweltkatastrophen führen, über die wir, keine Gewalt mehr haben. So können wir jetzt die gewaltigen Umweltschäden beobachten, die die Verschmutzung in der Ostsee, dem Schwarzen Meer und der Nordsee angerichtet hat.

Wenn wir versuchen, die Probleme des marinen Lebensraums in den Griff zu bekommen, scheinen wir immer einen Schritt hinter dem zu sein, was auf dem Land geschieht. Aber es sind ermutigende Initiativen eingeleitet worden. Ein großer Schritt nach vorn wird die Ratifizierung des Gesetzes zum Schutz des Meeres sein. Viele sehen darin die wichtigste Maßnahme, die je ergriffen wurde, um die Ressourcen des Meeres vernünftig zu nutzen. Ähnliche Rahmenbedingungen müssen für alle großen regionalen Meere geschaffen werden. Sie haben bereits Gestalt angenommen in den Umweltprogrammen der Vereinten Nationen und den gemeinsamen Initiativen der Anrainerstaaten der Nord- und Ostsee.

Viel ist auch durch Umwelt-Organisationen erreicht worden, die sich nicht scheuen, offen und aggressiv ihre Sache zu vertreten; und diese Taktik wird zweifellos weiterhin wirksamen Änderungen herbeiführen. Doch auch danach werden nichtstaatliche Organisationen eine bedeutende Rolle spielen, um dazu beizutragen, neue Strukturen zu schaffen, die unseren Ansprüchen an eine gesunde Umwelt besser entsprechen.

Mit Anbruch einer neuen Weltordnung in den 90er Jahren werden die Meere, deren Küsten oft von vielen Ländern gemeinsam besiedelt sind, im Mittelpunkt gemeinsamer Anstrengungen stehen. Es bleibt Menschen mit Optimismus und Voraussicht vorbehalten, die Einstellungen zu ändern und dazu beizutragen, die Schönheit unserer Küsten und Mündungsgebiete wiederherzustellen und zu bewahren.

GUY TAPLIN

GRUPPE MIT 20 SILBERREIHERN

„Mein Atelier befindet sich an einem abgelegenen Strand, wo zwei Gezeitenströmungen sich treffen. Im Winter sammle ich Treibholz, aus dem ich meine Vögel mache. Ich verwende gerne Holz, das schon gelebt hat, bevor ich es fand, da es für mich etwas Persönliches und so etwas wie ein eigenes Leben hat. Hier, inmitten der sich ständig verändernden Flüsse und Sandbänke, kann ich mich selbst erneuern."

Guy Taplin ist ein britischer Bildhauer.

LADY SCOTT

„Die Herausforderungen, die Peter vor so vielen Jahren als erster erkannte, sind bis heute dieselben geblieben. Aber es ist ermutigend zu sehen, wie viele Menschen jetzt überall in der Welt bereit sind, diese Herausforderungen anzunehmen."

Lady Scott, die Witwe des Naturwissenschaftlers Peter Scott, ist Ehrenmitglied des Wildfowl and Wetlands Trust in England.

BLESSGÄNSE AN DER SEVERN-MÜNDUNG
von Peter Scott

RETTET DIE ERDE

FLÜSSE UND SEEN
EINDÄMMUNG DER FLUT

PHILIP WILLIAMS

GEBÄNDERTE
PRACHTLIBELLE
Calopteryx splendens

ROTOHRFROSCH
Hylarana erythraea

Die Religionen der Welt haben die Menschen einst gelehrt, Ehrfurcht vor den Wassern des Lebens zu bekunden. Doch unsere industrialisierten „Zivilisationen" haben unsere kostbare Ressource mißbraucht und besudelt.

Wer hat nicht an irgendeinem Punkt seines Lebens am Ufer eines Flusses gestanden und den dahinfließenden Strom als lebendes Wesen mit einem eigenen Willen empfunden – zornig bei Überschwemmungen, in sich zurückgezogen bei Dürrezeiten, sich seinen eigenen Weg suchend und in Harmonie mit den Wäldern, den Feuchtgebieten und Wiesen seines Tales lebend?

Wissenschaftlich gesehen, ist ein solcher Fluß nichts anderes als ein natürliches Förderband, das Wasser flußabwärts transportiert. Wir beginnen jetzt zu verstehen, daß Ströme, Flüsse und Seen einen integralen Teil ihrer Umwelt darstellen: Ihre Eigenschaft, das Land zu erodieren, das sie durchfließen, und die Sedimente, die sie ablagern, haben die Berge, Täler und Schwemmebenen geschaffen, die

Philip Williams, Ph D, ist der Gründer und Präsident des International Rivers Network, einer in San Francisco ansässigen Schwestergesellschaft der Friends of the Earth. Er ist auch beratender Hydrologe und liest an der University of California.

viele unserer terrestrischen Ökosysteme bilden. Umgekehrt hängt der Flußverlauf von den Böden und den Vegetationsformen ab, die von diesen Ökosystemen geschaffen worden sind. In ihrem natürlichen Zustand haben sich die Flüsse im Gleichgewicht mit den Abflüssen entwickelt, die auf ihren Wasserscheiden oder in ihrem Einzugsgebiet entstehen. Dieses empfindliche und dynamische Gleichgewicht hat seine eigenen Ökosysteme sowohl im als auch am Fluß geschaffen – ob für Fische wie dem Lachs, der sich entwickelt hat, indem er die Kieselbetten nutzte, die sich im Fluß abgelagert haben, oder für Bäume wie die Weide, die sich an den Flußufern angesiedelt hat und sich durch die wechselnden Flußverläufe nach Überschwemmungen regeneriert.

Im Laufe von Jahrtausenden hat der durch Über-

EIN GRÜNES BAND
(gegenüber) *Wie ein gewundenes Band des Lebens zieht sich ein Fluß im Norden Australiens durch eine abweisende Wüstenlandschaft. Flüsse in diesem Teil Australiens führen nur zu bestimmten Jahreszeiten Wasser, und der Brutzyklus vieler Geschöpfe hängt von der regelmäßigen Wiederkehr des lebenspendenden Nasses ab.*

NEPALESISCHER
FISCHER (links)
Die Bedeutung der Flüsse und Seen für die menschliche Kultur spiegelt sich seit Tausenden von Jahren in unserer Kunst, Folklore und Sprache wider. Viele Menschen glauben, daß wir eine geistige Verwandtschaft mit Flüssen und Seen haben. Der amerikanische Autor des 19. Jahrhunderts, Henry Thoreau, beschrieb das stille Wasser eines Sees als „das Auge der Erde, in dem der Betrachter beim Hineinschauen die Tiefe seiner eigenen Natur ermessen kann".

WASSER: EINDÄMMUNG DER FLUT

BRIGITTE ERLER

„Kleinbauern in Kenya oder Kolumbien werden von ihrem Land vertrieben, damit Konzerne für unsere Märkte Blumen anbauen. Tropische Regenwälder verschwinden für unsere Fensterrahmen. Bauern im dichtbesiedelsten Land Afrikas, Ruanda, werden gezwungen, Tee für uns anzubauen statt Nahrungsmittel für sich selbst und ihre Kinder. Peru exportiert Mangos und kann die eigene Bevölkerung nicht ernähren. Exportprodukte erfordern darüberhinaus einen so hohen Pestizideinsatz, daß Tausende Plantagenarbeiter allein daran jährlich erkranken und sterben.
Deshalb heißt für mich die Devise: erzeugernaher Verbrauch. Ökologischer Landbau in den Industrieländern würde uns hier gut und gesund ernähren. Die Bauern der Zweidrittelwelt könnten wieder sich selbst und ihre lokalen und regionalen Märkte versorgen, ohne daß ihre Umwelt verpestet wird und ohne daß die unsinnigen Massenexporte per Flugzeug die Atmosphäre belasten. Ausbeutung der Natur und Ausbeutung des Menschen hängen eng miteinander zusammen. Wenn wir in Zukunft alle ein friedliches Zusammenleben auf dieser Erden anstreben, müssen wir beides sofort beenden. Dazu bedarf es des Umdenkens bei uns."

Brigitte Erler ist Politologin und Publizistin. Sie war früher Generalsekretärin der deutschen Sektion von Amnesty International und ist engagiert in der Entwicklungspolitik.

schwemmungen abgelagerte Sand riesige Schwemmebenen gebildet. Gut bewässert und durch die Flußsedimente reich mit Nährstoffen versehen, erhalten diese Schwemmebenen einige der fruchtbarsten und vielfältigsten terrestrischen Ökosysteme für Pflanzen, Insekten, Vögel und Säugetiere.

In diesen fruchtbaren Talböden entstanden die ersten menschlichen Siedlungen. Hier begann der erste systematische Ackerbau. Mit fortschreitender Entwicklung jeder Zivilisation wurde sie immer abhängiger von den Flüssen und Überschwemmungen, die ihr Trinkwasser, Transportgelegenheiten und Möglichkeiten der Bewässerung boten. Als erstes lernte der Mensch, seine Siedlungen und seine Art zu leben den ständigen Veränderungen des Flusses anzupassen. Dann lernte er, diese Veränderungen zu manipulieren, und jetzt, in diesem Jahrhundert, hat er gelernt, sie zu beherrschen.

Entwaldung, Überweidung und Ackerbau haben die Erosion in vielen Teilen der Welt drastisch beschleunigt. Die dadurch entstehenden Sedimente verstopfen die Flußbetten und füllen Seen und Flußmündungen. Mit dem Verlust des Bodens trocknen die Flüsse aus und versiegen die Quellen; immer häufiger treten starke Überschwemmungen auf. Es ist dieser unaufhaltsame Prozeß, der einst die Landschaften Griechenlands, des Li-

EIN ZEITLOSES BEWÄSSERUNGSSYSTEM *Wasserbüffel treiben eine Bewässerungsanlage am Ufer des Nils in Ägypten an. Derartige Szenen wiederholen sich täglich seit mehr als 2000 Jahren. Westliche Experten neigen dazu, solche Anlagen als „primitiv" abzutun. In Wahrheit haben hochtechnisierte, von Organisationen wie der Weltbank finanzierte Bewässerungssysteme kläglich versagt, da sie durch Übersättigung oder Versalzung des Bodens riesige Probleme schufen. Anlagen wie die hier abgebildete verbessern zu wollen zeugt von mangelnder Sensibilität gegenüber den zeitlosen Banden, die zwischen den Menschen und dem Land, zwischen Kultur und Ökologie bestehen.*

banons und des Irans ihrer Vegetation beraubte und jetzt das gleiche überall in der Welt, von Kenia bis Kolumbien, von Madagaskar bis Thailand, bewirkt.

Die zunehmende Verschmutzung des lebenerhaltenden Wassers durch giftige Chemikalien, durch die Rückstände der Landwirtschaft oder durch Abwässer wird als zwar bedauerlicher, doch unvermeidlicher Preis angesehen, der der industriellen Entwicklung zu entrichten ist. Für die Menschen in den Entwicklungsländern ist die ständig anwachsende Liste von Chemikalien in Flüssen und Trinkwasser zum Anlaß ernster Sorge geworden. Massive Investitionen sind nötig, um hier Abhilfe zu schaffen.

In den Tropen ist verunreinigtes Trinkwasser für den Tod von über 25 Millionen Menschen jedes Jahr verantwortlich. Schmutziges Wasser und ungenügende sanitäre Anlagen sind die Ursache von wenigstens 80 Prozent aller Krankheiten, die die Länder der dritten Welt heimsuchen.

Das wirft ein entschieden ethisches Problem für die entwickelten Länder auf. So werden beispielsweise 26 Milliarden Dollar benötigt, um die Wasserqualität in Großbritannien auf einen Standard zu bringen, der der Drinking Water Directive der Europäischen Gemeinschaft entspricht. Aber solche Investitionen würden als unverständlicher Luxus von Millionen armer Menschen in den Ländern der Dritten Welt empfunden werden, für die die Qualität des Trinkwassers eine Frage von Leben und Tod ist. Als das Trinkwasser geprüft wurde, auf das die Menschen angewiesen sind, die stromabwärts von einigen der großen Städte in Indien leben, wurde es als „verdünntes ungereinigtes Abwasser" klassifiziert.

SYMBOLE EINES ZEITALTERS

Während die Wasserverschmutzung oft als trauriges, doch unvermeidliches Nebenprodukt der Industrialisierung angesehen wird, betrachtet man die Errichtung von Dämmen und Deichen in der Regel als eine der eindrucksvollsten und segensreichsten Großtaten der Industrialisierung. Diese Bauten dienen offensichtlich rein wirtschaftlichen Zwecken wie Bewässerungsprojekten, dem Schutz vor Überschwemmungen und der Nutzung der Wasserenergie; aber sie sind zugleich ein Ausdruck der Ideologie unseres Industriezeitalters, Symbole einer Philosophie, die die Unterwerfung der Natur als Grundvoraussetzung materiellen Fortschritts versteht.

EINE LAUGE ALS HEILMITTEL

Bilharziose oder Schistosomiasis ist eine auszehrende und schließlich tödlich verlaufende Krankheit, von der mehr als 200 Millionen Menschen in 74 Ländern betroffen sind. Die Methoden, die heute angewendet werden, um Bilharziose zu bekämpfen, sind viel zu teuer für die Gemeinschaften, die sie tatsächlich benötigen.

1964 entdeckte ein junger Arzt aus Äthiopien, Akililu Lemma, daß eine Lauge aus der Frucht einer in Afrika weitverbreiteten Pflanze, des Seifennußbaums, die afrikanische Frauen seit Jahrhunderten als Seife verwendet haben, gegen die Wasserschnecken wirksam ist, die die Krankheit über einen parasitischen Saugwurm auf Menschen übertragen.

Lemma gründete das Institut für Pathobiologie an der Universität von Addis Abeba, um die Wirksamkeit der Seifennuß als billiges, überall verfügbares Mittel gegen die schreckliche Krankheit zu testen. Doch die von ihm erzielten Fortschritte waren zunächst entmutigend, und erst in jüngster Zeit hat sich das medizinische Establishment hinter seine Initiative

SAUGWÜRMER *(männlich und weiblich) sind die Ursache für die Bilharziose des Menschen. Sie leben paarweise in den Venen des Unterleibs und können Entzündungen und Tumore hervorrufen.*

gestellt. Wie Lemma, der 1989 mit dem Right Livelihood Award ausgezeichnet wurde, selbst sagt: „Wir haben lernen müssen, daß das Grundübel wissenschaftlicher Forschungen in Afrika nicht nur die fehlenden Einrichtungen und Gelder sind, sondern auch die Vorurteile einzelner Personen und Organisationen in den Industrieländern."

EIN AUSGETROCKNETER SEE *Der Aralsee war einmal der viertgrößte See der Erde. Aber in den letzten 25 Jahren hat sich über die Hälfte seiner 68 000 Quadratkilometer in Salzebenen und Wüste verwandelt. Stellenweise ist die Küste um bis zu 60 Kilometer zurückgewichen. Bewässerungssysteme, die den Zuflüssen des Aralsees zuviel Wasser entnommen haben, und die massive Verwendung von Pestiziden auf Baumwollfeldern haben ein einst fruchtbares Ökosystem zu einem vergifteten Ödland gemacht. Die Kindersterblichkeit in dieser Region ist wenigstens viermal höher, als es dem nationalen Durchschnitt entspricht, und Unterernährung ist weit verbreitet.*

DIE SCHÖNHEIT DES BAIKALSEES

Der Baikalsee ist der älteste, tiefste und faszinierendste See der Welt. Er enthält die größte Süßwassermenge aller Seen – mehr als die fünf großen Seen Nordamerikas zusammen. Für die örtliche Bevölkerung (zu der viele Buddhisten zählen) ist er der Heilige See; von allen Russen wird er wie kein anderer Teil ihres riesigen Landes verehrt.

Doch das hat den Baikalsee nicht vor jener chronischen Umweltverschmutzung geschützt, die seit dem Zweiten Weltkrieg einen großen Teil der natürlichen Schönheit der Sowjetunion zerstört hat. Einer der unbestrittenen Vorteile von Glasnost ist jedoch die Offenheit, mit der Umweltorganisationen in der Sowjetunion heute auf Mißstände in bestimmten Gebieten, wie dem Baikalsee, aufmerksam machen können. Freilich sind die wirtschaftlichen Probleme des Landes so groß, daß Umweltschützer vor einer fast unüberwindlichen Aufgabe stehen.

Die Maßstäbe, an denen Umweltschäden gemessen werden, liegen viel tiefer als im Westen. Es gibt nur wenige Behördenstellen, die bereit oder in der Lage sind, Umweltverschmutzer zu verfolgen, und die Schäden,

DER PREIS DES FORTSCHRITTS (oben)
Dutzende von Fabriken wie die hier abgebildete Papierfabrik) pumpen jeden Tag riesige Mengen von Industrieabwässern in den Baikalsee. Erst in den letzten Jahren ist eine Besserung eingetreten.

die diese anrichten, werden oft als irrelevant abqualifiziert.

Über 1500 Tier- und 1000 Pflanzenarten sind im Baikalsee nachgewiesen worden, von denen wenigstens 1300 nur hier vorkommen. Er weist das bei weitem interessanteste Ökosystem in der Sowjetunion auf, mit mehr als 300 Zuflüssen, aber nur einem Abfluß, dem Angara.

Diese einzigeartige Flora und Fauna hat den Baikalsee zu einem Mekka von Wissenschaftlern aus aller Welt gemacht. Um zusätzliche Gelder für die wichtigen Arbeiten aufzubringen, die noch zu tun sind (es gibt mit Sicherheit noch viele nicht beschriebene Arten), hat die Sowjetische Akademie der Wissenschaften sich um neue Formen der Zusammenarbeit mit Körperschaften wie der Royal Society in Großbritannien und der National Geographic Society in den Vereinten Staaten bemüht. 1991 arbeiteten Wissenschaftler des US Geological Survey mit sowjetischen Forschern zusammen, um Sedimentkerne vom Boden des Sees zu sammeln, der mit über 1600 Metern der tiefste der Welt ist.

DER HEILIGE SEE (links) *Der Baikalsee wird von den Ortsansässigen als Heiliger See verehrt und spielt seit langem eine wichtige Rolle in der russischen Literatur und Kultur. Wissenschaftlich ist er wegen der 1300 Arten, die nur hier und nirgendwo sonst auf der Welt vorkommen, von besonderem Interesse. Zu ihnen gehört ein Flohkrebs, Acanthogammarus victori (Kasten oben), und ein seltsamer abyssaler Fisch, Comechorus baicalensis (Kasten unten), der in Tiefen unter 1000 Metern lebt. Die meisten Seen sind unterhalb einer Tiefe von 300 Metern praktisch ohne Leben, aber die Zirkulation des Baikalsees trägt sauerstoffhaltiges Wasser dreimal so tief.*

Große Staudämme sind die spektakulärsten Errungenschaften ziviler Ingenieurskunst; sie schaffen Reservoire, die größer sind als die meisten natürlichen Seen, sie verwandeln mächtige Ströme in bescheidene Leitungssysteme, und sie verändern die Ökosysteme der Flüsse und Schwemmebenen. Bei einem solchen Machtpotential kann es kaum überraschen, daß große Staudämme von Politikern benutzt werden, die – koste es, was es wolle – die Gesellschaftsstruktur ihrer Länder zu verändern suchen. Nach Stalins Wasserkraftwerken und Roosevelts New-Deal-Dämmen vor 50 Jahren wurde die Staudammtechnik in die Länder der Dritten Welt exportiert. Etwa 400 große Staudämme werden jedes Jahr gebaut. Wenn alle gegenwärtigen Pläne verwirklicht sind, wird in wenigen Jahrzehnten kaum noch eines der großen Flußsysteme der Welt intakt sein. Selbst der mächtige Amazonas wird durch 20 gewaltige Staudämme „gezähmt" sein.

Die immensen Kosten dieser Projekte – in einigen Fällen nicht weniger als 20 Milliarden Dollar – haben entscheidend zur Schuldenlast der Dritten Welt beigetragen. Wenn die Dämme einmal errichtet sind, hat sich ihr Segen oft als illusorisch oder kurzlebig erwiesen, und die „unvorhergesehenen" Langzeitkosten sind nicht selten überwältigend. Stauseen wie der Nassersee verschlammen zusehends, Krankheiten breiten sich mit alarmierender Schnelligkeit aus, neue Bewässerungsvorhaben werden wegen Versalzung aufgegeben, stromabwärts gelegene Küstenstriche erodieren, und Millionen neuer „Entwicklungs"-Flüchtlinge entstehen – durch den Stausee aus ihrer angestammten Heimat vertrieben.

Das menschliche Elend, das durch diese Projekte geschaffen wird, führt unvermeidlich zu sozialen Konflikten, die häufig in Bürgerkriegen enden. In ariden Gebieten haben Staudämme und Flußumleitungen internationale Konflikte entzündet.

DES GEBURTSRECHTS BERAUBT

Der Bau von Tausenden von Staudämmen und die Umleitung von zahllosen Flüssen in den letzten Jahrzehnten bedeutet, daß das, was einmal allen gehörte – frei fließende Flüsse –, von zentralistischen Regierungen enteignet wird. Wenn das geschieht, werden die Ökosysteme und die traditionellen landwirtschaftlichen Strukturen, die Jahrtausende hindurch Millionen von Menschen ernährt haben, unwiderruflich zerstört, und die verhängnisvolle Entwicklung setzt sich fort – Zerstörung der Umwelt, Verarmung und Verschuldung.

Die Zerstörung der Flüsse, Seen und Quellen stellt eines der wichtigsten Elemente in der globalen Umwelt-

---

AN DER GRÜNEN FRONT
THE ECOLOGIST

Seit über 20 Jahren tritt die Zeitschrift *The Ecologist* für die ökologische Wissenschaft und für die Rechte der Menschen ein, die am stärksten von dem heutigen ökologischen Wahnsinn betroffen sind. Die Zeitschrift genießt aufgrund ihrer scharfsinnigen Analysen und ihrer Behandlung all jener schwierigen und unpopulären Themen, die andere Publikationen nicht aufgreifen, einen ausgezeichneten Ruf. Sie betont den pessimistischen Aspekt der Ökologie, doch bedauerlicherweise haben sich die meisten düsteren Vorhersagen, die sie vor 20 Jahren gemacht hat, inzwischen bewahrheitet.

1984 veröffentlichte die Redaktion (unter Leitung Edward Goldsmiths, einem der Pioniere der heutigen Bewegung der Grünen in Großbritannien) den ersten Band einer Studie über die negativen Auswirkungen großer Staudämme in den Ländern der Dritten Welt. Die Weltbank wurde beschuldigt, bei ihren Unternehmungen keine Rücksicht auf die ökologischen Belange der jeweiligen Länder zu nehmen.

Zusammen mit Umweltschützern der ganzen Welt führt *The Ecologist* zur Zeit einen Feldzug gegen Pläne, den Narmada, einen Fluß in Indien, zu stauen. Ein gewaltiger Komplex von Dämmen soll mit einem Kostenaufwand von 20 Milliarden Dollar errichtet werden; doch diese gewaltige Summe ist nichts im Vergleich zu den menschlichen, sozialen und ökologischen Kosten. Die Dämme werden riesige Gebiete fruchtbaren Landes und ausgedehnte Waldareale überschwemmen, in denen es von Leben wimmelt. Ein großer Teil des bewässerten Landes wird bald unter Wasser stehen oder versalzen und schließlich aufgegeben werden. Etwa eine Million Menschen werden aus ihrer Heimat vertrieben werden. Die meisten von ihnen werden in den Slums der nahe gelegenen Städte enden.

Wie immer packt Edward Gold-

WACHSENDES UMWELTBEWUSSTSEIN IN GUJARAT *Die Botschaft dieses Spiels besagt, daß die Weltbank bei Projekten wie dem Narmada-Staudamm allgemeine Anliegen privaten Händen überträgt.*

smith das Problem bei den Hörnern: „Warum werden solche Dämme gebaut? Wie zynisch es auch klingen mag – die Antwort ist, daß eine Menge mächtiger Leute darauf warten, eine Menge damit zu verdienen. Die westlichen Regierungen und Konzerne fördern das Narmada-Projekt, weil sie die technischen Maschinen und Geräte liefern wollen. Lokale Unternehmer fördern es, weil es ihr Geschäft ist, Dämme zu bauen. Die Weltbank fördert es, weil es leichter ist, Geld für Großprojekte zu verleihen (die Weltbank hat jedes Jahr 25 Milliarden Dollar zu vergeben, und das ist nicht leicht). Die Regierungen der Staaten, durch die der Narmada fließt, fördern es, weil sie auf die Unterstützung der Geschäftsleute bei den nächsten Wahlen rechnen können. Das ist, auf eine Formel gebracht, das Problem, dem wir heute gegenüberstehen: Unsere Gesellschaft ist besessen von der Idee der „Entwicklung". Wenn wir unseren Planeten retten wollen, müssen wir lernen, uns von ihr zu befreien."

WASSER: EINDÄMMUNG DER FLUT

OPFER EINES VER-
SCHMUTZTEN FLUSSES
Der Chinesische Flußdelphin oder Beiji aus China ist der seltenste Delphin der Erde und nahe daran auszusterben. Es gibt nur noch 100 von ihnen im Mündungsgebiet des Yangtse.

WASSERKRAFT

Der gewaltige Atatürk-Staudamm ist nur einer von 22 Dämmen, die in der Türkei gebaut wurden oder geplant sind, um den Euphrat zu stauen, der aus der Türkei durch Syrien und den Irak in den Persischen Golf fließt. 1990, als der Atatürk-Damm vollendet wurde, wurde der Euphrat für einen Monat völlig „abgedreht" – trotz heftiger Proteste seitens Syriens und des Irak.

Obwohl kein bleibender Schaden angerichtet wurde (die Türkei hatte die ihren Nachbarn zufließende Wassermenge vor der Schließung erhöht), wurde deutlich, wie sehr die beiden Staaten auf den Fluß angewiesen sind. Syrien leidet bereits empfindlich an Wassermangel (in seiner Hauptstadt Damaskus wird das Wasser täglich für einige Stunden abgestellt), während der Irak seinen Wasserbedarf fast ausschließlich aus dem Euphrat und Tigris deckt. Doch die Türkei plant, den Euphrat voll zu nutzen, um ein Gebiet, das ein Drittel der Fläche Großbritanniens einnimmt, zur „Kornkammer des Mittleren Ostens" zu machen. Sie hat auch ein Abkommen unterzeichnet, das vorsieht, Wasser an Israel zu verkaufen.

DER ATATÜRK-
STAUDAMM *Dieser gewaltige Damm ist einer von 22, die die türkische Regierung über den Euphrat gebaut hat oder zu bauen plant. Syrer und Irakis, deren Leben vom Wasser des Flusses abhängt, betrachten das Vorhaben als Bedrohung ihrer Sicherheit. Viele andere Flüsse bieten Anlaß zu ähnlichen Konflikten – der Brahmaputra und Ganges, über die Indien und Bangladesch in Streit liegen; und der Colorado, der durch die USA nach Mexiko fließt.*

krise dar und gefährdet die Grundressourcen, von denen alles Leben abhängt. Aber wenn wir die Entwicklung im nächsten Jahrzehnt umkehren können, läßt sich die Gefahr noch bannen. Wir kennen die Schritte, die unternommen werden müssen:

● Einstellung des Baus großer Staudämme. Obgleich die riesigen Staudammprojekte bei vielen Fachleuten in Mißkredit geraten sind, werden sie immer noch von den großen Entwicklungsbanken gefördert, die in ihnen ein Allheilmittel für wirtschaftliche Probleme sehen. Als erster Schritt muß die Geheimnistuerei beendet werden, mit der diese Banken arbeiten.

● Schutz der Wassereinzugsgebiete. Die Funktion der Wälder und Grasländer in Hinblick auf die Wassereinzugsgebiete wird jetzt viel besser verstanden, vor allem ihre doppelte Eigenschaft, die Bodenerosion aufzuhalten und die Flüsse zu regulieren, indem sie wie ein gewaltiger Schwamm wirken, schwere Niederschläge absorbieren und sie dann allmählich den Flüssen und Strömen des Wassereinzugsgebiets wieder zuführen. Die wachsende Sorge der Öffentlichkeit über die Zerstörung der Regenwälder und die Desertifikation läßt jetzt Forderungen laut werden, die bewaldeten Wassereinzugsgebiete überall in der Welt, nicht nur in Regenwaldländern, zu schützen und neu zu bepflanzen.

● Verringerung der Umweltverschmutzung durch wirksame Maßnahmen, die Schadstoffe an ihrer Quelle zu bekämpfen – bevor sie in unsere Flüsse und Ströme gepumpt werden. Eine Unterstützung der in diesem Sinne geführten Umweltschutz- und Verbraucherkampagnen ist dringend erforderlich.

● Sicherstellung der Trinkwasserversorgung. Für viele Menschen der Dritten Welt ist dies das vordringlichste Umweltproblem. Es läßt sich nicht durch teure, technokratische, von weltfremden Bürokraten in Großstädten ersonnene Lösungsversuche beseitigen, sondern nur durch Unterstützung der betroffenen Menschen selbst, d.h. durch die Anlage neuer Leitungen, die Erschließung neuer Wasserquellen, die Installation zuverlässiger Pumpen und Steigrohre, den Bau wirksamer Kläranlagen und die Errichtung besserer Verwaltungssysteme.

● Schutz und Wiederherstellung der allgemeinen Wasserrechte. Überall in der Welt haben die Menschen, die an einer Quelle, einem Fluß oder einem See leben, dem sie ihre Nahrung verdanken, gelernt, ihre Lebensweise so einzurichten, daß sie das Ökosystem, von dem sie abhängen, bewahren und schützen. Wenn diese traditionellen Kulturen durch die Planungen zentralistischer Bürokraten ihren Lebensraum verlieren, führt das unvermeidlich zu einem sozialen und wirtschaftlichen Niedergang und zu einer Zerstörung der Umwelt.

Andy Goldsworthy

Kinetische Kunst (links):

Adlerfarnstiele und Knoblauchblätter,
mit Dornen verbunden
auf Wasser gelegt

*Scaur Glen, Dumfriesshire
23. März 1990*

Andy Goldsworthy ist ein britischer Künstler,
der in Dumfriesshire lebt.

Bob Brown

„Die Überschwemmung des Lake Pedder im Jahre 1972, im Herzen der westlichen Wildnis Tasmaniens, löste den ersten landesweiten Protest in Australien zum Schutz der Umwelt aus. Im gleichen Jahr wurde die United Tasmania Group, eine Vorläuferin der heutigen Grünen, gegründet. Es war die erste grüne Partei der Welt, die für soziale Gerechtigkeit, den Umweltschutz, Frieden und Demokratie kämpfte. Aus der Tragödie des Lake Pedder haben wir gelernt, den Ausbeutern der Natur mit wirtschaftlichen, beschäftigungspolitischen und ökologischen Argumenten zu begegnen. Diese Lektion hat wesentlich zu unserem Erfolg im Jahre 1983 beigetragen, den Franklin River vor den Staudammbauern zu retten. Während die Wilderness Society an der Spitze der Franklin-Kampagne stand, waren es Menschen aus ganz Australien, die zusammenarbeiteten – Gelder aufbrachten, Konferenzen abhielten, Filme über den Fluß zeigten, gewaltlos die Bulldozer blockierten (1400 Menschen wurden festgenommen), ihre Stimme den Parteien gaben, die gegen den Dammbau waren, und Politiker für sich gewannen –, die den Fluß und seine herrliche Flora und Fauna retteten. Auch in den 90er Jahren wird es noch häufig nötig sein, der Natur beizustehen. Wie wir auf diese Herausforderungen antworten, wird über das Schicksal der Erde bestimmen – über unser eigenes Schicksal, das unserer Mitgeschöpfe und über das Recht künftiger Generationen, einen unversehrten Planeten zu erben."

Bob Brown ist als unabhängiger Grüner Mitglied
des Tasmanischen Abgeordnetenhauses und einer der
führenden Umweltschützer Australiens.

RETTET DIE ERDE

FEUCHTGEBIETE
TROCKENLEGUNG DER SÜMPFE

DAVID BELLAMY

Die Feuchtgebiete und Moore sind von großer Bedeutung für die Zukunft von Millionen von Menschen. Doch es scheint, als ob diese einfache Tatsache noch nicht von denen begriffen worden ist, die in der Lage sind, sie zu schützen.

DORNFARN
Dryopteris carthusiana

Die Zerstörung der noch bestehenden Feuchtgebiete und Moore der Welt macht beängstigende Fortschritte. Im südlichen Afrika ist das große Okavango-Becken durch Trockenlegung, Bergbau und landwirtschaftliche Programme gefährdet. Im Sudan könnte ein einziges Entwicklungsprojekt über 50 Prozent der riesigen Schwemmebene des Sudd zerstören, die von entscheidender Bedeutung für das Wildleben und die als Nomaden lebenden Menschen dieses Gebiets ist. In Indien und anderen Ländern denkt man daran, wieder DDT in großem Umfang in den Feuchtgebieten und Mooren einzusetzen, um die Malaria zu bekämpfen. Die Farraka-Staustufe in Pakistan richtet verheerenden Schaden in den Wäldern der Feuchtgebiete des Gangesdelta an. In Großbritannien sind bis auf 2 Prozent bereits alle Flachlandmoore des Landes zerstört worden; große Gebiete des Flow Country Schottlands, eines unvergleichlichen Moorlands, sind der Bewaldung zum Opfer gefallen. Derselbe Prozeß der Zerstörung läßt sich in Irland beobachten.

Vor diesem Hintergrund kann kein Land sich einem anderen moralisch überlegen fühlen. Wir alle haben Fehler gemacht. Der Zerstörung der Feuchtgebiete und Moore muß auf jeden Fall Einhalt geboten werden; und wo immer es möglich ist, müssen ganze Systeme wiederhergestellt und wieder ihren alten Funktionen zugeführt werden.

Professor David Bellamy *ist Botaniker, Schriftsteller und Rundfunkkommentator sowie der Gründer und Direktor der Conservation Foundation. Er ist Honorary Professor für Erwachsenenfortbildung an der Durham University in Großbritannien.*

DIE UNERSETZLICHEN MOORE

Moore sind die große Liebe meines Lebens. Ich bin ebenso fasziniert von dem, was sie uns lehren, wie ich traurig über ihre Zerstörung bin. Ihre Entwicklung beginnt, wenn

ROHRKOLBEN
Typha latifolia

BEDROHTER FRIEDEN (gegenüber) *Der Ichkeulsee in Tunesien ist eines der großen Feuchtgebiete der Welt, das eine große Zahl von Zugvögeln sowie die Restpopulation des Nordafrikanischen Büffels beherbergt. Obwohl geplant ist, es zum Nationalpark zu erklären, ist es durch eine Reihe von Dämmen bedroht, die die Zuflüsse zum Ichkeulsee stauen sollen.*

LIBELLEN BEI DER PAARUNG *Enallagma cyathigerum* (rechts)

WASSER: TROCKENLEGUNG DER SÜMPFE

RIESENSEEROSE
(unten) *Diese im Amazonasgebiet vorkommende Seerose (Victoria amazonica) kann Blätter mit einem Durchmesser von 2 Metern hervorbringen.*

MOORPFLANZEN
(links und rechts)
Moore weisen eine erstaunliche Vielfalt von Pflanzenarten auf; einige, wie die Kannenpflanze (links), sind Insektenfresser, während andere zur Bildung des Moors beitragen. So bildet das Torfmoos (rechts und Querschnitt oben rechts) trotz der spärlichen Nährstoffe und Mineralien seines Habitats Torf.

SONNENTAU UND BEUTE (rechts)
Der insektenfressende Sonnentau (Drosera capensis) gedeiht auf besonders armen Böden und ergänzt seine Nahrung durch gelegentliche Insekten. Durch Absonderung einer klebrigen, honigähnlichen Flüssigkeit zieht die Pflanze Fliegen und Spinnen an. Besondere Drüsen auf den blättrigen Fangvorrichtungen scheiden dann eine andere Flüssigkeit aus, die allmählich den Körper des Beutetiers zersetzt.

Süßwasser in Form von Regen, Schnee und Eis den trockenen Boden auf seinem Weg zum Meer bewässert. Die wachsende Wassermenge zerkleinert, erodiert und löst die Oberfläche, setzt Minerale frei und neutralisiert die Säure. Unebenheiten des Geländes vermindern die Strömung schließlich so weit, daß erodiertes Material (Geröll, Kieselgestein, Sand und Schwemmsand) nicht weiter fortgetragen werden kann. So entstehen dann die Plätze, an denen Feuchtgebiete sich entwickeln können und an denen sich vielleicht Moore bilden.

Wenn die Umstände der Bildung von Torf günstig sind, kann er sich im Laufe mehrerer Jahrhunderte bis zu einer Tiefe von 20 Metern aufbauen.

Ein Moor besteht aus teilweise zersetzten organischen Material, hauptsächlich pflanzlichen Ursprungs. Es sammelt sich in stehenden Gewässern an, in denen es nicht genügend gelösten Sauerstoff gibt, um den natürlichen Zersetzungsprozeß zu beschleunigen. Es gibt drei Grundformen von Mooren. Flachmoore sind in der ganzen Welt zu finden. Sie entstehen durch die allmähliche Verlandung von Seen. Auch die zweite Art von Mooren, die Marschen, ist weit verbreitet; doch in warmen, trockenen Ländern sind sie nur in den Becken großer Flußsysteme, besonders in Deltas, zu finden. Dort blockieren sie allmählich den Abfluß des Wassers und überschwemmen große Gebiete des Flachlands der Flußtäler.

Die letzte Art, die Hochmoore, ist nur in jenen Teilen der Welt zu finden, in denen die Niederschlagsrate größer ist als die Verdunstungsrate, so daß Regenwasser sich ansammeln kann. Wenn das geschieht, können die Hochmoore über den Grundwasserspiegel hinaus wachsen und ihr eigenes Wasserreservoir mit sich tragen. Schließlich wölben sie sich kuppelartig über das umgebende Gelände hinaus. Das sich vergrößernde Reservoir wird nur von Regen und schmelzenden Schnee aufgefüllt, der direkt auf die Oberfläche fällt. Solche Hochmoore sind in den kälteren, feuchteren Regionen der Welt weit verbreitet, doch auch charakteristisch für die Küsten der feuchten Tropen, wo sie hinter Mangrovensümpfen und Korallenriffen das Land gegen das Meer verteidigen.

Während Feuchtgebiete – Regionen, die durch stehendes Wasser und/oder einen gesättigten Boden oder Substrat charakterisiert werden – etwa 6 Prozent der Erdoberfläche einnehmen, ist das Wasser nur in etwa einem Drittel dieser Gebiete still genug, um ein Moor zu bilden. Wo das geschieht, spielt das Moor eine entschei-

RAMSAR CONVENTION

Die Ramsar Convention (benannt nach der persischen Stadt, in der sie Anfang der 70er Jahre unterzeichnet wurde) war eines der ersten internationalen Abkommen, die sich mit Fragen der Umwelt beschäftigten. Die Konvention schützt Feuchtgebiete von überregionaler Bedeutung. Sie trat 1975 in Kraft; jetzt gibt es über 50 Mitgliedsländer und etwa 470 in einer Liste erfaßte Feuchtgebiete.

Das hört sich in der Theorie gut an, aber die erfaßten Gebiete machen nicht mehr als 3 Prozent aller Feuchtgebiete der Welt aus, und der World Wide Fund for Nature hat geschätzt, daß mindestens 20 dieser Gebiete stark gefährdet sind. Überdies sind viele der bedeutendsten Feuchtgebiete immer noch völlig ungeschützt, entweder weil sie in Ländern liegen, die die Konvention nicht unterzeichnet haben (wie Botswana mit seinem großartigen Okavango-Becken), oder weil die Feuchtgebiete nicht in der Liste erscheinen.

Viele Länder der Dritten Welt scheuen sich verständlicherweise vor zusätzlichen Ausgaben und fordern von den entwickelten Ländern, sie beim Schutz der Feuchtgebiete finanziell zu unterstützen. Bei der Konferenz der Ramsar Convention im Jahre 1990 wurde deshalb ein entsprechender Fonds eingerichtet, doch die bisher versprochenen Gelder sind lächerlich gering.

Es ist auch peinlich, wenn Vertreter von Staaten wie Großbritannien und die Vereinigten Staaten die Dritte Welt über ihre Verantwortung gegenüber der Umwelt belehren, sie selbst in ihren eigenen Ländern aber nicht wahrnehmen. Sowohl das schottische Flow Country als auch die Everglades in Florida sind – vor allem infolge einer ungenügenden Umweltpolitik – stark gefährdet.

Die Ramsar Convention könnte viel tun, die noch erhaltenen Feuchtgebiete der Erde zu schützen, aber nur bei tatkräftiger Unterstützung seitens aller Beteiligten.

DIE EVERGLADES *Floridas berühmter National Park enthält viele Lebensräume, u.a. die Sumpfzypressensümpfe. Doch der Tourismus und eine stark wachsende Bevölkerung bedrohen das gesamte Ökosystem.*

DAS FLOW COUNTRY *Dieses Areal in Nordschottland weist eines der schönsten offenen Moore auf, die auf der Erde zu finden sind, doch die britische Regierung trägt zu seiner Zerstörung bei, da sie zuläßt, daß es mit Koniferen bepflanzt wird.*

EMPFINDLICHE SCHÖNHEIT *Die Sümpfe des Okavango-Beckens in Botswana bieten vielen Pflanzen und Tieren Afrikas eine Heimstatt. Sie werden jetzt jedoch durch Entwässerungsmaßnahmen und Landwirtschaftsprogramme bedroht.*

Wasser: Trockenlegung der Sümpfe

MOOR-VANDALEN (rechts) *Wirtschaftliche Ausbeutung der Moore im großen Stil, sei es für den Gartenbau (wie hier in Somerset) oder für andere Zwecke, zerstört viele der noch in Großbritannien und Irland erhaltenen Moorgebiete. Derartige Aktivitäten müssen beendet werden; ein Moor braucht Tausende von Jahren, um sich zu regenerieren.*

IRISCHER TORF   FINNISCHER TORF

UMWELTFREUND-LICHER GARTENBAU *Torfproduzenten behaupten, daß es keine Alternative zu den Torfen gibt, die von vielen Gärtnereien verwendet werden* (links). *Doch es gibt solche Alternativen, und sie werden in wachsendem Maße in vielen Ländern genutzt* (unten).

MISCHUNG AUS ALGEN UND STROH   MISCHUNG AUS KOHLENSCHLAMM UND STROH   KOKOSFASER

RIEDFRÖSCHE BEI DER PAARUNG *Hyperolius pusillus* (links)

dende Rolle im Wasserkreislauf, indem es sowohl die Verdunstung des Wassers vom Boden als auch die Höhe des Flußpegels beeinflußt. Es bietet auch einem breiten Spektrum von Tieren eine Heimstatt: Egeln, Würmern, Weichtieren, Gliederfüßern und natürlich Fischen, Amphibien und Wildvögeln.

ZAUBER DER FLORA

Die Moore verdanken ihre Existenz einer phantastischen Vielfalt von hochspezialisierten Pflanzen, einschließlich der größten Seerose der Welt, *Victoria amazonica*, und der kleinsten Blütenpflanze, *Wolffia arhiza*. Alle Pflanzen der Feuchtgebiete und Moore sind Spezialisten, die das Prinzip der „Geoden" (Strukturen, die ein Maximum an Stärke mit einem Minimum an Aufwand verbinden) schon verwirklichen, lange bevor der britische Erfinder Barnes Wallace es beim Bau seiner Luftschiffe und Flugzeuge verwendete.

Nur die Pflanzen der Feuchtgebiete aufzulisten, auch wenn ich sie nicht vor mir sehe, hat einen besonderen Zauber für mich: Zieralgen, Kieselalgen, Armleuchteralgen, Moose, Farne, Riedgräser, Hahnenfuß, Tausendblatt, Tannenwedel, Hornblatt, Laichkraut, Seggen und Binsen, Schachtelhalme, Rohrkolben, Sonnentau und Kannenpflanzen, Wasserschlauch und Fettkraut – wobei die vier letztgenannten nur einige der insektenfressenden Pflanzen der Moore sind. Zusammen bilden diese Pflanzen einige der produktivsten Ökosysteme der Welt. Selbst die glühendsten Umweltschützer scheinen nicht zu wissen, daß die Moorpflanzen fast soviel Kohlendioxid absorbieren wie die Pflanzen des tropischen Regenwalds, indem sie ihn im Torf binden, wenn sie sterben und teilweise verrotten.

Die einzigartigen Waldsümpfe von Pocosin bedeckten einst eine Million Hektar im Süden der USA. Im Jahre 1980 hatten kommerzielle Holzfäller über 75 Prozent des Baumbestandes gerodet.

Die beste Hilfe bei diesem Vorgang leisten die Torfmoose (*Sphagna*). Die Wissenschaftler versuchen jetzt zu verstehen, wie diese erstaunlichen Ökosysteme trotz geringer Mengen gelösten Sauerstoffs, sehr wenigen Mineralien und einer äußerst begrenzten Wiederverwendung von Nährstoffen funktionieren. Sie suchen dadurch Erkenntnisse über die Rehabilitation und Pflege anderer Ökosysteme zu gewinnen.

Moore enthalten detaillierte Informationen über die zum Teil zersetzte Vegetation, die zu ihrer Bildung geführt hat. Und dank der Pollen, die auf die Pflanzen fielen, als sie lebten, enthalten Moore auch einen genauen Bericht über die Vegetation, die in ihrer Umgebung gedieh, und damit auch über die klimatischen und landschaftlichen Veränderungen, die sich im Laufe der Zeit vollzogen haben. Jedes Moor ist tatsächlich ein gewaltiges Geschichtsbuch, eine Dokumentation der Vergangenheit. Dank dieser Dokumentation können die Wissenschaftler jetzt allmählich das Szenario rekonstruieren, das vorherrschend war, als das Klima auf der Erde sich infolge der Eiszeiten und der Treibhausgase abkühlte und wieder erwärmte.

Der Kampf gegen die Zerstörung

Leider geht die Zerstörung der Moore der Erde schneller voran als ihrer Erforschung. Wegen der Luftverschmutzung, die nicht nur Versauerung, sondern auch mineralische Anreicherung einschließt, gibt es keine Moore mehr, von denen man sagen könnte, daß sie sich noch in ihrem ursprünglichen Zustand befinden. Noch besorgniserregender ist, daß in den am dichtesten bevölkerten und am stärksten bewirtschafteten Gebieten die meisten zugänglichen Moore zu land- und forstwirtschaftlichen Zwecken trockengelegt oder niedergebrannt werden oder wurden, sofern sie nicht zur Torfgewinnung genutzt werden. Schon seit Jahrhunderten ist von ländlichen Gemeinden Torf gestochen worden, ohne das Moor zu schädigen – eine Praxis, die auch jetzt noch fortgesetzt werden könnte. Doch die modernen Methoden der Torfgewinnung zerstören die Moore viel schneller, als sie sich regenerieren können, und diese Art der kommerziellen Ausbeutung sollte so schnell wie möglich beendet werden.

Moore sind als Lebensräume für Vögel von enormer Bedeutung. Die Flow-Country-Sümpfe Schottlands bieten 70 Prozent des Grünschenkels Großbritanniens und der gesamten europäischen Population des Schwarzhalstauchers eine Heimstatt.

Die Statistiken der Moore der Erde weisen folgende Zahlen auf: Insgesamt gibt es 230 Millionen Hektar Moorland, die 330 Milliarden Tonnen organischer Stoffe enthalten – was einer potentiellen Energie von 12 Millionen Barrel Öl entspricht. Das ist alles, was viele Leute meinen, wenn sie von den „Ressourcen" der Moore reden.

Robert Runcie

„Seit Jahrhunderten meinen viel zu viele Christen, daß Gottes Liebe vor allem ihnen gelte und daß die natürliche Ordnung der Dinge hauptsächlich zum Gebrauch – und Mißbrauch – der Menschheit geschaffen sei. Heute wird eine solche auf den Menschen bezogene Einstellung unserem verletzlichen und erschöpften Planeten gegenüber nicht nur als egoistisch und engstirnig empfunden, sondern auch als verantwortungslos und verhängnisvoll. Wir alle müssen, besonders als Christen, unsere Augen und unseren Geist weiter öffnen. Wir müssen erkennen, daß wir den Wert des Menschlichen nur bewahren können, wenn wir auch den Wert alles dessen, was nicht menschlich ist – also alles Existierenden – wieder würdigen. Tatsächlich verbietet Gott die Vorstellung einer minderwertigen Schöpfung, eines endlichen, verfügbaren Universums. Sein Universum ist das Werk einer unentbehrlichen und sich stets erneuernden Liebe – und nichts, was in Liebe geschaffen wird, darf je als minderwertig oder zweitrangig angesehen werden."

The Right Reverend Lord Runcie ist der ehemalige Erzbischof von Canterbury.

Hartmut Grassl

„Betrachteten wir Industriemenschen uns als das, was wir sind, nämlich ein hoch entwickeltes Tier, das von Pflanzen abhängt, und stuften wir deshalb den Erhalt des Blauwales und der Pflanzendecke höher ein als den des Kölner Doms, dann lautete unsere Devise:
Nutze die Sonne; schon ein Fünftausendstel ihrer Wärme gibt jedem von uns fast doppelt so viel wie wir heute aus Erdöl, Kohle, Erdgas und Uran ziehen. Wir erhielten dafür fast noch das Klima, wie es auch ohne uns herrschte, es gäbe keine neuen unbewohnbaren, weil verseuchten Gebiete. Auch unsere eigene Zahl hätten wir dabei begrenzt, weil der sonnenreiche Süden nicht mehr nachhinkte."

Professor Hartmut Graßl ist Direktor am Max-Plank-Institut für Meteorologie.

Ed Asner

„Wir alle beklagen uns über den Verlust der Lebensqualität durch die Zerstörung unserer Ökologie, und doch trägt jeder von uns, auf seine Weise, täglich zu dieser Zerstörung bei. Es ist jetzt an der Zeit, jene Achtung und Umsicht wieder in uns zu erwecken, die unsere geliebte Mutter verdient."

Der amerikanische Schauspieler Ed Asner unterstützt viele Umweltorganisationen, einschließlich der American Oceans Campaign.

BRENDAN PARSONS

„Zu Beginn dieses Jahrhunderts wurden über eine Million Hektar Boden in Irland von Mooren eingenommen. Wenn dieses Jahrhundert endet, wird der größte Teil dieser wertvollen Ressourcen praktisch verschwunden sein, ausgebeutet eines kurzzeitigen Gewinns wegen. Da es dem Staat an anderen Ressourcen wie Kohle oder Öl mangelte, wurden die Moore als Quelle für Kraftstoff und Heizmaterial genutzt. Privatunternehmer beschleunigten den Prozeß, in dem sie spezielle Geräte entwickelten, um die Moore trockenzulegen.

Jetzt, wo kurz vor zwölf Uhr die Folgen sichtbar werden, sind wenigstens einige kleine Hochmoorgebiete unter Naturschutz gestellt worden, und der State Wildlife Service hat vorgeschlagen, einige weitere ebenfalls zu schützen. Die Regierung plant, insgesamt 10 000 Hektar als Naturschutzgebiete auszuweisen. Wir können nur hoffen, daß nicht alle Moore Irlands in Wälder aus importiertem Weichholz oder in Ackerflächen umgewandelt werden, um mehr landwirtschaftliche Produkte zu erzeugen, als in Europa einen Markt finden können."

Rosse

Brendan Parsons, der Earl of Rosse, hat an einer Aktion der UNO zur Unterstützung nomadischer Stämme im Iran teilgenommen. Er unterhält auch einen Botanischen Garten in Irland mit Exemplaren von einigen der seltensten Pflanzen der Erde.

KAMPF UM EIN FEUCHTGEBIET

Der riesige Coto Doñana National Park im Südwesten Spaniens ist eines der bedeutendsten Feuchtgebiete der Welt. Doch die ökologische Integrität des Parks zu erhalten ist mit immensen Schwierigkeiten verbunden.

1986 wurden 30 000 Enten getötet, als benachbarte Reisbauern Pestizide einsetzten, um sich gegen konkurrierende Kleinbauern zu wehren.

1990 wurde verschiedentlich versucht, durch „ökologischen Terrorismus" (einschließlich zweier Brandstiftungen) Umweltschützer und das Personal des National Park einzuschüchtern. Heftig umstritten sind Pläne, wenige Kilometer von den Grenzen des Parks entfernt ein riesiges Touristenzentrum zu errichten. Der Wasserverbrauch dieses Komplexes – 10 Milliarden Liter im Jahr – würde den Grundwasserspiegel des Coto Doñana senken und die Flora und Fauna des Parks schwer schädigen. Internationale Proteste (einschließlich der Drohung eines Touristenboykotts) haben dazu geführt, die Pläne vorerst auf Eis zu legen.

OPFER *Etwa 30 000 Enten wurden 1986 im Coto Doñana durch Pestizide getötet.*

Sie vergessen dabei, daß diese Moore auch einen ästhetischen, biologischen und wissenschaftlichen Wert haben, daß sie vielen gefährdeten Arten eine Heimstatt bieten und daß sie 189 Milliarden Liter Wasser enthalten.

Wenn sie durch Trockenlegung oder durch Abbrennen der Oxidation überlassen würden, könnten die Moore der Welt 500 Milliarden Tonnen Kohlendioxid erzeugen (zweihundertmal soviel, wie alle Autos auf der Erde pro Jahr produzieren), was den Treibhauseffekt beträchtlich steigern würde.

Zwischen 1950 und 1970 haben die Vereinigten Staaten jedes Jahr durchschnittlich 185 000 Hektar ihrer noch bestehenden Feuchtgebiete verloren. Bis 1981 hatte der Staat Iowa über 99 Prozent seiner natürlichen Marschen umgepflügt; Nebraska hatte 1982 insgesamt 91 Prozent verloren.

Große Gebiete der Küstenmoore, die für landwirtschaftliche Zwecke trockengelegt wurden (einschließlich der für Acker- und Gartenbau genutzten Flächen in Europa), oxidieren jetzt so schnell, daß sie bereits unter dem Meeresspiegel liegen, und müssen mit Pumpen drainiert und mit riesigen Mengen von Düngemitteln behandelt werden, um sie in ihrer Produktivität zu erhalten. Wenn der Treibhauseffekt tatsächlich den Meeresspiegel steigen läßt, wird es Unsummen kosten, das zu erhalten, was einmal unser fruchtbarstes Ackerland war.

Ein paradoxer „Rückkoppelungsmechanismus": Indem wir die Moore „erschließen", tragen wir maßgeblich zur globalen Erwärmung bei. Höhere Temperaturen führen mit der Zeit zu einem Ansteigen des Meeresspiegels, so daß die jetzt „erschlossenen" Moore in Gefahr sind, überschwemmt zu werden. Es wäre besser gewesen, wenn man sie von Anfang an sich selbst überlassen hätte.

ERFOLGE DES UMWELTSCHUTZES

Private Organisationen und die Bewegungen der Grünen überall in der Welt machen nicht nur auf solche paradoxe Sachverhalte aufmerksam, sondern bemühen sich auch um die Erhaltung und Wiederherstellung von Feuchtgebieten.

Besondere Erwähnung verdienen die Leistungen der Malayan Nature Society, die 1990 ihren 50. Geburtstag gefeiert hat. Die Arbeit der Gesellschaft wurde in ihrem Jubiläumsjahr dadurch gekrönt, daß die Regierung den

Endau Rompin, zu dem viele wertvolle Ökosysteme gehören, zum State Park erklärte. Diese Entscheidung verstärkt die Hoffnung, daß die Wälder und Flüsse Penangs in Sarawak bald zum World Biosphere Reserve erklärte werden.

In ganz Südostasien und darüber hinaus hat das Asian Wetland Bureau viel getan, um die wichtigsten Feuchtgebiete zu identifizieren und die Regierungen und internationalen Körperschaften unter Druck zu setzen, diese Gebiete zu schützen.

Auch in Großbritannien sind Fortschritte zu verzeichnen: Anstatt sie landwirtschaftlicher Nutzung zuzuführen, werden alte Kiesgruben wieder in Feuchtgebiete oder sogar in Moore verwandelt, und viele Schulen gestalten jetzt ihre Grundstücke in Wildgebiete mit Teichen und Mini-Feuchtgebieten um.

Dank solcher Aktionen beginnt die öffentliche Meinung sich zu wenden. Verhaltens- und Denkweisen ändern sich – selbst an höchsten Stellen.

Amerikanische Wirtschaftswissenschaftler schätzen die Kosten für Abwasserbehandlung, Wasserreinigung ähnliches auf 400 000 Dollar pro Hektar, wenn man frei verfügbare Feuchtgebiete dafür in Anspruch nehmen würde – das ist billiger als die entsprechende Versorgung durch von Menschen gebaute Einrichtungen.

Ich erlangte meine ersten Erfahrungen als Umweltschützer in den Broads Ostangliens. Die Broads sind nichts anderes als alte Torfstiche, die schon im Mittelalter genutzt wurden, als die Ortsansässigen Torf verbrannten, um sich zu wärmen. Dieses Feuchtgebiet zog in der Folgezeit gewaltige Touristenströme an, und abgesehen davon, daß es sich durch Abwässer und einen Überschuß von Nährstoffen aus der Landwirtschaft grotesk veränderte, wurde es wie viele schöne Flecken auf der Erde buchstäblich zu Tode geliebt. Ein Aufschrei ging durchs Land: „Die Broads müssen gerettet werden!" 1988 wurden sie zum National Park erklärt, und trotz vieler Probleme, die es noch zu lösen gilt, war das ein gewaltiger Schritt in die richtige Richtung.

Doch selbst wenn solche Durchbrüche erzielt werden wie in den Broads oder dem Coto Doñana in Spanien, müssen wir ständig auf der Hut bleiben. Bestrebungen zur Erschließung oder Nutzung bestehen weiter fort, und sowohl Naturwissenschaftler als auch Umweltschützer haben genug zu tun, die Feuchtgebiete und Moore nur in dem Zustand zu erhalten, in dem wir sie bis jetzt bewahren konnten.

AN DER GRÜNEN FRONT
ASIAN WETLAND BUREAU

Viele der bedeutendsten Feuchtgebiete der Welt liegen in Indonesien, Vietnam, Thailand, Malaysia, Japan, Indien, China und auf den Philippinen. Das Asian Wetland Bureau wurde eigens zu dem Zweck gegründet, den Schutz dieser Gebiete zu fördern. Unterstützt von der Weltbank, westlichen Regierungen und dem World Wide Fund for Nature, ist es ihm gelungen, die Regierungen in ganz Asien auf die Bedeutung ihrer Feuchtgebiete aufmerksam zu machen.

Eine der Hauptaufgaben des Bureaus besteht darin, die relative Bedeutung eines Feuchtgebiets festzustellen und so die Prioritäten für seine Erhaltung zu bestimmen. An einem seiner vordringlichsten Projekte, dem Asia Waterfowl Census Project, sind mehrere hundert Mitarbeiter aus mehr als 20 Ländern beteiligt. 1990 gelang es Teilnehmern des Projekts, erstmals seit über 50 Jahren wieder den vom Aussterben bedrohten Milchstorch in Malaysia zu beobachten.

In Indonesien hat das Asian Wetland Bureau dazu beigetragen, den Widerstand gegen Abholzungspläne zu koordinieren, deren Verwirklichung die Mangrovenwälder der Bintuni Bay in West Irian Jaya vernichtet hätten, die zu den ausgedehntesten und am besten erhaltenen der ganzen Welt gehören. Das Bureau drängt darauf, das ganze Gebiet nach der Ramsar Convention als Feuchtgebiet von internationaler Bedeutung zu erklären.

Dem Wirken von oft nur einem kleinen Kreis von Fachleuten bekannten Organisationen wie dem Asian Wetland Bureau ist es zuzuschreiben, daß der Schutz der Natur überall in der Welt an Bedeutung gewinnt.

SCHUTZ FÜR DEN MILCHSTORCH *Diese in Feuchtgebieten lebende Art wurde 1990 in Matang in Malaysia beobachtet – 50 Jahre nach der letzten Sichtung.*

RETTET DIE ERDE

VI

HEILUNG

*Diejenigen, die die Schönheit der Erde betrachten, entdecken Kräfte, die so lang bestehen
werden wie das Leben selbst. Im Zug der Vögel, im Wechsel der Gezeiten, in der Knospe,
die auf den Frühling wartet, verbirgt sich symbolische und wirkliche Schönheit.
Im regelmäßig Wiederkehrenden der Natur liegt etwas unendlich Heilsames –
die Versicherung, daß der Nacht die Morgendämmerung folgt
und dem Winter der Frühling.*
Aus Silent Spring *von* Rachel Carson

Sonnenuntergang über
The Wash, England

Allen Beiträgen zu diesem Buch ist ein einfacher Grundgedanke gemeinsam: Wir bezahlen einen zu hohen Preis für das, was wir „Fortschritt" nennen. Wir haben der Erde schreckliche Wunden zugefügt und versuchen nun hilflos, diese Wunden zu heilen, indem wir noch mehr von den Medikamenten, die der Erde schaden, verschreiben. Dabei gerieten auch Geist und Seele des Menschen unter ständigen Beschuß. Viele immaterielle Werte (Gemeinschaftssinn, Hilfsbereitschaft, Verwurzelung, Liebe zum Land und zu den Rhythmen der Natur, innerer Reichtum), die einst Trost, Lebenssinn und Erfüllung boten, werden dem Menschen zunehmend vorenthalten, abgeschrieben wie so viele Anflüge nostalgischer Romantik. Nicht nur die Erde hat den Preis für unsere zwanghafte Jagd nach dem industriellen Fortschritt zahlen müssen, sondern auch der zerbrechliche Teil in uns, der einer höheren Realität als materiellem Reichtum zustrebt.

Die Heilung der Erde und die Gesundung der menschlichen Seele sind ein und dieselbe Sache geworden. Während wir den Auswirkungen des Umweltschutzes, umweltfreundlicher Technologien, der grünen Verbraucherschutzbewegung oder „nachhaltiger Entwicklung" entgegensehen, ist es doch gerade jene überwältigend machtvolle Übereinstimmung von menschlichen Bedürfnissen und den Bedürfnissen des übrigen Lebens auf der Erde, die

Frühlingsknospen (gegenüber) *Die Fülle des
Lebens und die unserer eigenen Existenz kann sich nur
entfalten, wenn wir das Geheimnis und die Heiligkeit
der natürlichen Welt erkennen und achten.*

Stammesleben (oben) *Westlichen Menschen mag
das Nomadenleben der Buschmänner hart erscheinen,
doch sie besitzen eine reiche und alte Kultur, die sich
auch im Schmuck dieser Frau widerspiegelt.*

183

die heute wirklich für die Zukunft hoffen läßt.

Lange Zeit in der Geschichte der Menschheit, in all ihren verschiedenen kulturellen Erscheinungsformen, wurde die Mutter Erde für einen lebendigen Planeten gehalten. Doch die protestantische Reformation und die intellektuelle Revolution, die von den Philosophen des 17. Jahrhunderts wie Descartes und Bacon in Gang gesetzt wurde, verwandelten die Natur schrittweise in etwas Unbeteiligtes, eher eine Maschine als eine lebendige Welt, und entkleideten sie ihrer heiligen Werte. Eine kühne, neue Welt brach an, gegründet auf objektiver Wissenschaft und der Macht der Vernunft. Bedeutung sollte allein den Errungenschaften der Menschheit zukommen. Die Erde war unser, zur Besitzergreifung vorbereitet.

SPIELENDER DELPHIN

MUTTER UND KIND IN THAILAND, ANGEHÖRIGE DES BERGVOLKES DER HMONG

Und wir ergriffen Besitz von ihr, mit ausgestreckten Händen, wir packten zu, zerhackten, zertrümmerten und stürzten alles um, was unseren Weg versperrte. Die mannigfaltigen Harmonien der natürlichen Welt wurden als Hindernisse des Fortschritts beiseite gefegt, und mit ihnen verschwand auch das feine Gewebe menschlicher Gesellschaften und Kulturen, die sich seit Hunderten, wenn nicht gar Tausenden von Jahren, im Einklang mit der natürlichen Welt entwickelt und mit ihr zusammengelebt hatten.

„Fürchtet euch nicht", sagte man den Menschen, „das ist der Fortschritt".

Einer der hinterhältigsten Schachzüge dieser schönen neuen Welt war es, den Menschen einzureden, es gäbe keine metaphysische Dimension des irdischen Lebens. Die meisten Wissenschaftler scheinen immer noch zu glauben, daß das Universum „eben so entstand", durch Zufall.

Wenn man die Menschheit als bloß vorübergehendes biologisches Phänomen in einem zweck- und ziellosen Entwicklungsprozeß betrachtet, dann werden sich die meisten von uns kaum mit etwas anderem beschäftigen als ihrem eigenen materiellen Wohlergehen. Diese säkulare Zerrüttung ist im Fernen Osten, wo der Buddhismus die Einheit zwischen Mensch und Natur betont, oder in Ländern wie Indien, wo der Hinduismus die Heiligkeit der Erde betont, bei weitem nicht so fortgeschritten.

Doch kein Land konnte sich dem Einfluß der Wirtschaftsordnung der Nachkriegszeit so ganz entziehen.

EINE WELT, IN DER KINDER LEBEN KÖNNEN: GLÜCK UND ZUGEHÖRIGKEIT OHNE GROSSEN MATERIELLEN REICHTUM

Sieger und Besiegte des Zweiten Weltkrieges versammelten sich rasch unter dem neuen politischen Konsens, daß Prosperität den Frieden sichere, daß Wohlstand nur durch mehr Produktion und mehr Konsum erreichbar sei und daß ökonomisches Wachstum automatisch wachsendes Wohlbefinden erzeugen würde. Dieser Konsens war von bewundernswerter Einfalt. Zweifellos leistete er der entwickelten Welt in den letzten 45 Jahren gute Dienste und ist heute so stark in unserer Kultur und Politik verwurzelt, daß es als zutiefst subversiv betrachtet wird, ihn in Frage zu stellen. Aber genau das muß geschehen. Vielen Millionen Menschen bringt er schlichtweg nichts Gutes – was sich auch in Zukunft vermutlich nicht ändern wird. Und was das übrige Leben auf der Erde betrifft…

FÜR DIE GETREIDEERNTE PFLANZEN, IN MADHYA PRADESH, INDIEN

EINE JUNGE FRAU IN TIMBUKTU, MALI, LERNT FÜR DIE ZUKUNFT

Kein Wunder, daß immer mehr Fragen aufgeworfen werden. Von Ökonomen, die heute den Schaden sehen und sogar einschätzen können, der durch das Festhalten am Wirtschaftswachstum als A und O des Fortschritts entsteht. Von Politikern, die sich mit einer Reihe konvergierender Probleme konfrontiert sehen, die mit konventionellen Mitteln nicht mehr zu lösen sind. Von Wissenschaftlern, die uns nicht nur mit den Fakten des ökologischen Verfalls vertraut machen, sondern die mechanistische Erklärung des Lebens auf der Erde in Frage stellen. Und von religiösen Führern, die endlich wiederzuentdecken scheinen, daß die Erde ein Teil der göttlichen Schöpfung und ihres Geheimnisses ist und als solches verehrt werden sollte.

Verantwortungsvolle Wissenschaft und aufgeklärte Religiosität führen zu ein und derselben Schlußfolgerung: daß das Schicksal der Menschheit unauflöslich mit dem Wohlergehen des übrigen Lebens auf der Erde verbunden ist. Bildhaft gesprochen ist die Erde nicht nur unser Zuhause, in dem man Ordnung hält und gut wirtschaftet, sondern, wie es alle alten Zivilisationen meinten, unsere „Mutter". Ein lebendiger Planet, ein heiliger Ort.

SCHWÄRME VON RINGELGÄNSEN KREISEN ÜBER DEN HEIDEMOOREN DER HEBRIDENINSEL ISLAY VOR DER WESTKÜSTE SCHOTTLANDS

RALPH STEADMAN

„Wenn jeder von uns einen Koffer hätte, in den er alles hineinpacken könnte, was er in das neue, saubere Jahrtausend mitnehmen möchte – wer würde sich für Ölschlamm oder nuklearen Abfall entscheiden? Wer würde sich für die verkohlten Baumstümpfe eines abgebrannten Regenwalds entscheiden? Wer würde sich für einen sterbenden Fluß oder einen toten Wal entscheiden?
Die 90er Jahre könnten die radikalsten Umwälzungen mit sich bringen, die die Welt je gesehen hat. Aber persönliche Interessen an fossilen Brennstoffen und anderen begrenzten Ressourcen stehen einer freien Entscheidung im Wege, und die absoluten Machtpositionen, die die Weltbanken in verschuldeten Ländern einnehmen, zwingen sie, der Zukunft mit kurzfristigen Maßnahmen zu begegnen. Niemand fragt danach, ob dies richtig oder auch nur rechtens sei, da es um Geschäfte geht, und bei Geschäften, so scheint es, ist alles rechtens. Wenn die Anliegen der Grünen geschäftsfördernd wären, dann hätten wir vielleicht eine Chance. Aber Gott helfe uns, wenn sich die Länder der dritten Welt dafür entscheiden, das 21. Jahrhundert zu einer Wiederholung des 20. werden zu lassen, weil jetzt sie an der Reihe seien – was sie, wenn wir fair sein wollen, auch sind.

HOFFNUNGSVOLLE CARTOONS NR. 1:
DIE KLAGE DES QUÄLGEISTS

RETTET DIE ERDE

Es liegen also entscheidende Jahre vor uns. Zehn Jahre, um unsere Gewohnheiten zu ändern und die multinationalen Giganten zu zwingen, uns aus der industriellen Sklaverei zu entlassen. Zehn Jahre, um machthungrige Mogule dazu zu bringen, das Leben mehr als den Profit zu lieben. Zehn Jahre, um uns darüber klar zu werden, wie wertvoll die natürlichen Ressourcen dieses geschundenen Planeten für uns sind, und zehn Jahre, um neue Prioritäten zu setzen, damit die Mutter Erde wieder zu Kräften kommen kann, bevor wir unsere Kräfte verlieren.

Das erscheint mir alles recht hoffnungsvoll. Kein Problem. Wenn wir einmal die Schwelle zum neuen Jahrhundert überschritten haben, können wir uns daranmachen, eine Welt zu schaffen, in der es wirklich eine Rolle spielt, wie der menschliche Verstand gebraucht wird. Befreit von der Tyrannei geistloser Marktgesetze und dummer Wirtschaftswunder, befreit von endlosen Wachstumsspiralen, können wir uns der Ausbildung unseres Verstands zuwenden und dort Wachstumsraten erzielen. Wir können Selbsterkenntnis zum wichtigsten Teil des Lehrplans in den Schulen machen, denn dort ist es, wo alle Vernunft beginnt.

Und wenn wir das nicht erkennen, ist alles andere Wissen nichts wert."

Ralph Steadman ist ein britischer Maler, Cartoonist und Schriftsteller.

VERANTWORTUNG ÜBERNEHMEN
ÖKOLOGIE BEGINNT ZU HAUSE

JONATHON PORRITT

Niemand kann die Menschen zwingen, „die Erde zu retten".

Wir werden schließlich das tun, was notwendig ist,

weil wir glauben, daß es richtig ist – jeder auf seine Weise.

Im Laufe der Jahre habe ich immer wieder Leute getroffen, die es aufgegeben haben, an die Fähigkeit der menschlichen Rasse zu glauben, das Richtige für künftige Generationen, geschweige denn für das übrige Leben auf der Erde zu tun. Diese resignierende Einstellung hat einige Leute ermutigt, über eine „grüne Weltordnung" nachzudenken, die uns von oben auferlegt wird. Nicht nur eine „Weltregierung", sondern eine obligatorische grüne Lebensweise, ob man will oder nicht: rationierte Linsen; am Sonntag die Pflicht, Bäume zu pflanzen; eine Waschmaschine für jeweils 20 Leute; um 22 Uhr Licht aus, um Energie zu sparen; und so weiter. Eine solche totalitäre Weltanschauung läßt sich nur mit der in Osteuropa vor 1989 vergleichen, doch mit einer grünen statt einer roten Flagge und mit Stricknadeln und einer Müslischale statt Hammer und Sichel.

Mir erscheint das alles höchst unwahrscheinlich, ja phantastisch. Es wird und kann nicht funktionieren. Die grünen Diktatoren würden schon nach kurzer Zeit von einer demokratischen Willensbildung gestürzt werden, und Millionen unfreiwillig am Konsum gehinderter Verbraucher würden von neuem (und noch ungehemmter) auf eine empfindliche Erde losgelassen – wie es jetzt in Osteuropa geschieht. Die logische Folgerung daraus ist einfach: Die Erde kann nur auf demokratische Weise gerettet werden, oder sie wird überhaupt nicht gerettet werden.

Das genau ist der Grund, weshalb die Idee der persönlichen Verantwortung eine so große Rolle in jeder grünen Zukunftsvision spielt. Eine hinreichende Mehrheit muß sich freiwillig der Aufgabe verschreiben, die Erde und uns selbst vor den schlimmsten der von uns selbst in Gang gesetzten Entwicklungen zu retten. Im Westen ist es nach 40 Jahren der Übereinstimmung darüber, daß der „Fortschritt" ausschließlich von einem ungehemmten Wachstum der Produktion und des Konsums abhängt, kaum wahrscheinlich, daß eine solche Mehrheit sich in angemessener Zeit findet. Und selbst wenn sie sich findet, werden sich viele Menschen dieser neuen Aufgabe mehr aus einem Pflichtgefühl ihren Kindern gegenüber verschreiben als aus der Überzeugung heraus, daß sie selbst dabei besser fahren.

Persönliche Verantwortung heißt nicht nur unseren Kindern und

DAS GESICHT DER ZUKUNFT *(gegenüber) Das Richtige für künftige Generationen zu tun ist ein Grundprinzip der internationalen grünen Bewegung. Das heißt, die Umwelt durch unseren persönlichen Lebensstil sowenig wie möglich zu belasten – bei dem, was wir heute tun, an morgen zu denken.*

JUNG ANFANGEN *Zuviel des heutigen Abfalls (kleiner Kasten, oben links) hinterlassen wir als unerwünschtes Erbe unseren Kindern. Doch wenn mehr Menschen einen grüneren Lebensstil annehmen würden, könnten Recyclingverfahren (links) zu einer Selbstverständlichkeit werden. In vielen Teilen der Welt beginnen jetzt Arme wie Reiche die wirklichen Kosten unserer Wegwerfgesellschaft zu erkennen.*

Simon Drew

DER MENSCH IST DAS EINZIGE TIER, DAS ERRÖTET – ODER GRUND DAZU HÄTTE.
(Mark Twain)

„Es fällt schwer, die Welt zu feiern, wenn sie Stück um Stück verschwindet; aber ich bin immer noch ein Optimist. Es lohnt sich nicht, dauernd ernst zu sein – selbst wenn es um die globale Erwärmung geht. Ich habe Stunden damit verbracht, meinen Biologielehrer davon zu überzeugen, daß man Biologie ebenso als künstlerisches wie als wissenschaftliches Fach ansehen könnte. Er war nicht meiner Meinung, doch heute neigen die Leute dazu, die Welt nicht mehr so streng in bestimmte Kategorien einzuordnen. Das hat dazu beigetragen, daß wir alle die Umwelt besser verstehen und sie zugleich mehr genießen."

Simon Drew ist ein britischer Künstler, Illustrator und Versemacher.

Eiji Fujiwara

„Ich möchte auf die 300 Zwergwale aufmerksam machen, die Japan jetzt zu ‚wissenschaftlichen Zwecken' tötet. Wir hören oft, daß bei einem Bestand von 700 000 Zwergwalen der Tod von 300 Tieren jedes Jahr keine Auswirkung auf die Gesamtpopulation hat. Doch wenn wir einmal die Zahlen außer acht lassen und erkennen, daß diese Geschöpfe, vom sozialwissenschaftlichen Standpunkt aus gesehen, eng mit dem Menschen verwandt sind, ist das eine gefährliche Argumentation. Walforschung ist nötig, aber es ist nicht nötig, Wale zu töten, um sie zu betreiben. Das Töten von Walen zu wissenschaftlichen Zwecken sollte sofort unterbunden werden."

Eiji Fujiwara ist Präsident des Instituts für Ökologie und Kultur in Japan.

---

künftigen Generationen gegenüber verantwortlich zu sein, sondern auch denen gegenüber, mit denen wir unser kurzes Wohnrecht auf diesem Planeten teilen. Der Glaube einiger Kulturen trägt dieser Auffassung bereits Rechnung. Die Hopi-Indianer sind der Überzeugung, daß die Interessen der siebenten Generation in jeder heute getroffenen Entscheidung genauso ihr Recht finden sollten wie die der Menschen, die diese Entscheidung tatsächlich treffen.

Ich glaube nicht, daß die entwickelten Länder sich je wieder die unschuldige Weisheit einer solchen Kultur zu eigen machen können. Da die Stimme Gottes fehlt, sind wir fast alle verdorben durch das, was die Stimme Mammons uns sagt. Weder das Leiden der Armen noch der fortschreitende Raub an den genetischen Schätzen dieser Erde wird uns plötzlich dazu bewegen, unsere Lebensweise zu ändern. Wir haben damit schon so lange gelebt und sind doch nie imstande gewesen, unsere Gewohnheiten zu ändern. Die menschliche Rasse besitzt eine erstaunliche Fähigkeit, das Leiden der Armen und der Erde zu ignorieren.

Alles das steht zwischen uns, und die Nabelschnur, die uns mit unseren Kindern verbindet, ist die Furcht, daß ein brutaler Kampf ums Dasein ihre Zukunft bestimmen könnte. Es ist ihre Gegenwart, es sind ihre Erwartungen und ihre Rechte, die vor allem den Tanz der Zerstörung behindern, dem sich die Menschheit so selbstvergessen hingibt.

Für mich läuft persönliche Verantwortung darauf hinaus, für die Erde und für künftige Generationen auf die Barrikaden zu gehen. Nicht zu beweisen, wie fromm oder wie grün man ist, sondern einfach nur heute mit leichterem Schritt über die Erde zu schreiten, damit andere in Zukunft noch eine Erde haben, über die sie schreiten können.

Oder, wie schon tausendmal gesagt wurde: Einfacher leben, damit andere einfach leben können.

Der Einzelne, die Regierungen und die Wirtschaft

Wenn persönliche Verantwortung der Grundstein ist, auf dem jede Veränderung basiert, ist er doch keineswegs das ganze Gebäude. Der einzelne kann nur in begrenztem Maße tätig werden. Um den Prozeß der Veränderung zu beschleunigen und seine Dauer zu sichern, gibt es verschiedene Ebenen, auf denen gleichzeitig Fortschritte erzielt werden müssen:

● Auf der Gemeindeebene. Sich Organisationen anschließen, Bürgerinitiativen unterstützen, Ressourcen teilen: Zahllose Goliaths sind durch gemeinschaftlich vereinte Davids gestürzt worden. Gemeinschaftssinn kann aus der Nachbarschaft oder vom Arbeitsplatz, aus Freizeit- oder Wohltätigkeitsorganisationen, aus einer Religionsgemeinschaft oder gemeinsamen geistigen Interessen erwachsen.

● Auf der lokalen Ebene. Wie begrenzt ihre Macht sein mag – lokale Behörden können viel bewirken, wenn es um eine Verbesserung der Umweltbedingungen geht. Es ist die lokale Ebene, auf der die Menschen Lebensqualität erfahren, und durch Anwendung lokaler Bestimmungen und Kontrollmaßnahmen und Verwendung lokal begrenzter Gelder können Politiker und Beamte die Bemühungen einzelner tatkräftig unterstützen.

● Auf der nationalen Ebene. Letztlich bleibt es der Regierung vorbehalten, eine wirksame Umweltschutz-Politik zu gestalten und durchzusetzen. In der marktorientierten Wirtschaft der westlichen Welt ist es Aufgabe der Regierung, vernünftige Maßstäbe zu setzen, Normen zu schaffen, nach denen die besten Geschäftspraktiken auch die sind, die dem Gemeinwohl dienen, und Kontrollorgane mit den nötigen Machtbefugnissen und finanziellen Mitteln auszustatten.

● Auf der internationalen Ebene. Immer mehr Fragen können nur durch internationale Kooperation gelöst werden – nicht nur hinsichtlich einer besseren Verwaltung dessen, was uns allen gehört (die Atmosphäre, die Meere, die Flüsse, Berge und so weiter), sondern auch in Hinblick auf die Gleichberechtigung aller Mitglieder unserer menschlichen Familie. Eine „gesunde Entwicklung" ist ein bedeutungsloser Begriff, sofern er sich nicht auf Arme und Reiche gleichermaßen bezieht.

Aktionen auf allen diesen Ebenen und persönliche Initiativen jedes einzelnen müssen zusammenwirken, um zu einem neuen Umweltdenken zu gelangen, in dem auch die Prioritäten und alltäglichen Praktiken der Wirtschaft eine neue Bewertung erfahren.

Es erscheint unfair, allein der Wirtschaft die Verantwortung zuzuschreiben, die Menschheit vor ihren Fehlern zu retten. Wir (und unsere Politiker) haben ein Wirtschaftssystem geschaffen, in dem die einzelnen Firmen immer mehr produzieren müssen, wenn sie „erfolgreich" sein wollen, ein Wirtschaftssystem, das fast um jeden Preis von allen Beteiligten Konkurrenzfähigkeit verlangt, das Firmen bestraft, die mehr als ihre bloßen Geschäftsinteressen verfolgen, und das versäumt, uns die echten Kosten in Rechnung zu stellen, die mit dem auf diese Weise geschaffenen Wohlstand verbunden sind.

Freilich haben immer schon einige Firmen dieses ökonomische Analphabetentum ausgenutzt, um sich auf unsere Kosten zu bereichern. In jüngster Zeit haben sich andere ernsthaft bemüht, ihr grünes Haus zu bestellen –

SONNENENERGIE *Auf Silizium basierende Solarzellen, hier im Querschnitt aufgenommen* (innen links), *werden bereits für viele Zwecke verwendet. Diese Straßenbeleuchtung in Holland* (außen links) *wird mit Batterien betrieben, die am Tage durch eine Reihe von Solarzellen wieder aufgeladen werden.*

FUTURISTISCHE ARCHITEKTUR (rechts) *Dieses „Thermoplastic Concept House" wurde 1988 in Massachusetts gebaut und hat mit seiner innovativen Verwendung neuer Materialien und einer erhöhten Energienutzung beträchtliches Aufsehen erregt.*

NATÜRLICHES ERBE *Heute käme niemand auf die Idee, in Hampstead Heath, eine der schönsten Gegenden Londons, Häuser zu bauen. Aber wir können die freie Natur dort nur genießen, weil frühere Generationen dafür gekämpft haben, das Gebiet vor einer Bebauung zu schützen.*

Heilen: Ökologie beginnt zu Hause

oft im Widerspruch zu einer konventionellen Geschäftspolitik und trotz der widersprüchlichen Signale seitens ihrer Regierungen.

Es ist ein Irrtum zu glauben, daß diese fortschrittlichen Firmen die übrigen veranlassen werden, ihnen zu folgen. Wenn nicht alle durch den Druck der Verbraucher und Interventionen der Regierung dazu gebracht werden, höhere ökologische Maßstäbe anzulegen, wird es immer eine Mehrheit von Firmen geben, die entweder kein Interesse daran haben, grün zu werden, oder die behaupten, sie könnten es sich nicht leisten.

Solche Firmen verdienen nicht, von uns unterstützt zu werden – weder als Verbraucher noch als mögliche Angestellte. Und das bringt uns zum Ausgangspunkt unserer Überlegungen zurück: Verantwortung für die Aspekte unseres persönlichen Lebens zu übernehmen, die wir kontrollieren können. Es ist nicht nur die christliche Nächstenliebe, die zu Hause beginnt!

HARMONIE (links) *Im Gegensatz zu diesem auf einer Schaukel spielenden Kind im Katmandu-Tal in Nepal haben Millionen von Großstadtkindern in der ganzen Welt keinen Kontakt mit der Erde.*

KONSTANTIN WECKER

Nur dafür laßt uns leben

Daß dieser Mai nie ende!
Ach, Sonne wärm uns gründlich!
Wir haben kaum noch Zeit –
die Welt verbittert stündlich.

Daß dieser Mai nie ende
und nie mehr dieses Blühn –
wir sollten uns mal wieder
um uns bemühn.

Uns hat die liebe Erde
doch so viel mitgegeben.
Daß diese Welt nie ende,
daß diese Welt nie ende –
nur dafür laßt uns leben!

Noch sind uns Vieh und Wälder
erstaunlich gut gesinnt,
obwohl in unsern Flüssen
schon ihr Verderben rinnt.

Auch hört man vor den Toren
die Krieger schrein.
Fällt uns denn außer Töten
schon nichts mehr ein?

Uns hat die liebe Erde
doch so viel mitgegeben.
Daß diese Welt nie ende,
daß diese Welt nie ende –
nur dafür laßt uns leben!

Wie schön, der Lust zu frönen!
Es treibt der Wein.
Der Atem einer Schönen
lullt mich ein.

Daß dieser Mai nie ende,
und Frau und Mann,
ein jedes, wie es will,
gedeihen kann!

Uns hat die liebe Erde
doch so viel mitgegeben.
Daß diese Welt nie ende,
daß diese Welt nie ende –
nur dafür laßt uns leben!

Konstantin Wecker ist Sänger und Komponist, Schauspieler und Schriftsteller. Er wurde bekannt mit gesellschaftskritischen, kabarettistischen Texten und ist engagiert in der Friedens- und Umweltbewegung.

Eine veränderte Einstellung

Es gibt Dutzende praktischer Maßnahmen, die jeder von uns ergreifen kann, um die Umwelt zu schützen und zu verbessern. Einige sind leicht zu bewerkstelligen – etwa das Licht auszuschalten, wenn man ein Zimmer verläßt –, andere sind aufwendiger – beispielsweise den Energieverbrauch eines Haushalts gründlich zu prüfen und entsprechende Einsparungen vorzunehmen. Aber alle tragen dazu bei, die heutigen Umweltprobleme zu beseitigen.

Es ist unmöglich, eine vollständige Liste aller dieser Maßnahmen aufzustellen, da die Situation von Land zu Land unterschiedlich ist. In Japan haben sich zum Beispiel Recyclingverfahren als äußerst wirksam erwiesen: 95 Prozent des Zeitungspapiers und 65 Prozent der Flaschen werden wiederverwendet. Auch die Energienutzung pro Output-Einheit ist hoch. Aber Japans Zerstörung der Regenwälder der Erde und die Art, wie es „Entwicklungshilfe" leistet, sind schlechthin verantwortungslos. Im Gegensatz dazu betreibt die Overseas Development Administration Großbritanniens eine umweltfreundliche Entwicklungspolitik, während die Einstellung der Regierung gegenüber Fragen der Wiederverwertung und der Energieeinsparung vorsintflutlich ist.

Was getan werden kann

Wenn persönliches Engagement sich mit entsprechenden Maßnahmen der jeweiligen Regierung verbindet, kann jedes Land dazu beitragen, die Dinge wieder in Ordnung zu bringen.

Verbraucherdruck
Während internationale Abkommen unabdingbar sind, um die tropischen Regenwälder langfristig zu schützen, können Verbraucher unmittelbar dazu beitragen, die Bäume zu retten, indem sie einfach keine importierten Harthölzer mehr kaufen.

Der Handel mit tropischen Hölzern (ob in Japan oder irgendwo anders) führt nur zu einer wirklich umweltfreundlichen Forstwirtschaft, wenn die Verbraucher sich weigern, Harthölzer zu kaufen, die nicht aus zuverlässig verwalteten Quellen kommen, und die Regierungen zugleich auf korrekte Herkunftsbezeichnungen und verbindliche ökologische Richtlinien bestehen.

In fast allen Ländern gibt es praktische Anleitungen und „grüne Handbücher" zu diesen Fragen, und es gibt viele Umweltorganisationen, die Rat erteilen. Es wird zunehmend leichter, herauszufinden, was getan werden kann; einige der wichtigsten Kontaktstellen und Quellen sind auf Seite 202 verzeichnet.

Vieles läuft auf gesunden Menschenverstand hinaus: Energie und Wasser sparen; nichts wegwerfen, was noch einmal gebraucht, repariert oder wiederverwertet werden kann; zu Fuß gehen, mit dem Fahrrad fahren oder öffentliche Transportmittel benutzen; frische Nahrungsmittel kaufen und für eine ausgewogene Ernährung sorgen; umweltfeindliche Produkte und Verpackungsmüll vermeiden.

So unbedeutend sie im einzelnen auch sein mögen, können diese Änderungen der Lebensweise kollektiv doch viel bewirken. So zwangen sowohl der Boykott der Verbraucher als auch der Druck der Umweltschützer die Hersteller von Sprühdosen, keine ozonschädigenden Chemikalien mehr als Treibmittel zu verwenden.

Gute Geschäftspraktiken

Industrie und Handel sind heute dem Druck durch Verbraucher viel stärker ausgesetzt als früher. Viele Hersteller und Händler haben eingesehen, daß umweltfreundliche Geschäftspraktiken ihnen einen Vorteil gegenüber ihren Konkurrenten geben. Im Gegensatz zu jener Art grüner Öffentlichkeitsarbeit und jenen Werbegags, wie sie Mitte der 80er Jahre gang und gäbe waren, arbeiten die Firmen jetzt echt daran, mit sich ins reine zu kommen.

Internationale Bemühungen
Gute Umweltpolitik offenbart sich auf vielerlei Weise, und nicht jedes Land kann auf allen Gebieten erfolgreich sein. Diese Zahlen (aus Environmental Indicators, *veröffentlicht von der Organisation for Economic Cooperation and Development) zeigen, wie 20 der 24 Industrienationen der OECD mit sechs Umweltproblemen umgehen. Einige Zahlen sind erfreulich niedrig, aber der Durchschnittswert (in der letzten Spalte) weist darauf hin, daß vieles noch zu tun bleibt.*

	AUSTRALIEN	BELGIEN	DÄNEMARK	DEUTSCHLD.(W)	FINNLAND	FRANKREICH	GROSSBRITAN.	IRLAND	ITALIEN	JAPAN	KANADA	NEUSEELAND	NIEDERLANDE	NORWEGEN	ÖSTERREICH	PORTUGAL	SCHWEDEN	SCHWEIZ	SPANIEN	USA	OECD Durchschn.
Bevölkerungsdichte pro Quadratkilometer	2,2	324	118	243	14,8	102	232	52,6	190	327	2,7	12,7	362	13	89,4	111	18,4	157	78	26,2	25,9
Pro-Kopf-Energieverbrauch in Tonnen Öl	5	4,6	3,7	4,5	6	3,7	3,7	2,7	2,6	3,3	9,6	4,3	4,4	6,7	3,8	1,5	6,7	4,2	2,2	7,8	4,8
Besitz eines Kraftfahrzeugs auf 100 Menschen	46	37	32	49	38	41	38	22	46	27	47	51	36	38	38	18	42	44	29	58	41
CO_2-Emission pro Kopf in Tonnen	4,3	3,2	3,4	3,2	3,7	1,8	2,9	2,2	1,9	2,2	4,8	2	3,4	2,1	2,2	1	2,5	1,9	1,5	5,8	3,4
Städtischer Abfall pro Kopf in Kilogramm	681	313	469	331	608	304	353	311	301	394	632	662	467	475	228	231	317	424	322	864	513
Importe tropischer Hölzer/ Korke pro Kopf in US-Dollar	6,1	8	2,7	4,8	1,7	6,2	3,5	8,7	6,2	21,6	1	2,4	15,2	1,5	2,6	11,1	1,3	1	5,8	0,7	6,1

KLAUS STAECK

"Nichts gegen Optimismus. Aber haben nicht die Menschen in den Industrie-Nationen die Schizophrenie derart verfeinert, daß sie in großer Mehrheit bei jeder Umfrage zu Protokoll geben, die Erhaltung der Natur sei für sie das wichtigste zu lösende Problem? Anschließend wählen die gleichen Leute dann eine Regierung, die diesen angeblichen Herzenswunsch gerade nicht in die Tat umsetzen wird. Noch votiert bei uns die Mehrheit – so behaupte ich – ganz bewußt für einen Umweltminister der schönen Reden und Ankündigungen, der bis heute jedoch weder die Pfandflaschen zur Regel gemacht, noch etwa ein Pfandsystem für Batterien zustande gebracht hat.

Im übrigen bin ich nach mehr als 20 Jahren intensiver Beschäftigung mit dem Thema Umweltzerstörung zu der Einsicht gekommen, daß Freiwilligkeit auf diesem Gebiet zwar ein edler Traum der Friedfertigen ist, der kranken Natur aber leider wohl nur noch mit rigorosen Ge- und Verboten zu helfen ist.

Ich pfeife inzwischen auch auf die Farbberichte der Illustrierten mit der herzzerreißenden Klage über die Zerstörung des Regenwaldes, wenn wenige Seiten danach in Serie für die neuesten Automodelle mit immer stärkeren Motoren aufwendig geworben wird. Umweltheuchelei ist doch längst ein Breitensport geworden.

Machen wir uns nicht länger etwas vor: die Chancen, eine globale Umweltzerstörung aufzuhalten, stehen schlecht. Vielleicht wachsen aus dieser Erkenntnis neue Kräfte und erfolgsversprechendere Formen des Widerstandes."

Professor Dr. Klaus Staeck ist Rechtsanwalt und Grafiker. Er wurde vor allem durch seine politischen Plakate bekannt.

MARGARET ATWOOD

"Die Sorge um die Umwelt ist nicht mehr einer kleinen exzentrischen Minderheit vorbehalten. Sie geht durch das ganze politische Spektrum von Links nach Rechts. Wenn Politiker ihrer immerwährenden Liebe zur Natur Ausdruck geben, zeigt das, daß sie wissen, woher der Wind weht. Er weht von den Müllkippen herüber, und er riecht nicht gut. Früher waren wir von einer Katastrophe bedroht, die einmal unsere Kinder oder die Kinder unserer Kinder treffen würde. Wir zuckten die Achseln und fuhren fort, die Umwelt zu verschmutzen. Aber jetzt erfahren wir, daß all dies uns zustoßen wird."

Margaret Atwood ist eine kanadische Dichterin und Verfasserin von Romanen. Sie hat englische Literatur an Universitäten der USA und Kanadas gelehrt.

FEUCHTLAND-OASE IN ACKERLAND, KANADA

ALEXEI JABLOKOW

"Ökologische Probleme kennen keine Grenzen. Trotz all unserer ideologischen und geistigen Unterschiede sind wir alle Bürger der Umweltverschmutzten Staaten. Unwissenheit ist keine Entschuldigung. Die Umweltgefahr, die das Überleben des Menschen bedroht, muß zu einem Grundelement eines neuen politischen Denkens werden. Es liegt auf der Hand, daß die ganze Welt nicht einfach die Produktionsmuster und das Konsumverhalten unserer Industriegesellschaft kopieren kann. Die Welt hat einfach weder genug Ressourcen noch genug Raum für die Verschwendung einer solchen ‚Zivilisation'.

Die entwickelten Länder sollten jetzt einen Teil ihrer Ausgaben dazu verwenden, die natürlichen Ressourcen der Entwicklungsländer zu bewahren, und ihre umweltfreundlichen Technologien mit ihnen teilen. Die gegenseitige Abhängigkeit in Umweltfragen führt uns unweigerlich zu einer neuen Auffassung globaler Sicherheit, die nicht nur militärische, sondern auch ökologische Sicherheit umfaßt.

Wir müssen die Gegensätze zwischen Politikern, Wirtschaftlern und Ökologen überwinden, die oft die verschiedenen Zeitvorstellungen in ihrem Denken reflektieren: Während die Zeitvorstellung, in der Politiker denken, 5 Jahre, und die der Wirtschaftler 10 Jahre beträgt, vollziehen sich die meisten ökologischen Prozesse in 50 Jahren. Um das zu erreichen, brauchen wir Kenntnisse und einen politischen Willen. Wenn wir den Willen haben, werden die Ressourcen sich schon finden lassen. Wir können damit anfangen, unsere gewaltigen militärischen Ausgaben zu verringern und unser Konsumverhalten zu ändern. Werden wir wach – bevor es zu spät ist!"

Professor Alexei Jablokow ist Stellvertretender Vorsitzender des Komitees für Umweltfragen im Obersten Sowjet der UdSSR.

ROBYN WILLIAMS

"In Australien sind wir Wächter einer uralten Landschaft, die sich erst kürzlich den Augen derer, die nicht zu den Ureinwohnern gehören, als erstaunlicher Schatz offenbarte. Einst sahen wir nur den ‚Busch' und das ‚Outback' sowie Geschöpfe, die so etwas wie ein biologischer Scherz zu sein schienen. Jetzt haben Wissenschaft und Reflexion unsere Augen geöffnet, und wir sind zur Besinnung gekommen, ja nachdenklich geworden durch die vor uns liegende Aufgabe, das zu schützen und zu genießen, was von diesem einzigartigen Erbe übriggeblieben ist."

Robyn Williams ist Kommentator der *Science Show* von ABC Radio in Australien. Er ist auch Vorsitzender der Commission for the Future.

JULOS BEAUCARNE

Hallo, hallo, weißt du, daß du und ich,
daß wir alle
zur Mannschaft
des Raumschiffs „Erde" gehören?
Es hängt nur von uns ab,
es hängt von jedem von uns ab,
ob der Planet „Erde" sich weiterdreht,
ob das Wasser sauber bleibt,
ob die Luft sauberer wird,
damit die menschliche Blume nicht verblüht,
wenn wir die Seite dieses Jahrhunderts umgeschlagen haben.
Uns bleiben nur noch acht Jahre bis zum Jahr 2000,
unsere Ärmel aufzukrempeln und unser Haus zu reinigen,
um das 21. Jahrhundert zu begrüßen.
Am neunten Tag des neunten Monats des Jahres 1999
wird die Welt in der Wiege liegen oder im Grab.
Wenn alle Fernseh- und Rundfunkstationen der Welt
bereit wären, die Botschaft zu verkünden,
mit all den Satelliten, die sich drehen und die Bilder
und die Stimmen übertragen,
könnte die Erde innerhalb von drei Monaten
ein irdisches Paradies werden.

Julos Beaucarne ist ein belgischer Sänger und Liedermacher.

S. M. MOHD. IDRIS

„Jetzt, wo Grün eine modische und prestigeträchtige Farbe geworden ist, sollten wir darauf achten, nicht von Produkten, Plänen, Technologien oder Institutionen getäuscht zu werden, die sich als ‚grün' bezeichnen, doch in Wirklichkeit diese Bezeichnung nur benutzen, um weiterhin die Natur und die Menschen auszubeuten. Wir fürchten, daß ökologische Begriffe von Machtstrukturen mißbraucht werden, um die Menschen in die Irre zu führen. Politische Vorhaben, die von Wirtschaftsinteressen bestimmt werden, bedienen sich ökologischer Bezeichnungen wie ‚umweltfreundliche Entwicklung' und ‚Wiederaufforstungsmaßnahmen'. Umweltschützer sollten daher weiterhin die ökologische Krise auf ihre Weise interpretieren und analysieren."

S. M. Mohd. Idris ist Koordinator des Third World Network und Präsident der Friends of the Earth, Malaysia.

BARBARA PYLE

BAD IM GANGES

„Es gibt ein altes chinesisches Sprichwort, das lautet: ‚Wenn wir nicht die Richtung ändern, in die wir gehen, könnten wir dort enden, wohin uns unser Weg führt.' Wir stehen an einem Scheideweg… an der Schwelle einer großen Möglichkeit. Welchen Weg sollen wir nehmen? Den Weg, der zur weiteren Zerstörung führt, oder den Weg, an dessen Ende der Friede liegt? Unser Planet wird nicht durch eine einzige große Entscheidung gerettet werden. Er wird durch viele einzelne Entscheidungen, durch viele Stimmen gerettet werden. Und unsere Stimmen müssen JETZT gehört werden. Es ist wirklich unsere letzte Chance, uns als Art zu bewähren. Ich glaube, daß wir unser eigenes Schicksal bestimmen und lenken können. Und ich lehne die Möglichkeit ab, weiterhin auf einem geschändeten Planeten leben zu müssen. Wenn wir unsere Kräfte vereinen, können wir eine bessere Welt schaffen.
Laßt uns unserem Planeten dienen.
Und jetzt damit beginnen."

Barbara Y. E. Pyle ist Vizepräsidentin der Environmental Policy für TBS Superstation. Sie hat auch als Fotoreporterin gearbeitet.

Rettet die Erde

Der Weg voran
Preis der Erde

Jonathon Porritt

Es wird entweder eine grüne Zukunft geben oder gar keine.

Diese Wahrheit steht im Zentrum der größten Herausforderung der Menschheit: zu lernen, wie man auf wirklich lebenserhaltender Grundlage im Einklang mit der Erde leben kann.

Seit Beginn der 60er Jahre haben Umweltschützer das Gefühl, daß die Uhr abläuft. Ein gut Teil ihrer früheren düsteren Voraussagen wurde aufgrund der etwas zweifelhaften Annahme mißachtet, daß es für jedes Problem eine entsprechende technologische Lösung gäbe. An entsprechenden Technologien herrscht kein Mangel, und wir sind von ihnen auch zukünftig in der Tat abhängig. Doch es kommt auf den gesellschaftlichen und politischen Kontext an, in dessen Rahmen sie angewandt werden.

Mit Sicherheit wissen wir, daß, lange bevor die Ölvorräte oder die kostbaren Rohstoffe der Industrie zu Ende gehen, die Lebensgrundlagen der Erde (saubere Luft, Süßwasser, sich regenerierende Böden und Wälder) unwiederbringlich geschädigt oder erschöpft sein werden – wenn wir nicht andere Wege einschlagen.

Hinter jedem Umweltproblem stehen politische, wirtschaftliche oder weltanschauliche Ursachen. Diese Erkenntnis unterscheidet die heutige internationale grüne Bewegung von Umweltschützern früherer Jahre: Sie hat ständig das Bild des Ganzen vor Augen und trägt ökologische Grundsätze in alle Sparten der Regierung und internationalen Politik hinein.

Um irgendeine Form der Versöhnung zwischen unseren menschlichen Bestrebungen und den Grenzen eines endlichen Planeten zu erreichen, müssen sich schlichtweg jene Bestrebungen ändern. Natürlich können wir lernen, die Ressourcen der Erde weitaus besser zu nutzen, und unsere Fähigkeiten, aus weniger mehr zu machen, ständig verbessern. Und ganz sicher können wir lernen, die eine, wahrhaftig unerschöpfliche Quelle besser zu nutzen: die Sonne. Doch so „umweltfreundlich" unsere neuen Technologien auch sein mögen, es wird immer eine Verringerung des natürlichen Reichtums der Erde geben, jahraus, jahrein.

MASSAI-FRAUEN (gegenüber) *Ein wesentliches Merkmal traditioneller Gesellschaften wie die der Massai ist ein Gefühl für den Lebensraum und die eigene Rolle in der Umwelt. Diese Verbundenheit wird mit Tänzen, Liedern und Ritualen gefeiert, die im Westen oft als seltsam oder primitiv angesehen werden. Doch wenn man Dealer an der New Yorker Baumwollbörse (kleines Bild oben) betrachtet, kann man sich kaum etwas so Primitives vorstellen wie die zwanghafte Anbetung des Geldes im Westen.*

BOTSCHAFTEN AN GÖTTER UND GEISTER *In weniger industrialisierten Teilen der Welt geben höhere Werte als das wirtschaftliche Wachstum dem Leben der Menschen einen Sinn. Tibetische Gebetsdrucke auf Stoffetzen, die in der Sonne auf dem Dach buddhistischer Tempel bleichen (links außen). In Varanasi, am Ufer des heiligen Ganges, wird in jedem Herbst das Himmelslaternen-Fest von Akash Deep (links) gefeiert. Die Lampen leiten die Geister der Verstorbenen, wenn sie die Lebenden besuchen.*

HEILEN: PREIS DER ERDE

JAN GRZESICA

„Die Ausnahmestellung des Menschen in der Schöpfung gibt ihm kein Recht, die Natur in einer herrischen und unverantwortlichen Weise zu behandeln. Der Mensch ist ein geistiges und physisches Wesen, und wegen seiner Spiritualität steht er über der Natur. Der Mensch befindet sich im Einklang mit seiner Umwelt und steht an der Spitze der Hierarchie der Schöpfung; durch ihn allein erreicht die Welt ihren wahren Wert.

Solch ein Verständnis der menschlichen Existenz läßt die Beziehung zwischen Mensch und Natur kooperativer erscheinen. Der Mensch in seiner Umwelt ist Gottes Partner im Schöpfungsakt. Um der natürlichen Umgebung eine richtige Form zu geben, sollte er sich ihr mit Ehrerbietung nähern. Das Ziel allen ökonomischen oder technischen Wachstums sollte die volle Entfaltung der menschlichen Person sein."

Jan Grzesica ist polnischer Priester und Autor. Er schreibt für die katholische Presse und unterstützt die Sache der Umwelt.

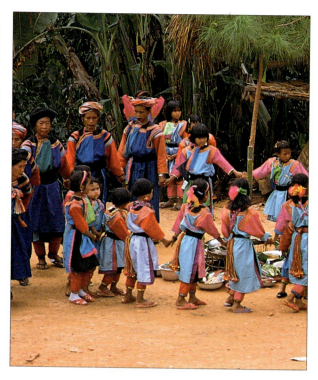

ERNTEN UND FESTE
Obwohl wenig Menschen im Westen bereit wären, das Getreide für ihr eigenes Brot zu worfeln, wie man es immer noch in Nigeria macht (rechts), bedauern doch viele von uns heute die Entfremdung von dem Land, von dem wir alle immer noch abhängig sind. Wir haben sogar das Gefühl für den Wechsel der Jahreszeiten verloren, mit unseren Supermarktregalen, die zu jeder Zeit frische Produkte aus allen Teilen der Welt feilbieten. In Thailand wird die Ernte immer noch zu Beginn des Neuen Jahres gefeiert. Es entbehrt nicht der Ironie, daß auf einem Großteil des fruchtbarsten Bodens Thailands Früchte und Gemüse angebaut werden für Menschen, die den Kontakt zur Erde so sehr verloren haben, daß ihr eigener Erntedank wenig mehr als ein leeres Ritual ist.

Das bringt uns wieder auf den heiklen Punkt unserer menschlichen Bestrebungen zurück. „Die Menschen wollen mehr", wird immer behauptet, „das wird sich niemals ändern". Und daher ist die Aufgabe der Politiker einfach, jenen Bedürfnissen nachzukommen, und nicht etwa, den Irrweg unserer allgemeinen Lebensweise aufzuzeigen – ganz zu schweigen von Versuchen, die „menschliche Natur zu ändern".

Im Westen denken wir nur noch an Inflation, internationale Wettbewerbsfähigkeit, Wechselkurse, Zahlungsbilanzen u.ä., so daß wir manchmal vergessen, auf welcher politischen Voraussetzung dieser Wirtschaftsjargon beruht: daß Menschen, die genügend Geld haben (durch mehr Produktion und Konsum), auch automatisch glücklich sind. Befinden sie sich doch in der glücklichen Lage, die Güter und Dienstleistungen kaufen zu können, mit denen sie ihre Bedürfnisse befriedigen.

WELCHE BEDÜRFNISSE?

Gegen diesen augenfälligen politischen Konsens erheben sich heute die Stimmen all jener, die behaupten, daß dies ein unkluger, ineffizienter und sogar unmenschlicher Weg ist, unsere Bedürfnisse zu befriedigen, daß Geld allein Glück nicht kaufen kann und daß wir besser beraten wären, wenn wir uns auf echte Verbesserungen unserer Lebensqualität konzentrieren würden.

Es scheint zwei Kategorien menschlicher Bedürfnisse zu geben, die sich überschneiden, aber im Kern sehr verschieden sind. Da gibt es jene fundamentalen materiellen Bedürfnisse, die die meisten Menschen im Westen für selbstverständlich halten, von denen aber viele in der Dritten Welt nur träumen können: Essen, Behausung, Wärme, Kleidung, Gesundheitsfürsorge, Ausbildung. Das sind Dinge, die man mit Geld erreichen kann (und gewöhnlich auch erreicht). Dann gibt es noch die Masse weniger faßbarer, weniger materieller Wünsche, die man mit Geld allein oft nicht erfüllen kann. Sie sind von Kultur zu Kultur verschieden, schließen aber einige der folgenden Punkte fast immer ein:

● Sinnvolle Arbeit: eine Tätigkeit, mit der man nicht nur seinen Lebensunterhalt verdienen, sondern sich selbst verwirklichen und anderen nützlich sein kann.
● Sicherheit: das Gefühl, daß man sich auf die Zuneigung, Freundschaft und Liebe anderer verlassen kann.
● Selbstvertrauen: unabhängig zu sein, schuldenfrei, genug zu haben für die eigenen Bedürfnisse und noch ein klein wenig mehr.
● Freizeit: mit Freunden eine schöne Zeit zu erleben.
● Respekt: das Gefühl, zu Hause, bei der Arbeit oder in der Gemeinschaft geschätzt zu werden.
● Herausforderung: das Gefühl, daß man immer noch Aufgaben hat, ohne ständig abgeblockt zu werden.
● Zugehörigkeit: Teil eines nicht näher definierbaren Netzes aus Familie und Freunden zu sein.
● Verwurzelung: sich an einem Ort geborgen zu fühlen – sicher, aber nicht beengt.
● Inspiration: aus sich heraustreten zu können oder tief erleuchtet zu werden von anderen Menschen, seltenen Erlebnissen, religiösen oder geistigen Werten.
● Freiheit: die persönliche Freiheit, die wesentlich ist, um sich diese Bedürfnisse erfüllen zu können.

Die Politik der heutigen Zeit hat sich nicht diesen grundlegenden menschlichen Bedürfnissen gewidmet, sondern einfach angenommen, daß der industrielle Konsens der Nachkriegszeit sie als indirektes Ergebnis des wachsenden Wohlstands und Konsums schon sicherstellen werde. Solch vollendete Dummheit ist kaum mehr zu fassen. Oft kann der Einzelne und die Gesellschaft solche Bedürfnisse gar nicht mehr realisieren, weil wir all unsere Kraft darauf verwenden, reicher zu werden. So sind letzten Endes Mittel und Zwecke durcheinandergeraten, und wir sind ein Stück ärmer geworden.

HÖHERE ZIELE

Ganz oben auf der Liste nicht meßbarer Bedürfnisse stehen zwei weitere, die für Veränderungen auf Dauer entscheidend sind. Die eine, das ist die Fähigkeit zu feiern, Freundschaft zu erleben, bei besonderen Gelegenheiten,

WALE BEOBACHTEN (links) *Für die Zukunft läßt hoffen, daß heute viel mehr Geld verdient wird durch Menschen, die im Urlaub lebendige Wale beobachten, so wie diese Herde Schwertwale vor der Küste Britisch-Kolumbiens, als durch den Verkauf von Walfleisch. Mehr und mehr Menschen suchen Entspannung, indem sie sich mit der Erde und ihren Geschöpfen erneut verbinden.*

HERBSTBLÄTTER, IN EINEM FLUSS IM COLORADO-PLATEAU IN UTAH (unten)

FÜR DAS LEBEN LERNEN *Diese Schulkinder in dem von Hungersnöten heimgesuchten Äthiopien betrachten sich nicht als Generation der Zukunft, sondern als die der Gegenwart. Sie – und Millionen ihresgleichen auf der ganzen Welt – müssen jetzt schon Aufgaben erfüllen – von denen es nicht die leichteste ist, die Erwachsenen von ihrer Verantwortung zu überzeugen, die sie für ihre Kinder und die Erde tragen. Mit zunehmender Bedeutung der Umwelterziehung entlassen Schulen wie diese die erste Generation umweltbewußter Kinder.*

wichtigen Ritualen, und sich an der Schönheit und dem Geheimnis der Erde zu freuen. Die meisten von uns müssen erst wieder lernen, die Erde zu preisen, oftmals durch den Rückgriff auf Kunst und Literatur. Blake, Wordsworth, Goethe, Tolstoi, Emerson, Thoreau: Diese Dichter hatten eine lebendige Beziehung zur Natur, die sie von Herzen priesen.

Dieser Geist beginnt wieder in unserer industriellen Kultur Wurzeln zu schlagen. Er gründet sich auf tiefe Religiosität, die uns weit über die ziemlich blutleere, utilitaristische Version des Verwalteramtes, die zur Zeit bei vielen westlichen Politikern beliebt ist, hinausträgt.

Die Herausforderung, der wir gegenüberstehen, liegt nicht nur in der Frage, wie man mit den Ressourcen der Erde besser haushalten oder den Reichtum der Erde weniger zerstörerisch ausbeuten kann. Ebensowenig bedeutet sie die unmittelbare Anbetung der Natur. Irgendwo dazwischen angesiedelt ist die Erkenntnis des Eigenwerts des außermenschlichen Lebens auf der Welt, ein Gefühl der Ehrfurcht vor seiner regenerativen Kraft und Schönheit und die oft undeutliche Ahnung, daß wir alle letztendlich gemeinsamen Ursprungs sind.

VOM SINN UND ZWECK DES LEBENS

Die andere Bestrebung, die ich für wesentlich halte, ist es, ein echtes Gefühl für Ziel und Zweck des Lebens zu entwickeln. „Wir sind hier, weil wir eben hier sind; genieße es, solang du noch kannst" – das ist kaum eine Antwort auf das große Geheimnis des Lebens und unsere Rolle hier auf Erden. Die Politik ist beängstigend ziellos geworden, in dem Maße, wie sich die Ziele unserer Gesellschaft oder die Bemühungen des Einzelnen in dem Rausch vom Wachstum und Wohlstand verloren haben. Doch Wachstum – wofür? Reichtum – wozu?

Glücklicherweise sind wir noch keine völlig ziellose Selbstbedienungsgesellschaft geworden. Noch immer gibt es Menschen, die ihr Leben anderen widmen und Zeit und Liebe großzügig verschenken. In dieser Hingabe liegt ein edler Zweck, und selbst die arrogantesten Zyniker können kaum umhin, das anzuerkennen.

Doch ich glaube nicht, daß solch ein individuell erworbenes Sinngefühl gegen die allgemeine kulturelle Strömung jemals ausreichen kann, um die Flut der materialistischen Entfremdung aufzuhalten, die heute auf die Mehrheit der Menschen in der entwickelten Welt zutreibt. Und ich zweifle sehr daran, daß wir den menschlichen Geist heilen können, ohne neue Ziele und Zwecke zu entdecken, die dem Zeitalter und den ökologischen Herausforderungen, denen wir gegenüberstehen, angemessen sind.

ALAIN HERVÉ

„*Ich verbringe einen Teil des Sommers auf den Chausey-Inseln vor der Westküste Frankreichs. Im Winter ist dieser Archipel nur von Seevögeln und Ratten und einem halben Dutzend Menschen bewohnt; im Sommer wird er von Urlauberschwärmen und Wassersportlern heimgesucht.*

Im letzten Sommer hatten wir eine Auseinandersetzung mit ein paar Kindern, 12 bis 14 Jahre alt, die auf einer winzigen Felsinsel gezeltet hatten. Sie kamen zurück und prahlten damit, daß sie Ratten in Käfigen gefangen, mit Benzin übergossen, angezündet und dann laufen gelassen hatten. Wir sagten ihnen, daß sie Verbrecher seien. Sie sagten uns, daß Ratten schließlich Ratten seien und kauten weiter an ihrem Essen, das sie mitgebracht hatten. Wir predigten weiter das Recht der Natur und Moral und wurden von widersprüchlichen Gefühlen, Engagement und Wissen, bewegt. Sie waren keine Kriminellen, und wir keine Heiligen. Meine persönliche Überzeugung ist, daß der Mensch bis auf den heutigen Tag von seinem Wesen her sowohl ein Killer als auch ein Verschönerer ist. Es reicht nicht aus, zu sagen, daß wir Ökologen, Naturliebhaber, Verfechter edler Gefühle, pantheistische Dichter sind. Als Ökologen müssen wir wissen, daß wir eine Plage für den Planeten Erde sind und daß wir uns so lange vermehren werden, bis wir unsere eigene Art ausgelöscht haben. Um dieser tödlichen Falle zu entrinnen, gibt es nur eine Chance. Wir brauchen nicht mehr technische Apparaturen oder weitere wissenschaftliche Entdeckungen. Wir brauchen eine neue Stufe des Bewußtseins. Wir müssen menschlich werden."

Alain Hervé

Der Schriftsteller Alain Hervé ist Gründer von *Friends of the Earth* (Les Amis de la Terre) in Frankreich.

Ein höheres Ziel muß sicher das sein, das im Vorwort dieses Buches erwähnt wird: die Bedürfnisse aller Menschen zu befriedigen, die Lebensqualität zu verbessern und die Zukunft jener zu bewahren, die uns als Sachwalter der ganzen Erde nachfolgen werden.

Diejenigen, die behaupten, daß man die Politiker nicht zu einem solchen Gefühl für Sinn und Zweck des Lebens hinführen kann, überlassen uns alle den Schlingen eines für die Erde unverträglichen Konsumverhaltens. Auch verurteilen sie die Dritte Welt zu permanenter Armut; denn nach ihren Maßstäben werden wir nie reich genug sein, um mit der Verteilung des Reichtums von Norden nach Süden zu beginnen.

Eine andere Art von Politik muß aufgebaut werden, und zahlreiche Organisationen rund um den Erdball bahnen den Weg in dieser Richtung, auf dem andere ganz sicher folgen werden. Das Leiden der Erde und ihrer bedrängten Menschen kann heute kaum mehr übersehen werden.

Die Zeit läuft ab, und zwischen dem Heute und der Jahrhundertwende müssen kritische Entscheidungen mit unwiderruflichen Konsequenzen getroffen werden. Technologisch liegt die Rettung der Erde innerhalb unserer Möglichkeiten: Die Frage ist nur, ob der menschliche Geist dieser Aufgabe gewachsen ist.

DER DALAI LAMA

„Unsere Vorfahren betrachteten die Erde als reich und üppig, was sie auch ist. Viele Menschen betrachteten früher auch die Natur als unerschöpflichen Lebensquell, der – wie wir heute wissen – nur dann weiter sprudeln wird, wenn wir dafür sorgen werden. Es ist nicht schwer, der Vergangenheit Zerstörungen zu vergeben, die aus Unwissenheit angerichtet wurden. Heute jedoch haben wir Zugang zu mehr Information, und es ist wichtig, daß wir das, was wir erlebt haben, wofür wir verantwortlich sind und was wir künftigen Generationen weitergeben werden, einer erneuten ethischen Prüfung zu unterziehen. Unseren Wundern der Wissenschaft und Technologie stehen viele gegenwärtige Tragödien gegenüber, wenn sie nicht sogar überwiegen – darunter auch der Hunger in manchen Teilen der Welt und die Auslöschung anderer Lebensformen. Die Erforschung des Weltraums findet zur gleichen Zeit statt wie die zunehmende Verschmutzung der Ozeane, Seen und Flüsse der Erde. Viele Bewohner der Erde – Tiere, Pflanzen, Insekten und sogar Mikroorganismen –, die schon jetzt selten geworden sind, werden zukünftigen Generationen gar nicht mehr bekannt sein. Wir haben die Möglichkeiten, das zu ändern, und die Verantwortung, es zu tun. Wir müssen handeln, bevor es zu spät ist."

Seine Heiligkeit Tenzin Gyatso ist der vierzehnte Dalai Lama von Tibet, der geistige Führer des Landes und des buddhistischen Glaubens.

IM EINKLANG MIT DER WELT *Die rauhe Schönheit des Mount Cook in Neuseeland kann atemberaubend sein – man muß aber nicht erst auf Berge steigen, um die außergewöhnliche Kraft der natürlichen Welt zu erfahren. Sie umgibt uns selbst inmitten unserer verschmutzten Städte: Man muß sie nur sehen wollen, sich dem öffnen, was sie geben kann. Die Abkehr von der heutigen industriellen Denkweise und der selbstzerstörerischen Habgier, die unseren Raubbau an der Erde begleitet hat, mag mehrere Generationen dauern. Unserer Generation fällt die Aufgabe zu, ein neues Gefühl für Sinn und Zweck des Lebens auf diesem Entwicklungsweg einzuzeichnen.*

Empfohlene Bücher

Die folgenden Bücher bieten eine Fülle von Ratschlägen, was jeder von uns – zu Hause, am Arbeitsplatz oder im Urlaub – tun kann, um die Umweltschäden, die wir verursachen, so gering wie möglich zu halten und unseren Verbrauch der natürlichen Ressourcen zu verringern.

Gebrauchsanweisung für eine gesunde Welt von John Seymour und Herbert Girardet (Heyne), 1990

Erdpolitik von Ernst Ulrich von Weizsäcker (Wiss. Buchgesellschaft, Darmstadt), 1989

Natur ohne Grenzen von Thielcke und Hutter (Edition Weitbrecht im Thienemann-Verlag), 1990

Global 1990, Zwischenbilanz der Umweltstudie Global 2000 von Jürgen Streich (Rasch und Röhrig), 1990

Zur Lage der Welt – Daten für das Überleben unseres Planeten (Fischer), 1990

Der lautlose Tod von Paul und Anne Ehrlich (Fischer), 1991

Maneka Gandhi

„In diesem kurzen Auszug aus einer Rede, die Chief Seattle im Jahre 1854 hielt, finde ich eine Erklärung für viele der Gefahren, die unseren Planeten bedrohen:"

Wie kann man den Himmel, die Wärme des Landes kaufen oder verkaufen? Die Vorstellung ist uns fremd.
  Wenn wir die Frische der Luft und das Funkeln des Wassers nicht besitzen, wie können wir sie dann kaufen?
Wir sind ein Teil der Erde, und sie ist ein Teil von uns. Die Felskämme, der Saft der Wiesen, die Körperwärme des Ponys und der Mensch – sie alle gehören zur selben Familie.
Das schimmernde Wasser, das in den Strömen fließt, ist nicht nur Wasser, sondern das Blut unserer Vorfahren. Wenn wir euch Land verkaufen, müßt ihr euren Kindern sagen, daß es heilig ist – daß jeder geisterhafte Reflex im klaren Wasser der Seen von den Erinnerungen meines Volkes berichtet. Das Murmeln des Wassers ist die Stimme des Vaters meines Vaters.
Wir wissen, daß der weiße Mann nicht versteht, wie wir denken und leben. Ein Teil des Landes ist für ihn der gleiche wie jeder andere – denn er ist ein Fremder, der in der Nacht kommt und das Land nimmt, das er braucht.

Maneka Gandhi ist Minister of State for Environment and Forests in Indien.

Nützliche Adressen

Wenn Sie die Bemühungen um den Schutz der Erde und ihrer Bewohner unterstützen und weitere Informationen über die in diesem Buch beschriebenen Umweltthemen haben wollen, schreiben Sie bitte an folgende Organisationen:

Deutsche Organisationen

(FOE-Deutschland)
Bund für Umwelt und Naturschutz
Deutschland e.V. (BUND)
Im Rheingarten 7
5300 Bonn 3

(FOE-Österreich)
Freunde der Erde
Mariahilfe Straße 105/2/1/13
A-1060 Wien

(FOE-Schweiz)
Freunde der Erde
Engelsgasse 12 a
CH-9000 St. Gallen

Greenpeace e.V.
Vorsetzen 53
2000 Hamburg 11

Robin Wood
Erlenstr. 34–36
2800 Bremen 1

WWF
Worlf Wild Fund for Nature
Hedderichstr. 111
6000 Frankfurt/M. 70

ARA
Arbeitsgemeinschaft Regenwald und Artenschutz
Postfach 531
4800 Bielefeld 1

Deutscher Bund für Vogelschutz (DBV)
(Naturschutzbund)
Am Michaelshof 8–10
5300 Bonn 2

Deutscher Naturschutzring (DNR)
Kalkuhlstr. 24
5300 Bonn 3

Grüne Liga
Friedrichstr. 165
O-1080 Berlin

Terre des Hommes
Ruppenkampstr. 11 a
4500 Osnabrück

BUKO
Bundeskongreß entwicklungspolitischer Aktionsgruppen
Nernstweg 32–34
2000 Hamburg 50

Gesellschaft für bedrohte Völker e.V.
GfbV
Postfach 2024
3400 Göttingen

Internationale Organisationen:

Alp Action
Bellevue Foundation
P.O. Box 6
1211 Genf 3
Schweiz

Centre for a Common Future
Palais Wilson
52 Rue des Paquis
CH-1201 Genf
Schweiz

Greenpeace International
Keizersgracht 176
1016 DW Amsterdam
Niederlande

International Planned Parenthood Federation (IPPF)
Regent's College
Inner Circle
Regent's Park
London NW1 4NS
Großbritannien

EEB
European Environmental Bureau
Rue de Luxembourg 20
B-1040 Brüssel

Rainforest Action Network
301 Broadway, Suite A
San Francisco, CA 94133
USA

Right Livelihood Award
P.O. Box 15072
S-0465 Stockholm
Schweden

United Nations Environment Programme (UNEP)
P.O. Box 30552
Nairobi, Kenia

Worldwatch Institute
1776 Massachusetts Avenue, N.W.
Washington, D.C. 20036
USA

World Wide Fund for Nature (WWF) International
World Conservation Centre
Avenue du Mont Blanc
CH-11996 Gland
Schweiz

FRIENDS OF THE EARTH INTERNATIONAL

Die Menschheit mißbraucht die Natur in einem noch nie dagewesenen Ausmaß. Die weltweite Ausbreitung der Verschmutzung, das Aussterben von Arten und die unverantwortliche Vergeudung der natürlichen Reichtümer unserer Erde machen eine internationale Reaktion dringend erforderlich.

Friends of the Earth International koordiniert die Bemühungen von 43 nationalen Gruppen, diesen Kampf zu gewinnen. Die Organisation wurde 1971 für den Austausch von Informationen und die Koordination von Kampagnen gegründet. Heute gibt es Friends-of-the-Earth-Gruppen in 21 Industrieländern, 16 Entwicklungsländern und 6 osteuropäischen Ländern. Zusammen vertreten sie die Umweltbelange von 800 000 Mitgliedern. Der Austausch so verschiedenartiger Ansichten, Nord und Süd, Ost und West, macht Friends of the Earth International zu einer einzigartigen Organisation.

FoEI ist zur Zeit mit den folgenden Kampagnen befaßt:
- Tropische Regenwälder: FoEI kämpft für die Reform des Tropenholzhandels und den Schutz der Rechte der Waldbewohner.
- Ozonschicht: FoEI arbeitet für die Durchsetzung internationaler Vereinbarungen über die Nichtverwendung ozonschädigender Stoffe.
- Staudämme: FoEI setzte sich für ein Ende der Finanzierung von umweltzerstörenden Dämmen durch die Weltbank ein.
- Globale Erwärmung: FoEI arbeitet daran, daß Gemeinden und Behörden ihre Rolle bei der Verminderung von Kohlenstoffemissionen akzeptieren, und fördert den Austausch von Technologien für erneuerbare Energie zwischen Nord und Süd.
- Meeresthemen: FoEI-Vertreter arbeiten als Lobby für vermehrten Umweltschutz bei der International Maritime Organization, der Londoner Nordseeschutzkonferenz und der internationalen Walfangkommission.

Jede nationale Gruppe ist autonom, mit eigenen Kampagnen und Geldern. Die FoEI-Mitgliedschaft ist an keinerlei politische, religiöse, ethnische oder kulturelle Zugehörigkeit gebunden. Die Mitglieder sind durch eine gemeinsame Sache verbunden: die Erhaltung, Wiederherstellung und vernünftige Nutzung der Ressourcen unserer Erde. Zu den Grundprinzipien der Arbeit von FoEI gehören:
- Die Einsicht, daß Umweltprobleme nur durch internationale Aktionen sowohl auf Regierungs- als auf nichtstaatlicher Ebene gelöst werden können, und daß die Beteiligung der Bürger eine wesentliche Rolle in diesem Prozeß spielt.
- Verständnis dafür, daß Umweltprobleme nicht losgelöst von sozialen, wirtschaftlichen und kulturellen Faktoren, die sie beeinflussen, gesehen werden können.
- Die Bereitschaft, mit anderen Organisationen zusammenzuarbeiten, um eine möglichst breite Basis für Ideen und Mittel zu schaffen.
- Die Verpflichtung, positive Alternativen als Teil jeder Kampagne zur Verhinderung künftiger Umweltzerstörung zu fördern.

Vertreter der Mitgliedsgruppen treffen einmal jährlich als beschlußfassende Versammlung zusammen. Sie wählen die Kampagnen von FoEI aus und ernennen Gruppen, die die Leitung der Kampagnen im Namen des internationalen Organisationsnetzes übernehmen.

Friends of the Earth International, B.O. Box 19199,
1000 GD Amsterdam, Niederlande

DER FONDS „RETTET DIE ERDE"

Lizenzerlöse aus dem Verkauf von *Rettet die Erde* werden dazu verwendet, einen Spezialfonds bei Friends of the Earth International zu schaffen. Er wird dazu dienen, kleinere Friends-of-the-Earth-Gruppen, bei denen die Geldbeschaffung schwierig ist, zu unterstützen, insbesondere in Entwicklungsländern und Osteuropa.

Aus dem Fonds werden Gelder für Informationsblätter, Mitgliederwerbung und Büro- und Kommunikationstechnik bereitgestellt. Ohne eine solche Hilfe bei der Infrastruktur ist es für viele Gruppen fast unmöglich, ihre Aufgaben zu bewältigen. Ein Teil des Geldes wird dafür verwendet, die Kampagnen mehrerer Friends-of-the-Earth-Gruppen bei globalen Themen zu koordinieren, so daß die Präsenz bei internationalen Verhandlungen, bessere Materialien für Kampagnen und eine stärkere Vertretung in Ländern, in denen das Bewußtsein für Umweltfragen noch wenig Fortschritte gemacht hat, gesichert sind.

Entscheidungen über die Verteilung der Erlöse von *Rettet die Erde* werden vom Verwaltungsrat der Friends of the Earth International getroffen, der von allen Mitgliedsgruppen jährlich neu gewählt wird.

MAIRI MACARTHUR

„Vor zehn Jahren ging ich zu meinem ersten Treffen mit Friends of the Earth. Ich erinnere mich an ein Sprachengewirr, eine Fülle von Ideen, Ansichten und Strategien. Das Spektrum der uns zur Verfügung stehenden Mittel reichte von bescheiden bis minimal. Sollte diese kleine, bunt zusammengewürfelte Gruppe von Menschen helfen können, unsere Erde zu retten? Aber ich denke auch an die Worte einer japanischen Teilnehmerin, die sie so schnell heraussprudelte, daß wir sie bitten mußten, langsamer zu sprechen. Sie setzte sich leidenschaftlich nicht etwa für ein ihr Land betreffendes Thema, sondern für die pazifischen Inselvölker ein, die von Atomtests bedroht sind. Nicht nur ihre, auch unsere Krise. Bürgerinitiativen wie FoEI können über geographische und kulturelle Grenzen hinweg gemeinsam handeln, was unseren Regierungen so oft eindeutig mißlungen ist. Ein Ausdruck, der für mich den Geist von FoEI widerspiegelt, ist „radikal und amateurhaft". Radikal, weil es an die Wurzeln der Dinge stößt, an Armut und Ungerechtigkeit und Unterdrückung, die unauflösbar mit der Umweltzerstörung verbunden sind. Amateurhaft, weil es sich die Energie und den Idealismus einfacher Leute zunutze macht. Dies erinnert uns daran, daß die Macht, Dinge zu verändern, nicht nur bei denen liegt, die Anspruch darauf erheben, sondern bei jedem einzelnen von uns.

Der schottische Umweltschützer Mairi MacArthur war der erste Vorsitzende von Friends of the Earth International.

Autorenregister

Absalom, Jack 44
Aga Khan, Sadruddin 44
Aleandro, Norma 49
Asner, Ed 179
Attenborough, David 114
Atwood, Margaret 194
Batisse, Michel 18
Beaucarne, Jules 195
Bhagwat, Ravi 135
Binney, Don 93
Bragg, Charles Lynn 149
Branson, Richard 31
Brown, Bob 173
Brundtland, Gro Harlem 114
Cartier-Bresson, Henri 30
Commoner, Barry 30
Cronkite, Walter 38
Cruz, Humberto da 152
Dalai Lama 201
Drew, Simon 190
Dumont, René 115
Durrell, Gerald 44
Ehrlich, Anne 119
Ehrlich, Paul 119
Engelhard, Wolfgang 127
Erler, Brigitte 168
Filippini, Rosa 149
Fowles, John 45
Fujiwara, Eiji 190
Gahrton, Per 18
Gandhi, Maneka 202
Golding, William 148
Goldsworthy, Andy 173
Göncz, Arpád 107
Graßl, Hartmut 179
Grzesica, Jan 198
Harrison, George 38
Havel, Václav 92
Hemming, John 51
Hervé, Alain 200
Hueting, Roefie 161
Idris, S. M. Mohd. 195
Jackson, Jesse 38
Jones, Caroline 138
Kelly, Petra 115
Kneitz, Gerhard 77
Krenak, Ailton 141
Kuroda, Yoichi 51
Lackovic Croata, Ivan 18
Lerner, Alejandro 149
Long, Richard 45
Lovejoy, Thomas 77
Lovelock, James 19
Lutzenberger, José 29
Maathai, Wangari 60
MacArthur, Mairi 203
Macaulay, David 27
Mansholt, Sicco 100
McCartney, Paul 148
McKenna, Virginia 31
Menuhin, Yehudi 109
Miller, Joe 24
Milligan, Spike 115
Moberg, Eva 64
Moore, Patrick 148
Morin, Edgar 107
Morris, Desmond 115
Müller-Plantenberg, Clarita 92
Mundey, Jack 127
Ono, Yoko 45
Parsons, Brendan 180
Patterson, Freeman 82
Peterson, Russell 109
Pimenta, Carlos 66
Ponting, Clive 38
Post, Laurens van der 59
Potts, Gary 141
Puttnam, David 30
Pyle, Barbara 195
Ranke-Heinemann, Uta 100
Redford, Robert 45
Rifkin, Jeremy 92
Ripa di Mena, Carlo 29
Roddick, Anita 168
Rothschild, Miriam 83
Runcie, Robert 179
Russell, Andy 27
Sabato, Ernesto 105
Sagan, Carl 104
Schiwujowa, Halina 30
Scott, Lady 73
Seeler, Uwe 132
Signorino, Mario 19
Singh, Karan 19
Sölle, Dorothee 49
Staeck, Klaus 194
Steadman, Ralph 186-7
Strong, Maurice 29
Suzuki, David 19
Swaminathan, M. S. 68
Taplin, Guy 165
Tazieff, Haroun 149
Thielcke, Gerhard 66
Thomas, R. S. 92
Tolba, Mostafa 68
Turner, Ted 93
Tutu, Desmond 135
Uriburu, Nicolas 114
Ustinov, Peter 93
Vavrousek, Josef 148
Wecker, Konstantin 192
Weizsäcker, E. U. von 31
Williams, Heathcote 153
Williams, Robyn 194
Wit, Cindy de 78
Worontsow, Nikolai 38
Yablokow, Alexei 194
York, Susannah 34
Zarndt, Angelika 114
Zelnik, Jerzy 104
Zydeveld, Chris 127

Register

A

Abholzung der Wälder: in Bergen 81; Bodenerosion 131; und Bodenqualität 66; Earth Summit 28; Rate 22; Regenwälder 47–56
Aborigines 139, 140
Abwässer: Ablassen in die Nordsee 156; Bathing Waters' Directive 162; Kalkutta 128; durch Tourismus 164
Acanthogammarus victori 170
Aché-Indianer 137
Ackerflächen 63–69
Ackerkrume, Erosion 63–69
Adair, Red 145
Addis Abeba, Universität 169
Afrika: Bevölkerungswachstum 117, 118; Boden 63; Getreideproduktion 65; Grasland 57; Okavango-Sumpf 177; Sonnenenergie 26; Stammesvölker 137; Tsetse-Fliege 59; Urbanisation 124; Wassermangel 34; Wildern 21;
Agutis 76
Ägypten: Bewässerung 168; Wassermangel 146
Ahmadabad 125
Ahornbäume: Artenvielfalt 42; Methoden der Samenverteilung 77
AIDS 48
Akademie der Wissenschaft (Sowjetunion) 170
Alaska 101
„Albedo-Effekt" 81; Abholzung 49
Albright und Wilson 163
Aleuten 163
Algen 163, 164
Alp Action 85
Alpen 85; Armut 82
Alternative Technologien 112; Armut 35; Bevölkerungswachstum 117–19; Kosten 147; Urbanisation 123–129; Trinkwasserversorgung 172; Wasserverschmutzung 169
Amazonas: Abholzung 47; Bodenerosion 63, 64; COICA 54; Fische 147; Grasland 61; Indianer 76; Seerosen 176; Staudämme 171
Amazonia, Staudämme 53
Ameisen 60
Amish-Gemeinden 69
Ammoniten 71
Amoco Cadiz 17
Anatolien, Hochland von 63
Anchovis 154
Anden 81–83
Angara (Fluß) 170
Antarctic Treaty (1961) 86
Antarktis 43; Dezimierung der Fischbestände 154; Luft 90; und Meeresspiegel 81–82, 86; Robbenjagd 151; Zukunft 86
Antelope Canyon, Utah 43
Antibiotika 35
Antwerpen 163
Arabische Oryxantilope 72
Aralsee: Bewässerung und Pestizide 169; Wassermangel 146
Aras 47
Arizona 41
Arktis: Alaska 101; Inuit 138; Dauerfrost 82
Armut: und Bevölkerungswachstum 118–19; in Bergregionen 82; in Ländern der Dritten Welt 34–35; in Städten 36;
Arrhenius, Svente 89–90
Arten: Aussterbende 22, 23; Monokulturen 134; in Regenwäldern 47–48; Vielfalt der 71–79
Asia Waterfowl Census Project 181
Asian Wetland Bureau 181
Asien: Bevölkerungswachstum 118; Grasland 57; Urbanisation 124
Atatürk-Staudamm 172; Wassermangel 146
Athen: Bevölkerungswachstum 124; Smog 104
Äthiopien 200; Armut 82; genetische Vielfalt 69; Hungersnot 33; Wasserversorgung 172

Äthiopien, Hochland von 81
Atlantischer Ozean, Abnahme der Fischbestände im 152, 154
Atombombentests: Bikini-Atoll in den 40er Jahren 16; Greenpeace 163
Aussterben von Arten 71–79
Austern 163; Tributylin (TBT) 160
Australien: Aborigines 139, 140; Flüsse 167; Grasland 61; Sonnenenergie 25
Ayer's Rock 140

B

Bacon, Francis 184
Baikalsee 170
Band Aid 35
Bangkok 125
Bangladesch: Ansteigen des Meeresspiegels 98; Frauenarbeit 131; Katastrophe (1988) 91, 96; Überschwemmungen 81; Wasserversorgung 172
Barabaig (Stamm) 140
Bären, Braun- 85
Baringo Fuel and Fodder Project (BFFP) 60
Bartgeier 85
BASF 163
Baßtölpel 159
Bäume: Chipko Movement 134; Eibe 104; Hartholzer 53–54; Möbelindustrie 50; Schäden durch sauren Regen 107; Verbraucher-Aktionen 193. *Siehe auch* Regenwälder
Befruchtung 75–76
Beijing (Peking) 146
Bellerive Foundation 85
Benares 197
Bengalen, Bucht von: Meeresspiegel 96; Verschrotten von Schiffen 112
Benin 134
Berge 81–85
Berggorillas 73
Berry, Wendell 69
Bestäubung. *Siehe* Befruchtung
Bevölkerungswachstum 117–121; Aussichten 121; Berggebiete 82; Familienplanung 117–119; Nahrungsmangel 64, 65; Rate 22; Urbanisation 123–129
Bewässerung 63; Ägypten 168; USA 67; Wassermangel 146
Bhatt, Ela 129
Bhil (Stamm) 140
Bhopal 17
Bhutan 82, 83
Bikini-Atoll 16
Bilharziose 169
Bintuni-Bucht 181
Biodynamische Landwirtschaft 67
Bison 61
Blake, William 200
Bleßgänse 165
Blueprint for a Green Economy 36
Blüten, Befruchtung 75–76
Boden 42; und Abholzung 53; Erosion 63–69; Grasland 58; Nepal 131; in Regenwäldern 49; Verlust der Fruchtbarkeit 64;
Bolivien: Chácapo-Indianer 75; La Paz 123
Bombay 124
Bootsanstriche 160
Borneo 50
Botswana 177
Brachland 63
Brahmaputra (Fluß) 172
Brasilia 126
Brasilien: Bevölkerungswachstum 120; Grasland 61; Kayapo-Indianer 113; Luftverschmutzung 103; Regenwälder 52, 53, 54; Stammesvölker 139, 140; Überschwemmungen 99
Braunbären 85
Brennholz: Folgen der Knappheit 66; Mali 36
Britisch-Kolumbien 199
Broads, The 181
Brundtland Report 37–39
Buddhismus 184; Tempel 197
Burger King 50
Burkina Faso 134

REGISTER

Burma 21
Burundi 73
Buschmänner, Kalahari 138–139; Kultur 183
Byron, Lord 151

C

Carroll, Lewis 163
Carson, Rachel 183
Chácobo-Indianer 75
Chamäleons 43
Chao Phraya (Fluß) 125
Charles, Prince of Wales 79
Chesapeake Bay 160
Chicago 113
Chile 52
China: Atomwaffentests 90; Bevölkerungswachstum 118; Delphine 172; Emissionen von Kohlendioxid 34; Familienplanung 118, 119; Feuchtgebiete 181; Kohle 101; Terrassenanbau 63; Verlust landwirtschaftlich genutzter Flächen 66; Wassermangel 146
Chipko Movement 134; als Bürgerinitiative 54; zum Schutz der Berge 83
Chittagong 112
Ciudad Juárez 126
Clean Air Act (US Congress) 107
Clean Air Act (USA) 107–109
COICA 54
Colomoncagua 112
Colorado 81
Colorado (Fluß) 172
Colorado-Hochland 199
Comechorus baicalensis 170
Common Agricultural Policy 58–59
Computermodelle 61
Conference on Environment and Development (1992) 37
Conservation Reserve Program (USA) 68–69
Cook, Mount 201
Coordinating Organization for Indigenous Bodies in the Amazon Basin (COICA) 54
Copacabana 164
Copaiba langsdorfi 72
Coto Doñana National Park 180, 181
Cuajone 21
Cumberland 163
Cuna (Stamm) 138

D

Dacca 125
Dall-Hafen-Tümmler 155
Damaskus 172
Darwin, Charles: Artenvielfalt und Samen 77; Befruchtung 79
Dauerfrost: globale Erwärmung 101; Lawinen und Schlammbewegungen 82
Dayaks 140
DDT 16, 175
Delphine 184; in Treibnetzen verfangen 155, 156; Chinesischer Flußdelphin 172
Descartes, René 184
Deutschland: saurer Regen 107; Vögel 161
Dhaka 91
Diascorea elata 49
Dinka (Stamm) 113
Dogon (Stamm) 34
Dörfer, ländliche Ressourcen 131–135
Dornkronenseesterne 164
Dreihornchamäleon 42
Dritte Welt, alternative Technologien 112
Dubos, René 15, 41
Dung, als Brennstoff 135
Düngemittel, Verschmutzung der Meere durch 162–163
Dürren 95; globale Erwärmung 99; Sahel 59

E

Earth Summit 28, 83
Earthscan 36
Easter Island 111
Ecologist, The 171
Ecuador: Regenwald 50; Waorani 140
Edéa 53
Eibe 104
Eichen 77
Eis: Antarktis 86; globale Erwärmung 98; und Meeresspiegel 81–82
Eisfisch 154
Eiszeiten 100
El Niño (Strom) 154
Elefanten 57–58; Elfenbein 21
Elefantenrobben 151
Elfenbein, Verbot des Verkaufs von 21
Elfenbeinküste 52
Ellesmere Island 153
Emerson, Ralph Waldo 200
Empfängnisverhütung 48; und *Dioscorea* 49; Weltbevölkerung 117–119
Endau Rompin 180–181
Energie: Australien 25; Brennholz 36; Niederlande, Straßenbeleuchtung in den 191; Preise 100; Sonnenenergie 26
Engelfisch 151
Enten 180
Entwicklung, umweltfreundliche 37–39
Environmental Investigation Agency (EIA) 155
Erdbeben 82
Erdbeeren 77
Eritrea 33
Erntefeste 198
Erosion: nach Abholzung 131; Berge 81; Boden- 63–69; Sedimente in Flüssen und Seen 168
Etosha National Park 147
Eulen 63
Euphrat (Fluß) 172
Europäische Gemeinschaft: Grasland 58–59
Europäisches Parlament 155
Evans, Mount 81
Everglades: Flußmündungen 160; Gefährdung der 177; Seerose 144
Experimentelle Genetik 73
Exxon Valdez 162

F

Falter, Befruchtung durch 76; Praedicta 79
Familiengröße 121
Familienplanung 117–119
FAO 154
Farmen. *Siehe* Landwirtschaft
Farne 175
Färöer Inseln: Abschlachten von Grindwalen 161
Farraka-Staustufe 175
FCKWs 90, 91
Fearnside, Philip 61
Feuchtgebiete 175–181; Verlust küstennaher 159–160
Fischerei: Abwässersystem in Kalkutta 128; Dezimierung der Fischbestände 152–156; Größe der Bestände 22; durch Stammesvölker 138
Flamingos 147
Florida: Everglades 177; Verlust der Seekühe 72
Flow Country, Schottland 177; als Lebensraum von Vögeln 179; Zerstörung 177
Flüchtlinge: Hunger 39; Krieg 33; „Umwelt" 42
Flüsse: Mündungen 160–161; Staudämme 169–172; Überschwemmungen 167–168; Verschmutzung 168–169
Flußmündungen 159–161
Fortschritt 21
Fossile Brennstoffe 90
Frankreich 90
Frauen: Beschäftigung von 133; Familienplanung 118, 119; Indien 131; in Städten der Dritten Welt 128–129
Friends of the Earth International 104, 203
Früchte 77–78
Fuji (Berg) 81

G

„Gaia-Hypothese" 41
Galapagos-Inseln 156
Galapagos-Tomaten 76
Gambia 134
Ganges (Fluß): geistige Bedeutung 197; Gandhi 132; Konflikt 172
Gangesdelta: Farraka-Staustufe 175; Flußmündung 160
Gänse: Islay, Schottland 185; Severnmündung 165
Gänseblümchen 77
Garhwal Himalaja 134
Geburtenkontrolle 117–119
Gemeiner Bundklee 81
Gemeiner Seestern 144
Gemüse 78–79
Genetische Ressourcen 69
Genua, Golf von 164
Getreideproduktion 64; Rate 22
Glasfaser-Optik 26
Globale Erwärmung 95–101; Abholzung 49; „Albedo-Effekt" 81; Anstieg der Temperatur 97–100; Bangladesh 95; Eis und 81, 82; Grasland 60–61; niedrig gelegene Inseln 99; Kohlendioxid-Emissionen 100–101; Kraftfahrzeug-Emissionen 106; Meeresspiegel 98; Moore und 180; Niederschläge 81; Regenwälder und 49–50, 51; Venedig 28
Goethe, Johann Wolfgang von 200
Goldkehlpitta 21
Goldsmith, Edward 171
Golfkrieg (1991) 145; Militärausgaben 37
Gorillas 73
Grasland 57–61
Great Barrier Reef 164
Great Lakes 170
Great Plains: landwirtschaftliche Praktiken 63; Wassermangel 146
Green Belt (Organisation) 54
Greenpeace 163
Griechenland 168
Grindwale: Abschlachten von 161; Kampagne gegen Jagd auf (EIA) 155; Tradition 162
Grönland 112
Großbritannien: Abwässerentsorgung 162; Auslandshilfe 193; Feuchtgebiete 175; Kernwaffentests 90; Kolonialismus in Indien 132–134; Moore 178; Ramsar Convention 177; Recycling 193; Schäden durch sauren Regen 107; Trinkwasser 169;
Grundwasser 146
Grüne Revolution 65; und genetische Vielfalt 134
Grüne, Bewegung der 25
Guinea Bissau 134
Gujarat 129
Gürteltiere 77
Guyana: Buschbrände 111; Survival International 139

H

Haiti 128
Halone 90
Hamburger 50
Hampstead Heath 191
Hansen, James 95
Hardin, Garrett 144
Harlem 129
Harthölzer 53–54; Möbel 50; Erhaltung 193
Hautkrebs 164
Hawaii 76
Hering 152; Fangstatistik 154
Heyerdahl, Thor 143
Hibiscus rosa-sinensis 75
Himalaja: Abholzung 81; Chipko Movement 134
Hinduismus 184
Hispaniola 140
Hmong (Bergstamm) 184
Holland: Vögel 161; Sonnenenergie 191
Holz: Auswirkungen des Mangels an Brennholz 66
Honduras 112
Hopi-Indianer 190
Hörnchen 77
Hungersnöte, Äthiopien 33
Hurrikane 95, 96
Hussein, Saddam 145
Hyazinthara 47

I

Ichkeul (See) 175
Illinois 43
Impfung 35
Indianer, nordamerikanische 151
Indien: Bevölkerungswachstum 117, 118; Bodenerschöpfung 66; Chipko Movement 134; Geburtenkontrolle 119; Kohlendioxid-Emissionen 101; Kolonialismus 132–134, 135; Narmada-Staudamm 171; Regenwälder 54; Self-Employed Women's Association 129; Stammesvölker 140; Survival International, Arbeit des in 139; Trinkwasser 169
Indischer Ozean 159
Indonesian Environmental Forum 54
Indonesien: Bodenerosion 63; Feuchtgebiete 181; Landwirtschaft 36; Stammesvölker 139, 140; Terrassenanbau 63; Urbanisation 124; Wasserversorgung 172
Industrielle Revolution 41; Luftverschmutzung 89
Inkas 63
Innu (Stamm) 140
Insekten: Befruchtung von Blüten 75; in Regenwäldern 47–48
Insektenfressende Pflanzen: Moore 178; Sonnentau 176
Integrated Pest Management 67
Inter-Governmental Panel on Climate Change (IPCC): Bericht 96; Pflanzen von Bäumen 51–54; globale Erwärmung 98
International Institute for Environment and Development (IIED) 36
International Planned Parenthood Federation (IPPF) 118
International Whaling Commission (IWC) 153
Inuit 112; umweltfreundliche Fischerei 138
Iowa 180
Irak: Bodenerosion 168; Golfkrieg 145; Militärausgaben 37; Wasserversorgung 172
Irian Jaya 181
Irland, Feuchtgebiete 175
Islay 185
Israel 146

J

Jakarta 124
Jangtse (Fluß) 172
Japan: Abschlachten von Tümmlern 153; Fuji 81; Feuchtgebiete 181; globale Erwärmung und 99; „Maglev"-Züge 25; Quecksilber-Vergiftung 162; Recycling 193; Terrassenanbau 63; Treibnetze 156
Java 124
Jemen, Bewässerung 83
Jordan 146

K

Kabeljau 154; Fangstatistik 154
Kaiserpinguine 86
Kakteen 76
Kalahari, Buschmänner 138, 139; Kultur 183
Kalifornien: Luftverschmutzung 108; Wassermangel 146
Kalkutta: Abfall 128; Bevölkerung 125
Kalmien 75
Kalter Krieg 37
Kambodscha 33

REGISTER

Kamele 132
Kamerun: Befruchtung von Ölpalmen 48; Holzwirtschaft 53
Kammuscheln 143
Kanada: Atombombentests 163; Nordpolarmeer 153; Stammesvölker 140
Kannenpflanzen 176
Karatschi 124
Karibik 95; globale Erwärmung 99
Katalysator 105; in Kalifornien 108; Vorteile des 106, 109
Katholische Kirche 118
Katmandu 192
Kayapo-Indianer 113
Kelabit (Stamm) 139
Kenia: Bodenerosion 168; Grasland 58, 59–60, 61; ländliche Gebiete 146; Regenwälder 54; Stammesvölker 137, 140; Wasserversorgung 34
Kerala 118
Kernkraft, in der Dritten Welt 112
Kew Gardens 79
Kinder: und Familiengröße 118–119; in Städten der Dritten Welt 128; Sterblichkeitsrate 35; World Summit for Children 28
Kindersterblichkeit 118–9
Klee 75
Kleinfamilien 121
Klima: globale Erwärmung 95–101; Einfluß der Regenwälder auf das 49
Kohle 98; Indien und China 101
Kohlendioxid 90; Ansammlung in der Atmosphäre 96, 97; Emissionen in China 34; und Grasland 60–61; Kontrolle der Emissionen 100–101; Kraftfahrzeugemissionen 106; in Mooren enthalten 178, 180; und Regenwälder 49–50, 51; Treibhauseffekt 22, 100–101
Kohlenmonoxid 105, 106
Kohlenwasserstoffe 106
Kokosfaser 178
Kolonialismus 132
Kolumbien: Geburtenkontrolle 118; Schutz von Stammesgruppen 54
Kolumbus, Christoph 140
Kongoni 158
Koniferen, Schäden durch sauren Regen 107
Konzerne 191–192, 193
Korallenriffe: Gefährdung der 162; Tourismus 164
Korea 156
Korem 39
Kraftfahrzeuge: Abgase 105; Katalysator 108–109; Kohlendioxid 22; Luftverschmutzung 103–109;
Kraftwerke, saurer Regen 105
Krankheiten: Bilharziose 169; Kinder 35; Schlafkrankheit 59
Krebs: und Luftverschmutzung 107; Medikamente auf pflanzlicher Basis 48; und Pestizide 67
Krill 86
Kryosphäre 81
Kuba 118
Kuhdung, als Brennmaterial 135
Kupferminen 21
Küstengemeinden 159–165
Kuwait 145

L

La Paz 123
Labrador 140
Lachs 167
Lagos 125
Landwirtschaft: Anti-Desertifikation 37; und Bevölkerungswachstum 65; Bewässerung 63, 67, 146, 168; biodynamische 67; Bodenerosion 63–69; Forschung 68; genetische Ressourcen 69; Getreideproduktion 64; globale Erwärmung 98; Grasland 57–59; Reis 36
Lateinamerika: Druck auf Ökosysteme 124; Urbanisation 35
Lemma, Akilulu 169
Leoparden 71

Lepra 77
Lesotho 82
Libanon 168
Lima 126
Lisztäffchen 54
Liverpool Bay 162
London Environmental Economics Centre 36
London: Luftverschmutzung 89; Smogs in 40er und 50 Jahren 16; Todesfälle 193
Los Angeles: Luftverschmutzung 108; Kraftfahrzeuge 107
Lovelock, Jim 41
Löwen 41
Luchse 85
Luftverschmutzung 103–109; Alpen 85; Geschichte 89, 90; Kohlendioxid 22; Kraftfahrzeug-Emissionen 106; London 1940–1950 16; Los Angeles 108; Ozonschicht 90, 91; saurer Regen 105, 107; Smog 103–104; Städte der Dritten Welt 127;
Lumad (Stamm) 140
Lutzenberger, Dr. José 54

M

Madagaskar-Sifikas 48
Madagaskar: Erosion 168; Pflanzen 48; Regenwald 52
Madhya Pradesh 185
Madrid 124
Magnetische Levitation („Maglev") 25
Magnetschwebebahn 25
Magnolien 41
Mais 43; genetische Vielfalt 79
Malaria 175
Malayan Nature Society 180–181
Malaysia: Artenvielfalt 47; Feuchtgebiete 181; Regenwälder 52; Stammesvölker 139, 140
Malediven, Auswirkungen der globalen Erwärmung auf die 99, 159
Mali 134; Desertifikation 36; Six S Association 134; Wasserversorgung 34
Mangroven 160
Manhattan 90
Manila 123
Maniok 50
Marchon-Werk 163
Marschen 175–81
Maryland 15
Masai Mara National Park 58
Massachusetts 191
Massai (Stamm) 197; Konflikt mit Behörden 58
Matang 191
Matterhorn 85
Mauretanien 134
Medikamente, aus Pflanzen des Regenwalds 48–49
Mediterranean Action Plan 152
Meere: Fisch-Industrie 151–156; global 162; Kontinentalschelfe 151; Mineralien 153;
Meeresspiegel: Antarktis 86; Eis 81; globale Erwärmung 98; Venedig 28
Meermuscheln 159, 160
„Mega-Städte" 124
Melpa (Stamm) 137; Kopfschmuck 111
Menschenrechte 118
Mentawai (Stamm) 140
Methangas: Ansammlung in der Atmosphäre 96; Erzeugung durch Viehhaltung 91; im Dauerfrostboden 82
Mexico City: Armut 35; Bevölkerungswachstum 118; Luftverschmutzung 103; Smog 104
Mexiko: Bevölkerungswachstum 118; Grasland 61; Regenwald 48; Urbanisation 124–126; Wasserversorgung 172
Mikrochips 24
Milchstörche 181
Militärausgaben 37
Minamata Bay 162
Mineralien, am Meeresboden 153
Mississippidelta 160
Mittelamerika: Bodenerosion 53; umweltfeindliche Praktiken 61; Viehzucht 50

Mittelmeer 152; Auswirkungen des Tourismus 164
Mittlerer Osten, Wasserversorgung im 172
Molina, Mario 90
Monsun: Treibhauseffekt 81; und „Recyclingsystem", Indien 131
Montreal Protocol 91
Moore 175–181
Mosambik 65

N

Nahrung, und Bevölkerungswachstum 64, 65
Nairobi National Park: Schwarzes Panzernashorn 42
Namibia 147
Narmada-Staudamm: und „Erschließung" 171
Narmada-Tal 139
Nashörner 42
Nasser-See 171
National Cancer Institute (USA) 48
National Geographic Society 170
National Research Council (USA) 67
NATO 140
Nebelwälder 47
Nebraska 180
Nektar 75–6
Nepal 192; Armut 82; Frauenarbeit 133; Seen 167; Terrassenanbau 63; Wiederaufforstung 131
Netze, Fisch- 155, 156
Neuguinea 137
Neuseeland: Mount Cook 201; sauberer Strand 159; Takahe 76
New York: Armut 36; Baumwollbörse 197; Bevölkerungswachstum 125; Harlem 129; Luftverschmutzung 90
New York Botanical Garden 79
Niederschläge: globale Erwärmung und 99; Grasland 58–59; Luftverschmutzung 109; Monsun, Treibhauseffekt 81
Niger: Anti-Desertifikation 37; Frauen-Kooperativen 133; Six S Association 134
Nigeria: Ernten 198; Regenwälder 52; Urbanisation 126; Wasserversorgung 146, 147
Nil (Fluß): Bewässerung 168; Wassermangel 146
Nonnengänse 185
Nord-Süd-Gefälle 33–34
Nordamerika: Bodenerosion 63; Grasland 57, 61
Nordhaus, William 100
Nordpolarmeer 153
Nordsee: Abwässer 156; Dezimierung der Fischbestände 154; internationale Maßnahmen 156; Verschmutzung 160
North Dakota 15
Norwegen 163
Nugkuag, Evaristo 54
Nüsse 78

O

OECD 193
Okavango-Becken 177; Gefährdung des 175
Öl: Amoco Cadiz 17; global 162; Golfkrieg 145; vergeudete Ressourcen 24; Torrey Canyon 16; Verschmutzung der Meere 151
Ölpalmen 47–48
Orchideen, Insektenbestäubung durch Bienen 75; durch Falter 79
Orwell, George 39
Oryxantilope 72
Ostafrika, Wassermangel 34
Osteuropa 189; Demokratisierung 37; Wasserverschmutzung 146
Ostsee 170
Our Common Future (Brundtland Report) 37–39
Overseas Development Administration (Großbritannien) 193
Ozeane. Siehe Meere

Ozon: Photochemischer Smog 104–105; Schäden für das Pflanzenwachstum 107
Ozonschicht: Abnahme der 22; und Hautkrebs 164; Montreal Protocol 91; Substanzen 90; UNEP 97

P

Painted Desert, Arizona 41
Pakistan 175
Panama 138
Papageien: Hyazinthara 47
Papua-Neuguinea, Regenwälder 52
Paraguay 137
Paranüsse 75, 76
Parasiten 59
Paris 119
Pazifischer Ozean 156
Pelzrobben 151
Penan (Stamm) 139; World Biosphere Reserve 181
Peru: Anchovis-Fischerei 154; Artenvielfalt in Regenwäldern 47; Kupferminen 21; Urbanisation 126; Verteidigung der Rechte 54
Pesticides Action Network 67
Pestizide: Biodynamische Landwirtschaft 67; Coto Doñana National Park, 1986, 180
Pflanzen: in den Alpen 85; Artenvielfalt 71–79; Aussterben 22, 23; Befruchtung 75–6; in Feuchtgebieten lebende Arten 178; insektenfressende 176; Medikamente aus 48–49. Siehe auch Regenwälder
Phewa (See) 167
Philippinen: Atomreaktoren 112; Feuchtgebiete 181; Landwirtschaftsforschung 68; Regenwälder 54; Stammesvölker 140; Urbanisation 126
Photochemischer Smog 103, 104
Phytoplankton 152
Pilze, in Regenwäldern 49
Pinguine 86
Plankton 152
Platanen 77
Pocosin, Sümpfe 178
Polen 146
Pollack 154
Pro Familia 118
Pyrenäen 105

Q

Quecksilber, Verschmutzung durch 162
Quedraogo, Bernard 134
Queensland 48

R

Radioaktivität, Kernwaffentests 90
Ramsar Convention 177
Raygras 75
Recycling 189
Reformation 184
Regenwälder: Abholzung 47–54; Artenverlust 76; Earth Summit 28; Stammesvölker 137; wirtschaftliches Potential 48–49
Reis: globale Erwärmung 99; Indonesien 36
Religion 184, 185
Reni 134
Reservoire 169; Nasser-See 171
Riedfrösche 178
Rift Valley 59–60
Rinder, Viehzucht 50
Rio de Janeiro 99
Robben 151, 152
Rocky Mountains 81
Rondônia 53
Roosevelt, Franklin D. 171
Rotaugen-Laubfrosch 47
Rotohrfrosch 167
Rowland, Sherwood 90

REGISTER

Royal Botanic Gardens, Kew 79
Royal Society 170
Royal Society for the Protection of Birds (RSPB) 161
Ruanda: Berggorilla 73; Geburtenrate 117
Rüsselkäfer 48
Rüstungskosten 37

S

Sadruddin Aga Khan, Prinz 85
Sahara 42; Ausbreitung der 59; Dürren 99;
Sahel: Desertifikation 36; Dürren 59; Six S Association 134; Wasserversorgung 34
Samburu (Stamm) 137
Samen, Artenvielfalt 76–78
San'a 83
Sao Paulo 124, 125; Smog 103
Sarawak 52; Penan 139; Regenwald 52; World Biosphere Reserve 181
Saugwürmer 169
Saurer Regen 105, 107; Eibe 104
Schaltiere 143
Schanghai 125
Schatalow, Wladimir 89
Scheldemündung 163
Schellfisch 152; Fangstatistik 154
Schiffe 79
Schildkröten 76; Fischnetze 161; Tourismus 164
Schlafkrankheit 59
Schleiereulen 63
Schleimpilze 78
Schmetterlinge 60
Schneehühner 85
Schottland 185; Fischerei 163; Low Country, Zerstörung 177; Vögel 179
Schumacher, E. M. 111
Schwarzes Meer 152
Schwarzgefleckter Bläuling 60
Schwarzhalstaucher 179
Schweden 105
Schwefeldioxid 105
Schwertwal 119
Schweiz 112; Alpen 85; Armut 82; Schäden durch sauren Regen 107
Schwemmebenen 167–168
Schwertwale 199
Scott Paper 139
Seekühe 72
Seen 167; Baikalsee 170; Bergseen 82; Säurebildung 105
Seerechtskonvention 153
Seerosen: Amazonas 176; Everglades 144
Seesterne 164
Seetang 156
Seevögel 159
Seifennußbaum 169
Self Employed Women's Association (SEWA) 129
Senegal 134
Serendipity-Beere 79
Serengeti 41
Siberut (Insel) 140
Signy 86
Silent-Valley-Kampagne 54
Siliziumchips 24
Simbabwe: Familienplanung 118; Tsetse-Fliege 50
Sittiche 71
Six S Association 134
Slowenien 85
Slums 123, 124
Smog: Alpen 85; Gesundheitsrisiko 104; London in den 40er und 50er Jahren 16; Los Angeles 108; Sao Paulo 103; Todesfälle 103
Sojabohnen 99
Somerset 178
Sonnenbaden 164
Sonnenenergie: afrikanisches Dorf 26; Australien 25; Niederlande, Straßenbeleuchtung 191
Sonnentau 176
Sowjetunion: Atomwaffentests 90; Aralsee, Bewässerung und Pestizide 169; Baikalsee 170; Bodenerosion 63; Fischerei 144; Steppen 57
Spanien 180, 181
Spiegelragwurz 144
Sri Lanka 118
St. Lawrence (Fluß) 143
Städte 123–9; Wasserversorgung 66–67
Stalin, Joseph 169–171
Stammesvölker 137–41; Völkermord 22
Staudämme 169–171
Steinböcke 85
Stickoxide 105, 106
Stickstoffdünger 64
Stockholm, Konferenz über Umwelt- und Entwicklungsfragen
Störche, Weiß- 181
Strände 159–165
Strandkrebse 159
Strandschnecken 48
Strelitzie 42
Südamerika: Bevölkerungswachstum 118; Terrasenanbau 63; Viehzucht 50; Stammesvölker 140
Sudan 42; Dinka (Stamm) 113; Dürren 99; Feuchtgebiete 175; Wasserversorgung 172
Sudd 175
Süd-Korea 118
Südliches Eismeer 143
Südostasien: Bevölkerungswachstum 118; Stammesvölker 140; Urbanisation 124
Sümpfe 175, 176
Sümpfe 178
Sumpfmoos: Ökosystem 178; Torfbildung 176
Supraleitfähigkeit 25
Surui-Indianer 53
Survival International 139
Syrien: Atatürk-Staudamm 172; Wasserversorgung 146

T

Tadavi (Stamm) 140
Taino (Stamm) 140
Taiwan: Bevölkerungspolitik 118; Fischerei 156
Tambaqui 147
Tansania 57–58
Teakholz 54
Technologie 25–26; Anpassung an veränderte 111–112
Teheran 125
Termiten 57–58
Terrassenanbau: Vergrößerung des bewirtschafteten Lands 63; Jemen 83
Thailand: Abholzung 21; Bevölkerungswachstum 118; Bodenerosion 168; Ernten 198; Feuchtgebiete 181; Flüchtlinge 33; Grasland 61; Maniok-Export 50; Regenwälder, Zerstörung der 50; Stammesvölker 184
Themsemündung 160
Thoreau, Henry David 167, 200
Thunfische: Fischnetze und Delphine 156; Nordatlantik 152
Tibet 197
Tigray 33
Tigris (Fluß) 172
Timbuktu 185
Togo 134
Tokio 125
Tolstoi, Leo 200
Tomaten 76, 79
Torfmoore 175–181
Torrey Canyon 16
Totenverbrennung 66
Tourismus: Berge 82–83; Küstengebiete 164
Transmigration Programme (Indonesien) 124
Treibhauseffekt. *Siehe* Globale Erwärmung
Treibnetze 155, 156
Tributyltin (TBT) 160
Trinkwasser 147; Indien 169; Schutz des 172
Tritonshorn 164
Tropische Regenwälder. *Siehe* Regenwälder
Tschernobyl 17

Tsetse-Fliege 59
Tuareg 138
Tümmler 155
Tunesien 175
Turkana (Stamm) 140
Türkei: Atatürk-Staudamm 172; landwirtschaftliche Praktiken 63; Wasserversorgung und Syrien 146

U

Überschwemmungen: Abholzung 81; Bangladesch 95; globale Erwärmung 91
Ultraviolette Strahlen 164
„Umweltflüchtlinge" 33, 42
Umweltverschmutzung: durch Schwermetalle 162. *Siehe auch* Luftverschmutzung, Wasserverschmutzung
Unechte Karettschildkröte 161
UNEP 97
UNICEF 35
University College, London 36
US Geological Survey 170
Utah 43, 199

V

Valle de Chalco 124
Venedig 28
Venezuela 47
Verbraucher-Aktionen 193
Vereinigte Staaten von Amerika: Amish-Gemeinden 69; Atombombentests 163; Bodenerosion 67–69; bodennahes Ozon 104; Colorado 172; Feuchtgebiete, Zerstörung der 180; Getreideproduktion 64; Dürren 99; Klimaveränderung 95; Luftverschmutzung 107–109; Mais 43; Pocosin-Sümpfe 178; Vietnam-Krieg 145
Vereinte Nationen 26; Conference on the Law of the Sea 153; Earth Summit 28; Family Planning Association 117; Water Supply and Sanitation Decade 147; World Summit for Children 28
Viehzucht: Amazonas 61; Bodenerosion 53; Methangas 91; Tsetse-Fliege 59
Vietnam 181
Vietnamkrieg 145
Vögel: Befruchtung von Blüten 75; in Mündungsgebieten 161; Seevögel 159
Völkermord 22

W

Wagen. *Siehe* Kraftfahrzeuge
Waldbrände: Ausbreitung durch globale Erwärmung 95; Mythologie 111
Wälder: in den Alpen 85; Mangroven 160; saurer Regen 105
Waldsterben 105, 107
Wale 161; Grind- 161–162; Weiß- 143; Schwert- 199; Zwerg- 190
Wallace, Barnes 178
Wanderfalken 16
Wandnetze 155, 156
Waorani (Stamm) 140
Ward, Barbara: *Only One Earth* 15; Gründung von IIED 36; globale Steuern 135
Wash, The 183
Wasser 143–147; Ägypten 168; Bevölkerungswachstum 66–67; Bewässerung 63; Desertifikation, USA 67; Flüsse 167–172; Ostafrika 34; Trinkwasserversorgung 147; Verbesserung der Reinheit 172; Wassermangel 146. *Siehe auch* Meere
Wasserkraftwerke, in Amazonien 51
Wassereinzugsgebiete 172
Wasserspiegel 146
Wasserverschmutzung 143–147; *Amoco Cadiz* 17; Flüsse 168–169; global 162; Kontinentalschelfe 151; Meere 143; Mittelmeer 152; durch Öl 151; Osteuropa 146; *Torrey Canyon* 16;

Wattenmeer 160, 161
Weichsel (Fluß) 146
Weide 167
Weizen 65
Weiße Revolution 134
Weißstörche 181
Weißwale 143
Wellhornschnecke 160
Weltbank 139; und Asian Wetland Bureau 181; Bewässerungsvorhaben 168; Indonesian Transmigration Programme 124; Narmada-Staudamm 171;
Werte, geistige 37
Westafrika, Abholzung 50
Wetter. *Siehe* Klima
Wildern 21
Wimpelfisch 151
Wirtschaftswachstum, und umweltfreundliche Entwicklung 39
Wisconsin 42
Wohnungsbau: Städte der Dritten Welt 123, 124 Verlust an Ackerland 66
Wölfe 85
Wordsworth, William 200
Worede, Melaku 69
World Biosphere Reserves 181
World Conservation Union 83
World Health Organization (WHO) 35
World Summit for Children, New York (1990) 28
World Wide Fund for Nature:
Worldwatch Institute 69
Wüsten: Desertifikation, in Mali 36; Sahel 59; Stammesvölker 138;

Y

Yanomami (Stamm) 139, 140
Yellowstone National Park 95

Z

Zaire 43
Ziegen 81
Züchtung, von Früchten und Gemüse 78–79
Zweiter Weltkrieg 185
Zwergflamingo 147

DANKSAGUNGEN

Besonderer Dank gilt Jonathon Porritt und Julia Brown für die Schreibarbeit und Hilfe.

Dorling Kindersley möchte den folgenden Personen für ihre Unterstützung danken: Emma Ainsworth, Heather McCarry, Elissa Boxall, Debra Clapson, Sharon Clapson, Corinne Hall, David Hiscock, Mark Johnson Davies, Charyn Jones, Miren Lopategui, Brian Rust, Salvatore Tomaselli, Alistair Wardle, Clair Watson; und Hilary Bird für die Erstellung des Registers.

Dorling Kindersley möchte den folgenden Illustratoren danken: Richard Lewis (Seite 52/53, 65, 98/99, 106, 125, 154) und Barry Jones (Seite 76, 120/121, 146).

Dorling Kindersley möchte folgenden Personen und Organisationen für ihre Hilfe bei der Recherchenarbeit für dieses Buch danken: IUCN Plant Conservation Office, London: Steve Davis; Missouri Botanical Gardens: Peter Hoch; World Watch Institute, Washington: Peter Weber; Survival International, London: Charlotte Sankey & Polley Matthewson; SOS Siberut, London; Renewable Resources Assessment Group, Imperial College, London; International Council for the Exploration of the Sea (ICES), Kopenhagen, und dem Bulletin Statistique de Pêches Maritimes; Marine Laboratory, Aberdeen: Roger Bailey; Population Concern, London: Marian Storkey; Climatic Research Department: University of East Anglia: Julie Whitaker; und den Mitarbeitern von Friends of the Earth Großbritannien.

Dorling Kindersley möchte den Folgenden für ihre freundliche Genehmigung, Auszüge aus den unten aufgeführten Werken abzudrucken, danken:
S. 30 Neville Spearman Ltd., für Alone von Richard E. Byrd, erschienen in London 1958; S. 30 Victor Gollancz Ltd. für Making Peace with the Planet von Barry Commoner, erschienen in London 1990; S. 38 Genesis Publications für Save the World von George Harrison; S. 41 Angus & Robertson für A God Within von René Dubos, erschienen in London 1973; S. 45 Grapefruit für Earth Piece 1963 von Yoko Ono, erschienen in USA 1964; S. 49 Editorial Sudamericana für Nosotros von Norma Aleandro, entnommen aus Poemas y Cuentos de Atenázor, erschienen 1986; S. 49 Golden Mountain Music Corporation für If a Tree Falls, Text und Musik von Bruce Cockburn, entnommen dem Album „Big Circumstance", erschienen in Kanada 1988; S. 59 The Findhorn Press, eine Abteilung von Macdonald and Co., Publishing Ltd., für The Home Planet, herausgegeben von Kevin W. Kelley, erschienen in London 1988; S. 92 Faber & Faber Ltd. für Politics and Conscience von Václav Havel, entnommen aus Living in Truth, herausgegeben von Jan Vladislav, erschienen in London 1987; S. 100 Arthur Barker Ltd. für Life, the Universe & Everything von Douglas Adams, erschienen in London 1982; S. 105 Emocó Editores, S.A., für Hombres y Engranajes von Ernesto Sabato, erschienen 1951; S. 111 André Deutsch und Curtis Brown Ltd. für Only One Earth von Barbara Ward und René Dubos, erschienen in London 1972, © The Report on the Human Environment Inc 1972; S. 119 Hutchinson und Simon & Schuster, New York, für The Population Explosion von Paul & Anne Ehrlich, erschienen in London 1990; S. 138 The Age für The Holy Spirit of the Great South Land von Caroline Jones, erschienen in Melbourne, Australien 1988; S. 143 Unwin Hyman, eine Abteilung von Harper Collins Publishers Ltd. für The Ra Expeditions von Thor Heyerdahl, erschienen in London 1971; S. 148 Nobel Foundation für William Goldings Nobelpreisrede 1983; S. 153 Jonathan Cape Ltd für Whale Nation von Heathcote Williams, erschienen in London 1988; S. 183 The Estate of Rachel Carson für Silent Spring von Rachel Carson, © 1962 Rachel Carson, erschienen bei Hamish Hamilton Ltd., London; S. 194 Toronto Star für einen Artikel von Margaret Atwood, erschienen in Kanada 1988.

Fotonachweis

Die folgenden Abkürzungen wurden verwendet:
o (oben), u (unten), M (Mitte), l (links), r (rechts)
BC (Bruce Coleman); DK (Dorling Kindersley); RHPL (Robert Harding Picture Library); HL (The Hutchison Library); MP (Magnum Photos); NHPA (Natural History Photographic Agency); OSF (Oxford Scientific Films); PP (Panos Pictures); PEPS (Planet Earth Pictures/Seaphot); SPL (Sciecne Photo Library); FSPG (Frank Spooner Pictures/Gamma); SAPL (Survival Anglia Photo Library)

2 PEPS/Tony Bennett **3** SPL **5** (ol) OSF/Stan Osolinski (or) NHPA/Anthony Bannister (Ml) DK/Dave King (Mr) DK/Philip Dowell (ul) DK/Colin Keates (uMl) DK/Jane Burton (uMr) DK/Steve Gorton (ur) DK/Colinm Keates **6** (ol) DK (or) DK/Dave King (ul) DK/Jerry Young (uM) Zefa **7** (oM) DK/Kim Taylor (or) Barbara Y.E. Pyle (ul) DK/Dave King (ulo) DK/Kim Taylor (uro) DK/Dave King (ulu) DK/Jerry Young **8** (ol) SAPL/M. Kavanagh (or) DK/Peter Chadwick (ul) DK/Dave King **9** (ol) DK/Tim Taylor (or) DK/Cyril Laubscher (ul) DK/Neil Fletcher (uro) DK/Kim Taylor & Jane Burton (uru) NHPA/Karl Switak **10** (ol) DK/Tim Ridley (or) DK/Steve Gorton (ul) PEPS/Robert Jureit (ur) DK/Dave King **11** (ol) RHPL (or) Image Bank/Benn Mitchell (Mr) DK/Philip Dowell (ul) DK/Dave King (uM) DK/Kim Taylor (ur) DK/Jerry Young **12** (ol) DK/Karl Shone (oM) DK/Dave King (ul) Barbara Pyle (ur) DK/Richard Smith **13** (ol) DK/Dave King (or) Image Bank/David Hamilton (ul) DK/Harry Taylor (ur) DK **14** PEPS/Jim Brandenburg **15** (l) SAPL/Nellaine Price (r) Colorific/David Yszak **16** (ol) (Mr) (ur) Popperfoto (Ml) Ardea/T.T. Smith **17** (l) (ur) FSPG (or) Rex **18** (ol) BC/John Nash (ul) Zefa **19** (o) BC/John Shaw (u) DK/Cyril Laubscher **20** Colirific/Mary Fisher **21** (o) Ardea/Kenneth W. Pink (u) NHPA/Anthony Bannister **22** (ol) Colorific/Dirk Halstead (or) FSPG (Mol) RHPL/Hanbury Tenison (Mor) MP/Abbas (Mul) SPL/NASA (MuM) DK (Mur) PP/Michael Harvey (ul) K.G. Prston-Mapham (ur) DK/Steve Gorton **23** MP/Ian Berry **24** Zefa **25** (o) Zefa (M) SPL/Taheshi Takahara (u) SPL/David Parker **26** (o) MP/H. Gruyaert (l) SPL/Simon Fraser (r) Spectrum Colour Library **28** (ol) SAPL/John Harris (or) Alex Arthur (u) Zefa **31** (o) MP/Steve McCurry (u) Colorific/Jim Howard **32** Colorific/David Burnett **33** Colorific/Heimo Aga **34** HL/Stephen Pern **35** (o) Colorific/Dirk Halstead (u) Colorific/David Burnett **36** (l) BC/Norman Myers (r) MP/Steve McCurry **37** MP/Steve McCurry **38** BC/A.J. Stevens **39** Colorific/David Burnett **40** PEPS/John Lythgoe **41** (l) DK/Philip Dowell (r) PEPS/Jonathan Scott **42** (ol) BC/S. Nielson (or) OSF/Stan Osolinski (Ml) BC/Gene Ahrens (ur) BC/Peter Ward **43** (or) MP/Michael K. Nichols (or) MP/Burt Glinn (Ml) NHPA/Jonathan Chester (ur) SAPL/Jeff Foott **45** (ul) PP/David Reed (ur) DK/Steve Gorton **46** OSF/F.J. Bernard **47** (ol) (or) DK/Colin Keates (ul) SAPL/Keith & Liz Leiden (ur) NHPA/John Shaw **48** (ol) OSF/Raymond A. Mendez (or) OSF/Edward Parker (u) DK **49** (o) DK (u) OSF/Roger Brown **50** (o) PP (M) MP/Michael K. Nichols (u) OSF/Edward Parker **52** (o) BC/G. Zeisler (u) MP/Peter Marlow **53** (o) MP/Michael K. Nichols (M) MP/S. Salgado (u) PP/Paul Harrison **54** (u) NHPA/K. Ghani **55** NHPA/Stephen Dalton **56** PEPS/Jonathan Scott **57** (ol) OSF/Okapia (ur) PEPS/Hans Christian Heep **58** (o) SAPL/Richard & Julia Kemp (u) OSF/David Fritts **59** OSF/Avril Ramage **60** SAPL/Dennis Green **61** (l) OSF/Michael Fogden (r) OSF/Roger Brown **62** Colorific/Lee E. Battaglia 63 (ol) OSF/Muzz Murray (ur) DK/Geoff Dann **64** (o) MP/Dennis Stock (u) Holt Studios/Nigel Cattlin **65** (ol) Zefa (or) DK/Andrew McRobb (u) PP/Ron Giling **66** DK/Geoff Dann **67** (o) HL/Melanie Friend (u) DK/Steve Gorton **68** Holt Studios/Nigel Cattlin **69** RHPL/Photri/M. Long **70** OSF/Rafi Ben-Shahar **71** (or) DK/Philip Dowell (Ml) DK/Peter Chadwick (u) DK/Colin Keates **72** (o) BC (u) PEPS/Rodney Wood **73** (u) MP/Michael K. Nichols **74** OSF/Stephen Dalton **75** (o) OSF/Kjell B. Sandred (u) OSF/J.A.L. Cooke **76** (o) OSF/Godfrey Merlen (Ml) DK/Peter Chadwick (Mr)/Rod Williams (u) OSF/John McCammon **77** BC/Jeff Foott **78** OSF/Andrew Plumptre **79** (o) HL (u) OSF/Scott Camazine **80** RHPL/Nigel Blythe **81** (or) DK/Andrew McRobb (Ml) OSF/Ray Richardson (ur) DK/Andrew McRobb **83** (l) BC/Jaroslav Poncas (r) Holt Studios/Richard Anthony **84** RHPL/Jon Gardey **85** (ol) Colorific/Chuck Fishman (or) OSF/Frithjof Skibbe (ul) BC/Bob & Clara Calhoun (ur) OSF/Roland Mayr **86** (o) OSF/Dough Allan (ul) OSF/Kjell B. Sandved (ur) PEPS/N. Cobley **87** NHPA/Peter Johnson **88** SPL/Phil Jude **89** (l) DK (r) OSF **90** (or) Constantin Emile Meunier, Dark Landscape Musée d'Orsay, Paris Photo The Bridgeman Art Library (Ml) SPL/Will McIntyre (Mr) PEPS/Howard Platt (ul) RHPL **91** (o) SPL/NASA (Ml) OSF/Aldo Brando Leon (ur) FSPG **92** FSPG **93** BC/Frieder Sauer **94** OSF/Stan Osolinski **95** (ol) FSPG (u) Colorific/Shepard Sherbell **96** (o) Colorific (u) FSPG **97** (o) PP/Alain le Garameur (u) PP/Michael Harvey **98** (o) MP/Jean Gaumy (Ml) DK/Colin Keates **99** (ol) MP/Michael K. Nichols (or) FSPG (Ml) Colorific/Carlos Humbertot (ur) PEPS/Herwarth Voightmann **101** Colorific/Black Star **102** MP/Bruno Barbey **103** (u) MP/Abbas **104** DK/Peter Chadwick **105** (Mu) BC Gunter Ziesler (ur) Colorific/Steve Woit **106** (o) MP/Michael K. Nichols (u) DK/Stephen Oliver **107** MP/René Burri **108** (o, Kastenbild) FSPG (M) Zefa (u) SPL/David Parker **110** SAPL/Nick Gordon **111** (l) NHPA/G.I. Bernard (r) Alex Arthur **112** (ol) Colorific/Black Star/M. Grobet (Ml) MP/Ian Berry (Mr) RHPL (ur) PP/Helden Jaan Netocny **113** (o) Colorific/Jim Howard (Mr) SAPL/Richard Kemp (u) MP/Miguel Rio Branco **115** (o) PP/R. Berriedale-Johnson (u) HL/Crispin Hughes **116** RHPL/J.H.C. Wilson **117** (o) SPL/Francis Leroy (u) MP/Michael K. Nichols **118** (l) HL (r) Colorific/Alon Reininger **119** Colorific/Brian Harris **120** MP/Michael K. Nichols **121** (ol) (or) (u) Zefa **122** MP/F. Scianna **123** (l) PP/Ron Giling **124** (o) PP/Ron Giling (M) MP/Abbas (u) HL/Liba Taylor **125** MP/Philip G. Griffiths **126** (o) PP/Ron Giling (M) HL/Anna Tully (u) Colorific/Alon Reininger **128** (o) HL/Sarah Errington (u) PP/Heldur Jaan Netocny **129** MP/Eli Reed **130** MP/Steve McCurry **131** (ol) PP/Tom Learmouth (ur) PP/Cooper Hammond **132** RHPL/F. Jackson **133** (o) BC/Mark N. Bolton (u) PP/Ron Giling **134** (Ml) PP R. Berriedale Johnson (Mr) PP/Geoff Barnard **135** PP/R. Berriedale Johnson **136** NHPA/G.J. Bernard **137** (ol) DK/Dave King (or) Alex Arthur (ur) Colorific/Jose Azel **138** HL **139** (o) SAPL/M. Kavanagh (u) MP/A. Venzago **140** (ol) PP/Trygve Bolstad (Ml) HL/John Wright (Mo) Derek Fordham/Arctic Camera (Mr) SAPL International/David Beatty (right of world map) HL/Granada TV (ul) RHPL (ur) RHPL **141** Colorific/John Running **142** OSF/Kim Westerskov **143** (l) DK/Andreas von Einsiedel (r) OSF/Z. Leszczynski **144** (ol) Greenpeace/D. Culley (Ml) PEPS/J. Brian Alker (Mr) DK/Dave King (u) DK/Steve Gorton **145** (l) FSPG (r) FSPG/Gilles Saussier **146** (l) OSF/Judd Cooney (r) Colorific/Black Star/Boccon-Gibod **147** (o) HL/Anna Tully (Ml) OSF/Partridge Films/Michael Goulding (ul) SAPL/Jen & Des Bartlett (ur) DK/Steve Gorton (Mr) DK/Dave King (u) OSF/Ronald Toms **149** (u) DK/Steve Gorton **150** PEPS/John Lythgoe **151** (ol) (or) DK/Steve Gorton (u) SAPL/Jeff Foott **152** (o) SPL/Dr Gene Feloman (u) DK/Dave King **153** PEPS/Jim Brandenburg **154** (or) PEPS/K. Scholey (ol – Herring) (M – Anchovy) (uM – Haddock) DK/Steve Gorton (Mr – Cod) OSF/Fredrik Ehranstrom (ul – Code Icefish) PEPS/P. Sayers (ur – Pollack) PEPS/Jim Greenfield **155** (br) Greenpeace/Coffey (Background) DK/Steve Gorton **156** (o) Greenpeace/Morgan (u) PEPS/Robert Jurfit **157** OSF/Godfrey Merlen **158** OSF/Kim Westerskov **159** (ol) DK (or) DK/Steve Gorton (u) OSF/Ben Osborne **160** (o) PEPS/John Lythgoe (u) Alan Watson/Findhorn Foundation **161** (o) OSF/C.C. Lockwood (u) FSPG/F. Xavier Pelletier **162** (o) PEPS/Warren Williams (Ml) Rex Features (u) PEPS/Keith Scholey **163** (o) Greenpeace/Cels (u) Greenpeace/Morgan **164** (o) BC/Nick de Vore III (Mr) PEPS/Linda Pitkin (u) DK/Steve Gorton **166** PEPS/G. Deichmann/Transglobe **167** (ol) DK/Philip Dowell (or) DK/Philip Dowell (or) DK/Philip Dowell (u) PEPS/John Waters & Bernadette Spiegel **168** HL/Bernard Régent **169** (o) SPL/Sinclair Stammers (u) FSPG/Novosti **170** (o) OSF/Doug Allen (bottom and two inset pictures) OSF/Richard Kirby **171** The Ecologist **172** (o) SAPL/Nick Gordon (u) Rex **174** PEPS/John Lythgoe **175** (o) DK/Steve Gorton (ul) OSF/Alastair Shay (ur) DK/Steve Gorton **176** (ul) DK/Steve Gorton (or) BC/Frieder Sauer (oM) DK/Steve Gorton (uM) PEPS/Gwilym Lewis (u) PEPS/Ken Lucas **177** (o) PEPS/(John Lythgoe (ul) OSF/Tony Bomford (ur) PEPS/J.R. Bracegirdle **178** (o) Ardea/John Mason (M) DK/Steve Morton (u) OSF/Michael Fogden **180** FSPG/Pablo Ramon **181** BC/M.P. Kahl **182** SAPL/Mike Price **183** (l) SAPL/Chris Knights (r) NHPA/Anthony Bannister **184** (or) PEPS/James D. Watt (Ml) PEPS/Peter Stevenson (u) Colorific/Don King **185** (or) RHPL/J.H.C. Wilson (Ml) MP/Abbas (ur) NHPA/Stephen Dalton **188** Colorific/Black Star/Charles Mason **189** (ol) FSPG (u) SPL/Andrew McClenaghan **191** (ol) (Mr) Zefa (or) SPL/Michael Abbey (u) RHPL/David Hughes **192** Colorific **193** PP/Marcos Santilli **194** OSF/Bates Littlehales **195** (or) Barbara Pyle (ul) OSF/(Stan Osolinski **196** PEPS/Jonathon Scott **197** (ol) Colorific/Joe McNally (ul) Mustapha Sami (ur) RHPL/J.H.C. Wilson **198** (or) PEPS/Peter Stephenson (ul) PP/Bruce Paton **199** (o) (u) SAPL/Jeff Foott **200** MP/Ian Berry **201** Zefa